4차 산업시대의

컴퓨터학 개론

고석주 · 김상욱 · 권영우 · 류은경 · 류춘하 · 박보석
송무희 · 이호경 · 장재석 · 정기숙 · 정설영 · 조규철

도서출판 홍릉

4차 산업시대의 컴퓨터학 개론

2019년 2월 20일 초　판 1쇄
2020년 2월 10일 수정판 1쇄
2021년 2월 22일 수정판 2쇄

저　자: 고석주 · 김상욱 · 권영우 · 류은경 · 류춘하 · 박보석
송무희 · 이호경 · 장재석 · 정기숙 · 정설영 · 조규철

발행인: 송 준
발행처: 도서출판 홍릉
주　소: 01093 서울시 강북구 인수봉로 50길 10
등　록: 1976년 10월 21일 제5-66호

전　화: 02-999-2274~5, 903-7037
팩　스: 02-905-6729
e-mail: hongpub@hongpub.co.kr
http://www.hongpub.co.kr
ISBN: 979-11-5600-553-7(93000)

정　가: 25,000원

머리말

지난 수십 년 동안 컴퓨터과학은 많은 발전을 가져왔으며 컴퓨터과학에 대하여 70년 넘게 교육도 있었지만, 진정 컴퓨터과학이 무엇인지 혹은 무엇을 공부하는지에 대한 이해가 부족한 편이다.

• **컴퓨터과학은 컴퓨터의 기능과 활용 자체만을 공부하는 것이 아니다.**

컴퓨터과학은 컴퓨터 자체를 다루는 것이 목적이 아니라 컴퓨터과학을 더 잘 이해하기 위해 **컴퓨터를 도구로 사용한다.**

• **컴퓨터과학은 프로그래밍 방법만을 공부하는 것이 아니다.**

컴퓨터과학 공부를 처음 시작할 때 프로그램 작성법을 공부하는 경우가 많다. 이런 결과로 마치 프로그래밍 방법을 공부하는 것을 컴퓨터과학으로 인식하는 경향이 있다. 그러나 프로그래밍 자체도 컴퓨터과학을 이해하기 위한 **도구**이며 프로그래밍 능력을 여러 분야에 적용할 수 있다.

• **컴퓨터과학은 응용 프로그램 활용법만 공부하는 것이 아니다.**

일반적으로 데이터베이스, 워드 프로세서 패키지, 그래픽 소프트웨어, 웹 브라우저 사용법을 배우는 것이 컴퓨터과학을 공부하는 것으로 인식할 수 있다. 이제 이런 소프트웨어 패키지와 인터넷은 모든 분야에서 널리 사용하는 생활이고 문화의 일부이다.

• **컴퓨터과학은 수학이나 공학 분야에서만 공부하는 것이 아니다.**

4차 산업 시대에서는 컴퓨터나 소프트웨어를 각 분야의 문제 해결에 적용하여 소프트웨어식 사고를 가지는 문화를 만들어야 한다. 단지, 수학이나 공학 분야에서만 공부하는 것이 아니라 모든 분야 누구나 소프트웨어적 사고를 가지고 자신에게 주어진 문제를 해결해야 한다.

컴퓨터 자체, 프로그래밍 작성법, 응용 프로그램 활용 등도 컴퓨터과학의 일부이기는 하다. 그러나 좀 더 학문적인 접근을 통해 4차 산업 시대의 문화로 컴퓨터과학을 이해하도록 해야 한다.

이런 관점에서 이 책은 4차 산업 시대에 적절한 컴퓨터과학에 대하여 기술한다.

이제는 컴퓨터를 사용하는 단계를 지나 **컴퓨터식 사고 방식**이나 **알고리즘식 사고 방식**을 지니지 않으면 안 되는 시대가 되었다. 이것이 곧 4차 산업 시대의 교육 내용과 방법의 이슈가 되었으며 컴퓨터과학 분야 교재도 4차 산업 시대에 걸 맞는 새로운 개념의 내용이 필요하게 되었다.

이 책은 4차 산업 시대를 맞이하여 대학의 모든 분야나 전공에서 컴퓨터과학이 무엇인지, 왜 이렇게 작동하는지를 학습할 수 있도록 구성하였다. 컴퓨터를 활용하는 수준이이 아니라, 스스로 문제를 발견하고 컴퓨터를 통해 해결하는 방식을 학습하도록 해야 한다. 이를 통해 소프트웨어적 사고를 할 수 있도록 하였다.

이 책은 아래와 같이 크게 네 부분으로 나누어져 있다. 나누어진 순서는 인간이 컴퓨터를 통해 문제를 해결하는 방법, 인간과 컴퓨터가 접촉하는 부분, 컴퓨터의 내부 구조와 작동원리, 컴퓨터를 4차 산업에 적용하는 개념이다.

- I부에서는 컴퓨터과학이 무엇인지 알아보고 알고리즘식 사고를 통해 문제를 해결하는 방법에 대하여 살펴본다.
- II부에서는 인간이 문제를 해결하기 위해 외부에서 컴퓨터의 무엇에 접하게 되고, 그 원리는 무엇인지, 왜 그렇게 되어야 하는지를 살펴본다.
- III부에서는 인간이 컴퓨터와 접촉하는 부분 뒤에는 무엇이 있으며 어떠한 원리로 작동하는지를 살펴본다.
- IV부에서는 4차 산업 시대와 컴퓨터과학과 관련된 여러 분야에 대하여 살펴보도록 한다.

이 책에서 특히 중요하게 다루는 부분은 컴퓨터과학이 무엇인지와 알고리즘식 사고를 가지도록 하는 것이다. 그 결과로 누구나 소프트웨어를 설계하도록 하는 것이 목적이다.

이 책은 앞에서 알고리즘을 이해하는 것부터 시작한다. 왜냐하면, **컴퓨터과학은 알고리즘식 사고로 컴퓨터를 활용하여 문제를 해결하는 것**이기 때문이다. 알고리즘에서 수학적이고 논리적인 특성을 통하여, 문제를 어떻게 알고리즘식으로 표현하고 해결할 수 있는지를 보여준다. 또 만든 알고리즘이 원하는 문제를 정확히 풀었는지를 아는 방법을 학습한다.

이어서 알고리즘을 고급 프로그래밍 언어로 기술하는 데 알고리즘이 좋다하더라도 결국은 컴퓨터에서 실행해야 하기 때문에 몇 개의 언어를 알아두거나 전반적인 개념 정도는 살펴보는 것이 좋다. 이 책은 독자를 프로그래머로 만들기 위한 것이 아니기 때문에, 여러 고급 프로그래밍 언어의 개념 및 특성을 살펴보고 어떤 언어를 선택해야 하는지를 제시한다. 필요하다면 각 프로그래밍 언어에 대한 교재나 웹 페이지를 참고할 수 있다.

고급 프로그래밍의 특성을 이해한 후에 '사용자-중심'에서 바라보는 **시스템 소프트웨어, 운영체제, 인터넷**을 살펴본다.

그 후에 시스템 내부를 다루게 되는데, 컴퓨터 시스템의 부품이나 회로 수 천 개의 기능 하나 하나를 자세히 다루지 않으며 본질적인 부분에 대해서만 이해하도록 하였다. 즉, 컴퓨터를 메모리, 처리기, 저장장치, 입력과 출력장치, 통신장치라고 하는 부속 시스템의 통합된 집합체로 간주하고 살펴본다.

응용 부분으로 4차 산업에 적용할 필요가 있는 **인공지능, 빅데이터 컴퓨팅, 사물인터넷**의 기본 개념을 다룬다. 인공지능에서는 문제를 해결하는 다양한 방법을 살펴보고, 빅데이터는 개념과 분석 도구와 시각화를 다룬다. 사물인터넷은 개념과 플랫폼을 다룬다. 오늘날 4차 산업 사회에서 정보 기술의 영향을 받지 않은 영역은 거의 없다. 그러므로 **정보보호**나 **보안 시스템**을 다루는 것은 필수적이다. 더욱 깊이 있는 내용을 원하는 독자나 교수자는 필요한 응용 부분을 따로 학습하거나 강의해야 한다.

이 책은 지금까지 언급한 컴퓨터 지식을 바탕으로 **정보기술의 변화가 사회 변화나 문화 변화에 어떻게 영향을 미치는지**에 관심을 가지도록 한다. 즉, 독자들이 기술 변화에 따라 사회가 어떻게 변하는지를 이해하도록 한다. 그러므로 이 책의 의도는 독자가 소프트웨어를 통해 문제 해결 방법을 인식하고 스스로 결론에 도달할 수 있도록 도와주도록 한다.

급속히 변하는 4차 산업 시대에 맞도록 컴퓨터와 소프트웨어 기술의 많은 부분을 다루다보니 책의 분량이 다소 방대해졌다. 그러므로 강의에 사용하려면 강의 대상의 전공 분야나 계층에 따라 분량을 적절히 조정하거나 특정 단원을 집중으로 강의할 수 있다. 교수자는 각 분야별로 주요하게 다루어야 하는 단원을 먼저 강의할 수 있으며 필요하지 않은 단원은 생략할 수 있다.

이 책의 담당 부분과 집필자는 아래와 같다.

총괄 (고석주 교수)
컴퓨터과학 개요 (김상욱 교수)
문제해결 방법 (김상욱 교수)
프로그래밍 언어 (송무희 교수)
시스템 소프트웨어 (김상욱 교수)
운영체제 (정설영 교수)
컴퓨터 네트워크와 인터넷 (이호경 교수)
데이터베이스 (송무희 교수)
컴퓨터 시스템 (류춘하 교수)
자료의 표현 (조규철 교수)
인공지능 (장재석 교수)
가상현실과 증강현실 (정기숙 교수)
빅데이터 컴퓨팅 (박보석 교수)
사물인터넷 (권영우 교수)
정보보안 (류은경 교수)

끝으로 이 책이 나오도록 같이 집필해 주신 여러 교수님과 관련 기관 및 여러분께 감사드린다.

2020. 2.
저자

차 례

PART I 문제 해결을 위한 컴퓨터과학

PART II 컴퓨터와 대화하기

PART III 컴퓨터 내부 들여다 보기

PART IV 4차 산업과 컴퓨터과학

PART I

문제 해결을 위한 컴퓨터과학

제 1 장

컴퓨터과학의 개요

이 장에서는 머리말에서 살펴 본 컴퓨터과학이 무엇인지, 무엇을 공부하는지에 대해 좀 더 구체적으로 살펴본다.

1.1 컴퓨팅 사고

19세기와 20세기 산업 시대에서는 기계가 육체적인 단순 반복 작업을 대신해 주었다. 4차 산업 혁명은 정신적인 반복 작업을 자동화와 지능화 방법으로 대신하게 된다. 이러한 자동화와 지능화에 의한 작업 과정은 생산성을 증대시킬 뿐만 아니라, 인간의 삶의 질을 향상 시킨다. 이제 인간이 해야 할 일은 새로운 아이디어를 도출하여 정책을 결정하고 보다 나은 계획을 세워서 보다 나은 생활을 할 수 있도록 해야 한다. 개인이나 산업이 스스로 **문제를 발견하고 해결하는 방법**을 찾아야 하는 것이다.

4차 산업 시대에서는 누구나 '새로운 문제를 찾기 위해 도전하고, 발견한 문제를 해결하는 역량'을 지녀야 한다. 그 방법으로 소프트웨어식 사고와 논리를 몸속에 용해하여 컴퓨터를 활용한 문제 해결 능력이 필요한데 이러한 문화를 지니도록 학습하는 것이 앞으로 설명할 **알고리즘식 문제해결 방법**이다.

알고리즘식 문제 해결 능력을 소유하면 누구나 생활 속에서 활용할 수 있다. 즉, 문제 해결을 위해 알고리즘을 만든 후 프로그래밍 언어로 변환하여 컴퓨터가 실행하도록 한다. 그러면 컴퓨터는 프로그램으로 작성된 순서에 따라 차례로 수행한다. 이 때 컴퓨터는 문제 해결 방법이나 원리는 알지 못하지만 알고리즘(혹은 프로그램)에 주어진 순서에 따라 실행한다. 그러므로 컴퓨터나 스마트 기기에게 문제 해결 방법을 알려 줄 수 있는 능력을 가진다면 컴퓨터를 이용하여 문제해결을 할 수 있는 것이다.

각 개인은 주어진 문제를 컴퓨터가 해결하도록 하는 방법을 고안해야 하며, 동시에 그 방법을 누구나 이해할 수 있는 방식으로 표현해야 하는데, 이러한 표현 방법을 알고리즘이라 한다. 그 후에 알고리즘을 프로그램으로 변환하고 컴퓨터 같은 정보 기기에서 실행하도록 한다. 그러므로 알고리즘을 구체적이고 명확하게 정하는 것이 중요하다. 즉, 알고리즘은 명확하고 구체적으로 동작의 수행순서를 기술해야 하며 실행을 무한히 반복하지 않고 정해진 시간 안에 반드시 종료해야 한다. 실행이 종료되면 실행 결과를 사용자가 확인할 수 있도록 한다.

그러면 컴퓨터과학이 무엇인지 개념부터 살펴보자.

컴퓨터과학이 무엇인지에 대해 관점에 따라 다양하지만 가장 잘 이해할 수 있는 정의는 **알고리즘**이다. 이 알고리즘이라는 개념을 이해하지 못하면 컴퓨터과학이 무엇인지 이해하기 어렵다.[1] 컴퓨터과학을 간략히 한 마디로 정의하면 **어떤 문제를 해결하기 위해 알고리즘**

을 설계하고 개발하는 일련의 과정으로서 알고리즘의 형식적인 구조와 특성을 이해하여 구현하고 응용하는 것이라 할 수 있다.

넓은 의미로 살펴볼 때 알고리즘은 **어떤 일을 수행하는 과정을 단계별로 지시하는 방법**으로 **어떤 주어진 문제를 해결하도록 명령의 순서를 지정하는 것**을 말한다. 아래와 같이 명령 순서를 단계별로 지정한 것을 알고리즘의 전형적인 예라 할 수 있다.

단계 1: 주어진 명령을 수행하라.
단계 2: 주어진 명령을 수행하라.
단계 3: 주어진 명령을 수행하라.
. .
. .
. .
단계 N: 종료하라.

이 순서에 따라 마지막 '단계 N'에 도달하면 주어진 문제를 해결하는 것이다. 그러나 반드시 마지막 단계까지 도달하지 않고 에러 발생이나 의도하지 않은 수행으로 도중에 비정상적으로 멈출 수도 있다.

인간은 생활 속에서 자신도 모르게 알고리즘을 사용하고 있다. 새로 구입한 스마트폰 작동법을 따라 해 본다든지, 자전거를 조립하거나 인터넷에 등록하는 것도 모두 지시에 따라 진행함으로써 주어진 문제를 해결하는 알고리즘으로 볼 수 있다.

1.2 순서 기술하기

컴퓨터는 알고리즘에서 기술한 동작 명령어 순서에 따라 수행만 하며, 명령어는 가능한 단순한 방법으로 표현한다. 알고리즘에서 순서를 정하는 과정을 이차방정식의 근을 구하는 방법을 통해 살펴보자.

이차방정식 $ax^2+bx+c=0$에서, a, b, c는 실수이고, $a\neq 0$일 때의 근을 구하고자 한

1 Gibbs, N. E., Tucker, A. B., "A Model Curriculum for a Liberal Arts Degree in Computer Science," Comm. ACM, vol. 29, no. 3 (1986년 3월).

다. 이차 방정식의 근을 구하는 방법 중에서 근의 공식을 사용한다.

$$\text{root} = \frac{-b \pm \sqrt{b^2 - 4ac}}{2a}$$

이 방정식은 두 개의 x1, x2를 가질 수 있다. 먼저, 이 이차방정식의 근을 구하는 데 필요한 조건은 무엇인지 생각해야 하고, 근을 구하는 과정을 단계별로 기술한다.

우선 생각할 것은 문제를 분석하고 고려할 것이 무엇인지 살펴본다.

이차방정식의 판별식 D = b^2−4ac는 아래 세 경우가 발생할 수 있다.

(1) 판별식 D 결과가 양수이면, 서로 다른 두 개의 실근을 갖는다.
(2) 판별식 D 결과가 0이면, 한 개의 실근을 갖는다. 이때 실근을 중근이라 한다.
(3) 판별식 D 결과가 음수이면, 서로 다른 두 개의 허근을 갖는다. 이 경우는 실수 범위 내에서 해가 존재하지 않는다.

이와 같이 문제가 분석되고 고려 사항이 파악되면 문제 해결 과정을 그림 1.1과 같이 단계별 순서로 기술한다.

이 이차방정식을 변수에 해당 값을 주고 수학적 방법으로 계산하면 답은 쉽게 구할 수 있다. 그러나 결과(답)를 구하는 과정을 컴퓨터에게 알려 주려면 그림 1.1과 같이 컴퓨터가 실행하는 방식으로 순서를 기술한다. 이렇게 기술한 순서, 즉 알고리즘은 다른 사람도 이해할 수 있도록 명시적으로 기술하여 문서화하여 다른 사람과 공유할 수 있다.

알고리즘을 명시적으로 기술하기 위해 아래 세 유형의 동작을 사용하는데, 각 동작에 따라 컴퓨터가 수행하도록 지시하는 것이다.

이차방정식 $ax^2+bx+c=0$에서 a, b, c는 실수이고,
$a \neq 0$일 때 근을 구하는 동작으로의 표현

단계1: a, b, c 세 개의 실수 값을 입력 받는다.
단계2: 세 개의 값으로 $D \leftarrow b^2-4ac$를 계산하라.
단계3: 만약 D > 0이면, 아래를 계산한다. // 방정식의 근 x1, x2 두 개
　　　$x1 \leftarrow (-b + \sqrt{D}) / (2 \times a)$
　　　$x2 \leftarrow (-b - \sqrt{D}) / (2 \times a)$
　　　결과 x1, x2 값을 출력한다.
　만약 D = 0이면, 아래를 계산한다. // 방정식의 근 x 한 개(중근)
　　　$x \leftarrow -b / (2 \times a)$
　　　결과 x 값을 출력한다.
　만약 D < 0이면, 아래를 수행한다. // 방정식의 근은 허근
　　　결과로 "허근을 가짐" 출력한다.
단계4: 종료한다.

[그림 1.1] 이차방정식 $ax^2+bx+c=0$의 근을 구하는 간단한 알고리즘

1. **순차 동작**: 어떤 일을 수행하는 단일 작업으로 순차 동작 하나가 수행하고 나면 다음 **동작으로 이동**한다. 그림 1.1에서 아래 동작이 해당한다.
   - $x1 \leftarrow (-b + \sqrt{D}) / (2 \times a)$
   - 결과 값을 출력한다.
2. **조건 동작**: 알고리즘 수행 중에 '조건'을 먼저 묻고 그 조건 연산 결과에 따라 다음 실행할 **동작을 선택**한다. 그림 1.1에서 아래 동작이 해당한다.
   - 만약 D > 0이면, 아래를 계산한다.
   - 만약 D = 0이면, 아래를 계산한다.
3. **반복 동작**: 한 동작을 수행한 후에 다음 동작으로 이동하거나 선택하지 말고 특정 위치로 되돌아가서 조건을 만족할 때까지 이미 수행한 동작 일부(블록)를 **반복하여 실행**한다. 그림 1.1에는 반복 동작이 나타나 있지 않다.

이와 같이 몇 개의 정해진 동작으로 형식을 갖춘 알고리즘을 표현하면 컴퓨터의 자동 실행으로 **결과**를 얻을 수 있으며 알고리즘이라는 형식화된 도구를 누구나 쉽게 이해하고 활용하며 프로그램을 작성할 수 있다. 알고리즘이 중요한 것은 문제를 해결하는 방법을 기

술한 것이기 때문이다. 그러므로 **컴퓨터과학은 알고리즘으로 어떤 문제를 해결하는 과학**이라 할 수 있다.

그러나 문제해결 방법을 알 수 없는 경우나 방법은 있더라도 수행 시간이 무한히 소요된다면 알고리즘을 만들 수 없다. 이런 경우의 문제 해결은 알고리즘 보다는 새로운 컴퓨터 구조를 개발할 수도 있고 인공지능 등 다른 방법을 찾을 수도 있다.

1.3 간략한 컴퓨팅 역사

여러 책에서 컴퓨터 역사에 대해 설명한 것은 주로 컴퓨터의 기술 변화를 강조한 것이었다. 즉, 진공관에서 집적회로, 운영체제의 개발, 프로그래밍 언어의 생성, 운영체제의 변화, 인간-컴퓨터 상호작용, 인터넷의 발전 등이었다. 이 절에서는 컴퓨터 시스템의 변화에 대하여 살펴보고, 그 변화가 인간 생활에 어떠한 영향을 주었는가를 알아본다.

역사적으로는 이미 1600년대부터 산술계산이나 수학에서 계산을 간단하게 할 수 있는 도구나 기계를 고안하거나 개발하고 있었다. 즉, 로그 계산법에서부터 '라이프니츠 회전바퀴'라는 기계식으로 작동하는 계산기도 있었다. 그러나 오늘날 말하는 최초로 자동화한 장치는 수학 계산을 목적으로 만든 것이 아니라 옷감 짜는 직조 기계였다. 이 후 찰스 배비지가 자동으로 계산하는 기계인 '디퍼런스 엔진'을 개발하였는데, 이 기계를 최초의 컴퓨터 시스템이라 한다. 이 디퍼런스 엔진은 통계, 수학 등 복잡한 계산을 하거나 반복 계산을 한동안 활용해 왔다.

그 후 2차 세계 대전으로 인하여 **정보처리**는 재고관리, 판매 분석, 급여 계산 같은 단순 산술 계산 수준에서 미사일 탄도 계산, 암호 해독 등 다양하게 변화하였다. 이 때 전자식과 기계식을 혼합하여 프로그래밍할 수 있는 범용 컴퓨터가 개발되었는데, 바로 미국에서 개발한 '마크-1' 컴퓨터로 최초로 **이진수를 사용**하였다. 즉, 진공관과 전류로 두 개의 이진 값을 나타내었다. 같은 기간에 전자 부품만을 사용한 '에니악'이라는 범용 전자식 컴퓨터가 개발되었는데, 최초로 **프로그래밍이 가능한** 컴퓨터이다.[2] 영국에서는 알란 튜링이 '콜로서스'라는 컴퓨터를 개발했다.

그러나 이때까지도 현대식 컴퓨터 시스템의 개념으로 보지는 않는다. 결국 1946년에

---

2 에니악은 18,000 개의 진공관으로 구성되었고, 100피트 길이, 10피트 높이, 30톤의 건물 크기이다.

존 폰 노이만이 **내장 프로그램 컴퓨터**라는 전혀 새로운 개념의 컴퓨터 시스템을 제안했다. 폰 노이만이 제안한 컴퓨터는 동작을 제어하는 **인스트럭션**을 이진 값으로 코드화하여 **데이터와 함께** 메모리 안에 **저장**하도록 하는 시스템이다. 이 컴퓨터는 한 문제를 푼 후에 다른 문제를 풀기 위해 기계 작동을 처음부터 새로 세팅하지 않는다(전에는 문제마다 기계 작동을 새로 세팅해야 했다). 다만, 인스트럭션의 순서만 다시 배열한다. 다시 말해서 **프로그램을 만드는 것**이다. 결국 1951년에 '에드박'이라는 세계 최초의 **내장 프로그램 컴퓨터**가 개발되었으며, 이 당시의 여러 내장 프로그램 컴퓨터 중의 하나였다. 이 에드박은 1951년 3월에 '유니박-1'이라는 모델로 최초로 판매되었다.

결과적으로 지금까지도 사용하거나 개발하는 컴퓨터 시스템은 폰 노이만의 개념에서 벗어나지 못하고 있다. 약간의 변화가 있었고 그래픽이나 특수 입력/출력 장치 등으로 그 당시의 에드박과는 다르지만 기본 개념과 원리는 같다.

1950년 이후 컴퓨터 시스템의 개발은 진화 정도가 아니라 가히 혁명적으로 변했다고 할 수 있다. 최근 수십 년 동안 컴퓨터 시스템의 변화는 더 빠르게, 더 작게, 더 싸게, 더 신뢰성 있게, 더 사용하기 편하게 되었다. 그러나 기본 구조, 원리, 프로그램을 사용하는 개념 자체가 유별나게 변한 것은 아니다.

컴퓨터 발전에서 1950년에서 1957년 사이를 **제1세대 컴퓨팅 시대**라 한다. 이때는 진공관을 사용하는 시스템이었고, 대학, 정부, 군사 기관 등의 전문가와 특별히 교육받은 사람만 사용할 수 있었다. 그 결과 컴퓨터 사용을 확산하는 데는 어려움이 있었다.

대략 1957-1965년 사이의 **제2세대 컴퓨팅 시대**는 컴퓨터의 크기와 복잡성에서 많은 변화가 있었다. 수학공식을 처리하기 좋은 '포트란'이나 영어문장 형식의 '코볼'같은 **고급 프로그래밍 언어**가 최초로 나타났다.

1965년에서 1975년까지는 **제3세대 컴퓨팅 시대**로 컴퓨터가 소형화되었으며, 이 시대를 특별히 집적회로 시대라고도 한다.

1975년에서 1985년 까지를 **제4세대 컴퓨팅 시대**라 하는데, 이 시기에 **마이크로 컴퓨터**와 **컴퓨터 네트워크**가 최초로 나타났다. 그 결과로 많은 사람들이 컴퓨터를 사용하게 되었고 생활화 되었다. 이러한 컴퓨터의 대중화가 풀다운 메뉴라든가 아이콘이나 각종 시각 도구의 등장을 낳게 하였고 컴퓨터를 쉽게 사용하도록 했다. 이 결과로 새로운 개념의 **그래픽 사용자 인터페이스**를 도입하게 되었다.

언제까지가 될지는 모르지만, 1985년부터 지금까지의 **제5세대 컴퓨팅 시대**에는 모바일 컴퓨팅, 스마트 컴퓨팅, 월드 와이드 네트워킹, 정보 보호와 보안, 인간과 컴퓨터 상호작용, 자연어 처리, 초병렬 컴퓨팅, 인공지능, 빅데이터 컴퓨팅, 사물인터넷 등 새로운 개념과 많은 활용이 나타났다. 앞으로는 초연결과 초지능 등의 개념을 통해 더욱 사용하기 쉽고, 더욱 지능적으로 변할 것이다.

중요한 것은 지난 80년 동안 컴퓨터의 구조와 작동에 대한 이론적 모델은 크게 바뀌지 않았다는 것이다. 그러나 폰 노이만의 컴퓨팅 개념에서 벗어나 전혀 새로운 개념의 컴퓨터 시스템 이론을 연구하고 개발하는 노력은 계속 진행 중이다. 몇 년 후에는 광-컴퓨팅이나 양자-컴퓨팅 같은 개념의 컴퓨터가 사용될 수도 있을 것이다.

1.4 폰 노이만 컴퓨팅 개념

앞에서 폰 노이만의 내장 프로그래밍 개념이 중요하고 오늘날 컴퓨터가 이 개념에서 벗어나지 못하고 있다고 했다. 이 절에서는 폰 노이만의 내장 프로그래밍 개념을 간략하게 살펴본다. 그러면 왜 알고리즘식 문제해결 방법이 중요한지 이해하기 쉽다.

그림 1.2는 컴퓨터를 구성하고 있는 주요 장치인 메모리에 프로그램이 이진수로 내장되어 있다.

주소	내장 프로그램(16-비트 이진수)
01100000	1010101111000010
01100010	1011101010100101
......	....
01110100	0011001010000111
01110110	0000111101011111
01111000	0000111101011111
......	1111100000010100
	....

[그림 1.2] 컴퓨터 메모리 주소와 내장 프로그램

메모리에는 **주소**라는 번호가 붙어있으며 동작을 수행하는 인스트럭션과 자료가 저장되어 있다. 메모리에 저장된 내장 프로그램(명령어집합)은 메모리의 맨 처음 주소부터 저장한 후, 실행 때 메모리의 인스트럭션을 하나씩 꺼낸 다음 처리기로 보내어 처리한다. 그림 1.2의 예에서는 주소 01100000에 있는 인스트럭션인 1010101111000010를 실행한 후에, 2를 증가한 주소 01100010에 있는 인스트럭션인 1011101010100101를 수행한다. 다음 인스트럭션도 프로그램이 종료할 때 까지 이러한 과정을 아래와 같이 (1) (2) ...의 순서로 반복한다. 이 예에서 주소가 2를 증가하는 이유는 한 주소에 차지하는 인스트럭션의 길이는 16-비트로 2-**바이트**를 차지하는데 메모리에서는 각 바이트마다 주소가 붙기 때문이다.

주소	프로그램 인스트럭션
(1) → 01100000	1010101111000010
(2) → 01100010	1011101010100101
.....	....
(3) → 01110100	0011001010000111
(4) → 01110110	0000111101011111
(5) → 01111000	1111100000010100
.....	....

문제를 해결하기 위해 몇 개의 동작으로 표기한 알고리즘을 컴퓨터의 메모리 안에 0과 1로 된 프로그램으로 저장(내장)하면 컴퓨터는 자동으로 인스트럭션을 실행한다.

처리기는 여러 장치로 구성되어 있는데 산술논리 연산 장치, 제어 장치, 인스트럭션 레지스터, 인스트럭션 디코더, 프로그램 카운터 등이다. 이러한 장치들이 하나의 유기체로 작동하면서 주기적으로 인스트럭션을 한 개씩 처리한다. 즉, 메모리에서 인스트럭션 꺼내기, 제어장치에서 인스트럭션 해석하기, 제어장치에서 인스트럭션 실행하기를 반복한다. 이 세 단계는 종료하라는 인스트럭션을 만날 때까지 각 인스트럭션 마다 수행한다. 이 과정을 아래처럼 알고리즘식으로 표현할 수 있다.

종료 인스트럭션을 만날 때까지 아래의 { }안 블록을 반복한다.

{ 인스트럭션 꺼내기 단계
인스트럭션 해석하기 단계
인스트럭션 실행하기 단계 }

이런 인스트럭션 한 개를 실행하기 위한 반복을 컴퓨터의 **기계 주기**라 한다. 알고리즘을 컴퓨터 안에 저장하는 과정은 앞으로 자세히 살펴본다.

연습문제

1. 아래 이차방정식 근을 구하는 공식을 사용하는 근 구하기 알고리즘에서 세 값을 각각 a = 1, b = 4, c = 0으로 입력하고 수행 단계를 따라가 보시오.

$$R = \frac{-b \pm \sqrt{b^2 - 4ac}}{2a}$$

2. 문제 1에서 a = 0, b = 0, c = 0으로 입력하면 어떠한 일이 발생하는지 설명하시오.

3. 문제 1의 이차방정식 근을 구하는 공식을 사용할 때 루트($\sqrt{\ }$) 값을 계산하는 과정을 알고리즘에서는 어떻게 단계별로 표현하는지 설명하시오.

4. 아래는 두 개의 양의 정수 I와 J에 대한 최대공약수를 찾는 알고리즘이다.

> 단계1: 두개의 양의 정수 I와 J를 입력한다. 큰 값을 I라 하고, 작은 값을 J라 한다.
> 단계2: I를 J로 나누고, 나머지를 R이라 한다.
> 단계3: R이 0이 아니면, I를 J 값으로 할당하고, J를 R 값으로 할당한다. 그 후 단계 2로 되돌아간다.
> 단계4: 답을 출력하는데, 이때 J의 값이 답이다.
> 단계5: 종료한다.

a. I = 8과 J = 4를 입력 값으로 하여 이 알고리즘을 손으로 따라가 보시오. 각 단계를 마칠 때 마다 I, J, R 값을 적으시오. 이 알고리즘의 최종 출력은 무엇입니까?
b. I = 56과 J = 9를 입력 값으로 하여 이 알고리즘을 손으로 따라가 보시오. 각 단계를 마칠 때 마다 I, J, R 값을 적으시오. 이 알고리즘의 최종 출력은 무엇입니까?
c. I = 8과 J = 74를 입력 값으로 하여 이 알고리즘을 손으로 따라가 보시오. 각 단계를 마칠 때 마다 I, J, R 값을 적으시오. 이 알고리즘의 최종 출력은 무엇입니까?

d. 이 알고리즘의 두 입력 값이 I = 0과 J = 0이라면, 이 알고리즘이 올바르게 작동합니까? 각 단계를 수행하면서 어떠한 일이 발생했는지, 왜 그런지를 설명하시오. 단계별로 적절한 에러 메시지를 출력할 수 있도록 알고리즘을 수정하시오.

5. 덧셈 연산을 아래처럼 사람이 하는 방법으로 연산하는 (a) 5자리수를 더하는 알고리즘을 작성하시오. 또 (b) N개의 자리수를 더하는 알고리즘을 만드시오.

$$\begin{array}{rrrr} & & 7 & 8 \\ + & & 2 & 5 \\ \hline & 1 & 0 & 3 \end{array}$$

6. 이 책에서 언급한 컴퓨터 개발에 공헌한 배비지, 튜링, 폰 노이만에 대한 책이나 글을 읽어보시오.

7. 컴퓨터과학에서 새로이 성장하는 영역 중 하나가 사물인터넷이다. 모든 사물이 컴퓨터와 같이 연결되어 자동으로 주어진 일을 수행하거나, 사용자에 대한 정보 없이도 사용자에게 서비스를 제공한다. 예를 들어, 주인의 의도를 파악하여 자동으로 침실 전등을 끄거나 켤 수 있다. 이러한 사물인터넷의 문제점은 무엇인지 생각해 보시오.

제 2 장

문제해결 방법의 발견과 설계

1장에서 컴퓨터과학이 무엇인지와 컴퓨팅 기술의 간단한 역사를 통해 왜 알고리즘이라는 것이 필요한지 살펴보았다. 즉, 폰 노이만의 내장 프로그래밍 개념에 의해 오늘날 소프트웨어에 대한 개념이 나타났다. 이 장에서는 문제해결을 위해 알고리즘으로 어떻게 표현하는지와 몇 개의 특정 문제에 적용한 예를 살펴본다.

2.1 알고리즘 표현하기

알고리즘을 어떻게 표현할 것인가는 매우 중요한 일이다. 명확하게 순서를 표현하려면 **어떤 표기법이** 좋을까? 인간이 사용하는 자연어로 표현하면 이해하기 쉽고 편리하기는 하지만 명확하지 않을 수도 있으며 기계어 프로그램으로 변환하기도 어렵고 구조화되어 있지도 않다. 그러므로 알고리즘을 표현하려면 좀 더 명확한 표기방법의 사용이 필요하다.

그러면 알고리즘을 처음부터 고급 프로그래밍 언어로 작성하면 어떨까? 알고리즘을 처음부터 고급 프로그래밍 언어로 작성한다고 해보자.

맨 처음 알고리즘을 작성하려면 문제해결을 위한 전체적인 흐름이나 논리를 구성하는 것이 중요하지, 처음부터 고급 프로그래밍 언어의 자료구조나 **추상화** 혹은 문법 같은 것이 우선될 필요는 없다. 자칫하면 알고리즘의 흐름보다는 프로그래밍 언어의 마침표, 기호, 쉼표, 괄호, 구문, 문법 같은 표기에 집중하게 될 수 있다.

예를 들어, 그림 1.1의 알고리즘에서 '단계2: 세 개의 값으로 D ← b^2-4ac를 계산하라'는 순차 동작은 이해하기 쉽다. 그러나 C나 자바 같은 특정 프로그래밍 언어로 표기하면 아래와 같은 문장으로 표현해야 한다.

D = b * b - 4 * a * c;

이 문장은 D에 b * b - 4 * a * c를 계산한 결과 값을 할당하라는 의미인데, 대문자로 아래와 같이 표기해도 되는지 등을 신경 써야한다.

D = B * B - 4 * A * C;

또 어떤 언어에서는 결과 값을 할당하라는 의미의 할당 기호를 아래처럼 :=로 표기하기도 한다.

D := B * B - 4 * A * C;

알고리즘 작성자는 문제에 대한 해법을 찾는 방법에 집중해야 하며 세미콜론이나 대문자 같은 표기에 신경 쓸 필요는 없다. 결국 알고리즘을 표현하는 데 있어서, 자연어나 고급 프로그래밍 언어 보다 효율적인 표기법이 필요하다. 지금부터 그 표기법을 살펴보자.

2.1.1 슈도코드

문제를 해결하는 과정을 알고리즘을 표현하려면 **슈도코드**(Pseudo Code, 의사코드, 코드 비슷하다는 의미)라는 코드로 표기하면 효율적이다. 슈도코드는 컴퓨터 안에서 실행하는 코드가 아니라, 프로그래밍 언어로 표현된 문장의 의미를 대신 나타내는 영어 형식의 코드이다. 그러므로 이 슈도코드는 자연어와 프로그래밍 언어 둘 다의 특징을 지니면서도 간단하고 읽기 쉬우며 엄격한 문법 규칙도 없다. 알고리즘을 구조화된 몇 개의 동작으로만 작성하기 때문에 알고리즘의 흐름을 이해하기 쉽다. 또한 프로그래밍 언어와 구조나 문장이 유사하기 때문에 알고리즘의 각 동작을 프로그램의 문장으로 변환하기 쉽다.

지금부터 1장에서 간략하게 기술한 세 유형의 동작 — 순차 동작, 조건 동작, 반복 동작 — 을 좀 더 알아보자. 슈도코드는 정해진 규칙이 있는 것이 아니기 때문에 구조나 표기 방식을 반드시 따라야 하는 것은 아니다. 필요하면 알고리즘을 설계할 때 얼마든지 변형하여 사용할 수 있다.

2.1.2 순차 동작

순차 동작은 작성된 알고리즘의 위에서부터 아래로 순서에 따라 차례로 수행하는 동작이다. 이 동작에는 **산술 계산**, **입력**, **출력의** 기본 동작 세 개가 있다.

산술 계산 동작은 아래와 같은 의미를 가진다.

어떤 '변수'에 '산술 수식'을 계산한 결과를 넣어라.

위의 의미를 가지는 동작을 슈도코드로 표기하면 아래와 같다.

변수 ← 산술 수식

이 문장은 ←의 오른쪽에 있는 '산술 수식'을 계산하여 결과를 구한 후, 그 결과를 ←의 왼쪽에 있는 '변수'에 저장한다. **변수**는 결과를 **저장하는 메모리의 위치(주소)를 나타내는 이름**이다. 변수는 어떤 결과를 넣을 수도 있고, 또 변수에 저장된 내용(값)을 꺼낼 수도 있다. 한번 결과가 저장된 변수에 다른 결과를 저장하면 이미 저장되었던 결과(내용)는 지워지고 방금 저장한 결과로 교체된다.

아래 예를 살펴보자.

'D'에 'b × b − 4 × a × c'를 계산한 결과를 넣어라.

위의 의미를 가지는 동작을 아래와 같이 슈도코드로 표기한다.

D ← b × b − 4 × a × c

이 동작은 ←의 오른쪽에 있는 산술 수식 b × b − 4 × a × c을 먼저 계산하고 그 결과를 ←의 왼쪽에 있는 D라는 변수에 저장한다. a, b, c 값이 각각 2, 3, 1이라면 이 동작의 결과는 아래와 같다.

D	1

만약 D가 1을 저장하고 있는 이 상태에서, a, b, c 값이 각각 5, 4, 2라면 이 동작의 결과는 아래와 같이 이전 내용 1은 사라지고 새로운 값인 −24가 저장된다.

D	−24

이와 같이 이 산술 계산 동작이 수행되기 전에 앞에서 어떤 값을 이미 저장한 상태라면 이 전에 저장한 값은 지워지고 새로 계산한 결과 값을 저장한다.

사각형의 면적을 구하는 산술 계산하는 동작을 작성해 보자.

area의 값을 (가로 길이 × 세로 길이)로 넣어라.

위의 의미를 가지는 동작을 아래와 같이 슈도코드로 표기한다.

area ← (width × height)

width와 height은 변수로 이 동작 앞에서 이미 계산한 결과로 저장되어 있다고 하자. 그러면 이미 저장한 값으로 산술 수식 width × height를 계산하여 결과를 구한 다음, 결과를 area라는 변수에 저장한다. 만일 width과 height가 앞에서 계산되지 않았다면 width와 height 값을 알 수 없기 때문에 이 동작은 수행할 수 없거나 컴퓨터 메모리 안에 남아있던 '임의의 자료'를 가지고 틀리게 계산한다. 이때 에러가 발생하고 알고리즘은 올바르게 종료하지 않거나 종료하더라도 결과는 올바르지 않을 수 있다.

알고리즘에서 산술 수식을 슈도코드로 작성할 때 인간의 산술 연산 기능을 그대로 적용한다. 따라서 사인(sin)이나 코사인(cos) 값 구하기, 제곱근(√) 구하기 등도 기본 사칙 연산과 마찬가지로 사용한다.

산술 계산과 더불어 순차 동작을 수행하는 두 개의 동작은 컴퓨터 외부와 소통하는 입력과 출력이다.

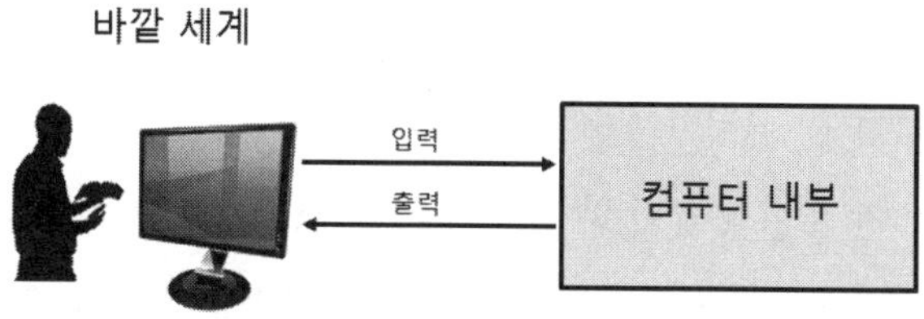

입력 동작은 사용자가 외부에서 컴퓨터 내부로 자료를 넣는 것으로, 자료는 컴퓨터 내부에서 알고리즘이 실행하면서 사용한다. **출력** 동작은 컴퓨터 내부에서 알고리즘을 수행한 결과로 발생한 결과나 자료를 외부로 보낸다. 자료는 알고리즘이 수행하면서 요구할 때만 입력하고, 결과도 알고리즘이 외부에 자료를 보내 줄 필요가 있을 때만 출력한다. 입력이나 출력은 보통 컴퓨터 입출력 장치나 다른 주변 장치를 통해 이루어지지만, 알고리즘을 설계할 때는 이런 세부적인 장치까지는 신경 쓰지 않는다.

입력과 출력에 대한 슈도코드 동작은 아래와 같다.

입력: **read** 변수, 변수, . . .
출력: **write** 변수, 변수, 상수, . . .

예를 들어, 아래와 같은 입력 동작을 살펴보자.

원의 반지름인 r 값을 읽어 들여라.

위의 의미를 가지는 동작을 슈도코드로 표기하면 아래와 같다.

read r

알고리즘이 이 동작을 수행하면 원의 반지름 값을 변수 r에 입력한다. 그러면 이 동작으로 자료를 받아들인 r 값은 메모리의 어느 위치(r이라는 이름의)에 저장한다.

아래 출력 동작을 살펴보자.

write area

이 동작을 수행하기 전에 이미 계산된 값이 변수 area에 저장되어 있다면, 알고리즘은 이 동작을 통해 area에 저장된 값을 모니터나 프린터로 내보낸다. 그러나 에러 내용과 같은 정보를 내보낼 때는 아래와 같이 메시지를 출력한다.

write "sorry, addition error."
write "Input Positive Number."
write "홀수를 입력하세요."

알고리즘이 모든 동작을 수행하면 실행을 종료해야 하는데 알고리즘을 종료하도록 하려면 아래 동작을 사용한다. 이 동작은 알고리즘의 실행을 종료할 위치에 기술한다.

stop

순차 동작의 산술 계산, 입력, 출력 세 동작을 사용하여 간단한 알고리즘을 작성해 보자. 그림 2.1은 어느 학교 3개 학급의 성적(Score1, Score2, Score3)을 입력하면서 합계(Total)를 구한다. 그리고 3개 학급의 성적 평균을 정수로 계산하여 출력하는 알고리즘이다.

3개 학급의 성적을 입력하면서 합계를 구하고 성적 평균을 계산하는 알고리즘(순차 동작 버전)

```
단계1   Total ← 0
단계2   read  Score1
단계3   Total ← Total + Score1
단계4   read  Score2
단계5   Total ← Total + Score2
단계6   read  Score3
단계7   Total ← Total + Score3
단계8   Average ← Total ÷ 3        // ÷ 는 피연산자를 정수형으로 연산하는 연산자
단계9   write Total, Average       // 컴퓨터에서 정수형과 실수형 수는 다르게 연산
단계10  stop
```

[그림 2.1] 3개 학급의 성적을 입력하면서 합계를 구하고 성적 평균 계산하는 알고리즘

2.1.3 조건 동작

그림 2.1의 알고리즘에서 3개 학급의 성적 합계와 성적 평균을 알아보는 알고리즘 표현을 알아보았다. 이 알고리즘은 처음부터 마지막 종료까지 한번 만 실행하면 종료한다. 이 알고리즘에서 필요한 부분을 선택하여 실행하거나 어떤 부분을 반복하여 다시 실행할 수는 없지만 실제 알고리즘에서는 어떤 부분을 선택하여 실행하거나 특정 부분을 반복하여 실행하는 경우가 많다.

이렇게 실행 도중에 필요한 부분을 선택하거나, 반복하여 실행해야 하는 경우를 위해 **조건 동작**이나 **반복 동작**을 사용할 수 있는데 알고리즘의 실행 도중에 조건에 따라 필요한 부분을 선택하여 실행하거나 조건에 따라 특정 부분을 반복하여 실행하기 때문에 이런 동작을 **제어 동작**이라 한다. 제어 동작은 알고리즘 실행의 흐름을 필요에 따라 변경한다.

조건 동작은 알고리즘의 실행 도중에 조건을 묻고 조건 결과에 따라 수행할 다음 동작을 선택한다. 조건을 묻는 방법은 다양하지만 대체로 아래와 같이 **if..then..else**와 같은 구조로 묻는다.

```
if '참/거짓에 대한 조건식'
    then
        동작 블록1
    else
        동작 블록2
```

이 동작의 의미는 아래와 같다.

1. 참인지 거짓인지를 알기 위해 '참/거짓에 대한 조건식'을 계산한다.
2. 조건식 계산 결과가 참이면, **then** 아래의 동작을 모아놓은 '동작 블록1'을 수행하고, '동작 블록2'는 실행하지 않고 벗어난다.
3. 조건식 계산 결과가 거짓이면, '동작 블록1'은 실행하지 않고, 바로 **else** 아래 '동작 블록2'를 수행한다.
4. '동작 블록1'이든 '동작 블록2'든 해당 블록의 수행을 마치면, **if..then..else** 구조를 벗어나고 그 다음 동작부터 실행한다.

그림 2.2는 **if..then..else** 구조의 **순서도**이다. 그림 2.2에서 다이아몬드 모양에서 조건을 검사하고 참이면 T1, T2, T3, . . . 순서로 동작을 실행하고, 조건이 거짓이면 F1, F2, F3,

. . . 순서로 동작을 실행한다. '참'쪽이든 '거짓'쪽이든 두 경우를 실행하고 나면 **if..then..else** 구조 바로 뒤에 있는 동작 S로 가서 계속 실행한다. 이와 같이 **if..then..else** 구조는 참이 아니면, 거짓 두 개의 선택 중에서 오직 하나만 선택한다.

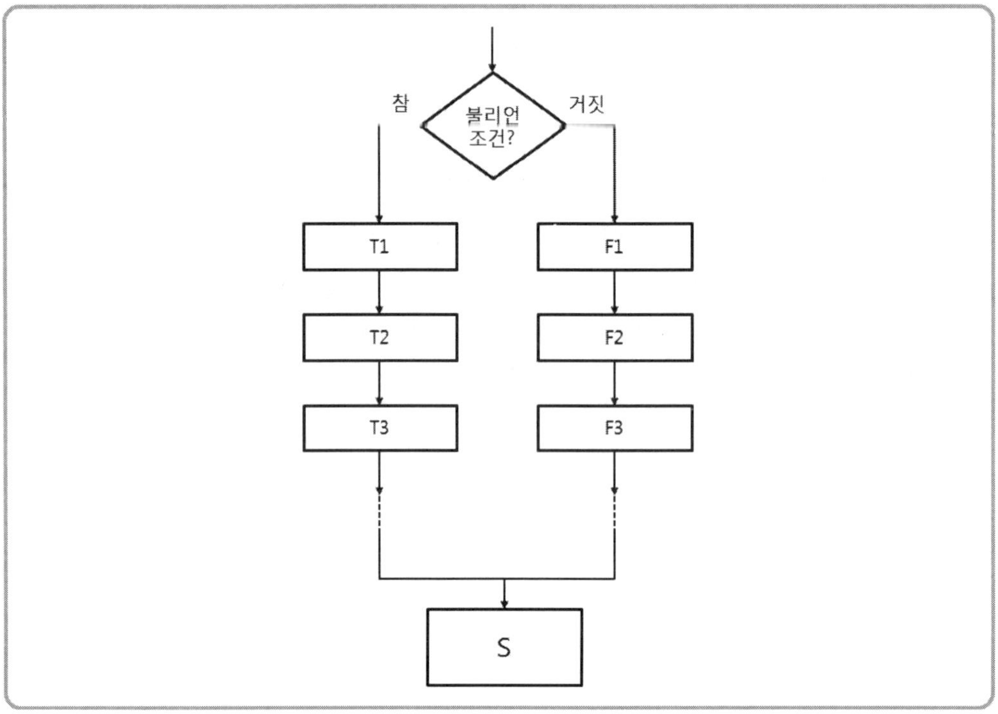

[그림 2.2] if..then..else 구조의 순서도

그림 1.1 알고리즘의 단계3를 이 **if..then..else** 구조의 슈도코드를 사용하여 기술하면 아래와 같다. 알고리즘에서 '//'는 주석으로 알고리즘의 동작이 실행하는 슈도코드는 아니고, 알고리즘을 다른 사람이 보고 이해하기 쉽도록 동작을 설명하는 설명문이다.

```
.
.
단계3  if D > 0  then                          // 방정식의 근 x1, x2 두 개
                 x1 ← (−b + √D) / (2 × a)      // 블록1
                 x2 ← (−b − √D) / (2 × a)
                 write x1, x2
```

```
else if D = 0 then                          // 방정식의 근 x 한 개(중근)
        x1 ← −b / (2 × a)                   // 블록2
        write x1
else if D < 0 then                          // 방정식의 근은 허근
        write "허근입니다"                    // 블록3
   ⋮
```

조건 D > 0는 참이거나 거짓만 될 수 있으며 참이면 중근을 계산하는 '블록1'을 수행한다.

```
x1 ← (−b + √D) / (2 × a)        // 블록1
x2 ← (−b − √D) / (2 × a)
write x1, x2
```

그리고 거짓이면 실근을 구할 수 없으므로 중근인지 허근인지 알기 위한 조건 D = 0와 조건 D < 0를 차례로 검사한다. 그러므로 조건 D = 0로 중근이면 '블록2'를 수행한다.

```
x1 ← −b / (2 × a)               // 블록2
write x1
```

조건 D < 0이면 허근을 가지므로 블록3을 수행한다.

그러므로 그림 1.1 알고리즘을 슈도코드로 표현하면 아래와 같다.

```
단계1 read a, b, c
단계2 D ← b × b − 4 × a × c
단계3 if D > 0 then
            x1 ← (−b + √D) / (2 × a)        // 블록1
            x2 ← (−b − √D) / (2 × a)
            write x1, x2
      else if D = 0 then
            x1 ← −b / (2 × a)               // 블록2
            write x1
      else if D < 0 then
```

write “허근입니다”　　　　　　　　// 블록3

단계4 **stop**

그림 2.3은 조건 동작 **if..then..else** 구조의 다른 예로 그림 2.2의 총 합계와 성적 평균을 계산하는 알고리즘을 확장한 전 학년 34개 학급 성적의 총 합계와 성적 평균을 계산하여 출력하는 알고리즘이다. 이 때 그림 2.2와 같이 전 학년 성적을 나타내는 변수를 Score1, Score2, Score3, Score4, ..., Score34처럼 34개 학급을 모두 나열하거나 산술 계산하는 동작을 34 단계로 작성하기는 어렵다. 만약 10개 학교 100개 학급이면 어떻게 할 것인가?

그러므로 변수 Score1, Score2, Score3, Score4, ..., Score34 처럼 34개를 사용하지 않고, 단 한 개의 변수 Score로 34개 학급의 성적으로 대응할 수 있도록 한다. 그림 2.3을 살펴보자.

34개 학급의 성적을 입력하여 합계를 구하고 전체 성적의 평균을 계산하는 알고리즘(조건 동작 버전)

```
단계1   Total ← 0
단계2   Average ← 0
단계3   Class ← 1
단계4   read Score
단계5   Total ← Total + Score
단계6   if Class < 34 then
                Class ← Class + 1
                goto 단계4
                else
                    Average ← Total ÷ Class
                    write Total, Average
단계7   stop
```

[그림 2.3] 34개 학급의 성적을 입력하고 성적 평균을 계산하는 알고리즘

그림 2.3에서 입력하는 각 학급의 성적을 단계4에서 변수 Score로 입력하도록 하고, 학급수를 계산하기 위해 Class라는 변수를 사용하여 1에서 34까지 증가하도록 하였다. 단계6에서 Class를 1씩 증가하는데 1부터 33까지는 반복하면서 입력한 학급 성적을 합하게 된

다. Class값이 34가 되면서 단계4로 가서 입금한 금액을 합한다. 그리고 조건 검사 Class < 34에 의해 거짓(Class = 34이므로)이 되므로 단계4으로 가지 않고 단계6의 **else** 이하를 실행한다. 그러면 매일 입금한 평균 금액을 Average ← Total ÷ Class에 의해 계산하고 34번 입력하여 합해진 성적 총 합계와 성적 평균을 출력한다.

이 예에서 새로운 학급 성적을 입력하기 위해 '**goto** 단계4'동작을 사용하였는데, 이 동작은 실행의 순서를 단계4로 되돌아가게 하여 학급 성적을 읽고 합하는 부분을 반복하도록 한다. 이렇게 특정 부분을 반복하여 실행하는 일을 **순환**한다고 한다.

2.1.4 반복 동작

이렇게 특정 부분을 반복하도록 하는 슈도코드는 여러 표현 방법이 있다. 먼저 아래의 **while** 구조를 살펴본다.

```
while ('참/거짓에 대한 조건식') do
    단계1:   동작
        .
        .
    단계i:   동작
    단계i+1: 동작
        .
        .
    단계j: 조건을 변화시키는 동작
endwhile
```

이 구조는 먼저 **조건을 계산하는** '참/거짓에 대한 조건식'을 계산하여 결과가 참인지 거짓인지를 검사한다. 참이면 단계 1에서 단계 j까지의 동작을 실행한다. 이때 단계 1에서 단계 j까지 여러 동작으로 이루어진 블록을 **순환 몸체**라 한다. 순환 몸체의 동작을 모두 실행하고 나면 조건식을 다시 계산한다. 마찬가지로 결과가 참이면 또 순환 몸체를 1에서 j까지 다시 실행한다. 이와 같이 계속하여 반복 실행하다가 조건식의 결과가 거짓이 되면 이 **while** 순환 구조를 벗어난다.

중요한 사항은 반드시 순환 구조 안의 어느 단계에서든 이 순환을 벗어날 수 있도록 조건을 변화시킬 수 있는 동작이 있어야 한다. 만약 조건을 변화시킬 수 있는 동작이 없으면 조건 계산에서 결코 거짓이 되지 않아 순환을 무한히 반복할 수 있나.

그림 2.4는 **while** 구조를 표현하는 순서도이다. 다이아몬드 모양에서 조건을 계산하여 참이면 순환 몸체에 있는 S1, S2, S3,...동작을 차례로 실행하고 순환을 위한 조건을 다시 계산한다. 마찬가지로 조건을 계산한 결과가 참이면 순환 몸체를 실행하고, 결과가 거짓이면 순환을 종료하고 **while** 순환 구조의 바로 다음에 있는 동작인 Sn을 실행한다.

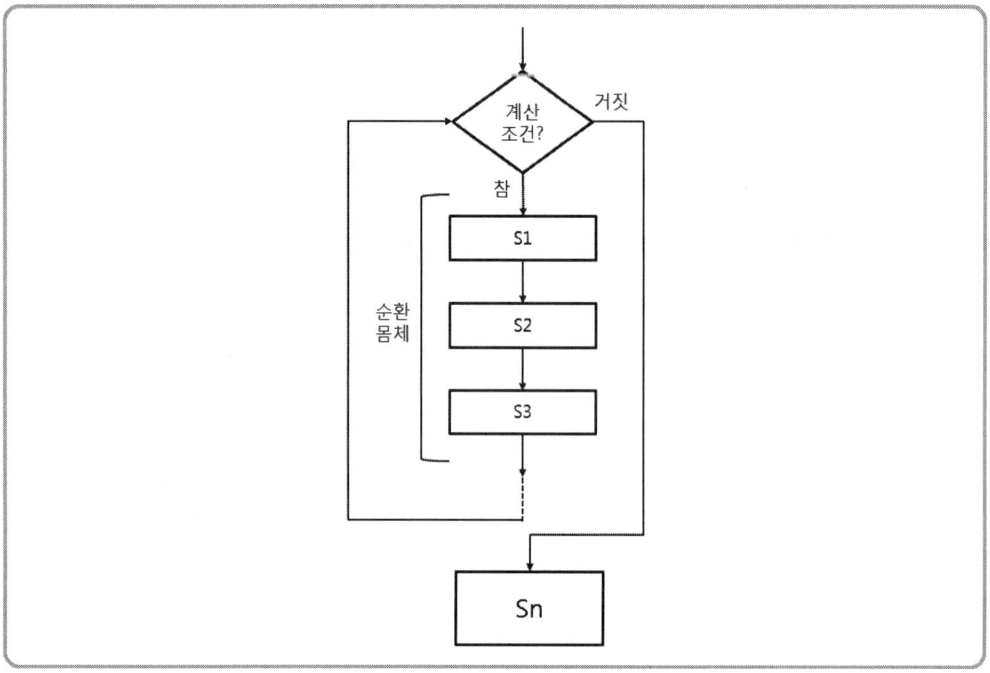

[그림 2.4] while 순환 구조의 순서도

아래에서 **while** 구조에 대한 간단한 예를 살펴보자.

단계1 Num ← 1

단계2 Table ← 1

단계3 **while** (Num ≤ 30) **do**

단계4 Table ← Table × Num

단계5 **write** Num, Table

단계6 Num ← Num + 1

단계7 **endwhile**

단계1과 단계2는 Num와 Table이라는 변수를 정수 값 1로 초기화하고, 다음 동작인 단계3인 **while** (Num ≤ 30) **do**는 조건 계산식 (Num ≤ 30)의 결과에 따라 순환 몸체(단계4, 단계5, 단계6)를 수행한다. 즉, 단계4에서 Table × Num를 계산하여 Table에 저장하고, 단계5에서 Num와 Table의 내용을 출력한다. 단계6의 Num ← Num + 1은 이 순환 몸체를 벗어날 수 있도록 조건을 변화시키는 계산 동작으로 Num를 31이 될 때까지 1씩 증가시킨다. 이 **while** 구조를 수행하면 아래와 같이 1에서 30까지 이전 순환에서 계산하여 저장한 Table 값에 현재 순환 중인 Num 값을 곱하는 표를 만든다. Num 값이 31이면 조건 계산에서 거짓(30보다 크므로)이 되어 순환을 벗어나게 된다.

Num	Table
1	1
2	2
3	6
4	24
5	120
.	
.	
.	
30	...

사용자 입력에 따라 순환을 실행하고, 입력한 성적의 합계를 출력하는 알고리즘(사용자의 입력에 따라 순환을 제어하는 반복 동작 버전)

단계1　repeat ← 'Yes'
단계2　Total ← 0
단계3　**while** (repeat = 'Yes') **do**
단계4　　　**read** Score
단계5　　　Total ← Total + Score
단계6　　　**write** "다시 실행하려면 'Yes'를, 끝내려면 'No'를 입력하세요."
단계7　　　**read** repeat
단계8　**endwhile**
단계9　**write** Total
단계10　**stop**

[그림 2.5] 사용자 입력에 따라 순환을 실행하고 입력한 성적의 합계를 출력하는 알고리즘

그림 2.5는 **while** 구조의 또 다른 예로 순환을 한 번 실행한 후에 계속 실행할 것인지 아닌지를 묻는 알고리즘이다. 이 알고리즘은 사용자가 문자 'Yes'를 입력해야만 **while** 구조의 순환 몸체를 실행한다. 문자 'No'나 다른 값을 입력하면 순환 몸체를 실행하지 않고 단계9에서 Total 값을 출력하고 순환 구조를 벗어난다. 단계3에서 사용자가 무엇인가를 입력할 때까지 조건을 계산할 수 없으므로 실행하지 못하고 기다리게 된다. repeat 값은 'Yes'로 초기화되어 있다.

순환을 수행하는 구조는 **while** 구조 외에도 여러 형식이 있다. 지금까지 언급한 **while** 구조는 반복 실행할 것인지를 매 번 순환을 시작하기 전에 **미리 검사**한다. 그러므로 어떤 경우에는 맨 처음부터 순환을 한 번도 실행하지 않을 수 있다. 맨 처음 실행에서 조건을 계산하려 할 때 초기 조건 값이 이미 거짓으로 할당되어 있을 수 있기 때문이다.

또 따른 순환 구조는 **나중 검사**이다. 이 순환도 조건 계산으로 참/거짓을 사용하는데 순환을 또 실행할 것인지는 순환 몸체의 맨 끝의 조건 계산식에서 검사한다. 보통 아래와 같이 **do..while** 구조로 표현한다.

do

단계1: 동작

.

.

단계i: 동작

단계i+1: 동작

.

.

단계j: **조건을 변화시키는 동작**

while ('참/거짓에 대한 조건식')

이 순환은 순환 몸체 안에 있는 동작을 순환 몸체 맨 마지막에 있는 참/거짓의 조건식을 검사하기 전에 수행하며 조건 결과가 참이면 순환 몸체를 다시 실행한다. 조건 결과가 거짓이면 순환을 끝내고 순환 구조 바로 다음 동작을 실행한다. 그림 2.6은 **do..while** 순환 구조의 순서도이다.

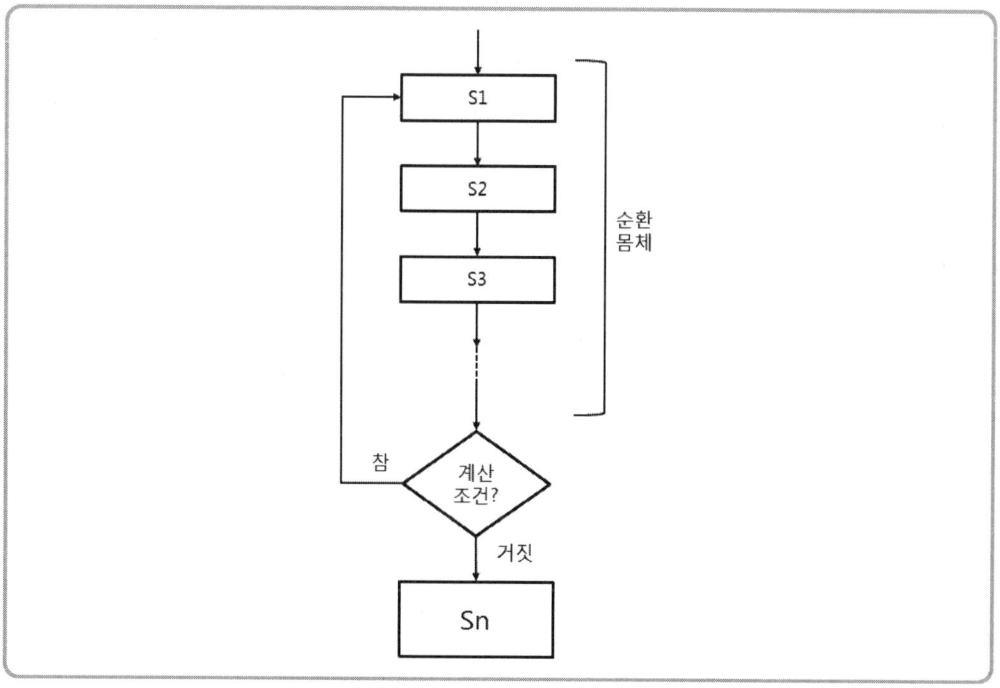

[그림 2.6] 나중 검사를 하는 do..while 순환 구조 순서도

지금까지의 순환 구조는 어떤 조건에 따라 순환 몸체를 반복하였다. 또 다른 형식으로 주어진 **회수에 따라 순환**을 반복하는 구조이다. **for** 형식은 보통 아래와 같은 동작으로 표현한다.

for (i ← 초기 값, 증가 값, 마지막 값) **do**
　　단계1:　동작1
　　단계2:　동작2
　　.
　　.
　　.
　　단계i:　동작i
endfor

그림 2.7은 **for** 순환 구조를 표현한 순서도이다. 이 순환 구조는 초기 값, 증가 값(혹은 감소 값) 및 마지막 값이 순환 구조 전에 주어진다. 먼저, **순환 제어 변수(i)**를 초기 값으로

하여 순환 몸체를 수행하는데 순환 몸체의 동작을 수행하고 나면, 제어 변수 값을 증가 값만큼 **자동**으로 증가하여 마지막 값보다 큰지 작은지를 검사하다. 다이아몬드 모양에서 순환 회수를 검사하는데 참이면 순환 몸체의 동작인 S1, S2, S3, ...를 실행하고, 다시 순환 회수를 자동으로 검사한다. 회수가 거짓(마지막 값보다 크면)이면 순환은 끝내고 순환 구조의 다음 동작인 Sn을 실행한다. 이 구조는 순환 몸체 안에서 제어 변수 i의 **값을 변화시켜서는 안 된다**. 제어 변수가 순환 회수를 저장한 것이므로 실행 도중에 변경하면 실행 회수를 잃어버리게 된다.

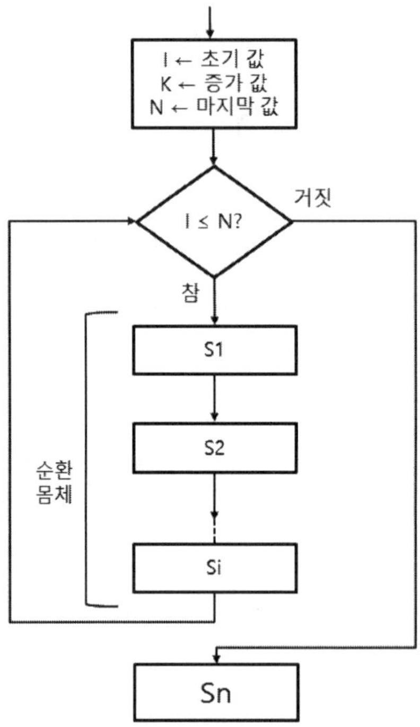

[그림 2.7] for 순환 구조의 순서도

그림 2.8은 이 절에서 언급한 알고리즘의 동작을 표현하는 슈도코드의 요약이다.

```
산술 계산:
        변수 ← 산술 수식
입력과 출력:
        read  변수, 변수, . . .
        write  변수, 변수, 상수,. . .
        write  "메시지"
종료:
        stop
조건:
        if '참/거짓에 대한 조건식'
              then
                 동작 블록1
              else
                 동작 블록2
반복:
        while ('참/거짓에 대한 조건식') do
           단계1:  동작1
           단계2:  동작2
             ...
           단계j:   조건을 변화시키는 동작
        endwhile

        do
           단계1:  동작1
           단계2:  동작2
             ...
           단계i:   조건을 변화시키는 동작
        while ('참/거짓 조건식')

        for (i ← 초기 값, 증가 값, 마지막 값) do
           단계1:  동작1
           단계2:  동작2
             ...
           단계i:  동작i
        endfor
```

[그림 2.8] 슈도코드로 된 동작 요약

2.2 알고리즘을 활용한 문제해결

이 절에서는 앞에서 언급한 동작들을 사용하여 여러 유형의 문제를 해결하는 방법을 알고리즘으로 설계해 보자. 예로 사용할 문제는 사각형 여러 개의 면적의 합으로 도형의 면적이나 부피를 계산하기, 연락처에서 임의로 나열한 원하는 번호, 이름, 주소 찾기, 임의로 나열된 여러 개의 수에서 가장 큰 수 찾기 등이다.

2.2.1 사각형 여러 개의 면적으로 도형의 면적 계산하기

일차방정식 y = x의 적분 값 $y=\int_2^5 x\,dx$ 을 사각형의 면적으로 계산해 보자. 그림 2.9(a)와 같이 (x, y)의 좌표에 따라 x = 2일 때 y = 2, x = 5일 때 y = 5이다. 위 일차방정식의 적분 값은 밑변의 길이가 5이고 윗변의 길이가 2이며 높이(x = 5와 x = 2 사이)가 3인 사다리꼴의 면적과 같으며 사다리꼴의 면적 S는 아래와 같이 계산할 수 있다.

S = ((밑변 + 윗변) × 높이) / 2 = ((5 + 2) × 3) / 2 = 10.5

이와 같이 일차방정식으로 표현되는 직선은 간단하게 사다리꼴 면적을 구하는 공식으로 활용하여 구할 수 있다. 그러나 $y=\int_2^5 x^2\,dx$나 $y=\int_{-4}^5 (x^3+x^2-x+1)\,dx$ 같은 적분 값을 구하기는 쉽지 않다.

$y=\int_2^5 x^2\,dx$ 같은 곡선이 이루는 면적은 삼각형이나 사각형 혹은 사다리꼴 같은 다각형의 면적을 구하는 방법으로 계산하기는 어렵다. 따라서 여기서는 방정식이 만드는 직선 혹은 곡선으로 이루어진 면적을 계산하는 다른 방법을 살펴보자.

먼저, 방정식이 만드는 직선 혹은 곡선으로 이루어진 면적을 N개의 작은 사각형으로 나눈 후 사각형 각각의 면적을 계산하여 모두 합하면 전체 면적을 계산할 수 있다. 이 때 N이 얼마인지가 가장 중요하다. 방정식에 의해 곡선으로 이루어진 면적에서 만약 N이 너무 작으면 사각형과 곡선 사이에서 큰 빈 공간이 발생할 수 있으며, N이 큰 경우에도 빈 공간이 줄어들기는 하지만 생기기는 마찬가지이다. 그러므로 이 빈 공간의 합이 어느 정도 정확도를 유지하는지에 따라 근사 값을 가지는 최종 면적 값으로 판단할 수 있다.

그림 2.9(a)의 y = x 방정식의 적분 값을 계산하기 위해 직선의 면적을 구해보자.

이 직선을 1등분한 사각형의 면적으로 계산한 적분 값은 I = S1 = 6이다.

$$S1 = 밑변 \times 높이 = (5 - 2) \times (2 - 0) = 6$$

이 때 사각형과 y = x 직선 사이에서 삼각형의 빈 공간(● 표시)이 생기게 되는데, 이 빈 공간을 **오차**라 하고 삼각형 면적과 같으므로 아래와 같이 계산할 수 있다.

$$E1 = (밑변 \times 높이) / 2 = ((5 - 2) \times (5 - 2)) / 2 = 4.5$$

S = S1 + E1이므로 6 + 4.5 = 10.5로 사다리꼴 면적과 같다. 그러나 오차 공간의 면적 E1은 적분 값으로 계산한 면적 S1과 비교하여 너무 크다. 이렇게 구해진 사각형의 면적인 오차의 크기가 너무 커서 정확한 적분 값으로 판단할 수 없다. 현재의 1등분한 사각형의 면적은 정확한 적분 값이라 판단하기 어렵다.

이 오차 공간을 줄이기 위해 그림 2.9(b)와 같이 x = 2에서 x = 5까지를 2등분하여 만들어진 두 개의 사각형 각각의 면적(S1과 S2)을 구해 합해 보자. 그러면 아래와 같이 각 사각형 면적의 합으로 계산한 적분 값은 I = S1 + S2 = 3.0 + 5.25 = 8.25이다.

$$S1 = (3.5 - 2) \times (2 - 0) = 1.5 \times 2 = 3.0$$
$$S2 = (5 - 3.5) \times (3.5 - 0) = 1.5 \times 3.5 = 5.25$$

이때의 오차는 두 삼각형 면적의 합과 같으므로 아래와 같이 계산할 수 있다.

$$\begin{aligned} E2 &= e1 + e2 = (밑변 \times 높이) / 2 + (밑변 \times 높이) / 2 \\ &= ((3.5 - 2) \times (3.5 - 2)) / 2 + ((5 - 3.5) \times (5 - 3.5)) / 2 \\ &= (1.5 \times 1.5) / 2 + (1.5 \times 1.5) / 2 = 2.25 \end{aligned}$$

그림 2.9(b)와 같이 사각형을 2등분한 결과는 사각형 한 개의 면적을 구하는 그림 2.9(a) 보다 오차가 줄어든다. 그러나 아직도 오차는 커서 이것도 정확한 적분 값으로 사용할 수 없다. 다시 오차 공간을 더 줄이기 위해 그림 2.9(c)와 같이 x = 2에서 x = 5까지를 3등분하고 세 개의 사각형 면적을 각각 구하여 합한다. 그러면 아래와 같이 각 사각형 면적의 합으로 계산한 적분 값은 I = S1 + S2 + S2 = 2 + 3 + 4 = 9이다.

$$S1 = (3 - 2) \times (2 - 0) = 1 \times 2 = 2$$
$$S2 = (4 - 3) \times (3 - 0) = 1 \times 3 = 3$$
$$S3 = (5 - 4) \times (4 - 0) = 1 \times 4 = 4$$

이때의 오차는 세 삼각형 면적의 합과 같으므로 아래와 같이 계산할 수 있다.

$$\begin{aligned} E3 &= e1 + e2 + e3 = (\text{밑변} \times \text{높이}) / 2 + (\text{밑변} \times \text{높이}) / 2 + (\text{밑변} \times \text{높이}) / 2 \\ &= ((3 - 2) \times 3 - 2)) / 2 + ((4 - 3) \times (4 - 3)) / 2 + ((5 - 4) \times (5 - 4)) / 2 \\ &= (1 \times 1) / 2 + (1 \times 1) / 2 + (1 \times 1) / 2 = 1.5 \end{aligned}$$

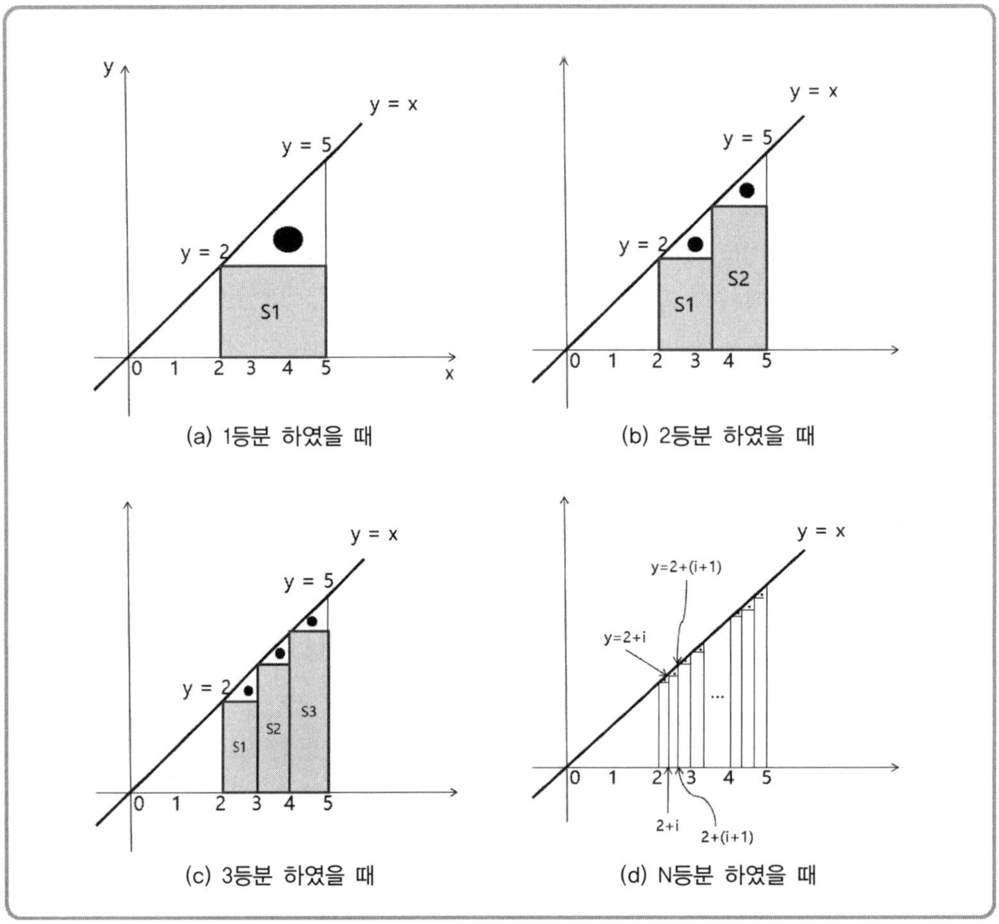

[그림 2.9] 사각형 면적의 합으로 방정식 y = x의 적분 값 계산하기

오차 E3은 오차 E2보다 줄어들었다. 즉, 그림 2.9(c)에서 보듯이 이때는 사각형 두 개의 면적을 구하여 합한 그림 2.9(b) 보다 오차는 줄어든다. 그러나 아직도 오차는 크다고 판단할 수 있으며 그 결과도 정확한 적분값으로 사용하기 어렵다.

그러면 사각형을 몇 등분으로 나누어 합을 구해야 할까? 몇 등분으로 나누면 된다는 명확한 답은 있을까? 그러나 몇 등분으로 나누면 좋다는 명확한 답은 알 수 없다.

앞에서 1등분, 2등분, 3등분으로 나눈 각 사각형 면적을 합하면, 각각 6, 8.25, 9로 증가하고 오차는 각각 4.5, 2,25, 1.5로 줄어들었지만, 3등분할 때까지 y = x의 정확한 적분 값을 알 수 없다.

4등분, 5등분, ..., N−1, N등분하여 각 사각형의 면적을 구하여 합해 보면 어떨까? 그러면 면적은 어느 특정 i등분부터 특정 값에 일정하게 수렴할 것이며 오차 역시 **일정한 값**에 수렴할 것이다. 이 때 **일정하게 수렴하는 오차가 아래처럼 특정 값 영역 안에 존재할 때, 그 때의 사각형 면적의 합** I = S1 + S2 + S3 + ... + SN**을 적분 값으로 판단할 수 있다. 이때의 오차는** E = E1 + E2 + E3 + ... + EN이다. 오차가 0에 수렴하면 **근사 값**이긴 하지만 그때의 I를 적분 값으로 판단한다.

$$-\varepsilon \le EN \le +\varepsilon$$

여기에서 오차를 판단하기 위한 특정 값 ε은 0.5, 0.1, 0.05, 0.001같은 작은 값이다. 0.001은 거의 0에 가까운 값이지만 정수 값인 완전하게 0으로 나타내기는 어렵다. 왜냐하면 컴퓨터에서 실수 값 연산은 실수 값의 유효자리 때문에 정확하게 제로(0)를 만들지 않는 경우가 발생할 수 있다. 그러므로 각 등분에서의 오차 값을 알기위해 완전한 0이 아닌 약간의 여유 값을 오차 값으로 사용한다. 즉, −0.05 ≤ EN ≤ +0.05에서 EN은 거의 0으로 간주할 수 있다.

각 사각형 면적의 합과 오차의 합이 일정한 값에 수렴하고 오차가 주어진 오차의 한계에 존재하면 더 이상 사각형을 나눌 필요가 없다. 최종적으로 사각형을 N등분하여 계산한 면적의 합인 I(N)를 적분 값으로 결정한다.

지금까지 설명한 여러 개의 사각형 면적의 합으로 아래 방정식의 적분을 계산하는 과정을 형식화한 알고리즘으로 설계해 보자.

> 일차방정식 y = x를 x = 2에서 x = 5까지 적분한다. 즉, $y=\int_2^5 x\,dx$ 을 구하시오.

■ **단계1:**

일단, 일차방정식 y = x를 x = 2에서 x = 5까지 N개의 사각형으로 등분한다. N등분이란 x = 2부터 x = 5까지 임의로 1.0씩 증가시킬 수도 있고, 0.5씩 증가시킬 수도 있으며, 0.1씩 증가시킬 수도 있다. 또한 0.001같은 작은 수로 증가시길 수도 있는데 사각형 수가 늘어나고 오차가 줄어들기 때문에 0.1이나 0.5씩 증가시킬 때 보다 정확한 적분 값을 구할 수 있다. 그러나 너무 작은 수로 증가시키면 사각형 면적을 구하는 계산 횟수(양)가 많아져 적분 값을 구하는 데 시간이 오래 걸린다. 예를 들어, x = 2에서부터 값을 0.5씩 일정하게 증가시키면 x값과 대응하는 y은 아래와 같다.

x = 2, 2.5, 3.0, 3.5, 4.0, 4.5, 5.0
y = 2, 2.5, 3.0, 3.5, 4.0, 4.5, 5.0

■ **단계2:**

그러므로 가로 × 세로에 따른 각 사각형 6개의 면적은 아래와 같이 계산되고 각 면적의 합은 9.75이다.

S1 = (2.5 − 2.0) × 2.0 = 0.5 × 2.0 = 1.0
S2 = (3.0 − 2.5) × 2.5 = 0.5 × 2.5 = 1.25
S3 = (3.5 − 3.0) × 3.0 = 0.5 × 3.0 = 1.5
S4 = (4.0 − 3.5) × 3.5 = 0.5 × 3.5 = 1.75
S5 = (4.5 − 4.0) × 4.0 = 0.5 × 4.0 = 2.0
S6 = (5.0 − 4.5) × 4.5 = 0.5 × 4.5 = 2.25

또한 각 사각형과 직선 사이의 오차는 아래와 같이 계산되고 각 오차의 합은 0.75이다.

E1 = ((2.5 − 2.0) × (2.5 − 2.0)) / 2.0 = (0.5 × 0.5) / 2 = 0.125
E2 = ((3.0 − 2.5) × (3.0 − 2.5)) / 2.0 = (0.5 × 0.5) / 2 = 0.125
E3 = ((3.5 − 3.0) × (3.5 − 3.0)) / 2.0 = (0.5 × 0.5) / 2 = 0.125
E4 = ((4.0 − 3.5) × (4.0 − 3.5)) / 2.0 = (0.5 × 0.5) / 2 = 0.125
E5 = ((4.5 − 4.0) × (4.5 − 4.0)) / 2.0 = (0.5 × 0.5) / 2 = 0.125
E6 = ((5.0 − 4.5) × (5.0 − 4.5)) / 2.0 = (0.5 × 0.5) / 2 = 0.125

■ **단계3:**

앞 단계까지 계산한 오차의 합이 아래와 같이 오차 범위(−0.05~+0.05로 가정) 안에 존재하지 않기 때문에 아직은 사각형 수를 더 증가시킨다.

$-0.05 \leq 0.75 \leq +0.05$

■ **단계4:**

오차의 합이 오차 범위 안에 존재하면 원하는 적분 값으로 판단하고 이때까지의 사각형의 합과 오차의 합을 출력한다. 그러나 오차 범위 안에 존재하지 않으면 사각형 수를 늘리기 위해 위의 단계 1에서 N등분을 위해 증가하는 값을 더 작은 값으로 교체하여 반복한다.

그러나 실제로는 새로운 증가 값으로 교체하는 것보다 방정식의 특성을 고려하여 처음부터 x값을 적절히 작은 값(0.1, 0.05, 0.01정도)으로 증가하도록 한다. 예를 들어, 가로인 x값을 0.1 씩 증가시키면 세로인 y값은 2, 2.1, 2.2, 2.3, 2.4,....등으로 대응한 사각형을 만들 수 있다.

지금까지 기술한 방법을 아래와 같이 슈도코드 동작을 이용하여 작성할 수 있다. x = 2부터 0.1로 증가시키고, 오차 범위 한계 값 ε 은 0.05로 한다. 그러므로 오차 범위는 −0.05 ~ 0.05이다.

지금까지 알고리즘의 예에서는 간단한 정수를 입력하여 연산하는 방법을 사용했지만 실생활에서는 이름, 숫자(정수, 실수 등), 주소가 있는 연락처나 실험 자료 등 여러 유형의 자료를 사용한다.

또한 사각형이나 사다리꼴 같은 도형의 면적을 활용하여 다른 도형이나 곡선의 면적이나 부피를 계산하는 방법도 여러 분야에서 다양하게 활용되고 있다. 오늘날 4차 산업 시대에는 3D 프린터 기술에 적용하기도 하고, 3D 스캐너에 활용하기도 한다.

어떤 문제의 해를 구한다는 것은 **알고리즘을 발견**한다고 할 수 있다. 앞에서 사각형의 면적을 이용하여 방정식의 적분 값을 계산하는 과정을 간단한 알고리즘으로 작성해 보았다. 문제 해결 방법을 발견한다는 것은 4차 산업 시대에는 매우 중요한 일인데 복잡한 문제에 대해 정확하면서도 효율적인 알고리즘을 찾아내는 것은 어려울 수도 있으며 어떤 문제는 경험이나 인공지능 등의 여러 분야가 결합되어야 해결되는 경우도 있다.

사각형 면적의 합으로 일차방정식 y = x를 x = x0에서 x = xn까지 적분, 즉 $y=\int_2^5 x\,dx$ 을 계산하는 알고리즘, 이 예에서 x0 = 2, xn = 5이다.

```
S ← 0
error ← 0
Interval ← 1
write " 적분 구간의 시작 값과 마지막 값을 입력하세요."
read x0, xn, x1
while (Interval ≤ 100) do
    deltaX ← 0
    h ← 0
    for (N ← 1, 1, Interval) do        // N ← N + 1 자동으로 증가
        deltaX ← (xn − x0) / Interval
        x1 ← x0 + (N − 1) × deltaX
        h ← x1
        S ← S + deltaX × h
        y1 ← x1                    // f(x) = x
        y2 ← x1 + deltaX           // f(x)
        error ← error + (deltaX × (y2 − y1)) / 2
  endfor
      if  −0.05 ≤ error ≤ 0.05 then
                                write " 간격, 적분 값, 오차 ", Interval, S, error
                                stop

            else

              Interval ← Interval + 1
              S ← 0
              error ← 0
endwhile
stop
```

지금부터는 좀 더 복잡한 알고리즘을 작성하기 위해 탐색이나 정렬 같이 많은 자료를 사용하는 문제를 살펴본다.

2.2.2 연락처에서 전화번호 찾기

여기에서는 컴퓨터과학에서 자주 사용하며 특히 알고리즘 분야에서 중요하게 다루는 문제를 해결하는 탐색 알고리즘을 작성해 본다.

먼저 스마트폰 같은 기기에 저장되어 있는 이름, 전화번호, 주소, 직업 등의 숫자와 문자가 섞여있는 많은 양의 자료에서 사용자가 원하는 특정 데이터를 찾아보자. 즉, 전체 자료가 들어있는 목록에서 찾으려는 '데이터'를 입력하면, 입력에 해당하는 데이터를 찾는다. 이와 같이 무언가를 찾는 일(**탐색**, **검색**)을 하는 알고리즘은 전화번호 찾기, 우편번호 찾기, 기차표 예매, 도서 찾기, 쇼핑하기 등 여러 곳에 응용된다.

이 예에서는 스마트폰에 저장되어있는 연락처에서 찾으려는 사람의 '이름'을 입력하면 연락처에서 그 **이름이 있는 위치**를 알아내고 이름에 해당하는 전화번호와 주소를 찾는다.

예를 들어 스마트폰에 1,000명의 이름, 전화번호, 주소가 있다고 하자. 각 이름은 Name1, Name2, Name3, . . ., Name1000이고, 각 이름에 대응하는 전화번호는 Tel1, Tel2, Tel3, . . ., Tel1000이며, 주소는 Addr1, Addr2, Addr3, . . ., Addr1000이다. 연락처에는 같은 이름도 있을 수 있으며 '가나다(혹은 알파벳)' 순서로 나열되어 있지는 않다. 스마트폰에는 1,000개의 이름, 전화번호, 주소가 아래처럼 나열되어 있다.

```
Name1        Tel1        Addr1
Name2        Tel2        Addr2
Name3        Tel3        Addr3
  .            .           .
  .            .           .
  .            .           .
Name1000     Tel1000     Addr1000
```

알고리즘을 설계하기 위해 찾고자하는 이름의 변수를 "WHO"라 하자. 입력하는 이름은 '김수자', '홍미나', 'Smith' 같은 문자이다. 원하는 이름을 찾기 위해 아래 읽기 동작으로 입력하여 변수 "WHO"에 저장한다.

read WHO

'WHO' 변수에 저장된 이름을 연락처에 있는 1,000명의 이름과 처음부터 하나씩 비교하면서 입력한 이름과 같은 이름이 있는지 검사한다. 차례로 비교하는 도중에 WHO에 저장된 값이 j번째 위치에 있는 이름 Name(j)와 같으면 원하는 이름을 찾은 것이다. 찾으려는 이름은 전체 이름 1,000명 중에서 j번째 위치에 있으며, 대응하는 위치의 전화번호 Tel(j)와 주소 Addr(j)를 출력한다. 물론 j는 1과 1,000 사이에 있는 값이다. 그러나 연락처에 있는 이름 1,000개를 모두 비교해도 원하는 WHO 값이 없으면 "이름을 찾을 수 없습니다."를 출력하도록 한다.

이 예에서는 이름이 가나다순으로 나열되어 있지 않기 때문에, 연락처의 모든 이름을 처음(j=1)부터 끝(j = 1,000)까지 하나씩 비교해야 한다. 이와 같이 나열된 많은 자료에서 처음부터 끝까지 하나씩 비교하면서 차례로 찾아가는 방법을 **순차 탐색**이라 한다.

그림 2.10은 위에서 예로 든 연락처에서 이름으로 전화번호와 주소를 찾는 순차 탐색 알고리즘이다.

```
read  Name1, . . . , Name1000 // 연락처 목록에 이름 입력하여 저장
read  Tel1, . . . , Tel1000      // 연락처 목록에 전화번호 입력하여 저장
read  Addr1, . . . , Addr1000    // 연락처 목록에 주소 전화번호 입력하여 저장

read  WHO                        // 찾으려는 이름 입력
i ← 1
Found ← 'NO'                     // 문자 'NO'
 // 찾으려는 이름과 연락처 목록 이름 비교 시작
while (i ≤ 1000) do
   if WHO = Name[i]
          then
            write "찾는 이름입니다", Name[i], Tel[i], Addr[i]
            Found ← 'YES'    // 문자 'YES'
            i ← i + 1
          else                   // 이름이 Name[i]와 같지 않다
    i ← i + 1
endwhile
  if Found = 'NO' then
      write  "이름을 찾을 수 없습니다."
stop
```

[그림 2.10] 순차 탐색 알고리즘 설계

그림 2.10의 알고리즘에서 이름, 전화번호, 주소를 미리 연락처 목록 Name[1000], Tel[1000], Addr[1000]에 저장해 두어야 한다. 그리고 읽어 들인 WHO 값을 이름 목록 Name[1000]에서 Name[1]부터 Name[1000]까지 반복 동작 **while**로 하나씩 비교한다. 만약 WHO = Name[i]이 성립하면 찾으려는 이름인 WHO 값을 찾은 것이다. 이때 해당하는 위치인 i번째의 Name[i], Tel[i], Addr[i] 를 출력하고 Found를 'YES'변경한다.

이 알고리즘에서 변수 i는 **인덱스**로 사용하는 것으로 목록 Name[1000]에 있는 이름 각각을 가리킨다. 즉, Name[i]는 목록에서 i번째 이름이다. 그러므로 i, i + 1, i + 2,...., i + k와 같이 매 순환마다 증가하면서 순환 몸체를 반복 실행한다. 즉, 명단을 위에서 아래로 한 칸씩 가리키면서 이동하는 것과 같다.

맨 처음 순환에서는 인덱스 i값이 1이므로 맨 처음에 있는 이름 Name[1]과 방금 읽어 들인 WHO 값과 같은지 아닌지를 검사한다. 같으면 이름을 찾은 것이고, 다르면 못찾은 것이다. i ← i + 1에서 i가 2로 증가하고 순환을 다시 실행한다. WHO 값이 두 번째 이름인 Name[2]와 같은지 비교한다. 이와 같은 방식으로 진행하면서 1,000개의 이름을 모두 비교한다. 1,000개의 이름 중에 같은 이름이 다수 존재할 수도 있기 때문에 원하는 이름 하나를 발견했더라도 1,000개 모두 비교한다. 인덱스 i의 값이 1,000보다 크면 이름을 발견했든 발견하지 못했든 while 순환을 벗어난다.

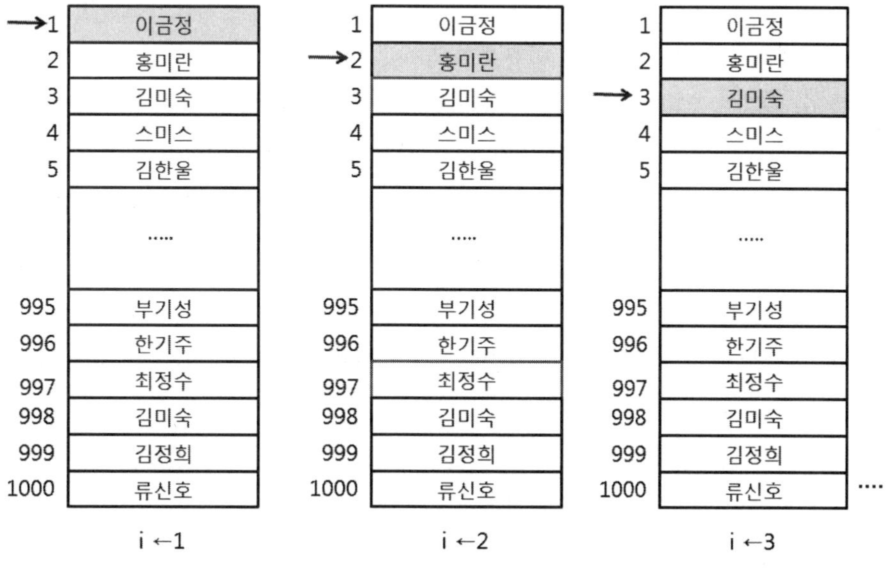

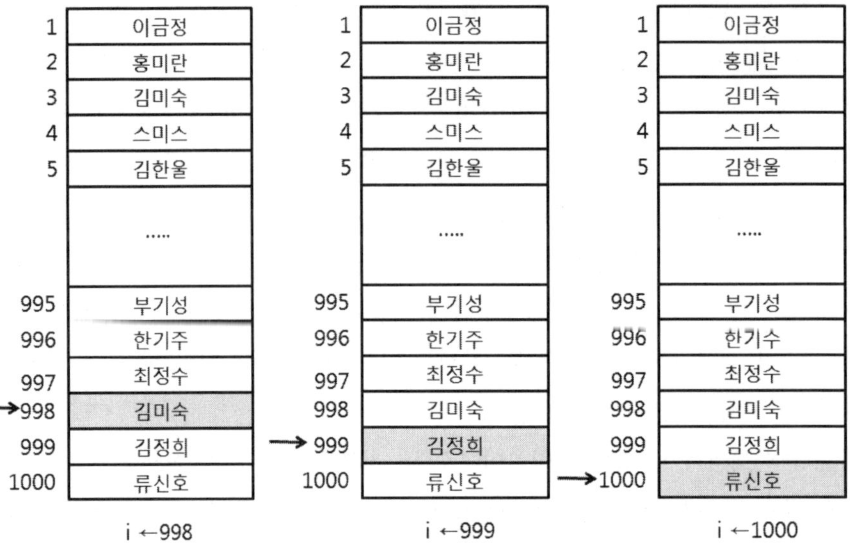

연락처 목록을 맨 끝까지 찾아보았지만 이름이 없고 Found 값 역시 'NO'이면 이름이 없는 것이므로 "이름을 찾을 수 없습니다."라는 메시지를 출력하고 알고리즘은 종료한다. 그러나 이름을 발견했으면 Found는 'YES'가 되므로 알고리즘은 그대로 종료한다. 알고리즘 설계에서 이 부분을 주의해야 한다. 순차 탐색으로 이름을 검색하는 과정을 아래 그림의 예에서 쉽게 이해할 수 있다. 아래 그림에는 '김미숙'이라는 이름이 두 번 있으며 i가 1,000이 될 때까지 순환하면서 두 이름을 모두 발견한다.

그림 2.10 알고리즘은 순서화와 구조화가 잘 되어있으며 각 동작도 명확히 기술되어있다. 연락처의 이름이 가나다(알파벳) 순으로 나열되어 있지 않기 때문에 알고리즘에서 비교하는 회수는 1~1,000까지 모든 이름을 차례로 비교해야 하므로 최대 비교 회수는 1,000번이다. 이름이 N개 있으면 최대 비교 회수는 N번이고, 평균 비교 회수는 N번이고 최소비교 횟수도 N번이다. 실생활에서는 연락처 이름이 어떤 순서(가나다 순..)로 나열되어 있는 경우가 많기 때문에 순차 탐색 방법은 비효율적이며 검색을 더욱 빨리할 수 있는 다른 방법을 개발 할 수도 있다.

이와 같이 주어진 문제를 해결하는 방식은 다양하게 존재할 수 있으며, 문제에서 필요로 하는 자료를 어떻게 구성하는가에 따라서 다르게 설계할 수 있다. 즉, 자료를 어떻게 구조화하는가에 따라 알고리즘의 구성 및 실행 속도에 많은 영향을 준다.

2.2.3 나열한 수에서 가장 큰 수 찾기

나열한 여러 개의 수에서 가장 큰 수를 찾는 방법을 알고리즘으로 작성해 보자. 앞에서 언급한 그림 2.10의 순차 탐색 방법을 활용한다. 나열한 수에서 '가장 큰 수 찾기' 는 최저값/최고 값 찾기 등으로 생활의 여러 분야에서 활용하고 있다. 즉, 올 해의 야구 시합 성적에서 가장 높은 성적은 몇 점인가 혹은 누구인가? 올해 가장 많은(낮은) 수익을 올린 기업은 어디인가? 같은 물건을 가장 싸게 판매하는 가게는 어디인가? 등 많은 곳에 활용되고 있다.

지금부터 나열한 수에서 가장 큰 수를 찾는 과정을 살펴보자.

1 ≤ N인 N이 있고, N개의 **모두 다른** 수 A1, A2, . . . , An가 나열되어 있다. 이 수열에서 가장 큰 수와 가장 큰 수가 있는 위치를 찾아서 출력하시오. 예를 들어, 다섯(N = 5) 개의 수가 있다고 하자. 맨 먼저, 가장 큰 수인 68을 찾고, 이 수가 있는 위치인 4번째라는 4를 출력한다. 이 경우에는 같은 수는 없기 때문에 가장 큰 수는 오직 한 번만 나타난다.

나열한 수	29	52	23	68	24
	↑	↑	↑	↑	↑
위치	1	2	3	4	5

문제 이해를 위해 그림으로 살펴보자. 아래에 각각에 수가 적혀있는 다섯 장의 카드가 있다. 이 다섯 장의 카드에서 가장 큰 수가 있는 위치를 알아본다.

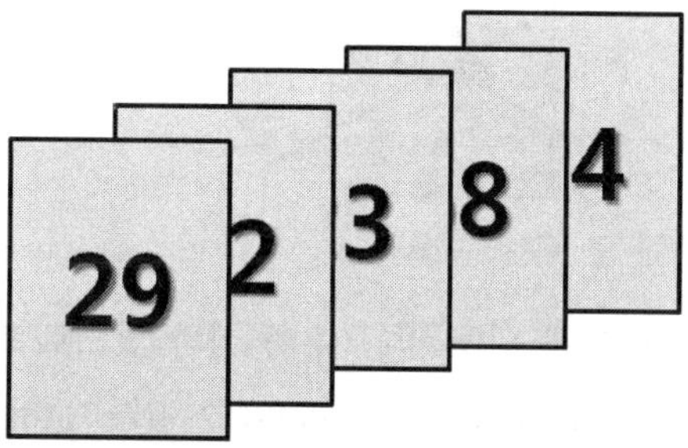

(1) **맨 위에 있는 카드의 수**를 가장 큰 수로 가정하고 시작한다. 즉, 이 수가 가장 크므로 옆으로 빼 놓는다. 그러면 아래와 같이 가장 큰 숫자가 29이고 나머지 카드는 네 장이 남는다.

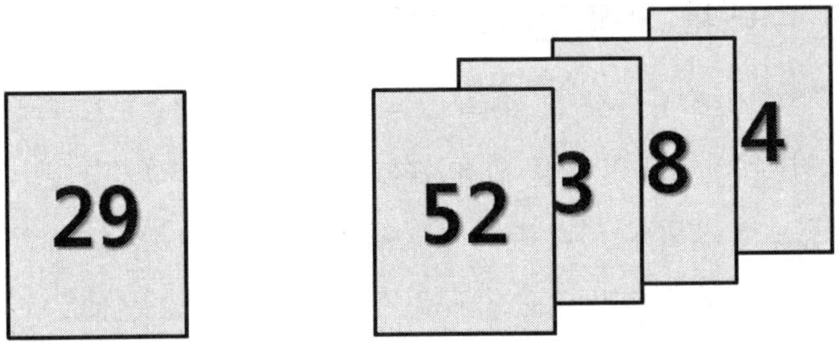

(2) 이제 나머지 네 장의 카드에서 맨 위에 있는 수와 이미 꺼내 놓은 숫자(가장 큰 수라 가정한 것)와 비교한다. 그러면 52가 29보다 크기 때문에 52를 다시 가장 큰 수로 한다. 즉, 29를 버리거나 나머지 카드의 제일 밑에 두고, 52를 옆으로 빼 놓는다. 그러면 현재까지의 제일 큰 수는 52이다.

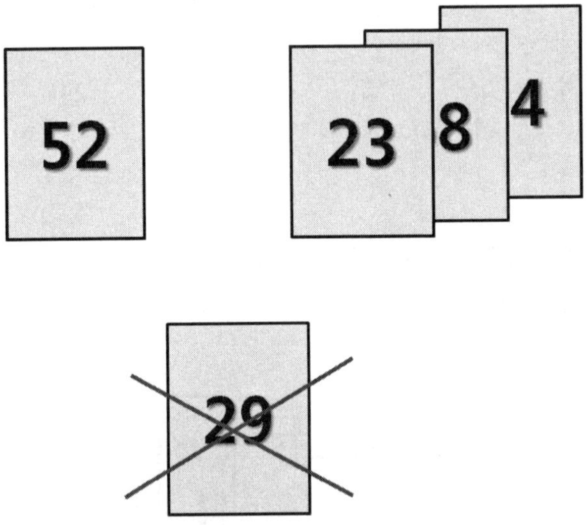

(3) 나머지 세 장의 카드에서 맨 위에 있는 수가 이미 옆으로 빼놓은 수 52보다 큰지 아닌지를 비교한다. 현재 상태에서는 다시 52와 23을 비교하면 맨 위의 수 23이 작기 때문에 23은 무시하고(버리고) 나머지 카드에서 다시 맨 위의 수와 비교한다.

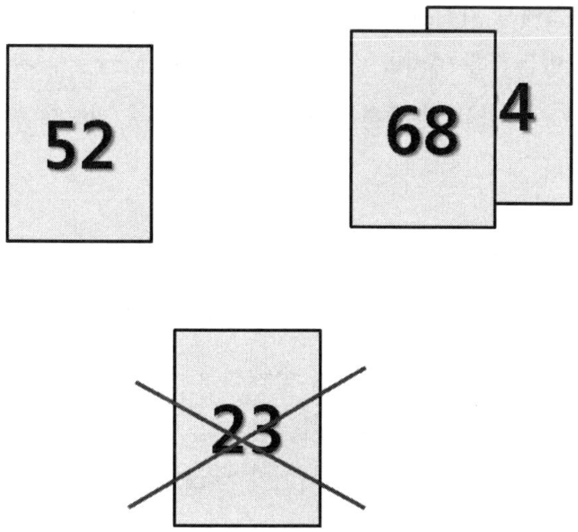

(4) 이와 같이 **비교하고 빼놓는** 과정을 나머지 카드의 맨 끝까지 계속한다. 최종적으로 옆으로 빼놓은 카드의 수가 가장 큰 수이다.

이러한 과정을 슈도코드를 사용하여 형식을 갖춘 알고리즘으로 변환해 보자.

알고리즘을 작성하기 전에 나열된 수가 저장될 목록 A[N]과 나열된 수의 길이(크기) N 값이 있어야 한다. 그리고 실제 N개의 나열한 수 A[N] ← A1, A2, . . . , An이 있어야 한다. 그러면 자료가 입력되도록, 아래와 같이 표현할 수 있다.

```
read N                        // 나열한 수의 개수(길이, 크기)
read A1, A2, . . . , An       // A[N]에 입력하여 나열한 수
```

A[n]에는 여러 개의 수가 나열되어 있으며, 맨 처음 숫자인 A[1]을 가장 큰 수(Max)로 가정하므로 슈도코드는 아래 형식으로 표현한다.

```
Max ← A[1]
```

또한 가장 큰 수가 있는 위치를 알아 저장해야 하므로, 현재 가장 큰 수 Max의 위치인 position을 저장한다. 현재 Max의 위치 position은 1이다.

```
position ← 1
k ← 2
```

이제 남아있는 수열에서 다시 가장 큰 수를 찾는다. 그러므로 남아있는 수열에서 현재의 Max보다 큰 수가 있는지를 마지막 수까지 탐색하면서 Max보다 큰 수가 있으면 교환한다. 이때 k값은 2부터 시작하고, 실행하는 동안 순환 구조를 반복할 수 있도록 변수 k값을 1씩 증가시킨다.

```
if A[k] > Max then . . .
```

위 동작으로 수열에서 하나씩 모두 검사하도록 한다. 맨 처음에 제일 앞에 있는 수를 가장 큰 수로 할당했기 때문에, 현재 나머지 수에서 k = 2의 위치에 있는 수는 52이다. 이 과정을 알고리즘 동작으로 표현해 본다. 즉, 앞에서 할당한 가장 큰 수인 Max와 위치 position를 52와 2로 다시 할당한다. 만약 A[k]가 Max보다 작거나 같으면 아무 것도 하지 않는다.

```
      .
      .
if A[k] > Max then
   Max ← A[k]
   position ← k
      .
      .
```

이렇게 하면서 k는 증가되어 다음 원소 A[3]으로 이동한다. 즉, A[k]에서 k값을 1 증가하고, **if/then**에서 비교를 반복하면서 다음 원소로 이동한다. 이 구조는 아래와 같다.

```
while (k ≤ N) do
    if A[k] > Max then
              Max ← A[k]
              position ← k
              k ← k + 1
endwhile
```

이제 가장 큰 수 Max와 위치 position를 출력하면 된다.

```
write Max, position
```

가장 큰 수를 찾는 알고리즘 FindMax

```
read N                        // 나열한 수의 길이
read  A1, A2, . . . , An      // 나열한 수
Max ← A[1]
position ← 1
k ← 2
while (k ≤ N) do              //  비교
    if A[k] > Max then
            Max ← A[k]
            position ← k
            k ← k + 1
            else
            k ← k + 1
endwhile
write Max, position
stop
```

[그림 2.11] 임의로 나열한 수에서 가장 큰 수를 찾는 알고리즘

위에서 알고리즘 설계에 필요한 부분을 모두 만들었으므로, 그림 2.11과 같이 하나로 결합하여 '가장 큰 수를 찾는 알고리즘' FindMax를 설계할 수 있다. 이 알고리즘은 순서 없이 나열한 수에서 가장 큰 수를 찾는다.

4차 산업과 빅데이터 시대에서 원하는 데이터를 얼마나 빠르게 찾을 있는가는 매우 중요하다. 여기에서는 간단하게 순차 탐색 방법을 소개하였지만 대용량 자료에서 특정 자료를 검색하는 다양한 검색 방법이 있다.

2.3 알고리즘의 효율성 분석

알고리즘의 효율성을 측정하는 일을 **알고리즘 효율성 분석**이라 하는데 알고리즘 설계에 있어서 중요한 부분이다. 여기에서는 앞에서 설계한 순차 탐색 알고리즘을 분석해 보자.

언급한 순차 탐색 알고리즘에서 연락처에 이름, 전화번호, 주소가 N개가 있다고 하자. 그러면 알고리즘의 일부를 아래와 같이 수정해야 한다.

```
read  Name1, . . . , Namen      // 목록에 이름 입력
read  Tel1, . . . , Teln        // 목록에 전화번호 입력
read  addr1, . . . , Addrn      // 목록에 주소 입력
read  WHO                       // 찾으려는 이름 입력
i ← 1
Found ← 'NO'
 // 찾으려는 이름과 목록 이름 비교 시작
while (i ≤ N)
   .
   .
```

이 알고리즘의 가장 중요한 부분은 연락처 안에 있는 이름(WHO)을 찾기 위해 연락처 안의 내용을 반복 비교하는 것이다. 즉, 이름을 발견하거나 없더라도 순환을 통해 연락처의 마지막 내용까지 반드시 비교한다. 이 외에 변수를 초기화하거나 출력하는 부분 등은 이 알고리즘의 전체 실행 속도에 크게 영향을 주지는 않는다. 즉, 단 한 번 실행하는 동작들은 알고리즘의 전체 실행과 분석에서 무시할 수 있다.

알고리즘을 분석하는 주요 요소는 실행 속도인데 이 실행 속도는 찾고자하는 이름과 목록 내용의 비교 회수에 비례할 것이다. 매 순환에서 비교를 한 번 마칠 때 마다 인덱스는 연락처 목록의 다음 원소로 이동한다. 알고리즘의 전체 작업량은 비교 회수를 세어서 어떤 상수를 곱하여 구할 수 있다.

그림 2.11의 알고리즘은 어떠한 경우라도 자료의 마지막인 N개까지 검색하기 때문에 N번 비교해야만 한다. 즉, 연락처에 이름이 10개가 있으면 약 10번의 비교 회수가 필요하고, 1,000개가 있으면 약 1,000번의 비교 회수가 필요하다.

자료 크기 N값이 작을 때(수백에서 수천 정도)는 컴퓨터의 실행 속도로 봐서 크게 중요하지 않지만, 자료의 크기 N이 큰 경우는 실행 속도에 많은 영향을 준다(정부기관, 통신회사, 금융회사 등은 10,000,000이상 있을 수 있다).

예를 들어, N값이 50,000,000명 정도의 정부 기관 자료(주민등록번호 등)를 생각해 보자. 순차 탐색 알고리즘이 한 번 비교를 수행하는 데 1초가 필요하다면, 이 알고리즘은 50,000,000명의 이름을 모두 비교해야 하기 때문에 순환을 수행하는 데 필요한 비교 시간

은 50,000,000초(약 833,333분 혹은 13,889시간 정도)가 소요된다.

50,000,000명 × 1초 = 50,000,000초

여기에 인덱스를 이동시키는 요소인 상수를 포함하면 실제로는 더 많은 시간을 필요로 한다. 이 예에서는 계산을 간단히 하기 위해 비교 시간을 1초로 가정했지만 실제로는 아주 짧은 시간에 비교 동작을 실행한다. 이와 같이 순차 탐색 알고리즘은 N값이 크면 클수록 많은 시간을 소요한다.

지금까지 살펴본 순차탐색 알고리즘은 처음부터 끝까지 모든 이름을 비교하여 같은 이름을 모두 찾아내는 알고리즘이다. 만일 알고리즘을 분석하면 알고리즘을 최초의 한 사람만 찾게 수정하고 이름이 N개 있는 연락처 목록을 순차 탐색하는 알고리즘의 비교회수(혹은 시간)는 아래와 같다.

최선일 때	평균일 때	최악일 때
1	N/2	N

결국은 최악인 경우와 평균인 경우 모두 자료 크기(연락처에 있는 이름 수) N에 종속한다는 것을 알 수 있다. 즉, 어떤 알고리즘의 수행 시간은 주어진 문제의 자료 크기에 따라 종속되는 것이 일반적이다.

이외에도 알고리즘은 메모리 공간을 차지하기 때문에 공간에 대한 효율성도 분석해야 하지만 이 절에서는 고려하지 않는다. 부수적인 요소는 언급하지 않았지만 순차 탐색 알고리즘을 분석하는 과정을 간략하게 살펴보았다.

알고리즘을 정확하게 개발한 후에도 효율이나 특성을 분석하는 것과 실행 속도도 매우 중요하다. 알고리즘 분석에 대한 더 깊은 설명은 이 책의 범위를 넘어가기 때문에 자료구조나 알고리즘에 관한 다른 교재를 참고하는 것이 좋다.

연습문제

1. 아래 각 계산을 수행하는 슈도코드 동작을 쓰시오.

a. 밑이 b이고, 높이가 h인 삼각형의 면적을 구하시오.

b. 은행 잔고 금액이 1,000,000인 통장에서 매달 이자가 20%이면 3년 후의 통장 잔액을 구하시오. 단, 3년 동안 돈을 인출하지 않는다.

c. D시에서 F시까지의 거리는 2,400Km이다. 자동차로 가면 보통 24시간이 걸린다. 자동차의 평균 속도를 계산하시오.

2. 오직 순차 동작만 사용하여 아래 조건을 만족하는 알고리즘을 쓰시오.

> 이번 학기에 세 번의 시험과 한 번의 기말시험을 쳤다. 기말시험은 다른 시험에 비해 두 배의 가중치를 준다. 이 네 번의 시험 성적의 합과 평균을 구하고 출력하시오.

3. 출석일수, 보고서 10개, 중간고사, 기말고사의 네 쌍으로 된 성적을 20명에 대하여 읽어 들인다. 그리고 보고서의 합을 30%, 중간고사 30%, 기말고사 40%를 합한 후에, 결석일수(15-출석일수)를 매주 2점으로 환산하여 총점에서 뺀다. 반드시 순환 구조를 사용하여 각 학생의 성적 합계와 평균을 구하고 출력하는 알고리즘을 작성하시오.

4. 어떤 사람이 매일 저축을 하는데, 매일 어제 저축액의 두 배의 금액을 저축한다. 즉, 3월 1일부터 첫날은 10원, 둘째 날은 20원, 셋째 날은 40원, ... 이와 같이 매일 저축하는 금액이 늘어난다. 이렇게 저축을 하면 3월 31일까지 저축한 금액은 모두 얼마인지 지금까지 저축한 총 금액을 출력하는 알고리즘을 쓰시오, 반드시 순환 구조를 활용하여 반복하도록 하시오.

5. 아래 각 항에 대해 슈도코드를 작성하시오.

a. 자료 값으로 x, y, z를 입력으로 읽어 들이고, 이 세 값의 평균을 출력하는 알고리즘

b. 입력으로 원의 반지름 r 값을 읽어 들이고, 원의 면적, 원의 둘레를 계산하고, 반지름 r, 원의 면적, 원의 둘레를 출력으로 알고리즘

c. 한 달 동안 사용한 전력량(킬로와트)과 1킬로와트 당 전기료를 읽어 들인다. 그러면 사용한 전기료는 얼마인지 계산하여 출력하는 알고리즘

d. 좌표 ($x1$, $y1$)이 (100, 200)이고, 대각선 위치에 다른 좌표 ($x2$, $y2$)이 (400, 600)로 주어진 사각형이 있다. 이 사각형의 면적과 둘레를 구하여 출력하는 알고리즘

6. 아래각 항에 대해 슈도코드를 작성하시오.

a. $x \geq 0$이면, y에 1을 할당하고, $x < 0$이면, y에 2를 할당하는 **if..then..else** 동작을 쓰시오. x값은 이미 있다고 가정한다.

b. 세 개의 값 x, y, z를 읽어 들인다. x가 양수이면 이 세 값의 평균을 출력하고, 0이거나 음수이면 평균을 계산하지 않고, '잘못된 자료입니다'라고 출력하는 알고리즘을 작성하시오.

c. $x < 0$이면 $y = y + 1$을, $x = 0$이면 $y = y - 10$을, $x > 0$이면 $y = y + y$를 계산하는 if..then..else 동작을 쓰시오. x값은 이미 있다고 가정한다.

d. 어떤 변수 x에 값에 대하여, $x2$, sin(x), $1/x$의 세 값을 출력하는 알고리즘을 작성하시오. 이 x값은 0에서 50까지 연속으로 1씩 증가하면서 반복한다.

7. 1에서 200까지의 양의 정수에서 소수, N을 찾는 알고리즘을 작성하시오. 소수는 1과 자신으로는 나누어지지만, 그 외의 어떠한 수로도 나누어지지 않는 수이다. 이 때 출력은 소수인 경우에는 'N 소수'로, 소수가 아닌 경우에는 'N 소수 아님'으로 출력한다.

8. 아래 각 항에 대해 슈도코드를 작성하시오.

a. 이차방정식 $y = x^2 + x - 2$를 $x = -10$에서 $x = 10$까지의 적분 값을 사각형 면적의 합을 계산하는 방법으로 구하시오.

b. 원의 넓이를 공식으로 구한 것과 원을 채운 사각형 면적의 합으로 구한 것과 비교하시오. 반지름은 임의 값을 입력하시오.

이 x값은 0에서 50까지 연속으로 1씩 증가하면서 반복한다.

9. 본문에서 언급한 가장 큰 수를 찾는 알고리즘에서 모두 같은 수만 있으면 이 알고리즘은 어떻게 행동하는지를 설명하시오.

10. k ≥ 0와 N1, N2, . . . , Nk 같이 k개의 수를 저장한 연락처가 있다. 이 목록 안에 있는 수의 순서를 거꾸로 하는 알고리즘을 작성하시오. 예를 들어, 7, 15, 10, 29, 12 (k=5)이면, 12, 29, 10, 15, 7와 같이 바꾼다.

11. 본문에서 언급한 순차 탐색 알고리즘에서 목록에 같은 이름(WHO)이 여러 개 있어도 모두 찾을 수 있는 알고리즘을 작성하시오. 이 때 같은 이름을 모두 찾아 출력하고, 동시에 이름에 대응하는 전화번호도 모두 출력한다. 또한 마지막에 같은 이름에 몇 번 있었는지도 출력한다.

12. 아래 각 항에 대해 슈도코드를 작성하시오.

a. 나열한 임의의 수 1,000개에서 가장 작은 수를 찾는 알고리즘을 작성하시오.

b. 어떤 컴퓨터는 1초에 1,000,000번의 비교 동작을 수행한다. 본문의 순차 탐색 알고리즘이 임의로 나열된 수 50,000,000에서 특정 값을 찾는데 몇 초가 소요되는지 계산하시오.

c. 본문의 순차 탐색 알고리즘에서 사용할 수열 목록이 비어있다면, 즉, N = 0이라면 어떤 일이 일어나는지 설명하시오. 또 원소가 꼭 한 개만 있으면 즉, N = 1이라면 어떤 일이 일어나는지 설명하시오.

제 3 장

프로그래밍 언어와 소프트웨어 개발

인간이 생각하는 문제 해결 과정을 단계별로 나열한 알고리즘을 컴퓨터가 직접 실행할 수는 없기 때문에 우리가 설계한 알고리즘을 컴퓨터가 실행할 수 있도록 컴퓨터 프로그램으로 나타내어야 한다. 이 장에서는 사용자와 컴퓨터 시스템이 직접 대화할 수 있는 프로그램 언어에 대하여 살펴본다.

컴퓨터와 대화할 수 있는 언어는 이진수로 된 **기계어**(Machine Language), 인간에게 좀 더 편한 **어셈블리어**(Assembly Language) 및 더 편리하게 사용할 수 있는 **고급 프로그래밍 언어**(High-Level Programming Language)가 있다. 복잡하고 어려운 문제를 해결하기 위한 소프트웨어 개발에 하드웨어 의존성이 강한 기계어나 어셈블리어는 사용하기 불편하여 다양한 소프트웨어 개발에 고급 프로그래밍 언어를 주로 사용한다.

이 장에서는 어셈블리어에서 고급 프로그래밍 언어까지의 변화와 다양한 고급 프로그래밍 언어의 철학과 속성을 살펴본 후 크고 복잡한 소프트웨어를 개발하는 과정을 살펴본다.

3.1 프로그래밍 언어의 변화

어셈블리어는 1950년대 초기에 탄생했다. 어셈블리어는 기계어보다 한 단계 더 인간에게 다가온 언어로서 프로그램 개발을 더욱 쉽게 했다. 어셈블리어 개발 전까지 기계어로 컴퓨터 프로그램을 작성하려면 이진수를 직접 접근해야 했으며 컴퓨터 구조나 작동 원리를 잘 알고 있어야 했다. 기계어에 1:1로 대응하는 심볼 형식을 가진 어셈블리어 프로그램을 작성하는 것은 이진수를 사용하지 않고 사람에게 익숙한 기호를 사용하여 프로그램을 작성함으로 보다 편리해졌다. 그러나 어셈블리어 프로그램 작성은 여전히 컴퓨터 구조나 작동 원리에 대한 지식이 필요하였으며 사용하는 인스트럭션의 선택이나 실행 시간을 줄이는데도 신경을 써야 했다.

아래 어셈블리어 프로그램을 인스트럭션의 실행 과정으로 살펴보자.

```
    가상 어셈블리 명령어           가상기계어(16비트)
(1) → LOD  TEN                10101010 01110100
(2) → ADD  SIX                10111111 01110110
(3) → STO  A                  01010100 01111000
       .    .                      ...
(4) → TEN : DATA 10           00000000 00001010
(5) → SIX:  DATA 6            00000000 00000110
(6) → A:    DATA 0            00000000 00000000
      .....                      .......
```

어셈블리어/기계어 대응 관계

어셈블리어	기계어
LOD	10101010
ADD	10111111
STO	01010100
...	...

심볼테이블(심볼테이블의 주소는 상대 주소이며 프로그램 로더 때 절대 값이 결정됨)

변수	기계어 주소
TEN	01110100
SIX	01110110
A	01111000
...	...

위의 프로그램의 일부는 아래와 같은 순서로 실행한다.

(1) TEN이라는 '메모리 주소'의 값 10을 꺼내어 레지스터에 넣어라.

(2) 레지스터에 저장된 값(TEN에서 가져온)과 SIX라는 메모리 주소에 있는 값인 상수 6을 더하여 레지스터에 저장한다.

(3) 레지스터의 값 16을 A라는 메모리 주소에 저장하라.

(4) TEN: DATA 10은 TEN이라는 주소에 상수 10이 저장되어 있다.

(5) SIX: DATA 6은 SIX라는 주소에 상수 6이 저장되어 있다.

(6) A: DATA 0은 A라는 주소에 상수 0이 저장되어 있다.

DATA는 동작을 실행하는 인스트럭션이 아니고 TEN, SIX, A라는 주소에 각각 10, 6, 0를 저장하고 있다는 것을 알려주는 **비동작 코드**이다.

결국 위 어셈블리어 프로그램의 일부는 산술 연산 A ← TEN + SIX를 실행하는 것과 같다. 사용자의 관점에서는 단순하게 '10과 6을 더하여 그 결과를 A에 저장하라'는 것이다.

위의 예와 같이 어셈블리어의 각 인스트럭션은 기계어의 각 인스트럭션과 1:1로 대응되어 읽기는 쉽지만 수학에서 사용하는 수식표현과 다르며 컴퓨터 구조에 종속되기는 마찬가지이다. 즉, 어셈블리어 프로그램은 의미가 있는 심볼로 표기하기 때문에 같은 의미로 실행하는 기계어보다 인간에게는 약간 편리할 뿐이다. 더 중요한 것은 어떤 컴퓨터에서 실행하는 어셈블리어 프로그램이 다른 컴퓨터의 처리기에서는 실행할 수 없다는 것이다.

이와 같이 어셈블리어는 사용자 관점에서 볼 때 아래와 같은 불편한 점이 있다.

- 어셈블리어 프로그램은 기계를 중심으로 하는 언어이다.
- 데이터와 명령어가 저장된 주소를 알 필요가 없다.
- 프로그램 작성하려면 처리기와 메모리 주소의 자료 이동 수준으로 작성해야 한다.
- 각 코드는 이해하기 어렵다.
- 기계가 다르면 동작하지 않는다.

어셈블리어 사용에서 위의 불편한 문제와 더불어 컴퓨터의 사용이 확대되면서 컴퓨터 지식 없어도 프로그램을 개발할 수 있는 **사용자–중심**의 프로그래밍 환경이 필요하였고 그 결과 고급 프로그래밍 언어가 출현하였을 뿐 아니라, 운영체제의 출현과 각종 시스템 소프트웨어의 개발로 누구나 고급 프로그래밍 언어로 프로그램을 작성할 수 있게 되었다.

고급 프로그래밍 언어로 작성한 프로그램의 장점은 아래와 같다.

- 기호를 외울 필요가 없다.
- 문제를 해결하는데 인간 중심으로 생각하면 된다. 즉, A = TEN + SIX와 같이 인간이 사용하는 산술 연산 수식을 사용한다.
- 고급 언어로 작성한 프로그램은 기계 종속하지 않기 때문에 프로그램을 다른 컴퓨터에서 실행할 수 있다. 이를 **이식성이 있다**고 한다. 다만 이때는 컴파일러라는 번역기가 필요하다.
- 특정 구조의 컴퓨터의 처리기에 독립적이다.
- 프로그램 문장은 자연어와 유사하다

프로그램 언어는 1세대 언어인 기계어, 2세대 언어인 어셈블리어, 3세대 언어인 고급프로그래밍 언어로 진화하였다. 기호언어인 어셈블리어는 컴퓨터에서 직접 실행할 수 없고 이진수 체계의 기계어로 번역하여야 실행할 수 있다. 어셈블리어를 기계어로 번역하는 시스템 소프트웨어를 **어셈블러**(assembler)라 한다. 마찬가지로 인간이 사용하는 수식에 더 가까워진 고급 프로그래밍 언어를 컴퓨터에서 실행하도록 하려면 기계어로 변환하는 번역기가 필요하다. 이러한 시스템 소프트웨어를 **컴파일러**(compiler)라 한다.

컴파일러는 고급 프로그래밍 언어로 작성한 **원시코드**(source code)를 여러 과정을 거쳐 **목적코드**(object code)인 기계어로 번역한다. 컴파일러는 원시 프로그램을 먼저 어셈블리어 코드로 변환한 후에 이 어셈블리어 코드를 기계어 코드로 다시 번역하거나 원시코드를 직접 기계어 코드로 번역한다.

프로그램을 개발하는 과정에서 이미 만들어진 다른 프로그램 코드를 자신의 프로그램에 사용할 수 있는데 이런 특별한 기능을 수행하는 목적코드를 **라이브러리**(library)라 한다. 라이브러리 프로그램들은 이미 정확하다고 검증되었기 때문에 전체 프로그램의 일부 코드로 삽입할 수 있다. 프로그램은 운영체제에게 자신의 목적코드 안에 라이브러리 코드를 삽입해 줄 것을 요청하고 시스템 소프트웨어인 **링커**(linker)가 라이브러리에서 목적코드를 가져와 요청한 프로그램의 필요한 위치에 삽입한다. 이렇게 하여 최종적으로 만들어진 목적코드를 **실행가능한**(executable) 프로그램이라 한다.

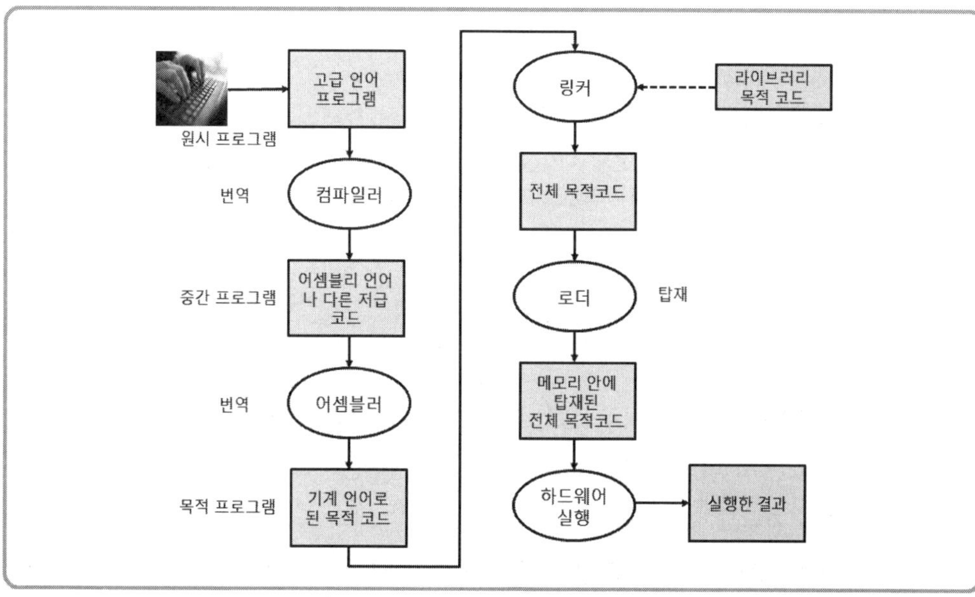

[그림 3.1] 컴파일러의 고급 언어 프로그램 번역 과정과 실행

그림 3.1은 고급 프로그램을 컴파일러가 번역하여 기계어로 번역하고 실행하는 과정이다. 어셈블러는 어셈블리어를 기계어 인스트럭션과 1:1 대응으로 번역하지만, 컴파일러는 고급 언어 프로그램을 같은 의미를 가지는 여러 개의 기계어 프로그램으로 번역할 수 있다. 컴파일러에 대한 자세한 내용은 다음에 자세히 살펴본다.

3.2 고급 프로그래밍 언어의 유형

컴퓨터에서 사용하는 고급 프로그래밍 언어는 문제기술 방법에 따라 프로그램 작성 방법에 따라 절차형 PL과 비절차형 PL로 나눌 수 있으며, 절차형 언어는 다시 여러 유형 즉, **절차적 프로그래밍 언어**(procedural language), **특수 목적 언어**, **함수형 프로그래밍 언어**, **논리 프로그래밍 언어**, **지능적 언어**, **병렬 프로그래밍 언어** 등 다양하게 분류할 수 있다. 여러 분야에서 주로 사용하는 언어는 절차적 프로그래밍 언어인데 **명령형 언어**라고도 하며 프로그램을 작성할 때 컴퓨터가 해야할 동작을 지시하는 명령어 형태 문장을 단계별로 기술한다.

처리기와 메모리로 구성되어 있는 폰 노이만의 내장 프로그램 개념에서는 절차적 프로그래밍 언어가 나올 수밖에 없다. 컴퓨터는 메모리에 저장되어 있는 인스트럭션을 처리기가 **꺼내고-해석하고-실행하는 데** 저장된 프로그램이 인스트럭션 리스트이며 인스트럭션 리스트가 절차이기 때문이다. 프로그래밍 언어의 문장을 살펴보자.

```
a = 108;      // 메모리 주소 a에 108을 저장하라
c = a + b;    // 메모리 주소 a와 b에서 해당하는 값을 꺼내어, 더하고,
              // 결과를 메모리 주소 c에 저장하라.
if (c > 1000) c = b * b;
              else c = a / b;
printf(%d, %d, %d) a, b, c
```

이런 절차적인 언어에 속하는 언어는 각각 목적과 특성은 다르지만 C, C++, C#, 자바, 파이썬 등 다양하다. 이 언어 중에서 C++, 자바, 파이썬, C#, 에이다 등은 특별히 **객체-지향 언어**의 특성을 지니고 있다.

각 언어는 **문법 구조**(syntax)와 **문장의 의미**(semantic)에서 각기 다른 특성을 가지고 있다. 문법 구조는 프로그램 문장을 정확하게 작성하도록 하는 정해진 규칙이고, 문장의 의미는

프로그램에 작성된 문장에 대한 알고리즘의 동작 구조를 말한다. 문제를 풀기 위한 체계적인 절차 즉, 알고리즘을 표현하기에 절차를 기술하기 위해 개발한 절차형 언어가 편리하다.

절차형 프로그램 언어 외에도 전혀 다른 개념의 언어도 있다. 각 언어는 개발 목적이나 사용 분야가 다르기 때문에 필요한 언어를 선택하여 사용할 수 있다.

- pure funotnm을 사용하여 side effective 없는 프로그램을 작성하는 **리스프** 같은 **함수형 프로그래밍 언어**
- 이미 알려진 사실에서 논리적 추론을 수행하는 **프롤로그** 같은 **논리 프로그래밍 언어**
- 같은 일을 여러 개 복사하거나 한 문제를 여러 부분으로 분리하여 여러 처리기에서 동시에 수행하도록 하는 **병렬 프로그래밍 언어**

이장의 목적은 여러 프로그래밍 언어를 모두 학습하는 것이 아니라, 많이 사용하는 프로그래밍 언어의 개념이나 특성을 간략하게 이해하는 것이다. 다음 절부터는 각 언어에 대하여 간략하게 알아본다.

3.3 절차적 언어

이 절에서는 절차적 언어에 대하여 좀 더 구체적으로 살펴보자. 절차적 언어는 문제해결 절차를 프로그램 언어로 기술하는 언어다. 소규모 단위 문제해결을 위한 절차중심 언어와 객체지향언어가 있는데 절차지향언어는 프로시저(함수, 모듈 서브루틴) 등을 정의하고 이들을 활용하여 문제를 해결하는 방법을 기술한다. 초기절차중심언어에서는 순서제어를 위해 goto문을 이용했으나 goto문이 만드는 프로그램의 복잡도 문제로 해결하기 위해 구조적 언어가 탄생했다.

서브루틴(sub-routine), 메소드(method), 함수(function) 혹은 프로시저(procedure) 등을 이용하여 정의한 후 **구조화된 단계나 절차를 실행**한다. 절차적 언어에서 프로시저가 포함된 프로그램을 수행되는 과정은 그림 3.2와 같다.

프로시저를 이용하여 프로그램을 작성하면 프로시저를 통한 코드의 재활용성이 높아진다. 즉, 미리 만들어진 함수나 서브루틴을 통해 프로그램의 목적에 맞는 최종 결과를 내는 단계와 절차를 명시하며, 문제풀이 절차를 프로그래밍한다. 절차의 각 단계는 연산 명령어로 구성하고 각 단계의 수행하는 순서를 제어하는 제어구조 수행순서를 결정하는 명령어로 구성한다. 절차를 모듈화한 프로시저(모듈, 함수, 서브루틴)를 구성한 후 제어로 추상화한 이들의 조합을 통하여 문제를 풀어나간다.

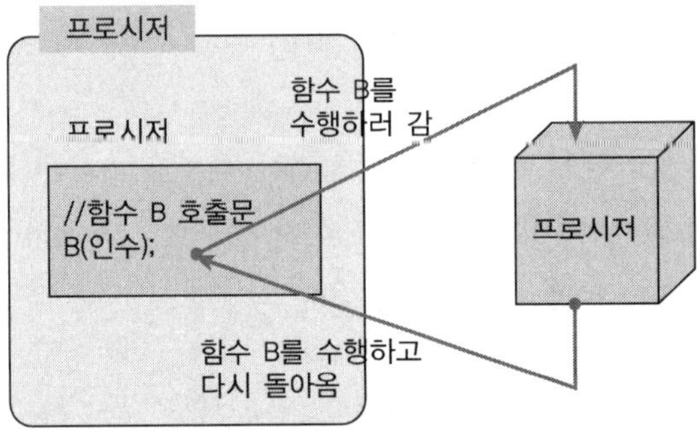

[그림 3.2] 절차적 언어의 수행 과정

절차적 언어에서는 프로시저(혹은 함수)를 먼저 정의하고 프로시저 사이 자료 공유를 위한 전역변수 그 프로시저 안에 필요한 변수(객체)를 정의하거나 선언한다. 프로시저는 한 프로그램 안에 여러 개가 있을 수 있다. 프로시저는 변수, 함수, 문장, 수식 등으로 작성되며, 프로시저 사이에서 서로 호출될 수 있으며 데이터와 변수로 작업을 수행한다. 지금부터 대표적인 절차적 언어들의 특징을 살펴본다. 과정의 추상화를 통해 문제를 풀어가는 하위 함수를 만들고 그 조합을 통해 문제를 푸는 절차 중심언어의 특징은 기계어, 어셈블리어와도 유사하다.

3.3.1 포트란

포트란은 과학적인 계산을 하기 위해 시작된 컴퓨터 프로그램 언어로 FORTRAN이라는 이름은 **수식**(FORmular) **변환기**(TRANslator)이다. 포트란은 알골과 함께 과학 계산용으로 주로 사용되는 언어이다.

포트란은 산술 기호(+, - 등)를 그대로 사용할 수 있으며, 삼각함수, 지수함수, 대수함수 같은 기초적인 수학 함수들을 그대로 불러내어 사용하는 언어다. 이와 같은 수학의 기본 함수를 호출하여 사용하는 방법은 현재의 여러 컴퓨터 언어에서는 기본적으로 사용한다.

과학기술용 언어로는 포트란, 상업용 언어로는 코볼이 제3세내 컴퓨터 언어의 대표로 널리 활용되었다. 그 후 보다 사용하기 쉬운 제4세대 컴퓨터 언어가 출현하였지만 복잡한 계산 수행 성능이 뛰어나 공학과 자연과학 등 특정분야에서는 여전히 대표적인 언어로 사용하고 있다.

■ 포트란 언어의 특징

① 고급언어이므로 컴퓨터 기종에 관계없이 공통적으로 활용할 수 있다.
② 일상에서 사용하는 자연어에 가까운 표현으로 되어 있어 컴퓨터에 관한 전문적인 지식이 없어도 쉽게 익힐 수 있다.
③ 명령문이 일반 수식과 비슷하고 문법이 간단하여 쉽게 사용 할 수 있다.
④ 문법이 비교적 간단하여 연산 속도가 빠르다.
⑤ 복잡한 계산이나 수식 등 공식화할 수 있는 과학기술 계산업무를 처리하기 위해 적합하다.
⑥ 프로그램 명령어 순서는 goto 문을 이용한다.

아래는 원의 넓이를 구하는 간단한 포트란 프로그램 예이다. 포트란 프로그램은 여러 개의 문자 줄로 구성되며, 그 문자는 정해진 문법 구문을 따라야만 올바른 프로그램이 된다.

세 번째, 네 번째 줄의 맨 앞의 C는 주석으로 문장의 실행과는 관계없이 어떤 설명을 기술한다. 그리고 각 문장은 8번째 열부터 기술하는데, 한 줄에 한 문장씩 기술한다. 만약 문장 길이가 한 문장을 넘어가면, 다음 줄의 7번째 칸에 빈칸이 아닌 임의의 기호를 넣어 연결하도록 한다.

```
      program circle
      real r, area
c  This program reads a real number r and prints
```

```
c  the area of a circle with radius r.
      write (*,*) 'Give radius r:'
      read  (*,*) r
      area = 3.14159*r*r
      write (*,*) 'Area = ', area

      stop
      end
```

3.3.2 코볼

코볼(COBOL)은 **COmmon Business Oriented Language**의 의미로 프로그래밍을 쉽게 하도록 개발한 프로그래밍 언어이다. 포트란과 알골이 과학기술 계산용 언어인 반면, 코볼은 사무 처리용으로 만들어진 언어이다. 과학 계산에 비해 사무 계산은 여러 가지 자료를 많이 취급하며, 보고서의 인쇄 양식도 다양하기 때문에 데이터의 출력이나 저장 형식이 중요한 역할을 차지한다. 코볼은 일상 영어회화와 비슷한 구어체 문장 형태로 기술할 수 있도록 설계되어 있다. 서의 내부분이 동사가 신두에 오는 명령문으로 되어 있다. 현재도 많은 사무 처리 분야에서 사용되고 있다.

3.3.3 파스칼

파스칼(Pascal)은 1980년대와 1990년대 초반에 걸쳐 널리 사용된 프로그래밍 언어로 프로그래밍 언어의 교육에 중요한 부분을 차지했다. 즉, 문제를 체계적이고 자연스럽게 표현할 수 있는 언어이다. 파스칼은 구조적 방법론에서 요구하는 **문법 구조**를 가지고 있는 **알골 언어**를 기반으로 개발하였기 때문에 블록 구조와 제어문을 사용하고 자료의 구조화와 입출력 기능을 보완하였다. 또한 데이터 길이에 제약받지 않고 다양한 데이터 형식과 제어 구조를 사용할 수 있다. 복합문 BEGIN ~ END나 조건문 IF ~ THEN ~ ELSE, 반복문 WHILE ~ DO의 제어 구조를 사용하므로 구조적 프로그램의 개념과 원리를 쉽게 적용할 수 있다.

자료 구조에는 정수형, 실수형, 문자형, 논리형과 같은 단순형 외에 배열형, 레코드형, 세트형, 파일형 등이 있다. 또한 다른 종류의 여러 자료형을 묶어서 하나의 자료형으로 구성하는 **구조형**, 거기에 동적 변수를 가리키기 위한 **포인터형** 등이 있다. 파스칼은 여러 기능을 가지기 때문에 교육이나 산업 분야에서 폭넓게 사용하는 언어이다. 또한 소형 컴퓨터에서 대형 컴퓨터에 이르기까지 대부분의 컴퓨터에서 이용되고 있다.

3.3.4 C

C 프로그래밍 언어는 시스템 개발에 주로 사용한다. 시스템 프로그래밍 언어로 **유닉스** 운영체제 개발에 사용되었으며 컴퓨터의 구조에 기반 언어로 표기를 간결하게 할 수 있는 것이 특징이다.

C언어는 메모리 주소와 같은 하드웨어 자원까지 취급하기 좋은 언어로, C 언어는 이런 개념을 자료형이나 함수 등에서 잘 다루고 있다.

또한 다양한 언어와 연계하여 사용할 수 있으며 간결한 표기가 가능하여 소프트웨어 개발의 여러 분야에서 사용하고 있다.

■ C 언어의 특징

① 범용 프로그래밍 언어이다.
② 구조화를 위해 여러 개의 함수를 정의한다.
③ 영어 알파벳 소문자 집합을 바탕으로 하고 있다.
④ 구조적 프로그램에서 요구하는 기본적인 제어구조를 제공한다.
⑤ 컴파일을 분할하여 할 수 있다. 그러므로 함수 정의부 밖에 외부 변수를 정의하여 컴파일 단위가 다른 함수의 외부 변수를 참조할 수 있다.
⑥ 프로그램에서 함수를 호출할 때 **매개변수의 값**만 전달한다.
⑦ 그러나 포인터를 사용하면 매개변수의 주소도 전달할 수 있어서 포인터에 의한 주소 연산이나 데이터의 주소를 자유롭게 조작할 수 있다.
⑧ 이식성이 높은 언어로 비트 연산이 가능하고 하드웨어의 제어가 가능한 언어로 시스템 프로그램을 구현하기 좋다.

그림 3.3의 프로그램은 pow함수를 이용해 2^{10}을 구하는 프로그램의 수행되는 과정이다.

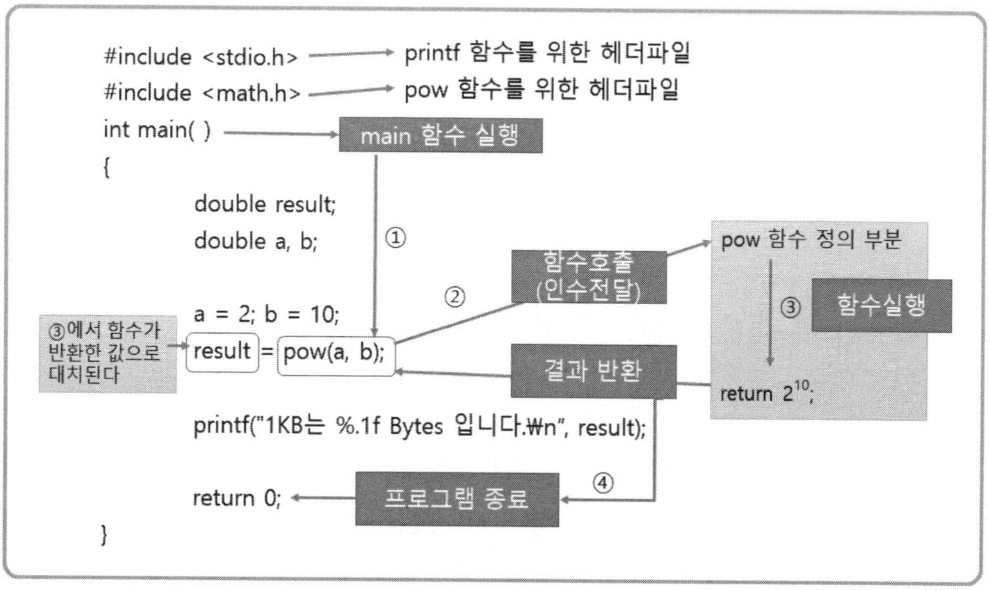

[그림 3.3] pow 함수를 이용해 2^{10}(2의 10승)을 구하는 프로그램 작성 예

프로그램에서 알 수 있듯이 C는 함수의 모임으로 이루어지며, 문장이나 함수의 호출 순서가 바뀌면 결과 값이 다르게 나오거나 에러가 발생한다.

3.4 객체-지향 프로그래밍 언어

지금까지 살펴본 것과 같이 절차적 언어는 제어의 흐름을 바탕으로 하여 문장을 순차적으로 실행하는 특성을 가지고 있다. 즉, 처리되는 데이터에 대해서는 관심을 두지 않고 문장의 실행 순서인 제어의 흐름에 중심을 둔다. 그러므로 어떤 문제가 데이터의 처리 과정이나 흐름이 중요한 경우에는 프로그램으로 표현하기가 불편할 수 있다.

이런 데이터 중심의 프로그래밍 기법을 위해서는 **객체-지향 프로그래밍 언어의** 객체, 클래스, 상속이라는 개념을 기본으로 하는 프로그래밍 기법이 효율적일 수 있다.

객체-지향 프로그래밍은 객체(데이터) 중심의 프로그래밍 방법으로 동일한 목적이나 기능을 수행하는 자료와 함수를 하나로 묶어서 객체로 구성한다. 그리고 각 객체들끼리 서로 통신하면서 프로그램 전체가 하나로 수행하도록 구성한다. 즉, 큰 **프로그램을 객체라는 단위로 쪼개어 조립**하는 프로그래밍 기법이다. 모든 처리는 객체가 요구하는 형태로 표현하며 요구를 받은 객체는 객체 안에 기술되어 있는 처리를 실행한다. 객체-지향 기법은 프로그램을 단순화할 수 있으며 소프트웨어 개발에서 생산성과 신뢰성을 높일 수 있다.

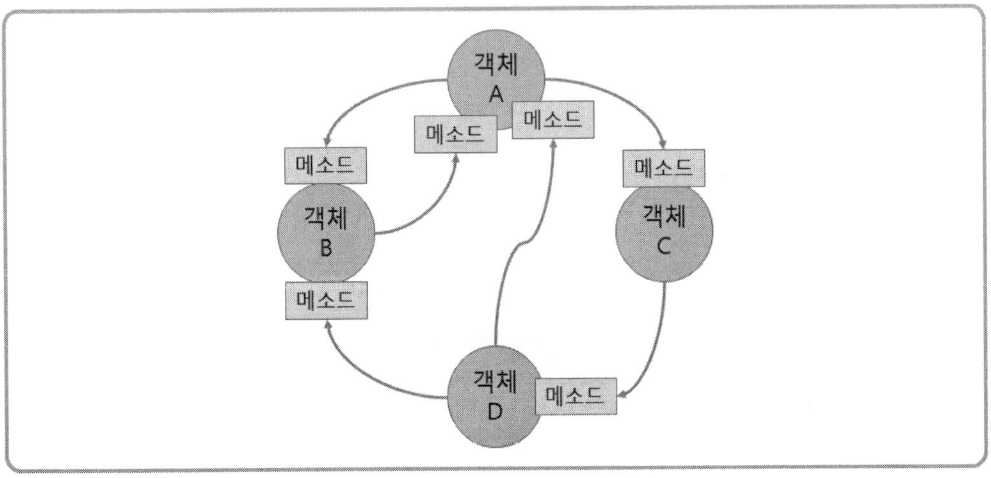

[그림 3.4] 객체-지향 프로그래밍 구조

예를 들어, 어느 자동차 회사의 여러 자동차는 이름도 각각 다르고 모양도 다르지만 '자동차'라는 틀에서는 같은 객체로 존재한다. 여기에서 '자동차'라는 것은 **추상화**된 개념으로 하나의 **클래스**로 표현하고, 이렇게 객체라는 큰 틀을 하나 만들고 그 속성을 지닌 존재들을 만들어내는 것이 객체-지향 프로그래밍이다.

객체-지향 프로그래밍 언어는 **추상화, 캡슐화(은닉), 상속성, 다형성의 특징**을 가진다. 이 개념은 모든 데이터를 객체로 취급하며 클래스 개념이 있어서 상위와 하위의 관계가 있다. 클래스의 구체적인 예가 **인스턴스**이다. 객체끼리는 메시지 송수신으로 서로 통신한다. 객체-지향 프로그래밍 언어는 바로 각 클래스가 받은 메시지를 처리한다. 현재의 객체-지향 개념은 프레임 표현 형식과 융합하여 인공지능을 위한 소프트웨어 기법의 하나로 되어 있다.

아래는 객체-지향 언어의 기본 구성 요소이다.

객체	데이터와 메소드로 구성된다. 데이터 : 객체가 가지고 있는 정보로서 속성이라고도 한다. 메소드 : 객체가 메시지를 받아 실행해야할 구체적인 동작을 정의한다.
클래스	코드 작성의 기본 단위이며 객체들을 만들어 낼 수 있는 설계도/템플릿 역할을 한다.
메세지	객체들 사이에서 통신하는 수단이며 메시지를 받은 객체는 메소드를 수행한다.

객체-지향 프로그래밍에서는 에러가 발생하면 프로그램 전체를 살펴볼 필요 없이 각 객체를 살펴보면서 수정을 할 수 있기 때문에 효율적으로 에러를 수정할 수 있다.

역사적으로 프로그래밍 기술이 탄생한 이후도 기술적으로 많은 변화를 가졌다. 즉, 새로운 프로그래밍 기법이 요구될 때마다 새로운 기법으로 문제를 해결해 왔다. 예를 들어, 구조적 프로그래밍 기법으로 해결하지 못한 문제를 객체-지향 프로그래밍 기법으로 해결하곤 했다.

아래에서 대표적인 객체-지향 프로그래밍 언어에 대해 알아본다.

3.4.1 C++

1980년대까지 세계적으로 널리 사용된 프로그래밍 언어는 C이었다. 그러나 C 프로그래밍 언어도 객체-지향 프로그래밍 기술 시대에서 한계에 부딪치게 되었고, 이에 따라 복잡한 프로그램을 개발하고 관리하기 위해 C++가 개발되었다.

C++는 C 언어의 문법을 대부분 사용하며 객체-지향성이 더해진 C 언어의 확장이다. 원래 이름은 'C with Classes'였으나, 증가 연산자(++)를 도입하면서 1984년에 C++로 변

경되었다. C 언어의 특징을 대부분 포함하고 있으므로 시스템 프로그래밍에 적합하며, 객체 지향 언어의 특징도 지니기 때문에 객체-지향 프로그래밍에도 적합하다. 또한 C의 문법 구조와 일치하는 부분이 많기 때문에 C++가 쉽게 대중화 되었다. C++는 C 프로그래머가 쉽게 C++를 사용할 수 있다는 점에서 큰 장점이다.

아래는 C++ 표준 라이브러리 스트림 기능을 사용하여 표준 출력으로 "Hello, world!"를 출력하는 프로그램 예이다.

```
# include <iostream> // std::cout을 제공

using namespace std; // std namespace를 사용할 수 있게 함.
                     // 즉, cout, endl을 std::cout 같이 길게 안 써도 되게 함.
void main( ) {
    cout << "Hello, world!" << endl;
}
```

3.4.2 자바

자바(Java)는 객체-지향적 프로그래밍 언어로서 현재 웹 애플리케이션 개발에 가장 많이 사용하는 언어 가운데 하나이고, 모바일 기기용 소프트웨어 개발에도 널리 사용하고 있다.

문법 구문의 특성은 C 언어와 비슷하다. 자바를 다른 고급 프로그래밍 언어와 구분 짓는 가장 큰 특징은 컴파일된 코드가 컴퓨터에 독립적이라는 것이다. 자바 컴파일러는 자바 프로그래밍 언어로 작성한 프로그램을 **바이트 코드**라는 바이너리 형태로 변환한다. 바이트 코드를 실행하기 위해서는 그림 3.5와 같이 **자바 가상 머신**이라는 특수한 가상 머신이 필요한데 자바 바이트 코드를 어느 컴퓨터에서나 동일하게 실행한다.

자바 프로그래밍 언어로 개발한 프로그램은 자바 가상 머신이 설치된 시스템에서는 처리기나 운영체제에 관계없이 어디서나 실행할 수 있다. 이 점이 웹 애플리케이션의 특성과 맞아 떨어진다.

또한 자바는 객체-지향 프로그래밍 언어로서 보안성이 뛰어나며 컴파일한 코드는 다른 운영 체제에서 사용할 수 있도록 클래스로 제공된다. 객체-지향 언어인 C++ 언어의 객체-지향적인 장점을 살리면서도 분산 환경을 지원하기 때문에 더욱 효율적이다.

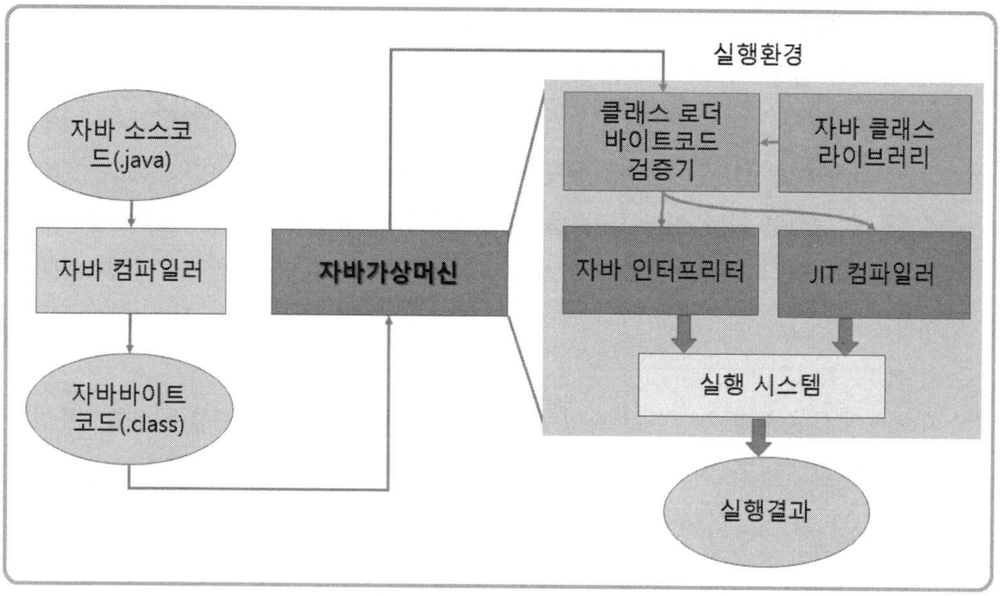

[그림 3.5] 자바 가상머신과 실행 과정

■ **자바 언어의 특징**

① **간단하다.**

소프트웨어가 하나가 제작될 때는 소프트웨어를 제작하는 비용도 많이 들지만 유지 보수하는 비용도 크다. 자바 언어는 이러한 점을 고려하여 설계되었다. 자바 언어는 C++를 기반으로 개발되었지만 C++와 혼동되는 부분은 모두 제거했다. 예를 들면 연산자 오버로딩, 다중 상속 같은 것들을 제거했다. 그리고 C++에서 문제가 되는 저장 장소 경영 문제를 **자동 쓰레기 회수**와 **할당** 방법으로 해결한다. 사용자는 이 문제를 더 이상 신경을 쓸 필요가 없다.

② **객체-지향 언어이다.**

요즘의 컴퓨터 언어는 대부분 객체-지향 프로그래밍 언어로 개발되고 객체 상속 등을 통해 부모 객체의 데이터와 메소드를 사용할 수 있으므로 소프트웨어를 개발할 때 재활용이 쉽다.

③ **자바는 보안에 강하다.**

자바는 원래 네트워크 분산 처리 환경에서 사용하기 위해 설계한 언어이다. 네트워크 환경은 보안이 강조되는 만큼 자바는 설계부터 보안에 중점을 두고 있다. 자바는 바이러스가 침투하지 못하도록 메모리에서 데이터 접근을 제한할 수 있다. 접근을 허용하지 않으면 응용 프로그램의 자료 구조나 특정 데이터에 대한 접근은 불가능하다.

④ **자바는 중립적이다.**

네트워크는 다양한 기종의 컴퓨터, 윈도우즈, 솔라리스, 모바일, 클라우드 등의 다양한 운영체제, 다양한 하드웨어로 이루어져 있다. 그러므로 자바 코드 소스를 컴파일하여 만들어진 바이트 코드는 다양한 플랫폼에서 실행해야 한다. 즉, 바이트 코드는 다양한 플랫폼에 설치된 자바 인터프리터에 의해 해석되기 때문에 다양한 플랫폼에서 실행 가능하다. 따라서 새로운 기계라도 자바 인터프리터만 설치되어 있으면 바이트 코드를 해석할 수 있다.

⑤ **이식성이 높다.**

자바는 이식성이 강하여 여러 운영체제와 처리기에서도 같은 코드를 사용할 수 있다. 이식성이 높으면 각 시스템의 특성을 고려하기 어려워 최적의 성능을 얻어내기 힘들다. 그러나 자바는 이 문제를 극복한 언어이다.

아래는 자바로 작성한 Hello world!를 출력하는 프로그램 예이다.

```
public class HelloWorldApp {
  public static void main(String[ ] args) {
    System.out.println("Hello World!"); // Hello World 를 출력
  }
}
```

소스 파일명은 반드시 파일 내의 public class 이름과 동일해야 하며, 파일 확장자는 .java이어야 한다. 예를 들어, 만약 public class 이름이 HelloWorldApp이라면, 파일명은 반드시 HelloWorldApp.java이어야 한다. 자바 파일이 동작하려면 바이트 코드와 같은 이름의 .class 파일, 즉, HelloWorldApp.class가 생성되어야 한다. 컴파일된 class 파일은 자바 가상 머신을 통해 실행한다.

3.4.3 파이썬

파이썬(Python)은 네덜란드 개발자 '귀도 반 로섬(Guido van Rossum)'이 개발한 프로그래밍 언어로 플랫폼에 독립적이며 인터프리터로 번역되고 객체-지향이며 **동적 타입**을 가진 **대화형 언어**이다. 파이썬은 간결한 문법으로 이해하기 쉬우며 여러 분야에 적용하기 쉽다. 최근 몇 년 사이 소프트웨어 코딩과 프로그래밍 문화가 확산되면서 주목받는 언어가 되었다. 다양한 플랫폼에 사용할 수 있는 대화형 언어로 사용자가 작성하는 문장 하나하나가 즉시 실

행한다. 이 외에도 기계 학습, 그래픽, 웹 개발 등 여러 분야에서 활용하는 언어이다.

파이썬에서는 프로그램의 문서화를 중시하여 언어의 기본 기능에 포함하고 있다. 문법에서 가장 잘 알려진 특징은 들여쓰기를 이용한 블록 구조인데 보통 C 언어 등에서 사용하는 중괄호({ 와 })를 대신한 눈에 보이는 블록 구조가 논리적인 제어 구조와 일치하도록 한다.

아래는 C와 파이썬으로 재귀 호출로 팩토리얼을 계산하는 함수를 정의한 예이다.

파이썬으로 작성한 예	C 언어로 작성한 예

`def factorial(x):`
`    if x == 0:`
`        return 1`
`    else:`
`        return x * factorial(x - 1)`
	`int factorial(int x) {`
	`    if(x == 0)`
	`        return 1;`
	`    else`
	`        return x * factorial(x - 1);`
	`}`

위의 예에서 파이썬과 C 언어는 차이가 거의 없어 보이지만 C 언어에서는 들여쓰기를 하든 안하든 자유롭게 작성할 수 있으나 파이썬에서는 들여쓰기를 필수적으로 해야한다.

'파이썬(Python)'이란 영어의 의미는 원래 그리스 신화에 나오는 뱀 이름이다. 파이썬 로고에 두 개의 뱀이 서로 마주본 듯한 그림이 있는 이유도 이 때문이다. 하지만 귀도 반 로섬이 실제 '파이썬'이란 단어를 선택할 당시에는 그리스 신화를 참고한 것은 아니었다. 영국 <BBC> 방송의 코미디 프로그램인 '몬티 파이썬 비행 서커스(Monty Python's Flying Circus)'를 좋아해 가져온 단어였다. 파이썬 공식 홈페이지에 따르면 "귀도 반 로섬은 짧고, 특별하고, 미스터리한 느낌의 단어를 찾았다"라며 "그래서 파이썬이란 이름을 결정했다"라고 설명돼 있다.

[그림 3.6] 파이썬 로고

3.4.4 C#와 .NET

C#은 .NET 프로그램이 동작하는 **.NET** 플랫폼을 가장 잘 반영하고 동시에 강하게 의존하는 프로그래밍 언어이다. 문법은 C++에 기본을 두고 있으며 자바와도 비슷하다. 특히 자바와 매우 유사하며 C#을 통하여 다루는 .NET 플랫폼 기술도 자바를 염두에 둔 것이 많다.

C#의 기본 자료형은 .NET의 객체 모델을 따르고 있으며 실행 도중에 쓰레기를 수집한다. 클래스, 인터페이스, 위임 및 예외 같은 객체-지향 프로그래밍 언어가 가지는 모든 요소를 가지고 있으며 시각 언어가 가지는 사용자 편리성, 분산, 처리 환경 및 컴포넌트를 기반 소프트웨어 개발을 지원한다.

아래는 Hello World!를 출력하는 프로그램 C# 프로그램 예이다.

```
using System;

namespace HelloWorld
{
    class Program
    {
            private static void Main()
            {
               Console.WriteLine("Hello, world!");
            }
    }
}
```

.NET은 통합 인터넷을 위한 윈도우 프로그램 개발과 실행 환경이다. 네트워크 작업과 인터페이스 등 여러 작업을 캡슐화 하였고 **공통 언어 런타임**이라는 가상 머신에서 작동한다.

확장 마크업 언어와 **단순 객체 접근 프로토콜**을 기반으로 한 통합 웹 서비스 플랫폼으로 인터넷에서 데이터를 정의해 준다. 확장 마크업 언어를 사용해 서비스와 콘텐츠에 접속되고, 언제 어디서나 어떤 이동 단말기로도 각종 콘텐츠를 이용할 수 있도록 한다. .NET 플랫폼은 서비스를 구현하고 운용할 수 있는 하부 구조와 도구로 새로운 스마트 장비를 추가할 수 있도록하는 소프트웨어이다. 시스템 사이에서 서로 다른 시스템을 안전하고 신뢰성 있게 연결한다. 그 결과 사생활 보호와 인증에 대해 보완되어 있다. 이외에도 실시간 통신과 협업 서버 기술과 SQL 서버의 차세대 버전도 있다. 기타 미디어 센터 에디션, 빌딩 블록 서비스 기능, 스팸 메일 보호 기능, 온라인 보안과 안전 기능 등이 있다.

3.4.5 에이다

특성이 다른 여러 언어를 모두 배우기도 어렵고 또 프로그램 특성이 맞지 않는 분야에서는 언어의 특성을 모아 어떤 프로그램이라도 작성하기 쉽도록 소프트웨어 개발을 위한 표준 프로그래밍 언어로 에이다언어를 개발하였다. 에이다라는 구조적 개념을 기반으로 하는 객체지향 프로그래밍 언어이다. 프로그램의 모듈화, 병렬처리, 예외처리, 컴퓨터에 따른 데이터 표현 등을 모두 포함하고 있으며 강력하고 광범위한 기능을 갖고 있다.

언어의 기본적인 구조는 파스칼에 근원을 두고 있으며 병행 처리, 예외 처리, 데이터 추상화 등의 기능을 갖추고 있다. 특히 이식성과 신뢰성 높은 모듈 프로그램을 개발하기 쉽고 대규모 프로그램의 개발과 유지보수를 쉽게 할 수 있다.

아래는 에이다로 작성한 “Hello, World!”를 출력하는 프로그램 예이다.

```
with Ada.Text_IO;

procedure Hello is
begin
  Ada.Text_IO.Put_Line("Hello, world!");
end Hello;
```

3.5 특수 목적 언어

여기에서는 앞에서 설명한 언어 외에 특수 목적으로 사용되는 언어를 살펴본다. 특정 프로그램에 포함되거나 특정 프로그램과 결합하여 사용되는 언어이며 보통 **제 4세대 언어**라 한다. 이러한 언어에는 **고생산성 언어**, **비절차적 언어**와 **스트립팅 언어**(Scripting language)라 불리는 언어들이 있다. 이런 **특수 목적 언어**는 앞에서 설명한 언어처럼 어떤 독립 프로그램을 개발하는 것이 아니며 특정 분야나 특정 프로그램 안에서 마치 그 프로그램이 제공하는 기능인 것처럼 별도의 특별한 일을 수행한다.

비절차적 언어는 컴퓨터가 처리해야할 순서를 구체적으로 지시하지 않으며 사용자는 원하는 결과를 컴퓨터에게 절차 없이 지시만 한다. 그러면 컴퓨터는 미리 정해진 절차에 따라 결과(혹은 답)를 출력해 준다. 예를 들어, 도서관에서 특정 도서를 검색하기 위해 사용자 모두 프로그램을 작성할 필요는 없다. 사용자는 원하는 도서가 있는지 도서 이름, 저자 등 필요한 정보를 입력한다. 그러면 컴퓨터 시스템은 사용자가 원하는 결과가 있는지 없는지를 알려 준다. 이러한 언어가 비절차적 언어이다. 대표적인 언어로 SQL과 같은 데이터베이스 언어가 있다.

스트립팅 언어(Scripting language)는 컴파일하지 않고 문장을 즉시 실행한다. 멀티미디어 작품의 시나리오를 기술하는 언어로 시나리오 스크립트 언어라고도 한다. 저작 도구로 멀티미디어 소프트웨어를 작성하면, 겉으로 보기에는 프로그래밍 언어를 사용하지 않은 것처럼 보이지만, 내부에서는 스크립팅 언어로 프로그램이 생성되고 있다. 대표적인 스크립트 언어로 자바 스크립트와 액션 스크립트가 있다.

3.5.1 SQL

SQL(Structured Query Language)은 데이터베이스에 접근할 수 있는 언어로서 **구조화 질의어**라 한다. **데이터 정의어**, **데이터 조작어** 및 데이터베이스용 **질의어**로 구성되어 있다. 구조화 질의어는 특정 데이터베이스 시스템에 제한되지 않고 사용된다. 초기에는 관계형 데이터베이스 관리시스템에서 주로 사용되었으나 현재는 여러 데이터베이스에서도 사용한다.

구조화 질의어는 관계 사상을 기초로 하는 언어로 입력 관계(테이블)에서 원하는 출력 관계를 사상시키는 언어이다. 이 구조화 질의어는 데이터베이스 시스템인 시스템 R, 오라클 등이 나오면서 구조화 질의어로 알려지게 되었다.

구조화 질의어는 단순한 질의 기능뿐 아니라 데이터 정의 기능과 조작 기능도 갖추고 있다. 온라인 단말기로 대화식으로 사용할 수도 있고 코볼이나 PL/I, C 등의 언어로 작성한 프로그램에 삽입하여 사용할 수도 있다. 구조화 질의어는 컴퓨터나 데이터베이스에 독립적으로 사용하며, 접근 경로에 대해서는 어떠한 참조도 하지 않으며, 각 레코드보다는 레코드 집합인 테이블 단위로 연산을 수행한다. 영어 문장과 비슷한 구문을 사용하기 때문에 누구나 쉽게 사용할 수 있다.

이 구조화 질의어에 대해서는 뒷부분에 나오는 데이터베이스 단원에서 좀 더 자세히 다룬다.

3.5.2 HTML

HTML(HyperText Markup Language)은 인터넷에서 월드와이드웹(World Wide Web) 문서를 생성하는 단순한 형태의 웹 언어인 **하이퍼텍스트 마크업 언어**이다. 웹 서버는 하이퍼텍스트 마크업 언어로 작성된 문서를 저장하고 있다가 클라이언트가 문서의 특정 페이지를 요청하면 해당 문서를 클라이언트로 전송한다. 클라이언트는 수신한 이 웹 페이지를 해석하여 웹 브라우저에 보여준다. 그림 3.7은 하이퍼텍스트 마크업 언어 문서가 인터넷에서 동작하는 원리이다. 이런 웹 페이지를 **정적 웹 페이지**라 한다.

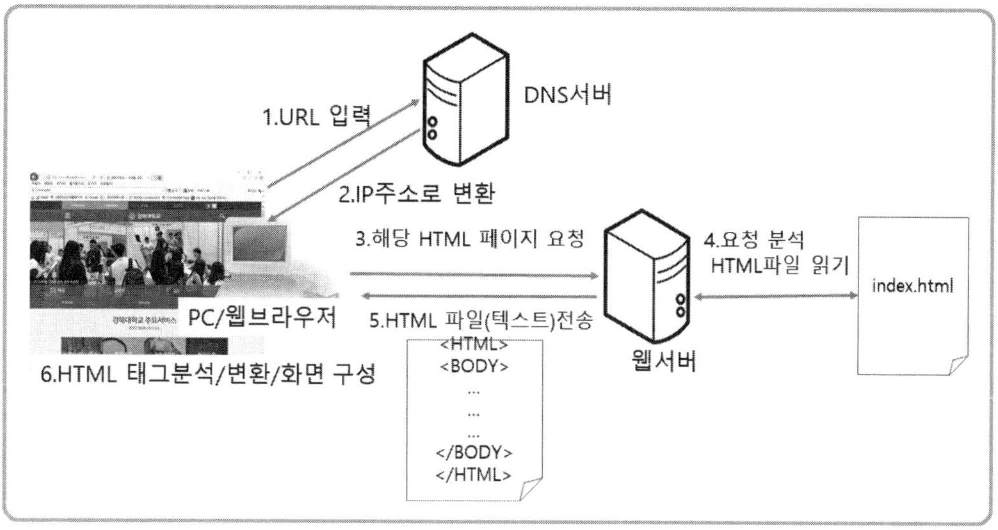

[그림 3.7] 하이퍼텍스트 마크업 언어 문서의 동작 원리

하이퍼텍스트 마크업 언어 문서의 서식을 정의하기 위해 만들어졌으며, 인터넷에서 접근하는 대부분의 웹 페이지들은 이 언어로 작성한다. 별도의 컴파일러는 필요 없으며 웹 브라우저에서 해석이 가능하다.

하이퍼텍스트 마크업 언어는 하이퍼텍스트 문서를 작성하기 위해 개발되었으나 문서의 글자크기, 글자색, 글자모양, 그래픽, 문서이동(하이퍼링크) 등을 정의하는 명령어를 이용하여 홈페이지를 작성한다. 하이퍼텍스트 마크업 언어 문서는 전용 프로그램으로 작성할 수도 있으나 일반적인 문자 편집기로 하이퍼텍스트 마크업 언어 문서를 작성할 수 있다. 하이퍼텍스트 마크업 언어에서 사용하는 명령어는 **태그**라고 하는데 괄호 '< >'를 사용하여 표기한다. 일반적으로 태그는 시작과 끝을 표시하는 2개의 쌍으로 이루어져진다. 그러나

'img', 'br' 등의 태그와 같이 시작 태그만으로 효과를 나타내는 경우도 있으며, 종료 태그는 슬래시 문자[/]로 시작한다. 이와 같이 하이퍼텍스트 마크업 언어로 작성된 문서를 하이퍼텍스트 마크업 언어문서라 하며 작성된 문서를 웹 브라우저가 해석하여 사용자에게 보이게 한다. 하이퍼텍스트 마크업 언어에서는 하나의 완전한 하이퍼텍스트를 만들 뿐만 아니라, 단어나 단문을 인터넷의 다른 장소나 파일로 연결할 수 있다.

아래 'Hello world' 출력 프로그램은 프로그래밍 언어나 스크립트 언어와 비교되는 하이퍼텍스트 마크업 언어와 웹 브라우저에서의 실행 결과 화면이다.

```
<!doctype html>
<html>
  <head>
    <title>Hello HTML</title>
  </head>
  <body>
    <p>Hello World!</p>
  </body>
</html>
```

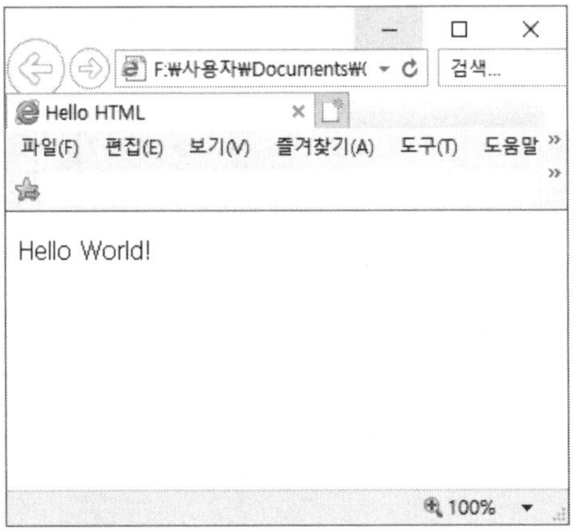

<html>과 </html>사이의 문자는 웹 페이지를 표현한다. <body>와 </body>사이의 문자는 웹브라우저에서 사용자의 화면에 보이는 페이지 내용이다. <head>와 </head>사이의 문자는 눈에는 보이지 않지만 웹 페이지를 표현하기 위해 필요한 해더 정보이다. <title>과 </title>사이의 문자는 웹 브라우저의 페이지 제목을 정의한다.

웹 프로그래밍 언어에는 HTML 이외에도 ASP, JSP, PHP 등이 있다.

3.5.3 자바 스크립트

웹 사이트는 크게 **하이퍼텍스트 마크업 언어**(HTML), **캐스캐이딩 스타일 시트**(cascading style sheet), **자바 스크립트**(JavaScript)의 세 요소로 구성된다. 하이퍼텍스트 마크업 언어는 웹페이지의 큰 뼈대를 제공하고, 캐스캐이딩 스타일 시트는 색깔이나 글씨체 같은 디자인 요소를 관리하며 자바스크립트는 크로스 플랫폼 객체-지향 스크립트 언어로 웹페이지의 동작을 담당한다.

자바스크립트를 이용하면 웹에 풍부한 효과를 넣을 수 있으며 다양한 자바스크립트 프레임워크와 라이브러리가 생기면서 자바스크립트의 활용도가 크게 확장되었다.

가끔 자바스크립트와 자바 언어를 비슷한 기술이라고 혼동하기도 하는데, 자바스크립트는 자바와는 전혀 관계가 없는 언어이다. 만든 사람은 물론 기능과 사용법까지 완전히 다르다.

■ 자바와 자바스크립트의 차이

① 자바스크립트는 컴퓨터에 의해 인터프리트(실시간 번역)되는 언어이다(HTML 마크업 언어와 번역 방법이 유사함). 반면에 자바는 서버에서 컴파일해야 하고 컴퓨터에서 실행한다.

② 두 언어 모두 객체-지향적이다. 그러나 자바스크립트에는 상속성이나 클래스가 존재하지 않는다.

③ 자바스크립트는 하이퍼텍스트 마크업 언어의 코드 중간에 임베디드되어 사용되지만, 자바는 하이퍼텍스트 마크업 언어와 독립적으로 사용 가능하다. 단, 하이퍼텍스트 마크업을 이용해야만 자바 프로그램에 접근할 수 있다.

④ 변수형을 선언하지 않아도 된다. 즉, 변수형에 제한이 강하지 않고 느슨하여 '루즈 타입'이라 한다. 반면에 자바는 항상 변수형을 선언해야 한다. 즉, 변수형에 대해 제한이 강하여 '스트롱 타입'이라 한다.

⑤ 자바스크립트는 **동적 연결**이기 때문에 객체는 프로그램이 실행할 때만 참조한다. 그러나 자바는 **정적 연결**이기 때문에 객체는 컴파일할 때 참조한다.

⑥ 자바스크립트는 하이퍼텍스트 마크업 언어의 코드에 직접 끼워져 있기 때문에 누구나 볼 수 있다. 그러나 자바는 소스 코드를 컴파일하여 바이트 코드라는 클래스 파일을 생성한다. 따라서 프로그램 작성자가 디렉토리 안에 있는 소스 코드를 지우면 하이퍼텍스트 마크업 언어에서 호출하는 것은 자바 클래스 파일이기 때문에 다른 사람이 소스 코드를 볼 수 없다.

자바스크립트는 여러 장점과 단점을 가지고 있다. 장점부터 살펴보자. 자바스크립트는 컴파일 과정이 없기 때문에 다른 언어와 비교하여 상대적으로 빠르게 스크립트 코드를 작성할 수 있다. C나 자바 언어와 달리 단순한 구조와 규칙을 가지고 있기 때문에 누구나 쉽게 이해할 수 있다. 자바스크립트는 웹에 특화된 기술이기 때문에 운영체제나 플랫폼에 상관없이 잘 작동되며 확장성도 높다.

```
<body>
<h1>프로그래스바</h1>
<br>
<button onclick = "move()">누르세요</button>

<script>
    function move() {
        var elem =
          document.getElementById("myBar");
        var width = 1;
        var id = setInterval(frame, 1000);
        function frame() {
            if (width >= 100) {
                clearInterval(id);
            } else {
                width++;
                elem.style.width = width + '%';
                elem.innerText = width + '%';
            }
        }
    }
</script>

</body>
</html>
```

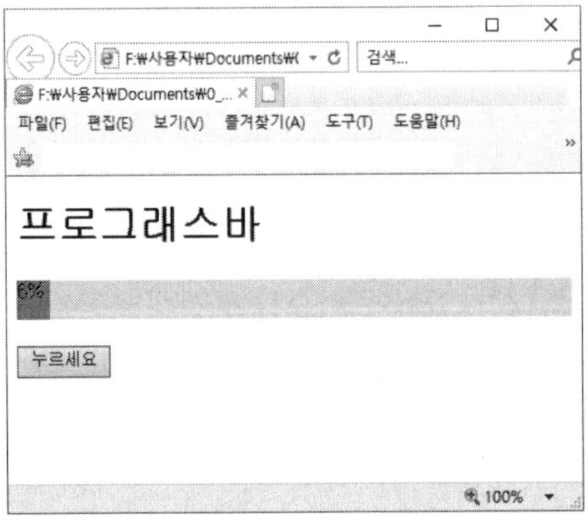

[그림 3.8] 자바스크립트 프로그래밍 예

단점으로는 성능이나 보안 측면에 다른 언어에 비해 상대적으로 취약하다. 내부에서 제공되는 기능이 제한적이고 관련 개발도구도 적은 편이다. 하이퍼텍스트 마크업 언어의 소스코드에 함께 작성되기 때문에 소스코드가 외부로 공개되므로 이 과정에서 보안 취약점이 발생할 수 있다.

그림 3.8은 HTML 내에 포함된 자바스크립트와 실행 결과 화면이다. '누르세요' 버튼을 클릭하면 프로그래스바가 진행이 된다.

3.6 개념과 구조가 다른 프로그래밍 언어들

컴퓨터는 절차적 프로그래밍 언어의 문장을 순서에 따라 처리한다. 각 문장은 메모리 특정 위치의 데이터에 접근하여 내용을 처리하거나 수정한다. 컴퓨터가 수행하면 마지막에 계산된 결과만 메모리에 남게 된다. 절차적 언어야 말로 알고리즘에 잘 부합하는 언어이며 문제를 해결하는 과정을 단계별로 순서에 맞게 잘 정리할 수 있다는 의미이다. 반면에 객체-지향-프로그래밍 언어에서는 절차라는 것이 있지만 인스트럭션의 실행 순서는 클래스 안에 캡슐로 되어있는 여러 개의 작은 그룹으로 흩어진다.

이 절에서는 지금까지의 절차적인 개념과 전혀 다른 특성을 지닌 프로그래밍 언어에 대하여 원리와 특성을 살펴본다. 각 언어의 특성을 아래와 같이 큰 틀에서 분류하고 자세한 문법 보다는 특성을 중심으로 간략하게 살펴본다.

- 인스트럭션 보다는 자료의 흐름과 조작을 직접하는 **함수형**(functional) **프로그래밍 언어**
- 알려진 사실로부터 논리적인 추론을 수행하는 **논리**(logical) **프로그래밍 언어**
- 같은 작업을 여러 개의 동일 처리기에 복사하거나 한 문제를 여러 개의 작은 모듈로 분리하여 여러 개의 동일 처리기나 혹은 다른 처리기에서 동시에 수행하도록 하는 **병렬**(parallel) **프로그래밍 언어**

컴퓨터에 사용하는 프로그래밍 언어는 무수히 많이 존재하고 여러 곳에서 사용되고 있으며 계속 개발되고 있다. 이 책에서 언급하지 않은 각종 프로그래밍 언어가 있지만 그 특성은 대부분 이미 설명한 여러 프로그래밍 언어에 포함되어 있다.

3.6.1 함수형 언어

함수형 언어는 데이터가 나열된 **리스트**를 처리하는 언어인 **리스프**(LISP) 프로그래밍 언어를 설계하면서 시작되었다. 1977년 이 후에 여러 종류의 함수형 프로그래밍 언어가 개발되었는데, 리스프에서 파생된 함수형 프로그래밍 언어의 예를 살펴본다.

함수형 프로그래밍 언어는 하나의 작업을 '함수'라는 용어로 표현하고, 이 함수를 실행함으로써 모든 태스크(작업)를 수행한다. 이 함수라는 용어는 절차적 프로그래밍 언어에서 일반적으로 사용하는 함수라는 용어와는 다른 개념이다. 리스프 언어에서 사용하는 함수는 side effect가 없는 수학에서의 함수와 같은 의미로서 함수는 인자(혹은 여러 개의 인자)를 받아서, 그 인자로 무엇인가를 계산하고, 계산 결과를 반환하며 시스템의 어떤 상태변화도 일으키지 않는다.

좀 더 형식을 갖추어 설명하면, 어떤 값이 인자로 주어지면 함수는 이 값들을 주어진 규칙에 따라 대응하는 결과 값으로 변환한다. 물론 인자로 다른 값이 주어지면 결과 값도 다르게 나온다. 세 배의 값 구하는 함수 $f(x) = 3x$는 인자 값을 5으로 하면, $f(5) = 3 * 5 = 15$ 이므로 결과 값 15로 변환한다. 인자가 10이면 당연히 $f(10) = 3 * 10 = 30$으로 변환한다. 이와 같이, 프로그램을 입력 자료(인자)에 대하여 작동하여 인자를 원하는 출력으로 변환하는 하나의 함수로 생각할 수 있다.

함수형 프로그래밍 언어에서 함수를 언어의 일부로 정의한다. 함수는 프로그래머가 정의할 수 있으며, 함수 이름도 정할 수 있다. 위의 함수 $f(x) = 3x$를 함수형 프로그래밍 언어의 예로 정의해 보자.

```
(define (three-times   x)
            (*  3     x))
```

키워드 'define'는 새 함수를 하나 정의한다는 것을 말하는 것이고, 함수 이름과 인자 리스트는 괄호 안에 따라 나온다. 함수 이름은 *three-times*이고, x는 인자로서 한 개다. 이 함수의 의미는 함수가 호출되면 인자 값을 3으로 곱하라는 것이다. 함수를 정의했기 때문에 프로그램 안에서 함수이름을 호출하여 이 함수를 구동시킬 수 있다. 이 때 함수이름과 인자 값을 나열한다. 위의 예에서는 인자도 한 개이며, 결과 값도 한 개이다. 이 함수를 인터페이스 화면에서 입력하면, 함수가 구동되어 즉시 결과가 표시된다. 아래는 이 함수를 실행하는 예로 굵은 글씨는 사용자가 입력한 글사이다.

```
(three-times 5)
15
(three-times 10)
30
```

그러면 한 변의 길이가 x인 정사각형의 면적을 구하는 함수를 정의해 보자.

```
(define (area   x)
    (*   x   x))
```

이 함수는 area라는 이름을 가진 함수로 정사각형의 한 변 x를 가지고 면적을 구하는 것이다. 그러므로 아래와 같이 호출하여 구동한다.

```
(area  4)
16
```

함수는 한번 정의되면 다름 함수의 정의 내에서도 사용할 수 있는데 수행할 태스크를 포개어 넣는다고 한다. 그러므로 정사각형 세 개의 면적을 구하는 함수를 구현한다면 아래와 같이 정의한다.

```
(define (rectangle   x)
 (three-times (area   x)))
```

즉, 이 함수는 수학적으로는 $g(x) = 3 \times (x \times x)$와 같다. 이 함수를 호출하여 구동하면 아래와 같다.

```
(rectangle 5)
75
```

(three-times (area x))를 계산하기 위해 (area x)를 먼저 구한 다음에, 이 결과를 인자로 하여 함수 three-times를 구동한다. 그러므로 먼저, 인자 5를 가지고 면적 $5 \times 5 = 25$를 구한 다음 $3 \times 25 = 75$를 계산한다.

함수형 프로그래밍 언어에서는 여러 함수를 다른 함수 내에 포함하여, 먼저 계산한 함수의 결과를 다시 인자로 하여, 바로 바깥에 있는 다른 함수를 구동하도록 하는 복잡한 함수의 조합이 가능하다. 이와 같이 함수를 반복적으로 적용하기 때문에 함수형 프로그래밍 언어를 **적용적 언어**라고도 한다.

리스프 언어는 어떤 객체의 리스트를 처리하도록 되어 있다. 그러므로 함수에 적용되는 인자들은 **리스트** 자체가 될 수도 있다. 어떤 경우에는 아무것도 없는 리스트가 빈 것으로 적용될 수 있는데, 이'빈 리스트'는 '아무것도 없음'으로 생각할 수 있으며 nil으로 간주한다. 리스트 처리에 관해서는 네 개의 기본 함수를 적용할 수 있다. 우선 list라는 함수로 이 함수는 인자에 대한 리스트를 생성하며, 인자는 여러 개가 있을 수 있다. 그러므로 아래와 같이 함수를 사용할 수 있으며 결과는 (A B C)이다.

```
(list A B C)
```

이어서 두 개의 다른 함수는 car과 cdr이다.[3] car 함수는 인자로 빈 리스트는 사용할 수 없으며, 리스트 중에서 가장 앞에 있는 원소를 결과로 취한다. 즉, 리스트 중에서 가장 앞에 있는 원소 하나 만 가져온다. 그러므로 이 함수를 사용하려면 아래와 같이 호출한다.

```
(car (list A B C))
A
```

cdr 함수도 마찬가지로 빈 리스트는 인자로 사용할 수 없는데, 결과로 리스트 중에서 맨 처음의 원소를 제거한 후에 남아있는 원소들로 구성된 나머지 리스트를 가져온다. 그러므로 아래의 결과는 리스트 (B C)이다.

```
(cdr (list A B C))
```

특별히 cdr 함수가 단 한 개의 원소로 구성된 리스트를 인자로 사용하면 결과는 빈 리스트를 생성한다. 즉, 아래의 결과는 리스트 nil이다.

```
(cdr (list C))
```

car과 cdr에서 리스트 하나를 car에 적용하면 리스트의 한 원소를 생성하고, cdr에 적용

---

3 car은 Contents of Address Register이고, cdr은 Contents of Decrement Register이다.

하면 짧아진 새로운 리스트를 생성해 낸다.

마지막 하나 남은 기본 함수는 비었는가를 물어보는 null?이다. 이 함수는 리스트 하나를 인자로 사용하는데, 리스트가 비어(nil)있으면 '참'으로, 리스트가 비어있지 않으면 '거짓'으로 결과를 생성한다.

이제 함수형 프로그래밍 언어의 장점을 살펴보자.

함수형 언어는 사용자가 연산의 데이터 흐름에 대해 생각하는 대로 깔끔하게 표현해 준다. 즉, 수학의 함수에서 계산하는 것과 같이 자료 값을 함수 사이에서 **흘려보내기만** 하면 된다. 즉, 절차적 언어처럼 변수(메모리)에 값을 저장하거나 꺼내는 것과 같이 메모리 개념을 전혀 생각하지 않아도 된다. 계산된 결과 값을 변수를 통해 메모리 주소에 저장하지 않고, 함수 사이에서 이동만 하므로 변수 값처럼 데이터가 지워지지 않는다. 또한 **재귀호출**은 함수 프로그래밍 언어의 특성 중 하나로 여러 문제를 해결하는 데 편리하다. 리커젼에 대해서는 이 책의 범위를 벗어나므로 필요하면 따로 학습하여야 한다.

3.6.2 논리 프로그래밍 언어

논리 프로그래밍 언어는 수행되어야 하는 태스크를 명확히 지정하지 않고 목표를 명확하게 지정한다. 논리 프로그래밍에서는 여러 사실을 모아서 선언하고 이 사실을 기반으로 하여 또 다른 사실을 추론해 내거나 이끌어 낸다. 질의(질문)를 프로그램에 넣으면 프로그램은 사실을 모아놓은 저장소에서 논리적인 추론을 수행한 후 가장 효율적이라고 판단되는 결과를 답으로 한다. 논리 프로그래밍 언어는 **선언적 언어**라고 하는데, 명령의 순서를 제공하기 보다는 어떤 사실과 그 관계를 선언하기 때문이다.

논리 프로그램은 어떤 영역에서의 여러 사실을 연결하는 **관계**와 그 영역에서 필요한 **질의**로 구성된다. 전문가의 지식과 경험을 바탕으로 한 관개를 사실과 사실 사이의 관계로 표현하기 적절하여 특정 영역의 전문가 시스템을 만드는 데 사용하기 좋다. 이렇게 선언된 사실은 거의 전문가에 버금간다.

가장 잘 알려진 논리 프로그래밍 언어는 **프롤로그**[4]인데 처음에는 자연어를 처리하는 도구로 개발되었는데 자연어로 상호작용하고 논리적으로 추론이 가능한 컴퓨터를 개발하는 데 도움이 되었다.

프롤로그 프로그램은 **사실**과 **규칙**으로 구성되는데, 사실은 단일 객체나 여러 객체 사이

4 1972년 프랑스 마르세유 대학(University of Marseilles)의 A. Colmerauer가 개발하였다. PROLOG는 PROgramming in LOGic이다.

의 관계를 나타낸다. 예를 들어, 한국 역사의 조선시대 임금과 그 때의 사건이라는 영역을 프롤로그 프로그램으로 간단하게 작성해 보자. 우선 명확한 사실(선언)을 나열한다.

king(세종, 한글).
king(세종, 육진).
king(단종, 영월).
king(이성계, 조선).
king(선조, 임진왜란).
king(정조, 수원).
ancestor(이성계, 세종).
ancestor(세종, 단종).
ancestor(단종, 선조).
ancestor(선조, 정조).

아래처럼 선언한 사실은 선조가 임진왜란 때 조선의 왕이었다는 것을 의미한다.

king(선조, 임진왜란).

마찬가지로 아래는 단종이 선조보다 앞에 있었던 왕이라는 것이다.

ancestor(단종, 선조)

이러한 사실들은 프롤로그로 작성한 것으로 이 사실을 이용하려면 프롤로그 프로그램에서 아래처럼 질의한다(굵은 글자는 사용자가 입력한 것이다).

?-ancestor(이성계, 세종).

그러면 프롤로그 프로그램은 나열한 사실들을 검색 추론하여 아래와 같이 답한다.

Yes.

한 질의에 답이 여러 개있을 수 있기 때문에 프롤로그는 아래와 같이 묻는다.

More? (Y/N):

만약에 답을 더 바란다면, Yes라고 입력하면 되는데, 답이 더 없으면 프롤로그는 No라고 답한다.

지금부터, 위의 프로그램에 질의를 더 해보자(여러 개의 답이 있더라도 하나만 보도록 한다).

?-king(세종, 육진).

Yes.

?-king(세종, 임진왜란).

No.

첫 번째 질의는 선언된 사실에서 결과를 추론하는데 두 번째 질의는 추론하지 못한다.

더 복잡하게 '절'이나 '구'와 같이 질의할 수 있는데, 'A, B' 형식으로 질의하면 프롤로그에게 **사실 A와 사실 B가 둘 다 있는지**를 물어 보는 것이다. 그러므로 아래 질의는 사실 두 개가 모두 있기 때문에 Yes라는 답이 나온다. 즉, king(이성계, 조선)로 사실이 존재하고, ancestor(이성계, 세종)도 사실로 둘 다 존재하기 때문이다.

?-king(이성계, 조선), ancestor(이성계, 세종).

이러한 프롤로그 시스템은 테이블을 탐색하는 것과 유사하지만 질의 안에 변수를 사용할 수 있어서 일반 조회 시스템 보다 효과적이다. 변수는 대문자로 시작하는 문자를 사용한다. 아래는 프로그램 안의 사실에서 해당하는 값 X를 찾는다.

?-king(세종, X).

즉, X는 '세종과의 관계'에 해당하는 것을 나타내는 변수이다. 그러므로 결과는 king(세종, 한글)와 king(세종, 육진)이 있기 때문에 아래와 같다.

X = 한글

X = 육진

이와 같이 프롤로그 프로그램은 사실과 규칙으로 구성된다. 아래 프롤로그 프로그램에서 precedes는 '앞이라는 관계'를 표현하는데 이런 표현을 사실보다는 **규칙**이라 한다.

```
precedes(X, Y) :- ancestor(X, Y).
precedes(X, Y) :- ancestor(X, Z), precedes(Z, Y).
```

여기에서 precedes라는 **규칙**은 X가 Y의 조상(ancestor(X,Y))이면 X는 Y의 앞(precedes(X, Y))이라는 의미의 규칙이다. precedes(X, Y) :- ancestor(X, Z), precedes(Z, Y)는 X가 Z의 조상이고, Z가 Y의 앞이면 X는 Y의 앞이라는 의미의 규칙이다.

아래 프롤로그 시스템에 질의를 넣어보자.

```
king(세종, 한글).
king(세종, 육진).
king(단종, 영월).
king(이성계, 조선).
king(선조, 임진왜란).
king(정조, 수원).

ancestor(이성계, 세종).
ancestor(세종, 단종).
ancestor(단종, 선조).
ancestor(선조, 정조).

precedes(X, Y) :- ancestor(X, Y).
precedes(X, Y) :- ancestor(X, Z), precedes(Z, Y).
```

?-precedes(단종, 선조).

Yes.

?-precedes(세종, 정조).

Yes.

?-precedes(세종, X).

X = 단종

X = 선조

X = 정조

이 예에서 보듯이 답이 정확한지 알 수 있으며 왜 그런지도 추적할 수 있다. 이와 같이 프롤로그는 인스트럭션의 순서가 아니라 규칙과 사실로 선언된다. 즉, 사용자의 지시가 아니라 프로그램이 홀로 추론을 통하여 질의에 답을 한다.

그림 3.9는 프롤로그 프로그래밍 언어 시스템이다. 프로그래머는 사용하고자 하는 특정

영역에 대한 사실과 규칙에 따른 **지식 베이스**를 만든다(프로그램으로 구성된다). 그러면 질의를 통해 프로그램과 상호작용할 수 있으며 **추론 엔진은 질의를 번역한다.** 추론 엔진은 프로그래밍 언어의 일부인 소프트웨어(컴파일러나 인터프리터 역할)이지 프로그래머가 작성하는 것은 아니다. 이 추론 엔진은 지식 베이스에 접근할 수 있으며 추론 규칙을 가지고 있다.

이와 같이 프롤로그 언어는 논리 프로그래밍 언어를 대표하고 있으며, 절차적 언어의 '어떻게' 보다는 '무엇'을 중심으로 만들어진 선언적 언어이다.

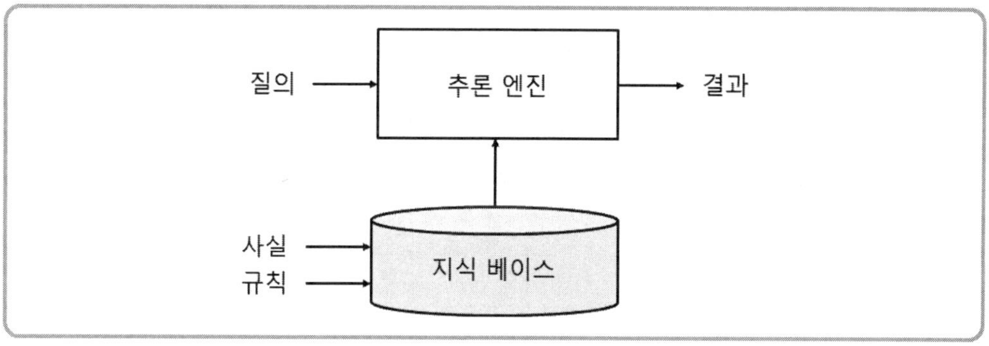

[그림 3.9] 논리 프로그래밍 개념

3.6.3 병렬 프로그래밍 언어

병렬 처리 컴퓨터는 계산을 빠르게 할 뿐 아니라 지진 발생 조기 예측, 의료 영상 사진, 우주 개발, 소셜 네트워크 분석 등 복잡한 문제를 해결하는 데 사용한다.

병렬 컴퓨터에서 알고리즘을 실행시키려면 병렬 컴퓨터 구조의 장점을 최대로 살려야 한다. 즉, 프로그램을 처리하는 처리기와 시스템의 모든 자원을 최대로 이용하는 새로운 개념의 알고리즘을 개발해야 한다. 예를 들어, 알고리즘이 병렬 구조 컴퓨터의 처리기 1,000개 중에서 한 개만 수행하고, 나머지 999개는 아무 것도 수행하지 않도록 개발하면 병렬 구조의 효율성을 살리지 못하기 때문이다. 즉, 속도를 개선하려는 병렬 구조 컴퓨터의 특성을 제대로 살리지 못하는 것이다.

1,000개의 처리기가 있는 병렬처리 컴퓨터의 자료처리 과정을 살펴보자. 이 구조에서 처리기의 산술논리연산 장치 전체가 공동으로 사용하는 메모리에 있는 상수 C를 각 산술논리연산 장치 1,000개가 동시에 더하도록 한다. 1,000개의 산술논리연산 장치는 각각 고

유 번호를 가지고 있다. 1,000개의 원소가 있는 행렬 A의 각 원소를 1,000개의 처리기에 하나씩을 분산한다. 즉, 아래와 같이 할당한다.

```
ALU1은 원소 A[1]을 자신만의 메모리 MEM1에
ALU2은 원소 A[2]을 자신만의 메모리 MEM2에
ALU3은 원소 A[3]을 자신만의 메모리 MEM3에
    .
    .
ALU900은 원소 A[900]을 자신만의 메모리 MEM900에
    .
    .
ALU999은 원소 A[999]을 자신만의 메모리 MEM999에
ALU1000은 원소 A[1000]을 자신만의 메모리 MEM1000에,
그리고 모든 산술논리연산 장치 1,000개는 공용 메모리에 저장되어 있는 상수 값 C를 더한다.
```

이러한 병렬 프로그래밍 언어로 병렬 프로그램을 작성하면 아래와 같은 예를 만들 수 있다.

```
PARALLEL [I .. N]
     문장1
      .
      .
     문장k
  END PARALLEL
```

이 프로그램 구조는 ALU1에서 ALUk까지의 각 장치에서 PARALLEL [1 .. k]와 END PARALLEL로 둘러싸인 문장 블록을 동시에 실행하라는 의미이다. 이 때 공용 메모리의 자료와 처리기 자신의 메모리에 있는 자료를 가지고 각각 병렬로 실행한다. 이 의미를 구체적으로 적용해 보자.

```
  C : public      //공용 메모리에 저장된 상수
VEC : private     // 처리기 자신만 사용하는 메모리에 저장된 벡터 원소 1,000개
      . . .
```

```
PARALLEL [1 .. 1000]
    VEC = VEC + C
END PARALLEL
```

이 프로그램 구조에서 각 처리기 ALU는 같은 인스트럭션으로 일차원 배열 VEC에 대하여 더하기 연산 VEC = VEC + C를 동시에 병렬로 실행한다.

```
VEC[1] = VEC[1] + C
VEC[2] = VEC[2] + C
VEC[3] = VEC[3] + C
VEC[4] = VEC[4] + C
    .
    .
VEC[900] = VEC[900] + C
    .
VEC[999] = VEC[999] + C
VEC[1000] = VEC[1000] + C
```

결과는 1,000개의 원소가 모두 동시에 병렬로 수행한 후 자신의 메모리에 저장된다. 동시에 1,000개의 처리기가 실행했으므로 시간적으로는 순차적으로 처리할 때 보다 많은 시간이 감소된다. 이론적으로는 최대 1,000배 빠를 수 있지만 반드시 1,000배는 될 수 없다. 각 처리기 사이를 자료가 이동하는 데 걸리는 시간, 메모리에서 자료를 꺼내고 저장하는 데 걸리는 시간 등 부수적인 시간이 소요되기 때문이다. 병렬 처리 컴퓨터에서 사용하는 병렬 언어에 관심 있는 독자는 따로 학습하여야 한다.

지금까지 여러 프로그래밍 언어의 개념과 사용 분야에 따른 특성을 알아보았다. 이 책에서 언급한 언어 외에도 많은 프로그래밍 언어가 있으며, 또 각 언어의 특성에 따라 여러 분야에서 사용하고 있다. 내장 프로그래밍 개념의 컴퓨터에서는 기계어만 이해하는 컴퓨터와 자연어를 사용하는 인간 사이의 의사소통 수단으로 고급 프로그래밍 언어가 필요하다. 가장 좋은 프로그래밍 언어라는 것은 없으며 사용 분야가 다를 뿐이다. 최소 한 개의 고급 프로그래밍 언어라도 어느 정도 수준에서 사용할 수 있으면 4차 산업 시대에 일하는 여러 분야의 사람들과 소통할 수 있는 좋은 도구가 될 것이다. 그러면 다른 언어를 추가로 배우는 것도 훨씬 수월하다.

프로그래밍 언어에 관심이 있다면 프로그래밍 언어를 선택하기 전에 어떤 목적으로 사용할 것인가를 먼저 결정 한 후에 언어를 선택하면 된다. 프로그래머가 아니더라도 프로그래밍 언어는 컴퓨터 분야에서 기본적으로 갖추어야 하는 지식이자 능력이다.

3.7 소프트웨어 개발 과정

고급 프로그래밍 언어는 컴파일러나 인터프리터로 번역되기 때문에, 문장의 부호, 예약어 등 문법 규칙을 적용해야 한다. 즉, 프로그램 문장을 컴파일러가 이해할 수 없으면 그 프로그램을 번역할 수 없다. 컴파일러가 프로그램을 번역할 수 없다면 프로그램 인스트럭션도 실행할 수 없다. 그러므로 프로그램이 실행할 수 있도록 반복하여 수정 작업을 해야 하는 불편함이 있는데, 이러한 불편함이 프로그램 구현을 어렵게 하고 시간을 소모하게 한다.

프로그램을 구현한다는 것은 **소프트웨어 개발의 라이프 사이클**에서는 극히 일부에 해당한다. 대규모 소프트웨어를 개발하는 경우는 더욱 그렇다. 오랜 연구에 따르면 운영체제, 컴파일러 같은 시스템 프로그램이나 기업의 대형 응용 프로그램 개발에서 아래와 같은 분석 결과가 있다.

- 문제를 분석하고 명세서를 만들고 프로그램을 설계하는 데 소요하는 시간은 전체 개발시간의 약 25~40%이다. 이처럼 **프로그램 설계 단계는 전체 개발과정에서 매우 중요한 단계이다.**
- 나머지 40~65%의 시간과 노력은 구현 후에 검토, 수정, 확정, 원 코드의 개선, 완성된 문서 작성하기 등에 소모한다.
- 이외의 10~20% 시간은 부수적인 시간으로 소모한다.

소프트웨어 개발에서 여러 과정이나 방법이 있지만 소프트웨어 개발은 대략 아래의 과정을 거친다. 이 과정을 소프트웨어 개발 라이프 사이클(SDLC: Software Development Life Cycle)이라 한다.

1. 구현 전 단계
    1-1 타당성 검토하기
    1-2 문제 분석과 명세서 만들기
    1-3 프로그램 설계하기
    1-4 알고리즘을 선택하거나 개발하고 분석하기
2. 구현 단계
    2-1 코딩하기
    2-2 디버깅하기
3. 구현 후 단계
    3-1 테스팅, 검증, 벤치마킹하기
    3-2 문서 작업하기
    3-3 유지, 관리, 보수하기

이제부터 개발 과정의 각 단계에 대하여 간략하게 살펴보자. 학생들이 수업에서 프로그래밍 실습을 하거나 프로그래밍을 처음 배울 때는 이 라이프 사이클을 고려하지 않거나 배우지 않는 경우가 많다. 프로그래밍의 기초를 공부하는 시작부터 이런 라이프 사이클을 따라 프로그램을 구현하는 습관을 지녀야 한다. 그렇지 않으면 대형의 복잡한 프로그램을 구현하는 도중이나 구현한 후에도 프로그램 안에 에러가 포함되어 있을 가능성이 높다.

소프트웨어가 하는 일이 복잡하거나 프로그램 길이가 긴 실제 소프트웨어 개발 과정을 살펴본다.

3.7.1 대규모 소프트웨어 개발

학생들이 수업시간에 작성하는 프로그램은 코드로 50~100 줄 정도가 보통이다. 한 학기를 마쳐도 특별히 프로젝트 수행 같이 관심 있는 경우를 제외하면 대부분 1,000 줄을 넘지 못한다. 그러나 실제 기업이나 기관에서 개발하는 각종 응용 소프트웨어, 운영체제, 컴파일러는 실제로 10,000 줄에서 100,000 정도(혹은 그 이상) 되는 길이이다. 개발 기간도 대형 소프트웨어는 보통 5~25명이 2~3년 정도 소요된다. 워드 프로세서 같은 응용 소프트웨어, 소형 컴퓨터 운영체제, 컴파일러 등이 여기에 속한다.

비록 여러 분야에서 오랜 연구와 경험에 의한 추정치이긴 하지만, 새로운 소프트웨어를 개발할 때는 대략적으로 어떤 크기에 어느 정도의 인원과 기간이 필요한지를 판단할 수 있다. 이 판단에 따라 개발 비용을 산정할 수 있으면서 동시에 개발한 소프트웨어의 생산 단가와 제품의 가격을 책정할 수 있다.

이러한 크기의 소프트웨어 시스템을 계획이나 설계 없이 정확하면서 유지관리가 편하도록 개발하기란 어렵다. 그러므로 대형 소프트웨어를 개발하려면 비용과 예산을 추정해야 하고, 개인관리, 인간관리, 생산관리, 일정관리, 감수, 검사 등의 여러 계획을 세워 추진해야 한다. 이러한 계획에 따라 대형 소프트웨어를 개발하는 것을 **소프트웨어 공학**이라 한다.

3.7.2 소프트웨어 개발 라이프 사이클

앞에서 언급한 소프트웨어 개발 사이클의 각 단계별로 목적과 해야 할 일을 살펴보자. 각 단계에서는 무엇을 하고 어떻게 하기로 결정했으며, 앞으로 어떻게 할 것인지 등의 내용을 별도의 문서로 작성한다. 이렇게 작성한 문서는 개발에 관련된 여러 사람과 공유하여 공동의 개발 목표를 가지고 일을 수행한다.

(1) 타당성 검토하기

타당성 검토는 개발하고자 하는 소프트웨어의 내용을 분석하여 여러 해결 방법을 찾아서 장단점을 파악하며 비용을 비교 검토한다. 이 과정에서 한 방법으로 차라리 컴퓨터를 새로 구매하는 것이 좋을 수도 있지만, 컴퓨터 자체와 주변기기, 소프트웨어 가격, 장치 유지비 등을 포함하면 개발 비용보다 비싸질 수 있다. 뿐만 아니라, 개발자 임금, 기술 지원 비용, 자료를 입력하거나 구입해야 하는 비용, 사용자의 교육비용 등도 산출하면 비용은 더욱 커진다. 이와 같이 어떤 문제를 해결하기 위해 무조건 컴퓨터를 도입하는 것은 전체 비용으로 볼 때 소프트웨어를 개발하는 것 보다 더 많은 비용이 들어갈 수 있다. 그러면 다른 선택을 고려해야 하는데 바로 아래 사항에 대한 상대적인 비용과 유리한 점이 무엇인지를 검토한다.

- 소프트웨어를 사는 것이 좋은지 소프트웨어를 개발하는 것이 좋은지
- 현재 컴퓨터에 새로운 소프트웨어를 개발하는 것이 좋은지 새 컴퓨터를 도입하는 것이 좋은지
- 계약을 통하여 다른 곳에 개발을 의뢰하는 것이 좋은지
- 주어진 문제를 해결을 현재 인력으로 처리 과정만 개선하는 것이 좋은지 다른 방법을 만들 것인지
- 현재 자원으로 프로젝드를 잘 조정하여 범위를 줄이는 것이 좋은 지
- 기타 방법은 없는지 등

이러한 타당성 검토가 끝나면 **타당성 분석 문서**가 나와야 하고, 이 문서에는 결과에 대해 추천할 것인지 아닌지의 내용이 들어가야 한다. 이런 문서를 만드는 것은 고려 사항이 많이 들어가는 복잡한 과정으로 사업 지역, 법률 관련, 관리, 경제적 측면, 심리적 측면, 예산 등이 포함되어야 한다. 이와 같이 타당성을 검토하는 목적은 개발하기 위한 접근 방법을 결정하는 가이드로써 비용, 위험성, 여러 개발 방법에 따른 이점 등을 파악하기 위한 것이다.

(2) 문제 분석과 명세서 만들기

개발하려는 소프트웨어의 내용이 타당하고 개발하는 것이 좋다고 결정되면 문제에 대해 명세를 만드는 단계로 넘어간다. **문제 명세화 단계**는 소프트웨어가 해결해야 하는 문제에 대하여, 개발 도중에 혼동이 오지 않도록 문장을 명확히 기술한다. 타당성 검토에서 결과로 나온 문서는 자연 언어로 기술될 수 있기 때문에 명확하지도 완벽하지도 않을 수 있다. 이렇게 처음에 대략 서술한 문서도 완전하게 명세화 하여야 한다. 이렇게 하려면 소프트웨어 개발자와 의뢰자(혹은 최종 사용자)가 서로 만나서 문제가 없는지 계속 분석하고, 간격을 줄이고, 의견을 일치시키도록 해야 한다. 이 과정에서는 마음이 많이 바뀔 수도 있다.

문제 명세화에서 나온 문서는 소프트웨어 개발자에게 넘어갈 최종 문서이기 때문에 완전해야 한다. 이 문서가 소프트웨어를 개발할 각 단계를 결정하는 가이드일 뿐 아니라 개발에 대해 준비할 수 있기 때문이다. 명세화 문서는 소프트웨어가 모든 여건에서 어떻게 행동하는지를 정확히 기술해야 한다. 즉, 중요한 부분 뿐 만 아니라 주변의 여건(예: 전압, 온도 같은 조건)까지도 모두 포함한다. 또한 소프트웨어에 입력될 자료에 대해서도 기술해야 하며, 어떤 결과가 나와야하고, 이 결과가 어떻게 보여야(출력되어야) 하는지도 기술해야 한다. 더불어 프로그램이 차지하는 메모리 양과 정해진 시간 내에 실행되어야 하는 제한 시간 등도 기술한다.

개발자와 의뢰인이 한 번 동의(계약)하면 개발자가 제공하기로 약속한 것과 의뢰자가 받아들이기로 기술한 것에 동의한 것으로 법적인 계약 관계가 성립된다. 보통은 개발 후 배포 날짜, 설치 일정, 가격 등도 포함하고, 개발자(혹은 기업 대표자)와 의뢰자(혹은 기업 대표자)의 날인도 필요하다.

(3) 프로그램 설계

이제 소프트웨어를 개발하기 위해 먼저, 무엇을 해야 하는지 명확해 졌다. **프로그램 설계 단계**는 프로그램을 어떤 방법으로 만들 것인지에 대해 계획을 세운다. 즉, 문제를 해결하기 위해 프로그램을 어떤 방법으로 푸는 것이 효율적인지에 따라 푸는 방법을 선택하는 것이다. 인공지능 등 다양한 방법이 있지만 지금까지 해온 프로그래밍 방법으로는 **분할-정복 방법**(혹은 **하향식-분할법**)과 **객체-지향 방법**이 있다. 각 방법은 설계하는 방법에 따라 아래와 같은 특성이 있다.

- **분할-정복 방법**

  이 프로그래밍 방법은 프로그램을 구조적으로 분해하는 **분할-정복 방법**을 이용한다. 즉, 대형 프로그램을 여러 개의 작은 부프로그램으로 쪼개는 것이다. 큰 작업(태스크)을 작은 작업(부태스크)으로 분할하여 프로그래밍 하기 적당한 크기로 쪼갠다. 이러한 작은 프로그램 조각이 전체로 합쳐져서 하나의 큰 소프트웨어가 설계 된다.

- **객체-지향 방법**

  객체-지향 프로그래밍 방법에서는 각 객체가 하나의 작업을 수행하는 객체로 구별되고, 각 객체는 자기가 사용할 자료와 부태스크로 수행 한다. 그러므로 객체-지향 프로그래밍 방법에서는 클래스를 자료를 저장할 변수와 부태스크를 수행할 함수(메소드라고 함)로 설계 한다[5]. 프로그래밍은 마치 블록 쌓기를 하는 것처럼 각 기능을 수행하는 작은 프로그램(클래스)을 논리적인 순서로 연결하여 전체 소프트웨어를 설계한다.

프로그램 설계 문서는 문제를 여러 부테스크와 부-부태스크로 분리하거나, 여러 개의 클래스로 분리하여 설계한 내용이다. 어떤 설계 문서는 그래픽으로 보기 좋게 문서화 하는데, 순서도, 차트, 각 클래스의 속성과 기능을 나타내는 클래스 다이어그램이 여기에 속한다. 부태스크를 수행하는 모듈이나 클래스의 객체가 제공하는 서비스를 수행하는 모듈은 각각 별개의 코드로 변환된다. 물론 각 모듈에 대한 완벽한 명세가 있어야만 한다. 각 모듈이 무엇을 하는지, 모듈이 수행하면서 무슨 정보가 필요한지, 모듈 프로그램이 수행을 마치면 나오는 결과는 무엇인지 등이다. 선택한 언어로 모듈 프로그램을 코드를 작성하는데 이 명세를 활용할 수 있어야 하기 때문에 정보는 자세하게 기술되어야 한다.

프로그램 설계는 소프트웨어 개발 라이프 사이클에서 아주 중요한 부분이며, 누구나 프로그램 구현을 쉽게 하도록 거의 코딩 수준으로 설계한다.

---

5 클래스(class), 함수(function), 태스크(task), 메소드(method)

(4) 알고리즘을 선택하거나 개발하고 분석하기

일단 부태스크가 정해졌으면 수행할 알고리즘을 정해야 한다. 예를 들어, 어떤 부태스크가 전화번호부에서 어떤 번호를 찾는 일을 한다면, 탐색하는 여러 알고리즘(순차 탐색 알고리즘 혹은 다른 알고리즘)중에서 이 문제를 해결하기에 가장 효율적인 알고리즘을 찾는다. 좋은 방법의 알고리즘을 찾았다면 알맞은 알고리즘으로 결정한다. 만약 좋은 알고리즘이 없거나 존재하지 않으면, 이 문제 해결에 적당한 새로운 알고리즘을 개발해야 한다. 이 단계에서도 마찬가지로 문서를 만들어야 하는데, 문서에는 선택한 알고리즘이나 개발한 알고리즘에 대하여 의사코드로 기술해 놓는다. 이 때 사용 방법에 대해서도 설명한다.

(5) 코딩하기

코딩은 자세히 기술된 설계도 내용대로 컴퓨터 코드로 변환하는 과정이다. 설계가 아주 잘 되었으면 코딩 작업은 쉽게 할 수 있다. **재사용**이 가능한 코드가 있으면 라이브러리에서 가져온다. 또는 유용한 클래스는 구매할 수도 있다. 코딩은 머리 속에서 생각하는 문제 해결 방법을 설계에 따라 현실화 하는 단계이다. 그러므로 소프트웨어 개발 라이프 사이클의 문제 명세화, 프로그램 설계, 알고리즘 선택이나 개발 등에 따라 코딩하는 것이 좋다. 대규모 소프트웨어는 무조건 코딩부터 한다고 해서 개발 시간이 줄어들지 않는다. 코딩 단계에서도 마찬가지로 문서를 작성해야 하는데 이 문서가 곧 원시 프로그램 리스트가 된다. 이 때 코드 리스트에는 필요한 부분이나 주요한 부분에 주석을 잘 달아서 다른 사람이 보거나 자신이 나중에 볼 때 이해하기 쉽고 읽기도 쉽도록 해야 한다.

(6) 디버깅하기

디버깅은 프로그램에 있을 수 있는 에러 위치를 찾거나 수정하는 과정으로, 프로그램을 작성하는 만큼 많은 노력이 요구되는 작업이다. 에러는 아래의 여러 경우에 발생할 수 있다.

- **문법 에러**: 프로그램 문장이 문법 구문의 규칙을 정확하게 따르지 않으면 발생한다. 컴파일러가 문법에 맞지 않는 문장을 이해할 수 없기 때문에 에러를 발생시킨다. 컴파일러는 에러에 대해서 관련 메시지를 출력한다.
- **실행 시 에러**: 이 에러는 실행 도중에 발생하는데 올바르게 실행하지 않는다. 예를 들어 실행 중에 어떤 값을 0(영, zero)로 나누면 에러가 발생한다. 어떤 값을 0으로 나눌 수 없다. 시스템 소프트웨어는 실행 도중에 에러를 탐지하고 메시지를 발생한다.
- **논리 에러**: 이 에러는 문제 해결을 위해 만들어진 알고리즘 자체의 논리가 올바르지

않아서 발생한다. 논리가 잘못 되면 각 단계에서 틀린 결과를 발생하므로 잘못된 답을 내놓는다. 이때는 컴퓨터가 틀린 논리대로 따라가기 때문에 정상적인 실행으로 판단하여 에러 메시지를 발생하지 않을 수도 있다. 논리 에러를 수정하기 위해서는 답이 틀렸는지 올 바른지를 알아내는 것이 우선이다.

이와 같이 디버깅은 시간을 많이 소비하는 부분이다. 설계가 잘못되면 논리적 흐름을 이해하기 어렵고 프로그램 구조도 잘 못되지만, 설계가 잘 되면 디버깅에 소요되는 시간을 많이 감소할 수 있다. 그러므로 소프트웨어 개발 라이프 사이클을 잘 따라서 개발하는 것이 중요하다.

물론 디버깅 과정의 문서에도 발견된 문제를 기술해야 하고, 그 문제를 해결하기 위해 코드를 어떻게 수정했는지 등을 기술해야 한다. 이것도 나중에 다시 발생할 수 있는 문제나 잘 못된 코딩 방법을 예방할 수 있다.

(7) 테스팅, 검증, 벤치마킹하기

프로그램이 10,000개 자료에 대해 정확한 답(값)을 출력했다고 하더라도, 그 답이 이론적으로 100% 맞다고 확신할 수 있는지가 중요하다. 프로그램이 모든 자료에 대하여 무조건 잘 작동한다고 믿을 수는 없다. 그러므로 **테스팅을 하는데** 테스트를 위해 만들어진 데이터를 이용하여 프로그램을 실행시켜 보는 것이다. 프로그램의 모든 논리 흐름을 알아보기 위해 실행한 프로그램은 테스트 자료는 발견하지 못한 에러를 탐지한다.

테스팅은 아래와 같이 여러 유형이 있다.

- **단위 테스팅**: 완성한 각 모듈(부태스크)에 대하여 이루어지며, 테스트된 에러기 없는 모듈은 작업을 수행하느 프로그램 하나로 합쳐진다.
- **통합 테스팅**: 하나로 합쳐진 각 모듈 사이에서 필요한 자료들이 원활하게 전달되는지, 어떤 모듈의 결과가 필요한 다른 모듈에 잘 전달되는지 등을 검사한다.
- **회귀 테스팅**: 이미 테스팅한 모듈에 무언인가를 수정하거나 변경한다면 이 수정한 것 때문에 이미 테스팅을 마친 다른 코드에 새로운 어떤 에러가 발생하는지 않는지를 확인한다.

프로그램의 정확성을 확인하는 다른 방법으로 수학적인 논리를 사용할 수 있지만, 어렵기도 하고 시간도 많이 소보된다. 그러므로 프로그램에서 에러가 발생할 위험을 줄이기 위해 프로그램 검증 방식보다는 프로그램 테스팅 방식을 많이 사용한다. 이 부분은 이 책의 범위를 벗어나기 때문에 관심 있는 독자는 스스로 학습해야 한다.

이렇게 정확성이 중요하지만 문제의 명세에서 결과를 만들기 까지 소요되는 시간에 대한 속성도 필요로 한다. 프로그램 **벤치마킹**은 제한 시간 안에 원하는 성능이 나오는지를 확인하는 것을 의미한다. 이렇게 테스팅(검증)과 벤치마킹을 마치면 완벽한 프로그램이 되어서 배포할 수 있어야 한다. 물론 테스팅, 검증 벤치마킹 등 모든 결과가 프로그램 개발 명세서에 나온 대로 완벽하게 개발되었다는 것을 볼 수 있도록 기록되어야 한다.

(8) 문서 작업하기

프로그램을 문서로 만든다는 것은 프로그램을 잘 이해할 수 있도록 종이 등에 작성하는 것을 말한다. 이렇게 문서를 만드는 것은 내부에서 만드는 것도 있고 외부에서 만드는 것도 있다.

- **내부 문서화**: 프로그램 코드의 일부를 말한다. 프로그램에 사용한 변수에 의미 있는 이름을 붙이거나 코드를 설명하기 위해 주석을 다는 것이나 프로그램을 작은 프로그램으로 쪼개어 설명하는 것 등이다.
- **외부 문서화**: 프로그램 설계나 구현에 대해 명확하게 설명하여 모아놓은 것들이다. 소프트웨어 개발에서 각 단계를 진행하는 동안에는 어떤 형태로든 문서가 생성되어야 한다.

결국 프로그램 문서화는 소프트웨어 개발 라이프 사이클에서 계속하여 진행되어야 하며 완성된 문서는 두 형태로 작성되어야 한다.

- **기술 문서**: 프로그램 작성자가 나중에라도 프로그램 쉽게 수정하도록 프로그램을 쉽게 작성한다. 차트, 순서도, 클래스 다이어그램, 알고리즘 기술서, 프로그램 리스트 같은 것들이 이런 부류이다.
- **사용자 문서**: 사용자가 프로그램을 실행할 수 있도록 작성한다. 이것은 사용자가 프로그램을 실행하는 동안 활용할 수 있는 온라인 지침서, 시스템 도우미, 사용자 매뉴얼 등을 말한다.

(9) 유지, 관리, 보수하기

개발한 프로그램은 필요에 따라 변한다. 새로운 기술의 컴퓨터나 소프트웨어가 나올 수도 있고 더 진보한 기술이 나올 수도 있다. 그러므로 투입한 시간과 비용 때문에 이미 개발된 소프트웨어에 대해 집착할 필요는 없다. 즉, 이미 개발한 소프트웨어는 사용하는 동안 에러가 발견되지 않을 수도 있고, 프로그램이 실행해야 하는 새로운 하드웨어나 소프트웨어가 나올 수도 있다. 그리고 사용자에 의해 프로그램을 변경할 수도 있을 뿐 만 아니라 사용자나 시장에 변동이 있을 수도 있다. 그러므로 원래 프로그램은 당연히 수정되어야 한다. 이렇게 소프트웨어를 **유지관리**하려면 소프트웨어 개발 라이프 사이클에서 총 예산에서 약 65% 정도를 소비한다.

결국 프로그램 개발에서 계획이 잘 되었고, 설계도 잘 되었으며, 코딩도 잘 되었고, 테스트도 철저하게 잘 되었으며 최종으로 문서화도 잘 되었으면 프로그램 유지관리가 조금은 쉬울 수도 있다. 이렇게 소프트웨어 유지관리는 소프트웨어 개발 라이프 사이클에서 시간과 비용이 많이 소비되는 과정이다.

3.7.3 오늘날 소프트웨어 환경

오늘날 소프트웨어 개발은 소프트웨어 개발 라이프 사이클을 변화시키고 있는데, 대부분의 프로그래밍 언어는 **통합 개발 환경** 안으로 들어간 상태다. 이런 통합 개발 환경으로 모든 프로그램을 개발한다. 결국 이 **통합 개발 환경**은 개발자가 한 개의 응용 프로그램에서 여러 개의 태스크를 수행할 수 있도록 하는 것이다.

한 마디로 **통합 개발 환경은** 문자 편집기, 파일 관리기, 컴파일러, 링커, 로더, 디버깅 도구 들이 한 개의 소프트웨어에 모두 들어가 있다. 그러므로 설계 과정 초기 명세화 부터 마지막 코드까지 요구사항을 따라가면서 추적하는 소프트웨어 패키지이다. 이 패키지는 클래스에 의한 그래픽적인 설계를 지원하고 동시에 코드로 변환해 주기도 한다.

지금까지 고급 프로그래밍 언어와 소프트웨어 개발 환경에 대해 알아보았다. 포트란, 코볼, C, C++, 에이다, 자바, C#, 파이썬과 같이 잘 알려진 언어인 절차적 개념의 언어에서 객체-지향 언어로 변화되었다. 또한 SQL, 하이퍼 텍스트 마크업 언어, 자바 스크립트 등은 특수 언어로 분류한다. 이어서 리스프, 프롤로그 같은 함수형 언어, 논리 프로그래밍 언어, 병렬 프로그래밍 언어 등 다양한 언어의 개념을 살펴보았다.

이러한 프로그래밍 언어를 가지고 실생활에 적용되는 대규모 소프트웨어를 개발하고 관리하는 소프트웨어 개발 라이프 사이클의 각 단계를 알아보았다. 소프트웨어 개발 과정에서 코딩이 차지하는 부분은 큰 부분이 아니다.

연습문제

1. 프로그래밍 언어를 배우는 이유를 설명하시오.

2. 절차적 언어와 객체-지향 언어를 비교하여 설명하시오.

3. 객체-지향 언어의 구성요소에 대해 설명하시오.

4. 절차적 언어와 비절차적 언어의 차이를 설명하시오.

5. 이 책에서 언급한 스크립팅 언어 이외의 언어를 찾아보시오.

6. 웹 프로그래밍 언어의 역할에 대해서 간략하게 설명하고 동작 원리를 설명하시오.

7. 이 책에서 설명하지 않은 프로그래밍 언어로는 어떤 언어들이 있는지 알아보고 그 언어에 대해서 간략히 설명하시오.

8. 아래 포트란 언어의 일부가 실행하면 출력되는 결과는 무엇입니까?

```
    SUM = 0
    I = 1
200 IF (I .GT. 100) GO TO 300
    SUM = SUM + I
    I = I + 1
    GO TO 200
300 WRITE(*,*) SUM
     .
     .
```

9. 포트란 언어에서 **는 제곱을 의미하는 연산자이다. 그러므로 5**2는 5^2을 의미한다. 아래 포트란 프로그램의 수식에서 I값이 13이고 J값이 23이면 이 수식의 연산 결과가 저장되는 A값은 무엇입니까?

```
A = ((I - J)**2)
```

10. 아래의 C 코드의 일부가 실행되면 *intPointer의 값과 intPointer의 값을 비교하시오.

```
int* intPointer;
intPointer = (int*) 500;
*intPointer = 10;
```

11. 아래의 자바 출력문에서 처음의 println와 두 번째 print는 어떤 차이가 있는지 설명하시오.

```
System.out.println("This is Test One.");
System.out.print("This is Test second. ");
```

12. 아래의 파이썬 코드의 실행 후 출력은 무엇입니까?

```
N1 = 35
N2 = 55
if N1 < N2:
        print ("N2 가 크다")
    else:
        print (" 두 수가 같다 ")
    print ("N1 가 크다")
```

13. 절차적 언어 중에서 아래의 각 응용 분야에 적용하기 좋은 언어는 무엇인지 선택하고 이유를 설명하시오.

a. 우주선 발사에서 궤적을 추적한다.

b. 어떤 실험에서 컴퓨터로 자료가 들어가는 입력 장치를 모니터링 하고자 한다.

c. 은행 자동 지급기에서 그날 들어온 모든 금액을 정산한다.

14. 아래 HTML 문장이 웹에 나타나는 결과를 적으시오.

```
<p>
   <center>
      <font size = 12 color = “green”>
      안녕하세요!
   </center>
</p>
```

15. 아래 리스프 함수의 결과는 무엇입니까?

a. (car (cdr (cdr (list 244 345 251))))

b. (cdar (car (car (list 244 345 251))))

c. (caar (cadr (caddr (list 244 345 251))))

16. (a, b, c, d)의 리스트에서 (d, c, b, a) 의 순서로 바꾸는 리스프 프로그램을 작성하시오.

17. 아래 함수에서 (what (list 3 4 5))로 호출하면 결과는 무엇입니까? 이 함수가 수행하는 과정을 설명하시오.

```
(define (what in-list)
   (cond ( (null? in-list)    0)
         (else ( +1  (what (cdr in-list) )))))
```

18. 이 책의 본문에서 사용한 프롤로그 프로그램의 규칙에 아래의 규칙을 추가한다.

```
earlier(X, Y) :- king(R, X),
king(S, Y), precedes(R, S).
```

아래 각 문항으로 질의하면 결과는 무엇입니까?

a. ?-earlier(육진, 임진왜란).

b. ?-earlier(임진왜란, 수원).

c. ?-earlier(X, 임진왜란).

19. 가족 관계에 대한 프롤로그 프로그램이 있다. 아래는 사실을 나타낸다.

```
male(영수)
male(만수)
male(팔수)
female(영희)
female(숙희)
female(정희)
parent-of(영수, 만수)
parent-of(영희, 만수)
parent-of(만수, 팔수)
parent-of(만수, 숙희)
parent-of(만수, 정희)
```

이 사실에서 선언 male(영수)는 영수가 남자임을 나타낸다. 또한 parent-of(영수, 만수)는 영수가 만수의 부모임을 나타낸다. 이 사실을 보고 이 집의 가계도를 그리시오.

20. 문제 19에 "father-of"를 정의하는 규칙을 추가하시오.

21. 문제 19에 "daughter-of"를 정의하는 규칙을 추가하시오.

22. 분할-정복법으로 1,000개의 원소를 가진 리스트에서 가장 큰 값을 병렬 처리 컴퓨터에서 찾으려 한다. 리스트를 반으로 나누고 아래 처리기로 보내는데 걸리는 시간은 0.003n 초이다(n은 쪼개진 리스트의 크기이다). 두 개의 값을 비교하고, 두 개 중에서 큰 값을 찾는 시간은 1초이다. 큰 값을 부모 처리기로 되돌려 보내는데 걸리는 시간은 0.001초이다. 순차 처리를 하는 컴퓨터에서 이러한 과정을 수행하는데 걸리는 시간과 비교하시오.

PART II

컴퓨터와 대화하기

제 4 장

시스템 소프트웨어

4.1 가상 기계

시스템 소프트웨어는 컴퓨터의 각종 자원을 관리하고 사용자가 자원에 접근할 수 있도록 편리를 제공하는 컴퓨터 소프트웨어로 사용자가 원하는 작업을 처리하는 소프트웨어를 실행하기 위한 환경을 제공한다. 사용자가 컴퓨터 시스템에 있는 프린터나 디스크 같은 하드웨어 자원이나 네트워크 프로그램이나 데이터베이스 프로그램과 같은 소프트웨어 자원에 쉽게 접근하고 사용하도록 편리를 제공한다.

시스템 소프트웨어는 그림 4.1에서 보듯이 하드웨어와 사용자 사이를 연결하여 각 자원과의 **상호작용**을 수행한다. 사용자에게 인터페이스를 통해 여러 서비스와 자원을 보이거나 접근하도록 하며 컴퓨터 자원이 작동하는 과정을 소프트웨어로 제어하고 수행하는 서비스를 제공한다. 예를 들어 프린터가 데이터를 출력하는 과정을 사용자가 구체적으로 알 필요는 없지만 프린터의 동작을 수행하는 시스템 소프트웨어에게 데이터를 제공하면 시스템 소프트웨어가 데이터를 가져다 하드웨어 자원인 프린터에게 출력하게 한다. 이러한 프린터 역할을 수행하는 시스템 소프트웨어는 사용자에게 데이터를 출력하는 서비스를 제공한다.

이와 같이 시스템 소프트웨어에 의해 생성되고 사용자에게 보이는 서비스들을 **가상 기계** 혹은 **가상 환경**이라 한다. 사용자는 실제로 하드웨어에 직접 접근하는 것이 아니라 하드웨어 자원의 실행을 대신하는 시스템 소프트웨어와 접촉하며 시스템 소프트웨어가 제공하는 **내부 인터페이스**를 통해 하드웨어와 상호작용하며 하드웨어 고유의 서비스를 사용한다.

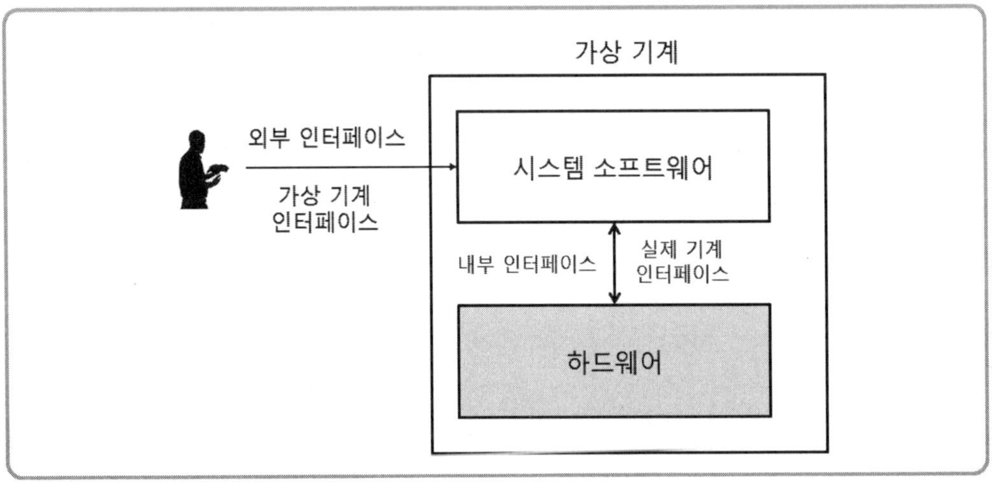

[그림 4.1] 시스템 소프트웨어 역할

시스템 소프트웨어는 사용자에게 아래와 같은 일을 수행해 준다.

- 사용자에게는 컴퓨터 하드웨어의 내부 구조는 보여주지 않는다.
- 사용자가 필요한 정보를 알기 쉽도록 보여준다.
- 사용자가 컴퓨터의 각 종 자원에 쉽게 접근하도록 한다.
- 사용자가 각 자원에 요구한 작업을 안전하게 수행한다.

예를 들어, 두 변수의 값을 더하는 문장 c = a + b를 살펴보자. 이 문장에 대해 사용자는 처리기라는 하드웨어에서 어떤 과정을 거쳐 결과가 나오는지 알 필요가 없으며 +와 =에 대한 의미만 이해하면 된다.

프로그램이 작성된 후에는 사용자의 개입 없이 a, b, c값을 자동으로 메모리 공간에 저장한다. 프로그램을 실행한다. 이때 사용자는 명령어를 사용하거나 마우스를 클릭한다. 만약 프로그램이 실행한 결과를 프린터로 출력하려면 가상 기계에게 출력하라고 지시한다. 마찬가지로 사용자는 출력을 하기 위해 컴퓨터 내부에서 일어나는 여러 동작, 프린터 연결, 데이터의 이동, 출력 명령의 시행 등을 알 필요가 없다. 시스템 소프트웨어가 바로 이런 서비스를 제공한다.

4.2 시스템 소프트웨어

사용자가 컴퓨터를 사용하여 주어진 작업을 수행하기 위해 프로그램을 수행할 때 프로그램은 컴퓨터 안에서 여러 과정을 거친다. 프로그래밍 언어로 작성한 프로그램을 컴파일러가 번역한 후에 하드웨어에서 실행하는데, 이때 어셈블러, 로더, 운영체제 등의 각종 **보조 도구**와 **지원 소프트웨어**의 도움을 받는다. 사용자가 프로그램이 컴퓨터 내부에서 실행하는 과정을 모르더라도 여러 지원 서비스를 통해 편리하게 실행할 수 있다.

이와 같이 하드웨어 본체의 원리는 모르더라도 사용자가 컴퓨터를 쉽게 활용하도록 하는 소프트웨어를 **시스템 소프트웨어**(시스템 프로그램이라고도 함)라 한다.

시스템 소프트웨어는 여러 유형의 프로그램이 있다. 그림 4.2는 컴퓨터에서 주로 보는 시스템 소프트웨어의 종류이다.

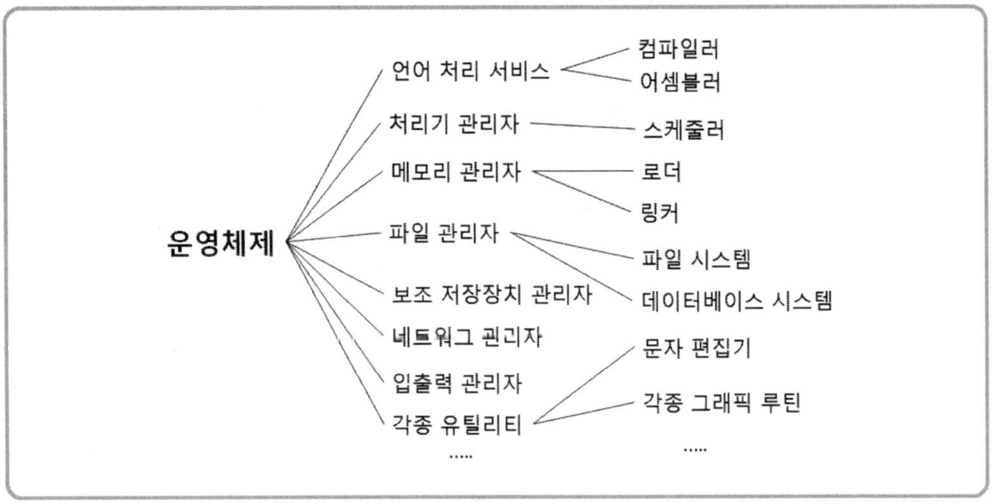

[그림 4.2] 시스템 소프트웨어의 종류

그림 4.2에서 보듯이 컴퓨터의 모든 작동을 제어하는 프로그램을 **운영체제**라 하는데, 컴퓨터에서 가장 중요한 시스템 소프트웨어이다. 이 운영체제는 사용자와 상호작용하며 사용자가 원하는 것을 알아내고, 사용자의 요구에 따라 다른 시스템 프로그램, 응용 프로그램 패키지, 사용자 프로그램 등을 구동시킨다. 이러한 일을 수행하는 시스템 소프트웨어 종류에는 아래와 같은 것이 있다.

- **사용자 인터페이스**. 현대 운영체제는 **그래픽 사용자 인터페이스**를 제공한다. 컴퓨터 안의 기능과 서비스를 직감적으로 알기 쉽게 아이콘과 시각적인 기능을 제공한다.
- **언어 서비스**. **어셈블러, 컴파일러, 인터프리터** 같은 프로그램은 사용자가 고급 프로그래밍 언어로 작성한 프로그램을 컴퓨터가 이해할 수 있는 기계 언어로 번역한다. 서비스로 편집기나 디버거 같은 것들이 포함되기도 한다.
- **메모리 관리자**. 프로그램과 자료에 메모리 공간을 할당하고, 이 공간이 더 이상 필요 없으면 할당했던 메모리 공간을 반환한다.
- **정보 관리자**. 디스크, CD, DVD, 테이프 같은 대용량 저장 장치에서 정보를 체계적으로 구성하여 저장하거나 탐색한다. 또한 정보를 효율적으로 관리하기 위해 목록, 폴더, 파일 같은 방법으로 계층적으로 정리한다. 계층 방법 외에도 다른 방법으로 정리하기도 한다.
- **입력과 출력 시스템**. 컴퓨터와 연결되어 있는 여러 유형의 입력 장치와 출력 장치를 사용자나 실행 중인 프로그램에 연결한다.

- **스케줄러**. 처리기에서 실행되려고 기다리는 프로그램 리스트를 만들고 추적 관리한다. 처리기에서 현재 실행 중인 프로그램이 종료하면 다음 실행할 프로그램을 처리기에 할당한다. 이러한 스케줄러는 처리기 한 개에서 여러 개의 프로그램이 동시에 실행될 수 있도록 스케줄링한다. 즉, 프린트를 하면서 음악을 듣기도 하고 웹 서핑을 할 수 있도록 한다.
- **유틸리티**. 사용자나 다른 시스템 루틴에 필요한 서비스를 제공하는 라이브러리 루틴이다. 문자 에디터, 온라인 도움 프로그램, 각종 도구 등이 유틸리티에 해당한다. 디스크 조각모음, 화면보호기, 파일압축, 바이러스 검사, 편집기 및 제어판넬 등이 있다.

사용자가 작성한 프로그램을 실행하는 과정은 즉, 프로그램을 작성하여 메모리에 탑재하고, 실행하여 결과를 출력하는 일련의 과정이다. 이 과정은 컴퓨터 안에서 시스템 소프트웨어 단계로 구성된다. 각 단계는 시스템 소프트웨어의 서비스를 활용하는 데 세부단계를 아래와 같이 나타낼 수 있다.

단계 1. **텍스트 에디터**를 사용하여 고급 프로그래밍 언어로 프로그램을 작성한다.
단계 2. **파일 시스템**이 고급 프로그램을 하드 디스크의 목록에 저장한다.
단계 3. **언어 번역기**인 컴파일러가 고급 프로그램을 기계어 프로그램으로 번역한다.
단계 4. **로더**가 선택한 프로그램을 메모리에 탑재하고, 프로그램이 실행하도록 제어를 운영체제에게 넘긴다.
단계 5. **스케줄러**가 여러 개의 기계어 프로그램 중에서 다음 실행할 프로그램을 선택한다.
단계 6. **입력과 출력 시스템**이 프로그램 결과를 프린터로 출력한다.
단계 7. **디버거**는 만약 프로그램에 에러가 발생하면 에러 위치를 찾고 수정하도록 한다.

사용자는 컴퓨터 내부의 자세한 동작 과정은 무시하고 프로그램 작성과 실행을 통한 문제 해결 방법만 집중하면 된다.

여러 종류의 시스템 소프트웨어 중에서 이 장에서는 컴파일러와 어셈블리어 프로그램만 간략하게 살펴본다.

4.3 컴파일러

앞에서 고급 프로그래밍 언어를 살펴보았다. 고급 프로그래밍 언어로 작성한 고급 프로그램은 컴퓨터에서 직접 실행할 수 없기 때문에 컴퓨터에서 실행할 수 있도록 기계어 프로그램으로 번역되어야 한다. 이렇게 고급 프로그램을 기계어 프로그램으로 번역하는 시스템 소프트웨어를 **컴파일러**라 한다. 이 절에서는 컴파일러가 고급 프로그램을 기계어 프로그램으로 번역하는 과정을 간략하게 살펴본다.

컴파일러를 설계하거나 개발하는 방법은 다양하지만 보통 그림 4.3과 같이 몇 단계의 과정을 거쳐 고급 프로그램을 기계어 프로그램으로 번역한다.

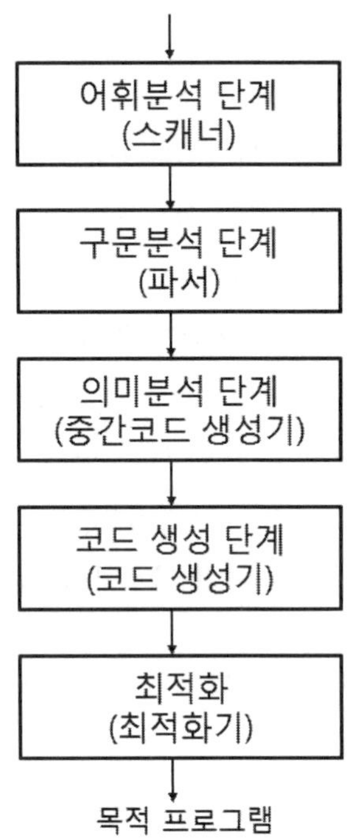

[그림 4.3] 컴파일러 구조와 번역 과정

- **어휘분석** 단계. 컴파일러는 원시 프로그램에 있는 각 문자열을 분석하여 **토큰**이라는 이휘의 묶음을 만든 후 나음 단계로 넘긴다. 예를 들어, '나는 사과를 좋아한다.'라는

문장은 '나는', '사과를', '좋아한다', '.'와 같이 네 개의 토큰으로 분리된다. 이 단계를 **렉시칼 분석** 혹은 **스캐너**라고도 한다.

- **구문분석** 단계. 어휘 분석 단계에서 생성된 토큰 열을 프로그래밍 언어의 문법 규칙에 맞는지를 검사한다. 예를 들어, '나는 사과를 좋아한다.'라는 문장이 '주어+목적어+동사+마침표'의 문법 규칙에 맞는지 검사한다. 이 단계를 **파싱**이라고도 한다.
- **의미분석** 단계. 고급 프로그램의 각 문장이 문법 규칙에 맞게 구성되어 있으면 그 의미도 올바른지 검사한다. 예를 들어, '사과는 나를 좋아한다.'라는 문장은 '주어+목적어+동사+마침표'의 문법 규칙에는 맞게 구성되어 있으나 의미는 잘 못되어 있다.
- **코드 생성** 단계. 문법 구조와 의미가 올바르면 고급 프로그램 각 문장의 의미에 해당하는 기계어 인스트럭션을 생성한다.
- **최적화**. 생성한 기계어 프로그램을 더 효율적으로 만들 수 있는지를 검사한다. 즉, 인스트럭션을 더 빠르게 실행할 수 있는지 혹은 메모리를 덜 차지할 수 있는지를 검사하여 효율적인 기계어 프로그램으로 향상시킨다. 가능하면 실행 속도가 더 빠르고 프로그램 길이도 더 짧도록 한다.

이러한 과정을 통하여 고급 프로그래밍 언어로 된 **원시 프로그램**을 효율적으로 실행할 수 있는 기계어 프로그램인 **목적 프로그램**으로 번역한 후 파일에 저장한다. 그 후 시스템 소프트웨어인 로더가 메모리에 탑재하고 운영체제에 의해 처리기에서 실행한다. 그림 4.4는 고급 프로그래밍 언어로 작성한 프로그램을 수행하는 전체 과정이다. 아래에서 컴파일 과정의 각 단계에 대해 좀 더 자세히 살펴본다.

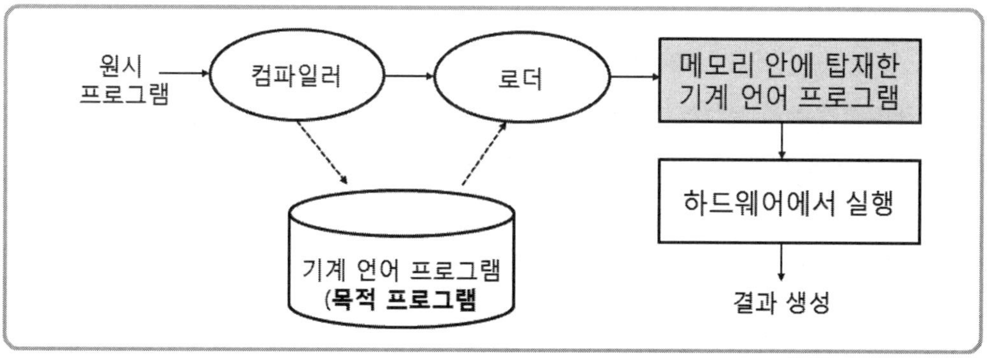

[그림 4.4] 고급 프로그램이 실행되는 과정

4.3.1 어휘 분석 단계

어휘 분석을 수행하는 모듈을 **어휘 분석기**(혹은 **스캐너**)라 하는데, 입력된 프로그램 문자열을 **토큰**이라는 단위로 쪼갠다. 토큰은 문장 구조에서 더 이상 쪼갤 수 없는 한 개의 어휘이다. 예를 들어 아래 프로그래밍 언어의 할당문을 살펴보자.

area = b + 3.14 * radius;

이 한 문장에 아래와 같이 25개의 문자가 존재한다.

a, r, e, a, 빈칸, =, 빈칸, b, 빈칸, +, 빈칸, 3, ., 1, 4, 빈칸, *, 빈칸, r, a, d, i, u, s, ;

스캐너는 이와 같이 각각의 문자로 나열된 문장에서 빈칸 같은 의미 없는 문자는 무시하고, 심볼, 숫자, 연산자 같은 의미있는 문자를 고급 언어에서 사용하는 문자 단위로 묶는다. 즉, 위의 문장은 아래와 같이 여덟 개의 토큰으로 분리된다.

area
=
b
+
3.14
*
radius
;

어휘 분석기는 각 토큰에 대하여 더 이상 작게 쪼개지 않으며, 토큰은 고급 프로그래밍 언어의 문장에서 의미를 가지는 **최소의 문자 단위**가 된다.

이와 같이 토큰을 생성한 다음에는 각 토큰에 대하여 토큰의 유형 즉, 심볼, 상수, 할당 연산자, 더하기 연산자 등으로 토큰 유형을 지정한다. 그러므로 위의 문장은 아래와 같은 토큰 유형으로 분류된다.

입력된 원시 프로그램 문장: area = b + 3.14 * radius;

분류된 토큰과 유형:

토큰	유형
area	심볼
=	할당 연산자
b	심볼
+	더하기 연산자
3.14	상수(실수)
*	곱하기 연산자
radius	심볼
;	문장 끝 심볼

같은 방법으로 다른 예를 살펴보자.

입력된 원시 어떤 프로그래밍 언어의 문장: if (x > y) area = 3.14 * radius * radius ;

출력된 토큰과 유형:

토큰	유형
if	심볼
(	괄호 열기
x	심볼
>	관계 연산자(비교)
y	심볼
)	괄호 닫기
area	심볼
=	할당 연산자
3.14	상수
*	곱하기 연산자
radius	심볼
*	곱하기 연산자
radius	심볼
;	문장 끝

4.3.2 구문 분석 단계

(1) 개요

구문 분석 단계에서는 어휘 분석 단계에서 생성한 토큰 열에 대하여 문법을 검사하는 단계로서 검사 프로그램에 작성된 문장이 고급 프로그래밍 언어의 문법 규칙에 따라 올바르게 작성되었는지를 파악한다. 이 과정을 아래 예로 살펴보자.

아기는 사과를 좋아한다.

이 문장은 문법적으로 정확하게 작성된 문장이다. 각 단어가 나열되어 있는데 이 문장을 아래처럼 한국어 문법 규칙에 대조하면서 분석하면 문법에 맞는지 아닌지를 알 수 있다.

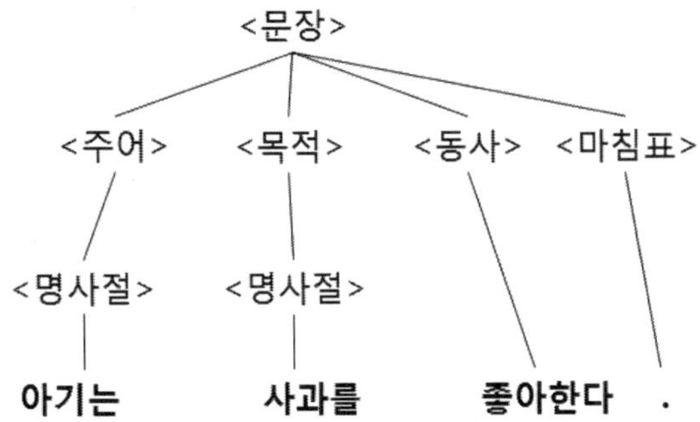

만약 문법 규칙에 맞는 문장이 아니라면 문법 구조를 따라가지 않기 때문에 이 문장은 잘 못된 것이다. 아래 예와 같은 문장이 작성되었다면 어떤 일이 발생할까?

아기는 사과를

이 문장은 아래와 같이 문법 규칙으로 대조하면서 분석할 수 있다. 그러나 이 문장은 어떤 의미가 될 수 있는지 알 수 없다. 즉, 문법 동사가 없기 때문에 틀린 문장인지 알 수 있다.

'~~좋아 한다.'라고 할 수도 있고, '~~좋아 하지 않는다.' 라고 할 수도 있다. 이런 경우에는 문법적으로 완전하지 않기 때문에 틀린 문장이다. 이와 같이 구문 분석 단계에서는 프로그램이 문법 규칙에 맞는지와 프로그램에 존재할 수도 있는 에러를 탐지한다.

(2) BNF 문법

컴파일러의 구문 분석 단계에서 원시 프로그램의 문법을 분석하려면 해당 프로그래밍 언어의 문법을 가지고 있어야 한다. 이 문법은 컴파일러의 파서가 자동으로 분석하기 쉽게 일정한 형식을 지니고 있으므로 컴파일러의 파서가 알고리즘에 의해 자동으로 프로그램의 문법을 분석할 수 있다.

프로그래밍 언어의 문법인 구문 규칙은 수학적 형식으로 표현한다. 문법 규칙을 표현하는 방법은 다양한데 그 중의 한 방법이 BNF[6] 표기법이다.

BNF에서는 프로그래밍 언어의 구문 구조를 **생성 규칙의 집합**으로 표기하며 **정의**한다. 이렇게 특정 프로그래밍 언어에 대해 문법 규칙을 모아놓은 것을 **문법**이라 한다. BNF 표현 문법에서 규칙은 아래처럼 표기한다.

왼쪽 ::= 생성 규칙

BNF 규칙 표기에서 ::=의 **왼쪽에는 심볼 한 개**만 올 수 있으며, <변수>, <수식>, <할당문> 같이 < > 속에 표기한다. 그리고 연산자 ::=는 왼쪽에 있는 심볼을 오른쪽에 있는 규칙으로 **정의한다**는 의미이다. ::=의 오른쪽에는 심볼을 사용하여 규칙을 표기하는데 심볼이 한 개도 없을 수도 있고, 한 개 이상 있을 수 있다. 예를 들어 <할당문>의 정의는 아래처럼 표기할 수 있다.

---

6 John Backus와 Peter Naur가 설계한 표기법

<할당문> ::= <변수> = <수식>;

이 규칙은 왼쪽에 있는 <할당문>은 심볼 ::= 의 오른쪽에 있는 <변수> = <수식>;을 정의한다는 의미이다. 여기에서 <변수>라는 심볼 바로 다음에 할당 심볼인 = 가 있으며, 그 다음에는 <수식>과 ;가 연속으로 있다. 할당문이 올바르게 작성되었다는 것은 이 네 개의 심볼이 정확하게 순서대로 나타나야 한다는 의미이다.

마찬가지로 아래 규칙은 <더하기 연산자>가 + 라는 연산자 한 개를 정의한다는 의미이다.

<더하기 연산자> ::= +

결국 파서는 원시 프로그램에 있는 문장의 토큰이 BNF 문법 규칙의 오른쪽에 나타나는 심볼의 순서와 같은 순서로 나타나는지 검사한다. 순서가 같으면 정확하게 나타난 것으로 보고 규칙의 왼쪽에 있는 심볼로 교체한다.

아래 규칙 <할당문>을 살펴보자.

<할당문> ::= <변수> = <수식>;

파서는 원시 프로그램의 문장에서 분류한 토큰 순서인 'a', '=', 'b', '+', 'c', ';'가 BNF 규칙의 심볼 순서인 <변수>, '=', <수식>, ';'와 순서대로 부딪히게 된다. 이 네 개의 심볼이 BNF 규칙의 순서와 같기 때문에 왼쪽에 있는 심볼인 <할당문>으로 교체된다. 파서는 가지를 만들면서 심볼을 교체하여 아래와 같은 파스 트리를 생성한다.

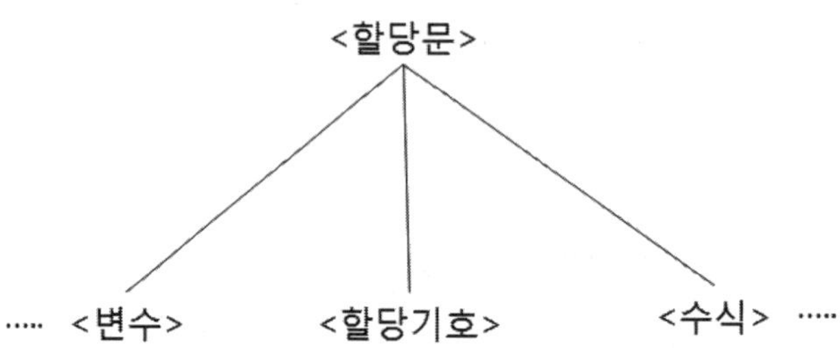

네 개의 기호인 <변수>, =, <수식>, ;는 <할당문>이라는 심볼로 교체된다. BNF 규칙이 **생성 규칙**을 가지고 있기 때문에 <변수>, =, <수식>, ;는 <할당문>에서 **생성되어**진다고 한다.

BNF 규칙은 두 개의 다른 유형의 심볼을 사용하는데 하나는 **넌터미널** 심볼이고 하나는

터미널 심볼이다.

BNF의 **넌터미널 심볼**은 사용자가 작성하는 원시 프로그램에 사용하는 문장이 아니고 문법 규칙을 구성하고 정의하는 데만 사용하는 문법 심볼로 괄호 < > 로 표기한다. 예를 들어, <할당문> ::= <변수> = <수식>;에서 <할당문>, <변수>, <수식> 가 넌터미널이고, <더하기 연산자> ::= + 에서는 <더하기 연산자>가 넌터미널이다. 이 넌터미널은 마지막이 아니라는 의미로 ::=의 오른쪽에 무엇인가를 정의하고 생성할 수 있다. 즉, 규칙을 생성할 수 있다.

터미널 심볼은 원시 프로그램을 작성할 때 문장에 쓰이는 심볼로 스캐너가 인식하고 분석하는 토큰이 된다. 즉, 아래의 각각은 터미널 심볼이다.

if else area x y 3.14 = + * == ( ) ;

이 터미널은 각 문법 규칙에서 마지막을 의미하는 단말 기호로 문법 규칙이 더 이상 다른 규칙을 생성하지 않는다는 의미이다. 각 생성 규칙에서 심볼 ::=의 왼쪽에는 넌터미널 심볼 한 개만 표기할 수 있고, 오른쪽에 필요에 따라 터미널과 넌터미널 심볼 모두 나타날 수 있다.

또 문법에서 **시작 심볼**이라는 특수한 넌터미널을 사용하는데, 파서가 문법 구조에 따라 파스 트리를 정확하게 생성하면 결국에는 이 시작 넌터미널에 도달한다. 시작 넌터미널에 정확하게 도달하면 프로그램의 문법이 올바르게 작성되었다고 판단하고 파싱을 종료한다.

넌터미널은 여러 개의 다양한 문법 규칙을 생성할 수 있다. <수식>이라는 넌터미널은 아래와 같이 한 개 혹은 한 개 이상의 생성 규칙을 만들 수 있다.

<수식> ::= <변수> + <변수>
<수식> ::= <변수> * <변수>
<수식> ::= <변수> – <변수>
<수식> ::= <변수> / <변수>

이 <수식>에 대한 생성 규칙은 여러 개의 연산을 나타내는데, 여러 개의 생성 규칙을 심볼 |('혹은'이라는 의미로 사용)를 사용하여 아래와 같이 하나로 정의할 수 있다.

<수식> ::= <변수> + <변수> | <변수> * <변수> | <변수> – <변수> | <변수> / <변수>

산술 수식의 연산자를 나타내는 문법 규칙도 마찬가지이다. 산술 연산자는 +, –, *, / 를 사용할 수 있다는 의미이며 아래와 같이 생성한다.

<산술 연산자> ::= + | − | * | /

사실, 문법 구조와 파싱 과정을 쉽게 이해하도록 <수식>의 생성 규칙에서 a = b + c와 같이 <변수>만 사용하였다. 실제 프로그램에서는 상수, 함수, 배열, 배열원소 등 다양한 값을 사용하므로 문법의 생성 규칙에서는 <상수>, <함수>, <배열> 등 다양한 특성의 수식을 표현한다. 더 깊은 지식을 원하거나 자세한 이해를 위해서는 컴파일러에 관한 도서를 참조해야 한다.

다른 생성 규칙을 살펴보기 위해 상수를 정의하는 넌터미널 <숫자>는 아래와 같이 정의할 수 있다.

<숫자> ::= 0 | 1 | 2 | 3 | 4 | 5 | 6 | 7 | 8 | 9

마지막으로 심볼 ϵ(반드시 이 기호가 아니어도 된다)는 **아무 것도 없는 문자열**의 의미로 넌터미널이 **빈 것**임을 정의한다. 예를 들어, 부호가 있는 정수를 정의해 보자. 부호가 있는 정수는 2, +5, −4처럼 정수 앞에 +나 − 부호가 나올 수도 있지만, 양의 정수에는 +부호를 붙이지 않아도 되므로 아래와 같이 정의할 수 있다.

<부호 있는 정수> ::= <부호> <숫자>
<부호> ::= + | − | ϵ
<숫자> ::= 0 | 1 | 2 | 3 | 4 | 5 | 6 | 7 | 8 | 9

(3) 파서의 동작

앞에서 파싱 개요, BNF 문법 표기에 대해 간략하게 살펴보았다. 여기에서는 그림 4.5의 파서가 이러한 문법과 원시 프로그램의 토큰 정보를 이용하여 어떻게 작동하는가를 살펴본다.

파서는 고급 프로그래밍 언어의 BNF 형식의 문법과 스캐너가 생성한 토큰열을 입력으로 받아들여서 토큰 열을 문법의 생성 규칙에 따라 대조하여, 생성 규칙의 왼쪽 넌터미널로 교체하는 과정을 반복 하며, 문법의 시작 넌터미널에 도달할 때까지 반복 진행하며 토큰열의 문법을 검사한다.

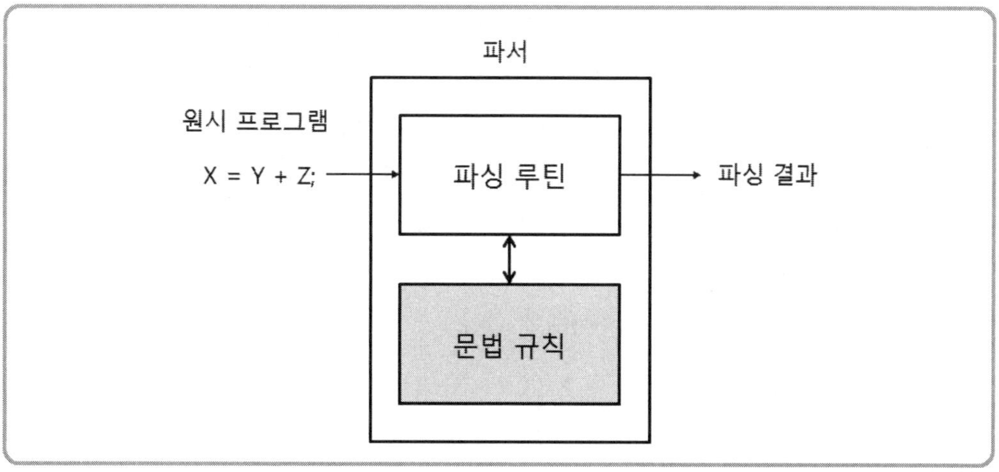

[그림 4.5] 파서의 구조

아래와 같이 생성 규칙이 세 개인 문법을 예로 들어보자(실제 자바, 파이썬, C++ 같은 언어에서는 생성 규칙이 백 개 이상이다). 여기에서 할당문에 대한 간단한 생성 규칙을 살펴본다. 실제 프로그래밍 언어의 할당문 생성 규칙은 변수, 상수, 연산자, 괄호, 함수 호출 등 다양한 생성 규칙이 있으나 여기에서는 개념을 이해를 위해 작은 생성 규칙을 사용한다. 이 생성 규칙에는 연산자 더하기(+)를 생성하는 수식이 있으며 상수는 사용하지 않으며 변수는 a, b, c, X, Y, Z 만 사용할 수 있다.

연속 번호	생성 규칙
1	<할당문> ::= <변수> = <수식>
2	<수식> ::= <변수> + <변수>
3	<변수> ::= a | b | c | X | Y | Z

입력 문장이 X = Y + Z이면 그림 4.6과 같이 파스 트리를 구성할 수 있기 때문에 파서는 이 문장이 올바른 문장인지를 결정할 수 있다.

문장 X = Y + Z에 대하여, 처음에는 아래와 같이 인식되어 자신을 생성한 넌터미널로 교체되고, 각 넌터미널들은 다시 자신을 생성한 넌터미널로 교체된다.

파서는 세 개의 토큰인 Y, +, Z에 대해, 생성 규칙 2의 오른쪽인 <변수> + <변수>와 순서를 대조한다. 그러면 순서가 정확하게 대응되므로, <변수> + <변수>를 생성 규칙 2에 있는 넌터미널인 <수식>으로 교체하여 X = <수식>로 전환한다.

X = <수식>은 <변수> = <수식>로 전환한 후 이 형식은 생성 규칙의 1의 오른쪽에 있는 <변수> = <수식>과 대응하므로 <변수> = <수식>는 생성 규칙1의 왼쪽에 있는 넌터미널 <할당문>으로 교체된다.

이 과정을 연속적으로 표현하면 아래와 같다.

X = Y + Z
⇒ X = <변수> + <변수>
⇒ <변수> = <변수> + <변수>
⇒ <변수> = <수식>
⇒ <할당문>

이러한 과정을 계속하여 최종적으로 그림 4.6과 같은 **파스 트리**를 생성하며 이 할당문은 문법적으로 올바르다고 판단한다. 이와 같이 어떤 문장이 문법에 맞는지를 검사하기 위해 문법 규칙을 대조하는 과정을 **파스 트리**를 생성한다고 한다. 그림 4.6의 파스 트리는 바로 파서의 출력이고 컴파일 과정에서 다음 단계로 넘어갈 정보이다.

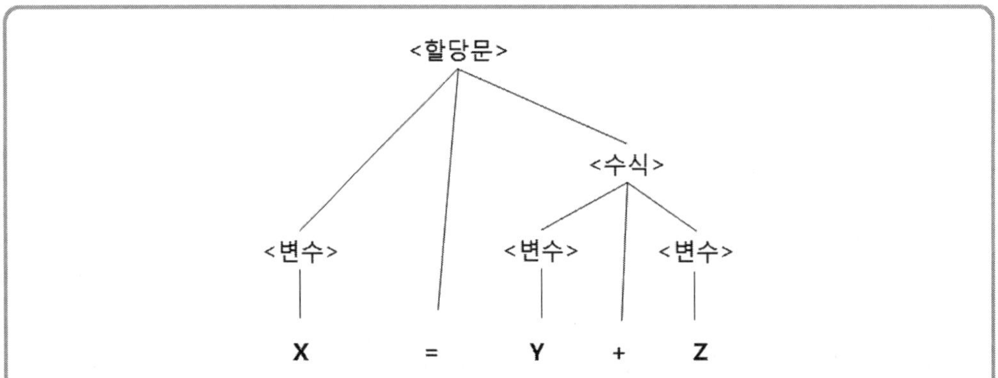

[그림 4.6] 파서에 의해 생성된 파스 트리

이제, 위의 할당문을 고급 프로그래밍 언어의 문장으로 확장한 예를 살펴보자. 이 때 아래와 같이 <문장> ::= <할당문> <마침기호>와 <마침기호> ::= ;의 넌터미널과 생성 규칙이 추가된다.

연속 번호	생성 규칙
1	<문장> ::= <할당문> <마침기호>
2	<할당문> ::= <변수> = <수식>
4	<수식> ::= <변수> + <변수>
5	<변수> ::= a	b	c	X	Y	Z
6	<마침기호> ::= ;

아래 할당문이 있다고 하자.

X = Y + Z;

이 문장 X = Y + Z;은 각 토큰 X, =, Y, +, Z, ;에서 시작하여 <변수>, <할당기호>, <변수>, <연산자>, <변수>, <마침기호>로 대응한다. 그 다음에는 <변수>, <연산자>, <변수>가 아래처럼 미리 정의된 문법 구조의 넌터미널인 <수식> 영역으로 교체된다. 그 다음에 <변수>, <할당기호>, <수식>이 다시 넌터미널인 <할당문>으로 교체된다. 생성규칙에서 넌터미널 <할당기호>와 <연산자>는 생략한다.

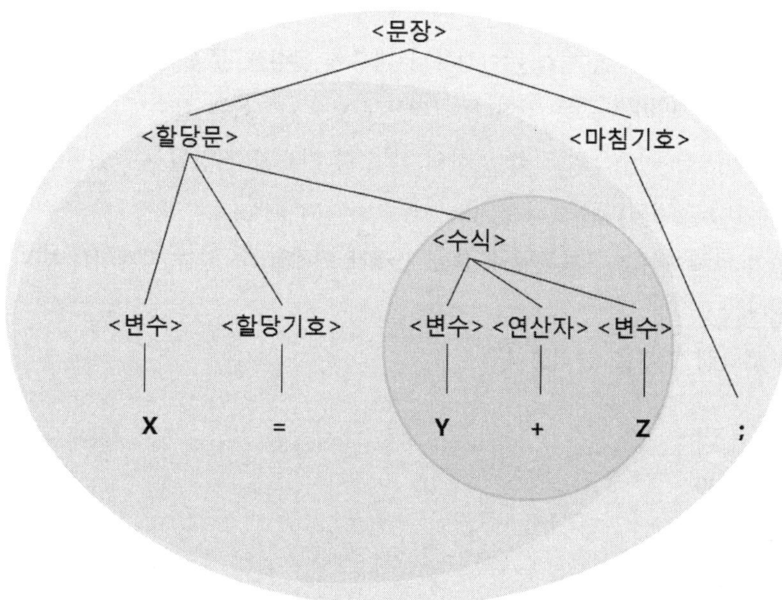

이렇게 새로운 넌터미널로 교체되고 묶여진 **문장 형식**은 다시 최종 목표로 정해진 생성 규칙1의 <문장> ::= <할당문> <마침기호>에 도달한다. 이러한 과정을 거쳐서 완전한 파스 트리가 생성되면 이 문장은 해당 프로그래밍 언어의 규칙에 따라 정확하게 작성된 것으로 판단한다. 파서가 완전한 파스 트리를 생성하지 못하거나 도중에 생성할 수 없는 상황이 되면 이 문장은 문법에 맞지 않다고 판단한다.

4.3.3 의미 분석과 코드 생성 단계

의미 분석은 파스 트리가 문법에 따라 올바르게 작성되었다는 가정에서 수행한다. 어떤 프로그래밍 언어에서는 s = a + b;와 같은 할당문을 사용하려면 프로그램에서 아래와 같이 변수가 먼저 선언되어야 한다.

```
int a, b, s;
```

이 선언의 의미는 각 변수 a, b, s에 **정수형** 값을 저장할 수 있도록 메모리 공간을 확보하라는 **의미**를 주는 것이다. s = a + b;는 정수형 자료가 저장된 공간 a 주소의 값과 b 주소의 값을 더하여, 정수형 자료가 저장될 수 있는 공간 s 주소에 **저장**하라는 의미이다.

아래의 선언문을 살펴보자.

```
float x, y;
```

이 선언의 의미는 각 변수 x, y는 컴퓨터 내부에 **실수형** 값을 저장할 수 있도록 메모리 공간을 확보하라는 **의미**를 주는 것이다. 그러므로 y = x * y;는 실수형 자료가 저장된 공간 x 주소의 값과 공간 y 주소의 값을 곱하여, 실수형 자료가 저장될 수 있는 공간 y 주소에 결과를 저장하라는 의미이다.

의미 분석 단계에서는 프로그램 문장을 기계가 이해할 수 있는 기계어로 번역하여 의미를 주게 된다.

아래 프로그램 일부를 살펴보자.

```
a = 13;
b = 40;
s = 0;
s = a + b;
```

이 프로그램 일부는 의미 분석 단계를 통하여 기계어 코드를 생성한다.

```
    ⋮
    load a     // 1번 레지스터에 a 번지의 정수형 값을 탑재(저장)하라 //
    add b      // 레지스터 값과 b 번지의 정수형 값을 더한 값을 레지스터에 저장
                  하라 //
    store s    // r1 레지스터의 내용(값)을 메모리의 정수형 s 번지에 저장하라 //
    ⋮
a: data 13  // a 번지에 상수 13이 저장되어 있다 //
b: data 40  // b 번지에 40이 저장되어 있다 //
s: data 0   // s 번지에 0이 저장되어 있다 //
```

위의 예에서 load는 변수 a에 해당하는 메모리의 **주소**의 값을 레지스터 일시적으로 저장하라는 의미의 동작코드이다. add는 레지스터와 메모리의 r2의 값을 더하여 결과를 레지스터에 저장하라는 의미의 동작 코드이다. store는 바로 앞 인스트럭션 까지 실행하여 레지스터에 저장된 값을 변수 s에 해당하는 메모리 **주소**에 저장하라는 의미이다. 또한 a: data 13는 할당문 a = 13;에 의해 a라는 정수형 변수에 해당하는 메모리의 주소에 13이라는 상수를 저장한다는 의미이다.

4.3.4 코드 최적화 단계

앞에서 기계어 코드를 생성했다면 아래와 같은 문장과 번역된 코드를 살펴보자.

```
a = b * 3;
```

이 문장은 아래와 같이 번역할 수 있다.

```
load  b     // 레지스터에 b 번지의 정수형 값을 탑재(저장)하라 //
mult  '3'   // 레지스터에 있는 값에 상수 3을 곱하여 레지스터에 저장하라 //
store  a    // 레지스터에의 내용(값)을 변수 a에 해당하는 메모리 주소에 저장
               하라 //
  ⋮
```

곱하기 연산은 더하기 연산보다 처리에서 많은 계산 과정을 거치기 때문에 기계에 따라서 a = b * 3; 문장은 곱하기(*) 연산으로 인해 실행 시간이 많이 들 수 있다. 이러한 경우

최적화 단계에서 이 문장을 더하기 연산을 사용하여 아래와 같이 변환할 수 있다.

```
a = b + b + b;
```

문장 a = b + b + b;는 곱하기(*) 연산 대신 더하기 연산 세 번을 수행함으로써 실행 시간을 단축할 수 있다. 이러한 최적화를 실행 **시간 단축 최적화**라 한다.

```
load   b,
add    b
add    b
add    b
store  a
  ⋮
```

한 편 메모리 공간을 많이 차지하는 프로그램을 공간을 덜 차지하도록 줄이는 최적화를 **공간 감소 최적화**라 한다.

이 절에서는 컴파일러가 프로그래밍 언어를 번역하는 방법을 살펴보았다. 즉, 컴파일러는 어휘 분석, 구문 분석, 의미 분석, 코드 생성, 코드 최적화를 단계별로 수행하면서 번역한다. 컴퓨터 구조가 다르면 생성하는 기계어가 달라져야 하므로 컴파일러가 생성하는 기계어가 달라져야 한다.

이 절에서 간략하게 살펴보았지만 컴파일러 개발은 어려운 일이다. 특히 C++, 자바, 파이썬 등의 언어를 번역하는 컴파일러는 규모도 크고 복잡하기도 하여 개발할 때는 여러 지원 도구를 활용하며 아래 사항을 고려해야 한다.

- 개발 환경과 지원 도구
- 여러 특성의 언어-함수형 언어, 객체 지향 언어, 병렬 프로그래밍 언어 등
- 상향식 파싱 방법과 하향식 파싱 방법 등 파싱 기법
- 에러 탐지와 복구 등

4.4 기계어 프로그램의 실행

4.4.1 어셈블리어 프로그램

위에서 보았듯이 컴파일러는 고급 프로그램을 기계어 프로그램으로 번역한다. 컴파일러에 의해 생성된 기계어 프로그램은 **목적 프로그램**이 되는데, 로더가 메모리에 탑재하고 처리기가 실행한다. 이 때 기계어 프로그램은 메모리 안에 아래와 같은 모양으로 탑재된다.

메모리 주소	프로그램(32비트)
00 ···· 0000100	10101010101010111100010101010101
00 ···· 0001000	00000000111111111100001111100000
	......
00 ···· 0001100	11101010111111111000000000111111
00 ···· 0010000	00010101111110000011111101010101
	......
00 ···· 0011010	11111000000101011111111101010110

기계어 프로그램은 0과 1로 구성되는 이진수로 구성된 프로그램이며 이진수 내용은 **인스트럭션**과 **데이터**이다. 그러므로 특정 주소의 내용이 인스트럭션인지 데이터인지 알 수 없으며, 프로그램 내용의 이해가 어렵고 수정하거나 변경하기도 어렵다. 예를 들어, 현재의 기계어 프로그램에 인스트럭션 한 줄을 새로 삽입하면, 삽입한 인스트럭션 때문에 프로그램의 각 인스트럭션 주소가 영향을 받으므로 각 인스트럭션의 주소를 수정해야 한다. 메모리의 445주소에 인스트럭션 한 개를 삽입하면, 445주소에 있던 인스트럭션은 446(인스트럭션 마다 한 바이트라면) 주소가 되고, 445주소를 참조하던 모든 인스트럭션 주소는 446 주소로 변경하여야 한다. 이렇게 변경되어야하는 주소는 프로그램 안에 많다. 인스트럭션을 삭제하는 경우도 마찬가지이다.

기계어 프로그램은 읽고 이해하기 불편하여 이진수 인스트럭션에 대응하는 심볼을 사용하여 이해하기 쉽도록 표현한다. 이와 같이 기계어 인스트럭션에 대응하는 심볼을 **어셈블리어** 인스트럭션이라 하고, 어셈블리어로 작성한 프로그램을 **어셈블리어 프로그램**이라 한다.

어셈블리어로 프로그램은 아래 속성을 가진다.

- 이진 코드로 된 **동작 코드**와 **메모리 주소**를 심볼로 표기한다.
- 데이터는 데이터의 의미를 나타내는 **심볼**로 표기한다.

이 절에서 사용하는 어셈블리어 표기는 아래 형식을 가진다(어셈블리어 인스트럭션 형식은 컴퓨터 구조에 따라 다름). 표기 //는 주석으로 인스트럭션이 실행하는 동작은 아니며 그 줄의 의미와 내용을 사용자에게 설명한다.

레이블: 동작 코드　　　주소 영역　　　//주석과 설명

아래는 간단한 어셈블리 프로그램의 예이다.

```
    ADD   a
    JMP   go
    ....
go: ADD   b
    ....
a:  DATA  1
b:  DATA  20
```

위에서 ADD a는 레지스터에 있는 값에 a에 있는 값 1을 '더하라'는 의미이고, JMP go는 go라는 레이블(주소)이 있는 인스트럭션으로 '건너뛰라'는 의미이다. go: ADD b는 레이블 go가 있는 인스트럭션으로 레지스터 R에 b 값을 '더하라'는 의미이다.

이 때 ADD, JMP는 각각 아래의 기계어 인스트럭션의 동작 코드(예, 4-비트)에 대응하는 심볼 동작 코드이다.

0011 → ADD
0100 → JMP
해당 인스트럭션의 주소 → go

b: DATA 20는 b라는 주소에 20이라는 정수를 '저장하고 있다'는 의미(즉, b = 20)이다. 이 때 DATA는 유사 코드로 특정한 동작을 수행하는 코드가 아니고, 단지 데이터를 저장한다는 의미만 사용자에게 전달한다. 그러므로 어셈블리어로 작성한 프로그램에서는 실제 주소 대신 레이블인 b를 사용하고 b는 20이다.

같은 방법으로 정수형, 실수형, 문자형도 사용할 수 있다. 만약 부호가 있는 정수형 십진수를 아래와 같이 기술하면 컴파일러는 해당 주소의 이진수로 변환하여 저장한다.

TEN: DATA −10
SIX: DATA 6
ONE: DATA +1

컴파일러는 자료저장 주소를 변환하기 위하여 아래와 같은 심볼테이블을 사용한다.

심볼	주소	값
TEN	148	00001010
SIX	220	
ONE	250	

즉, 컴파일러는 TEN 이라는 주소에 −10을, ONE 이라는 주소에 +1을 이진수로 저장한다. 그러므로 이 자료를 저장하는 메모리 셀이 16비트이고, TEN의 주소가 148이면 아래와 같이 저장한다. '값'에서 맨 앞의 1은 음의 정수를 나타내는 부호(−)이다.

주소	값
148	1000000000001010
220	0000000000000110

같은 방법으로 ONE: DATA +1는 주소가 250이라면 아래와 같다.

250 0000000000000001

이와 같이 사용자는 약속된 심볼로 어셈블리어 프로그램을 작성할 수 있다. 그림 4.7은 보통 컴퓨터에서 사용하는 어셈블리어 인스트럭션의 일부를 보이는 예로 어셈블리어 심볼과 의미이다.

기계어	어셈블리어		의미(M(X):메모리의 주소 X)
0000	LOD	X	R ← M(X)
0001	STO	X	M(X) ← R
0010	CLR	X	M(X) ← 0
0011	ADD	X	R ← R + M(X)
0100	INC	X	M(X) ← M(X) + 1
0101	SUB	X	R ← R − M(X)
0110	DEC	X	M(X) ← M(X) − 1
0111	COM	X	만약 M(X) > R GT = 1, 아니면 0
			만약 M(X) = R EQ = 1, 아니면 0
			만약 M(X) < R LT = 1, 아니면 0
1000	JMP	X	PC ← X, 다음 실행 순서는 X번지
1001	JGT	X	GT = 1이면, 메모리 위치 X부터 실행
1010	JEQ	X	EQ = 1이면, 메모리 위치 X부터 실행
1011	JLT	X	LT = 1이면, 메모리 위치 X부터 실행
1100	JNQ	X	EQ = 0이면, 메모리 위치 X부터 실행
1101	INP	X	정수형 값을 입력받아 메모리 위치 X에 저장
1110	OUT	X	메모리 위치 X에 저장된 값을 십진 값으로 출력
1111	HAL		프로그램 실행을 종료

[그림 4.7] 보통 사용하는 어셈블리어 인스트럭션 예의 일부

그림 4.7의 인스트럭션 몇 개를 좀 더 살펴보자. 아래 어셈블리어 인스트럭션은 −10이라는 정수 값을 레지스터 R에 복사(탑재)하라는 의미이다. 그러면 주소 148의 내용(값)인 −10을 레지스터 R에 저장한다.

LOD TEN

이 때 LOD 25라 쓰면 25라는 정수 값을 저장하지 않고, 주소 25에 있는 값을 탑재한다. 위의 LOD TEN에 의해 레지스터 R에 현재 탑재(저장)된 값인 −10과 6을 더하는 연산을 하려면 인스트럭션은 아래와 같다.

ADD SIX

그러면 컴퓨터 내부에서는 R ← R + M(SIX)처럼 동작하여, 현재의 레지스터 R에 있는 −10과 주소 SIX에 있는 6을 더한 결과인 −4를 R에 남겨둔다.

어떤 컴퓨터가 왼쪽부터 4-비트는 **동작 코드로,** 12-비트는 '**주소 영역 한 개**'로 16-비트를 사용한다면, 어셈블리어 인스트럭션 LOD TEN은 아래 기계어 인스트럭션 같이 해석한다.

동작코드　　주소영역　　(총 16비트)
　0000　000010010100　　(16비트) (심볼테이블 'TEN'의 주소)

이 기계어 인스트럭션에서 사용하는 동작 코드 0000은 LOD이고, 주소 148의 내용을 레지스터에 탑재하라는 의미이다.

이제 어셈블리어 전체 프로그램을 구성해 보자. 프로그램 전체를 나타내기 위해 심볼 BEGIN과 END으로 시작과 끝을 알려준다. 이 두 개의 심볼이 한 쌍이 되어 프로그램 한 개의 범위를 나타낸다. 즉, 어셈블리어 프로그램의 하나의 시작 위치와 마지막 위치를 알려준다. 이 두 코드 사이에 인스트럭션을 적절히 사용하여 프로그램을 구성한다. END는 한 프로그램의 마지막을 나타낼 뿐이고, HAL은 프로그램의 실행을 정지하라는 동작 코드이다. 아래는 어셈블리어의 프로그램을 이루는 전체 구성이다.

```
BEGIN
   :
   :
HAL
   :
   :
END
```

4.4.2 어셈블리어 프로그램 작성하기

여기에서는 앞에서 언급한 어셈블리어로 프로그램을 작성해 보자. 어셈블리어로 프로그램을 작성해 보면 컴퓨터의 구조를 이해하기 쉽다.

여기에서는 아래 문제를 어셈블리어 프로그램으로 작성한다.

> 0보다 큰 정수 값을 연속으로 읽어 들이면서 더한다. 자료를 읽어 들이다가 0값이 들어오면 현재까지 읽혀진 정수의 개수와 합을 출력하고 종료한다.

이 문제를 해결하기 위한 알고리즘의 흐름은 아래와 같다.

```
1 TOTAL ← 0
2 COUNT ← 0
3 read  data
4 while data ≠ 0  do
5       TOTAL ← TOTAL + 1
6       COUNT ← COUNT + data
7       read  data
8 endwhile
9 write COUNT, TOTAL
10 stop
```

이 의사 코드들 살펴보면 아래 다섯개의 관점에서 주요 부분을 살펴볼 수 있다.

- 줄 1~2에서 변수에 값을 할당하기: TOTAL ← 0와 COUNT ← 0
- 줄 5에서 더하기 연산과 할당하기: TOTAL ← TOTAL + data
- 줄 4에서 0인지 검사하기: **while** data ≠ 0 **do**
- 줄 5에서 7을 반복하기: **while** data ≠ 0 **do** .... **endwhile**
- 줄 3과 9에서 입력과 출력하기: **read** data 와 **write** COUNT, TOTAL

위의 문제에 대해 작성한 어셈블리어 프로그램은 아래와 같다.

```
        BEGIN
LOOP:   INP    data     //정수 값을 읽어서 data에 저장한다.
        LOD    TOTAL    //레지스터 R에 TOTAL 값 0을 넣어라.
        ADD    data     //레지스터 R 값과 data의 값을 더하여 R에 넣어라.
        STO    TOTAL    //레지스터 R 값을 TOTAL에 저장하라.
        LOD    COUNT    //레지스터 R에 COUNT 값 0을 넣어라.
        ADD    1        //레지스터 R 값과 1을 더하여 R에 넣어라.
        STO    COUNT    //레지스터 R 값을 COUNT에 저장하라.
        LOD    ZERO
        COM    data     //레지스터 R의 0과 읽은 data를 비교한다.
```

```
         JEQ    PRINT    //같으면(0이면) PRINT로 가서 실행한다.
         JMP    LOOP     //레이블 LOOP로 가서 I 값을 다시 읽는다.
PRINT:   OUT    COUNT    //COUNT를 출력한다.
         OUT    TOTAL    //TOTAL을 출력한다.
STOP:    HAL             //프로그램 정지한다.
I:       DATA   0        //입력 정수 값 I를 위한 저장 공간
COUNT:   DATA   0        //횟수 COUNT를 저장하기 위한 공간
TOTAL:   DATA   0        //합계 TOTAL을 저장하기 위한 공간
ZERO:    DATA   0
         END
```

컴파일러는 이러한 어셈블리어 프로그램을 생성한 후에 다시 **어셈블러**에 의해 기계어 프로그램으로 번역하기도 하고, 직접 기계어 프로그램을 생성하기도 한다. 위의 어셈블리어 프로그램을 이해하면 다른 어셈블리어 프로그램을 작성하기 쉬울 뿐만 아니라 컴퓨터의 구조와 작동 원리를 이해하기도 쉽다.

연습문제

1. 아래 각 문장을 토큰으로 분리하시오.

a. if (a == b) a = x + y;

b. Phi = eps + 3.14 * sqrt(root);

c. printf(" output = ", result);

2. 만약 변수 이름으로 ABC_DF를 사용한다면 어휘 분석에서 이 변수를 여섯 개의 문자열로 구성된 한 개의 변수 이름 ABC_DF로 보는지, 아니면, 세 개의 문자인 ABC, _, DF로 보는지를 설명하시오.

3. 아래 각 문장을 토큰으로 분류하고 토큰의 유형을 설명하시오.

a. location = base + disp + tu

b. a = b + 1;

c. if (c == 56) x = 1; else x = x + 568;

4. 아래와 같이 프로그래밍 언어에서 사용하는 예약어를 변수 이름으로 사용하면 스캐너는 이 토큰을 어떤 유형으로 인식하는지 설명하시오.

if = then + else + for * int;

5. 어떤 수는 맨 앞에 부호를 붙일 수도 있고 붙이지 않을 수도 있다. 그리고 이 부호 바로 뒤에는 반드시 0을 제외한 정수 두 자리만 오도록 하는 〈수〉에 대한 BNF 문법을 기술하시오. 즉, +34, −56, 10은 가능하며, 123, 9, 혹은 −04은 가능하지 않다.

6. 글자와 숫자로 된 문자열을 만드는 〈변수〉에 대한 BNF 문법을 기술하시오. 즉, ABC44, K777과 같다. 단, 맨 첫 글자는 반드시 문자이다. 그리고 이 문법으로 K77UNI85CS를 파싱한 파스 트리를 보이시오.

7. 아래 문법으로 만들어지는 언어는 무엇인지 설명하시오.

<문장> ::= <글자1> | <글자1> <글자2>
<글자2> ::= , <글자1>
<글자1> ::= K | N | U | C | S | I | W

8. 본문의 문법을 이용하여 아래에 대한 파스 트리를 보이시오. 그리고 파스 트리가 몇 개 만들어지는지 보이시오.

y = x + y + y + z

9. 아래 각 문장에 대하여 기계어 코드를 생성하시오. 동작 코드는 임의로 정하시오.

Diet = 50 + (a + b * c / 3) / (tall − 45);
on = (a + b + c + 3) + (x * y * z);

10. 메모리 셀 700과 701, 레지스터 R에 아래와 같이 값이 들어 있다.

R: 213
700: 4272
704: −100

본문에서 사용한 인스트럭션을 활용하여 아래 각 인스트럭션을 실행한 후의 레지스터와 메모리 셀의 값은 무엇입니까?

a. LOD 700
b. STO 700
c. ADD 700
d. COM 704
e. INP 704 (사용자가 546를 입력한다고 가정한다)
f. OUT 704

11. 메모리 셀의 87에 +600이 있다. 또 문자 X 가 메모리 위치 800을 나타낸다. 아래 각 명령을 수행한 후의 레지스터 R에는 무슨 값이 들어갑니까?

a. LOAD 87

b. LOAD 600

c. LOAD X

d. LOAD X + 1

12. 본문의 인스트럭션과 기계어 동작 코드를 활용하여 아래 기계어 인스트럭션 각각에 대응하는 어셈블리어로 변환하시오.

a. 0011001100011100

b. 0101000000110011

13. 아래 각 알고리즘 코드를 본문의 어셈블리어 인스트럭션으로 변환하시오. 필요하면 자료를 생성하는 유사 코드인 DATA를 사용하시오.

a. X ← X + 365

b. X ← (N + 1) − (Y + P)

c. **if** X > 108 **then write** X

d. **if** (X > P) **then write** X, X ←X + 1, **else write** P, P ← P + 1

e. X ← 1

  repeat the next two lines

    write X

    X ← X + 1

  until X > 200

14. 본문의 어셈블리어 인스트럭션을 활용하여 사용자가 임의로 입력하는 양의 정수의 합과 음의 정수의 합을 구하는 어셈블리어 프로그램을 작성하시오. 입력하는 자료 값 중에서 0이 입력되면 입력한 양의 수의 합과 음의 수의 합을 출력하고 정지한다. 입력하는 자료의 예는 아래와 같다.

23, −24, 455, −45, −70, 34, 0

15. 본문의 어셈블리어 인스트럭션을 활용하여 사용자가 임의로 입력하는 양의 정수 중에서 가장 큰 정수를 찾아서 출력하는 어셈블리어 프로그램을 작성하시오. 입력하는 양의 정수의 개수는 25개이다.

16. 본문의 어셈블리어 인스트럭션을 활용하여 아래 조건을 만족하는 어셈블리어 프로그램을 작성하시오. 이미 저장된 20개의 임의의 정수형 자료가 있다. 사용자가 어떤 정수를 입력한다. 입력한 정수와 같은 값이 저장된 20개 안에 있는지 없는지를 찾는다. 같은 값이 있으면 찾은 값을 출력하고, 없으면 정수 −400을 출력한다.

17. 아래 프로그램을 실행하고 나면 LOOP, RESULT, X, ONE, TWO 각각에는 어떤 값이 저장되는지 살펴보시오. 이 프로그램은 메모리 주소 0부터 실행한다.

```
        BEGIN
        INP   X
        LOD   X
  LOOP: ADD   RESULT
        SUB   ONE
        ADD   TWO
        STO   RESULT
        OUT   RESULT
        JMP   LOOP
RESULT: DATA  0
     X: DATA  0
   ONE: DATA  1
   TWO: DATA  2
        END
```

제 5 장

운영체제

운영체제(Operating System)는 컴퓨터 시스템이 동작하는데 필요한 여러 자원을 관리하고 운영하는 시스템 소프트웨어이다. 컴퓨터의 자원은 컴퓨터 시스템을 구성하고 있는 처리기, 메모리, 디스크, 프린터 같은 입출력 장치, 네트워크 장치 등의 하드웨어와 시스템 프로그램을 포함한 각종 프로그램, 파일, 자료 등의 소프트웨어이다. 운영체제는 사용자의 명령이나 프로그램을 실행하기 위해 각종 자원을 할당하고 제어한다. 뿐만 아니라 사용자의 응용 프로그램을 실행하도록 컴퓨터 하드웨어를 연결한다. 이 장에서는 운영체제의 환경을 살펴보고, 기능과 작동하는 개념을 설명한다.

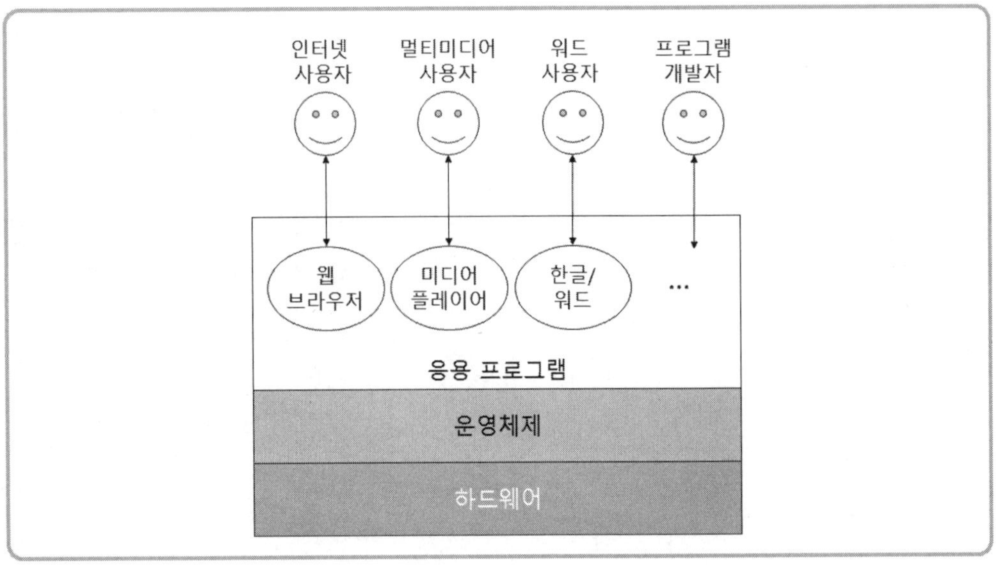

[그림 5.1] 하드웨어와 응용 프로그램 사이의 연결

5.1 운영체제 환경

초기의 컴퓨터는 매우 고가여서 국방이나 과학기술 등 전문집단에서 주로 사용하였다. 그 당시의 컴퓨터는 별도의 공간에서 운영자라는 전문 요원에 의해 운영되었다. 프로그래머는 프로그램이 기록된 카드를 운영자에게 전달하고, 실행결과가 출력될 때까지 기다려야 했다.

운영자는 프로그래머가 제출한 프로그램과 데이터를 수작업으로 직접 명령어를 사용하여 메모리로 탑재한 후 실행시키는 방법으로 한 번에 한 개의 프로그램을 실행시켰다. 1950년대 컴퓨터의 발달과 함께 수작업을 자동화한 운영체제라는 소프트웨어를 설치하게 되었다. 운영체제는 당시에 운영되던 컴퓨터 시스템의 구조와 프로그래밍 언어 등과 관련되어 발전되어 왔으며 오늘날까지 운영체제는 역사적으로 활용하던 여러 정책을 그대로 반영하면서 진화하여 왔다. 이런 운영체제의 변화를 이해하기 위해 컴퓨터 환경과 정책을 간략하게 살펴본다.

5.1.1 일괄 처리 시스템

일괄 처리(batch) **시스템**은 프로그램과 관련 데이터를 하나로 묶어서 프로그램의 처음부터 끝까지 한 번에 일괄적으로 처리하는 시스템이다. 여러 프로그램이 있을 때 앞에서 수행중인 프로그램이 끝난 후 뒤의 프로그램이 수행하는 방법으로 각 프로그램 순서에 따라 차례로 수행된다.

운영체제가 프로그램과 데이터 묶음의 **작업**(프로그램 실행)을 시작하게 되면, 사용자(운영자나 프로그래머)의 간섭 없이 프로그램 끝까지 실행한다. 이때 일괄 처리 시스템은 한 프로그램 앞뒤에 있는 프로그램 수행 관련 작업 명령을 하나씩 차례로 수행한다. 일단 수행이 시작된 명령 처리나 프로그램이 실행 중일 때는 프로그램 내용이나 데이터 또는 명령을 변경할 수 없다.

일괄 처리 시스템에서는 여러 개의 프로그램을 평균적으로 일찍 종료시키는 것이 중요한 관심이었다. 실행시간이 한 시간 필요한 프로그램 A와 일분이 필요한 프로그램 B가 있을 때 프로그램 A를 먼저 수행하면 A는 한 시간 후, B는 한 시간 1분 후 작성이 완료된다. 그러나 B프로그램을 먼저 수행하면 B프로그램은 1분, A프로그램은 한 시간 1분이 걸린다. 따라서 B프로그램을 먼저 수행한 후 A프로그램을 수행하는데 이와 같이 작업 순서를 정하는 것이 작업의 스케쥴링이라 한다. 스케쥴링을 통하여 프로그램 전체 실행 시간에 대해 최적의 순서를 결정할 수 있겠다.

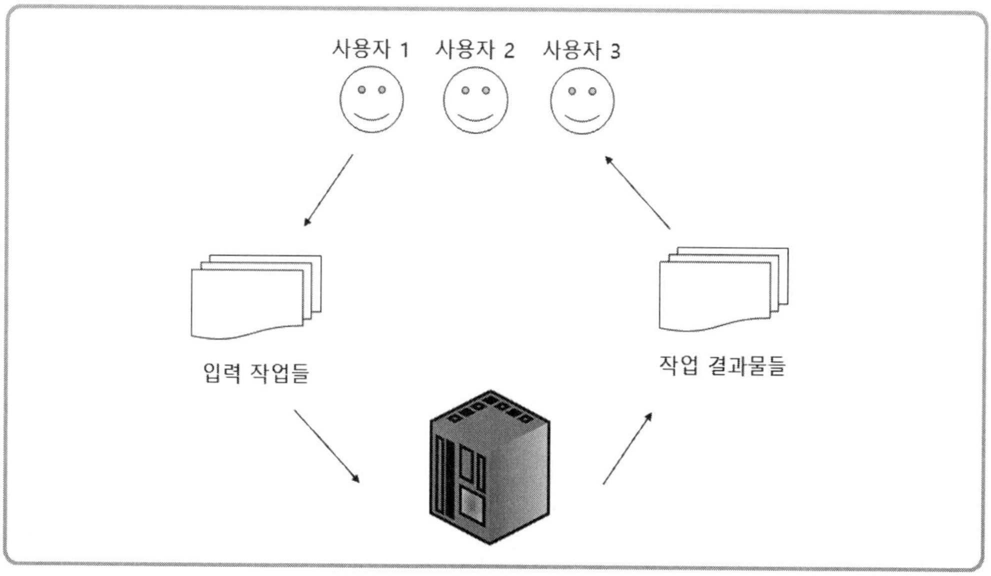

[그림 5.2] 일괄 처리 시스템

일괄처리 시스템은 처리해야 할 작업들을 모두 컴퓨터에 넣어두고 최적의 순서 결정 후 하나씩 자동으로 처리되도록 하여 천공하드를 컴퓨터에 입력할 동안 컴퓨터가 쉬고 있는 시간을 최소화 할 수 있는 운영체제이다.

5.1.2 시분할 시스템

1960년대 초반까지 국방이나 과학계산용으로 주로 사용하던 컴퓨터 시스템이 **집적회로**의 발달로 일반 상업용은 물론 교육용으로도 확대되어 일반 사용자도 쉽게 접근할 수 있게 되었다. 많은 사용자들이 컴퓨터를 사용하게 됨으로써 컴퓨터 시스템에서 어떤 프로그램에 시간을 많이 할당하여 상대적으로 다른 프로그램 사용자는 오랫동안 기다리게 하는 일이 발생하였고 **처리기의 비효율적인 할당과 메모리의 빈 공간**이 생기게 되었다. 그 당시에는 컴퓨터가 고가였기 때문에 메모리를 비워둔다는 것은 매우 비효율적인 일이었으며 개발자들에게 메모리 효율성은 큰 관심사였다.

이러한 컴퓨터 시스템의 비효율성을 해결하기 위하여 메모리를 여러 **영역**(파티션)으로 쪼개어 각 영역마다 프로그램을 한 개씩 할당하게 되었다. 이렇게 함으로써 한 메모리에 여러 개의 프로그램을 동시에 적재하고 동시에 실행할 수 있었다.

또한 영역 하나에 한 개의 프로그램을 할당하고 한 영역마다 개인용 터미널을 연결함으로써 여러 사용자가 동시에 하나의 컴퓨터 시스템을 사용할 수 있게 되었다. 이 때의 터미널은 운영체제나 스스로 작동할 수 있는 프로그램이 없는 스크린과 키보드만 있는 더미 터미널이다. 각 사용자 마다 자신의 터미널을 통하여 자신의 프로그램을 직접 실행하거나 수정하면서 컴퓨터와 **직접 대화**(상호작용)할 수 있게 된 것이다. 컴퓨터 시스템의 관점에서는 여러 프로그램을 동시에 실행하기 위해서, 번갈아 돌아가면서 각 영역에 아주 **작은 시간**(타임 슬라이스, 단위 ms)을 할당하여 영역의 프로그램을 실행한다. 사용자의 관점에서는 아주 작은 시간이지만 반복수행함으로써 자신의 프로그램만 실행하는 것으로 생각할 수 있다. 작은 시간이지만 반복하여 할당하기 때문에 여러 개의 프로그램을 동시에 실행할 수 있다.

이러한 개념의 운영체제를 **시분할**(time-sharing) **시스템**이라 하고 한 컴퓨터 시스템을 여러 사용자가 동시에 접속하여 사용할 수 있는 시스템이다. 사용자는 일괄 처리 시스템과 달리 실행할 작업을 미리 준비하지 않고, 자신의 원격 터미널에서 컴퓨터 사용 중에 프로그램을 실행시키는 상호작용이 가능하다. 시분할 시스템에서 상호작용 응답 시간은 기계를 동시에 사용하는 사용자 수에 따라 달라진다. 즉, 동시에 많은 사용자가 접속하면 그 만큼 속도가 느려진다. 그림 5.3은 시분할 시스템의 개념이다.

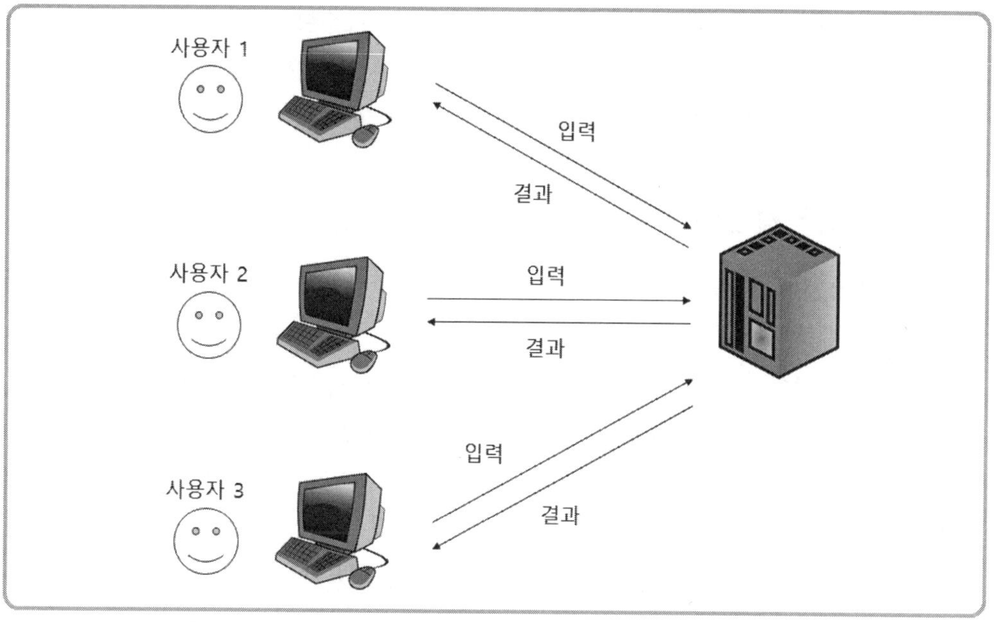

[그림 5.3] 시분할 시스템

이와 같이 운영체제는 하나의 시스템에서 여러 목적의 일을 수행하여야 하고, 여러 개의 작업을 동시에 실행하기 위하여 더 커지고 복잡해졌다. 특히, 사용자와의 상호작용에서 사용자의 요구에 즉시 응답해야 하고, 여러 개의 작업을 동시에 실행하기 때문에 각 작업에 자원을 합리적으로 할당하는 자원관리의 실행작업 사이의 보호가 중요하게 되었다.

5.1.3 개인용 컴퓨터 시스템

집적화에 이어 **초집적회로** 등 하드웨어의 변화는 하드웨어 가격저하로 이어졌으며 다양하게 컴퓨터 구조와 운영체제의 변화를 초래하였다. 그 결과 앞에서 언급한 시분할 시스템에서 분할된 각 영역을 맡았던 처리기, 메모리, 운영체제를 하드웨어 개인용 **더미**(dummy) 터미널로 이식할 수 있게 되었다.

결과적으로 1980년대 초반에는 개인용 컴퓨터의 등장으로 컴퓨터를 여러 사용자가 공유하지 않고 개인이 한 대씩 사용할 수 있게 되었다. 이 개인용 컴퓨터의 운영체제는 **디스크 운영체제**를 사용하게 되었다.

시분할 시스템에서는 상호작용 응답 시간이 컴퓨터를 동시에 사용하는 사용자 수에 따라 달라지는데, 개인용 시스템에서는 프로그램 실행 시간이 현재 수행 중인 프로그램의 수에 영향을 받는다. 개인용 컴퓨터의 운영체제는 시스템의 하드웨어를 최대로 이용하는 것보다는 처리기의 속도를 증가시켜 프로그램의 실행 시간을 최소화하는 것이 중요해졌다. 이후에는 개인용 컴퓨터에서도 컴퓨터 시스템 한 대에서 여러 개의 프로그램을 동시에 실행하는 **다중 프로그래밍**뿐만 아니라, 여러 사용자가 동시에 사용할 수도 있게 되었다.

5.1.4 실시간 시스템

실시간 시스템은 응답 시간을 중요하게 취급하는 시스템이다. 예를 들어, 공장에서 공정을 제어하는 시스템이 생산 과정에서 데이터를 수집하여 기계를 제어하는데 사용된다면, 제품 이동과 공정이 특정 시간에 일치하여야 한다. 만약 시간이 일치하지 않으면 공정이 제대로 이루어지지 않으므로 여러 공정 과정이 정해진 시간 내에 이루어지도록 하는 것이 매우 중요하다. **실시간 운영체제**는 특정 동작이 정해진 시간 내에 반드시 완료되고, 반응하여야 하는 응답시간의 정확성을 보장하기 위한 실시간성을 고려한 운영체제이다.

실시간 시스템은 유형에 따라 **경성 실시간 시스템**과 **연성 실시간 시스템**으로 구별될 수 있다. 경성 실시간 시스템은 안전에 민감한 비행기, 자동차, 이동 로봇 등 사소한 시간 차이(지연)를 전혀 허용하지 않는 실시간 시스템이다. 이에 반해 연성 실시간 시스템은 정해진 반응 시간을 놓치는 것이 바람직하지는 않지만, 약간은 허용할 수 있는 실시간 시스템이다. 이러한 연성 실시간 시스템은 시간 오차가 아주 위험한 손상이나 고장을 일으키지 않는 시스템으로, 디지털 오디오나 영화를 감상하는 멀티미디어 플레이어 등이 이에 속한다. 실시간 운영체제에서 데드라인 시간은 매우 중요하기 때문에, 수행 중인 응용 프로그램과 각 종 라이브러리들이 긴밀하게 결합되어 있다. 특히, 실시간 운영체제에서 **실시간 임베디드 시스템이** 중요하게 다루어진다.

5.1.5 임베디드 시스템

일반적으로 사용하는 개인용 컴퓨터 시스템과 달리, 특별한 목적에 따라 기기를 제어하는 프로그램이 실행되도록 어떤 장치에 내재한 시스템을 **임베디드**(embedded) **시스템**이라 한다. 예를 들어, 자율 주행 로봇을 제어하기 위한 소프트웨어, 미사일 유도 방향을 제어하기 위한 소프트웨어, 공장 자동화 제어 소프트웨어와 같이 특수한 분야의 시스템이 있으며 이러한 특수 분야 외에도 가정용 조명 제어 시스템, 홈 네트워크 제어 시스템, 스마트폰, TV, 오디오, 전자레인지, 냉장고 같은 가전제품까지 다양한 분야에서 사용된다.

임베디드 시스템을 위한 소프트웨어는 주로 **읽기 전용 메모리**에 저장되며 안정성이 증명된 프로그램이어야 한다. 최근 사물인터넷의 발전과 하께 임베디드 시스템이 여러 곳의 각종 기기에 활용되고 있다. 필요한 서비스에 따라 다양하고 복잡한 기능이 요구되고 있으며 이러한 소프트웨어를 관리하는 특별한 운영체제가 필요하기도 한다.

5.1.6 모바일 시스템

태블릿, 스마트폰, 각종 휴대용 기기를 **손에 들고 다니는** 소형 컴퓨터라고 한다. 이러한 소형 휴대 시스템은 임베디드 시스템의 일종으로 모바일 시스템 운영체제를 기반으로 동작한다. 구글의 **안드로이드**나 애플의 **아이오에스**가 주로 사용되고 있다. 대부분의 모바일 시스템은 다양한 멀티미디어 구동을 위한 멀티 코어 처리기와 많은 양의 메모리로 구성되어 있다. 그리고 위치 확인을 위한 GPS, 움직임 감지를 위한 가속도 센서를 비롯한 여러 종류의 센서 및 카메라 등 다양한 하드웨어 장치가 포함되어 있다. 특히 장시간 휴대를 위한 배터리 효율이 중요한 관심사이며, 이러한 배터리 효율을 최적화하기 위한 프로그램 운용이 필요하다.

5.1.7 분산 시스템

분산(distributed) **시스템**은 다양한 유형의 운영체제를 사용하는 여러 개의 컴퓨터 시스템이 네트워크로 서로 연결되어 동일한 문제를 해결하기 위해 협력하는 시스템을 말한다. 이때 운영체제 유형은 같은 운영체제일 수도 있고 다른 운영체제일 수도 있다. 이러한 분산 시스템과 같이 다수의 컴퓨터 시스템을 네트워크로 연결하면 사용자는 여러 지역에 흩어져 있는 각 종 컴퓨터를 사용할 수도 있고, 다양한 자원에 접근하여 활용할 수도 있다.

이러한 분산 시스템을 사용하는 이유는 **공유된 자원**에 접근하여 활용하면 계산 속도도 높일 수 있으며, 여러 컴퓨터를 활용함으로써 기능 향상은 물론 신뢰성을 증가 등이 있다.

운영체제의 유형에 따라 네트워크에 접근하는 방식은 달라질 수 있다. 어떤 운영체제는 파일에 접근하는 것처럼 네트워크에 접근하는 것이 자동적으로 수행하면서 아주 자연스럽고, 어떤 운영체제는 사용자가 직접 수동으로 네트워크를 연결하는 일을 해야만 한다. 일반적으로 대부분의 운영체제에서는 두 방식을 혼합하고 있다. 즉, FTP와 NFS가 이러한 방식에 속한다. **네트워크 파일 시스템**(Network File System, NFS)은 사용자가 네트워크 상의 파일을 직접 연결된 저장소에 접근하는 방식과 유사한 방식으로 접근하도록 해준다. 이와 다르게 **파일 전송 프로토콜**(File Transfer Protocol, FTP)은 파일 전송을 하기 위한 통신 프로토콜로써 사용자(또는 개발자)가 직접 네트워크에 연결하여 파일을 전송해야 한다.

분산 운영체제는 네트워크로 연결된 모든 컴퓨터를 한 개의 컴퓨터인 것처럼 자동으로 관리해주는 운영체제이다. 원격지에 있는 컴퓨터에 저장된 파일, 컴퓨터에 연결된 장비, 컴퓨터의 처리기도 모두 사용 가능하며 그러므로 사용자는 네트워크에 연결된 모든 컴퓨터가 자신의 컴퓨터인 것처럼 사용할 수 있다. 이러한 개념을 분산 시스템이 **투명성**을 보장한다고 한다. 참고로 데이터 통신 관점에서 투명성이란 송수신 사이에 실제 경로가 드러나지 않음을 뜻한다.

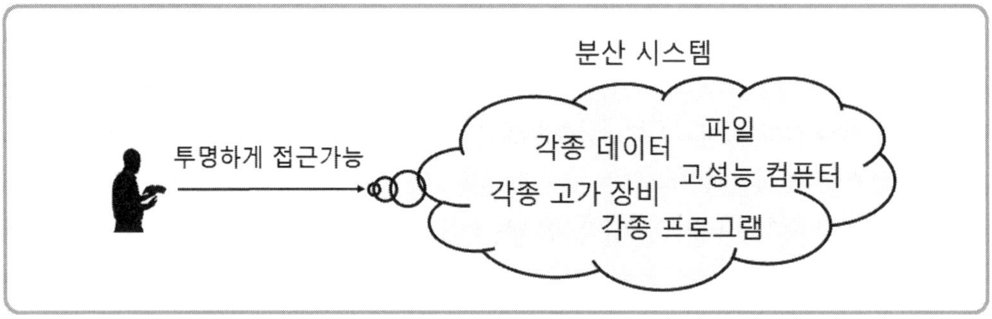

[그림 5.4] 분산 시스템 구조

이러한 분산 운영체제는 네트워크의 연결을 기본으로 하고 네트워크 시스템과 분산 시스템의 개념을 포함하고 있다. **네트워크 운영체제**는 네트워크를 통한 파일 공유의 기능을 제공한다.

5.1.8 클라이언트-서버 시스템

개인용 컴퓨터가 강력해지고 처리 속도가 빨라지면서 자체적으로 강력한 소프트웨어를 실행하는 능력을 가지게 되었다. 비록 개인용 컴퓨터가 많은 소프트웨어를 실행하면서 사용자의 일을 수행 가능하지만 자신의 능력으로 처리하기 어렵거나, 용량이 더 크거나, 자신이 가지고 있지 않은 정보를 다른 곳에서 가져와야 하는 경우가 발생한다. 이때는 네트워크를 통하여 서버의 능력을 이용하여 원격에 있는 파일에 접근하거나 프로그램을 실행할 수 있다. 이를 **클라이언트-서버**(client–server) **시스템**이라고 한다. 이때 클라이언트는 필요한 일을 **요청**하는 컴퓨터이고 서버는 서비스를 위해 요청 받은 메시지를 **처리**하는 컴퓨터이다.

오늘날 시스템들은 대부분의 네트워크 서비스 시스템은 서버 시스템으로 구성되어 있으며 클라이언트의 요청을 처리할 수 있다. 이러한 클라이언트-서버 형식을 분산 시스템의 특수한 형식이라 할 수 있다. 그림 5.5는 클라이언트-서버 시스템의 일반적인 구성이다.

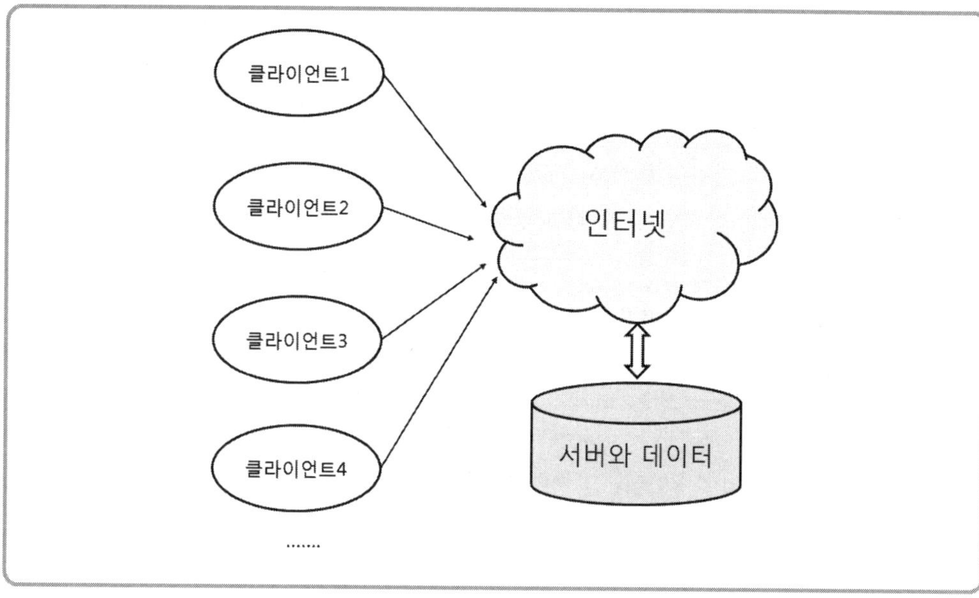

[그림 5.5] 클라이언트-서버 시스템의 일반 구성

5.1.9 피어-피어 시스템

분산 시스템의 또 다른 유형은 1990년대 후반에 널리 쓰인 **피어-피어**(peer-peer) **시스템**이다. 이 유형은 클라이언트와 서버의 구별이 없다. 모두 같은 **동료 수준**(서버이기도 하고, 클라이언트이기도 함)으로 연결하고 피어-피어 시스템은 기존의 클라이언트-서버 시스템보다 많은 장점을 가지고 있다. 클라이언트-서버 시스템에서는 많은 클라이언트에서 하나의 서버에 접근하게 되면, 서버에서 병목현상을 가지는 경우가 있지만, 피어-피어 시스템은 서비스가 네트워크를 통해 여러 컴퓨터로 분산되어 제공될 수 있다.

이 피어-피어 시스템에 동참하려면 각 노드는 먼저 피어(동료) 망에 들어가야 한다. 일단 접속이 되면, 네트워크 안에 있는 다른 노드에게 서비스를 제공하기도 하고 서비스 요청을 받기도 한다. 이때 어떤 서비스가 가능한지를 결정하는 것은 다음 두 가지 방법 중에 하나를 선택하게 된다.

- 노드가 네트워크에 접속될 때, 노드는 자신의 서비스를 네트워크에서 중앙 집중적 탐색 서비스로 등록한다. 어떤 노드가 특정 서비스를 요청하면 어느 노드가 서비스를 제공할지를 결정하기 위해 이 중앙 집중적 탐색 서비스에 우선 접속한다. 통신의 나머지 부분은 클라이언트와 서버 제공자 사이에서 일어난다.

- 다른 방법은 중앙 집중식이 아닌 다른 방법이다. 즉, 클라이언트로 행동하는 피어 노드는 네트워크에 있는 모든 노드(자신 노드는 제외)에게 서비스를 요청한다는 방송을 한다. 이렇게 하여 어떤 노드가 요구하는 서비스를 제공하는지를 찾은 후 서비스를 요청하면 그 서비스를 제공하는 노드(혹은 여러 노드가 있을 수 있음)는 요청을 발송한 피어에게 응답한다. 이러한 동작을 하기 위해 **발견 프로토콜을 사용하여** 네트워크 안에 있는 다른 피어가 제공하는 서비스를 발견할 수 있다. 그림 5.6은 피어-피어 시스템을 나타내고 있다.

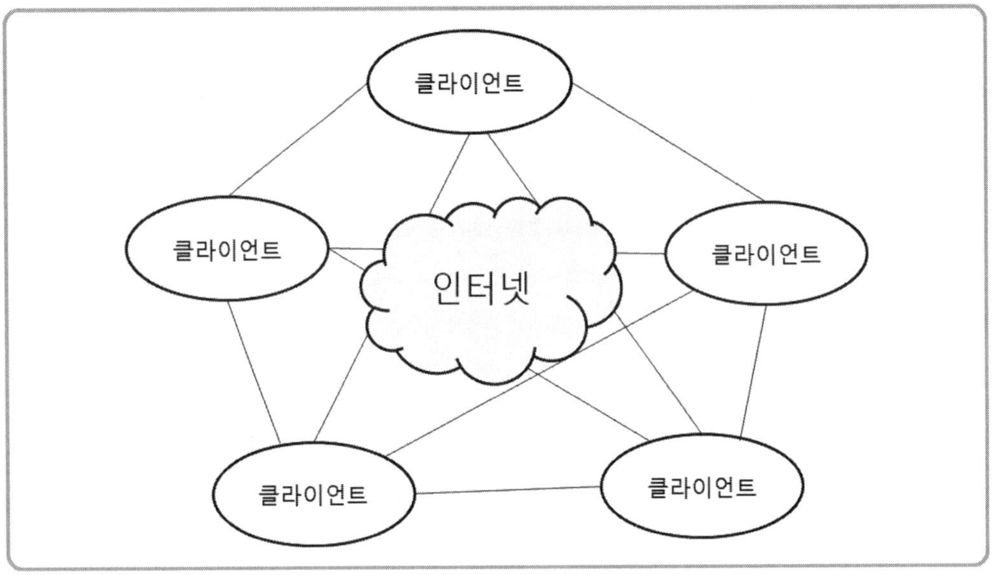

[그림 5.6] 중앙 집중이 아닌 피어-피어 시스템

피어-피어 시스템을 기반으로 서비스를 제공하는 하나의 예로 인터넷 전화 서비스인 Skype가 있다. Skype는 VoIP(Voice over IP)로 잘 알려진 음성 인터넷 프로토콜 기술을 이용해 클라이언트들이 서로 음성과 영상 통화를 할 수 있고 문자를 보낼 수도 있다. 이 Skype는 혼합 피어-피어 방식으로 중앙 집중식 로그인 서버도 포함하지만, 분산 컴퓨터들 간에 협력도 하고, 두 컴퓨터들 사이에서 통신도 한다.

5.1.10 클라우드 시스템

클라우드(cloud) **시스템**은 네트워크를 통하여 컴퓨팅 능력, 저장 능력, 소프트웨어 수행 및 sw 개발환경을 네트워크 서비스 형태로 제공하는 시스템 방식이다. 이것은 **가상화** 기술의 확장으로 내 컴퓨팅 영역을 네트워크를 통하여 확장하는 것이다. 예를 들어 아마존의 클라우드는 수 천대의 서버가 있고, 수 백만의 가상 기계, 수 페타바이트의 저장장치가 있는데 인터넷 사용자 누구나 이러한 능력을 인터넷 서비스 형태로 이용하고 활용하고 있다. 마찬가지로 애플, 구글, 네이버 등도 자기 컴퓨터처럼 자료를 저장하고 꺼내는 일을 할 수 있으며 필요한 자원을 활용할 수 있다.

이러한 클라우드 시스템은 아래와 같이 여러 유형이 있다.

- **공공 클라우드**: 서비스 사용료를 지불하는 사용자만 인터넷을 통해 사용 가능한 클라우드
- **개인 클라우드**: 기업이나 기관 등이 자신들의 사용을 위해 운영되는 클라우드
- **혼합 클라우드**: 공공 클라우드와 개인 클라우드의 요소를 둘 다 갖고 있는 클라우드
- **소프트웨어 서비스**: 인터넷을 통해 사용 가능한 워드 프로세서나 엑셀 같은 여러 개의 응용 프로그램
- **플랫폼 서비스**: 인터넷을 통한 응용 프로그램의 개발 및 사용을 위해 준비된 소프트웨어 스택. 예로 데이터베이스 서버가 있음
- **인프라 서비스**: 인터넷으로 사용할 수 있는 서버나 저장 장치들. 예로 데이터의 백업을 위한 저장 장치들이 있음

이러한 클라우드 시스템 유형은 별개로 운영되는 시스템이 아니라, 여러 유형을 조합하여 구성한다. 그림 5.7은 인프라를 서비스하는 공공 클라우드 시스템의 예이다. 이 클라우드 시스템은 클라우드 서비스와 클라우드 사용자 인터페이스를 모두 방화벽으로 보호하고 있다.

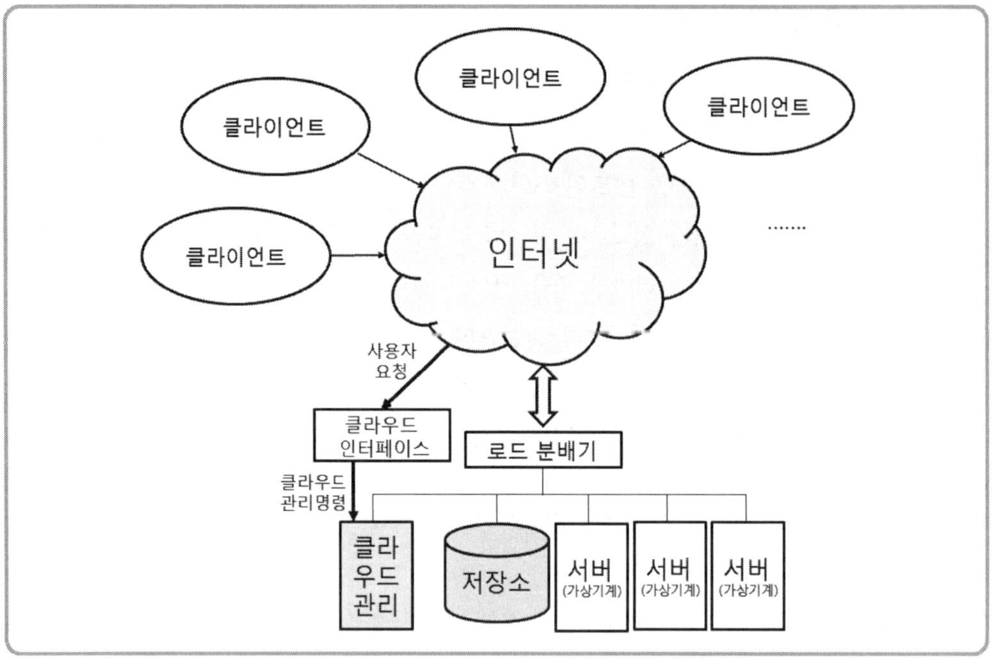

[그림 5.7] 클라우드 시스템

5.2 운영체제 서비스

운영체제 서비스는 운영체제가 실행하면서 컴퓨터 사용자에게 제공하는 모든 서비스들을 말한다. 예를 들어, 프로그램 실행, 파일 저장, 사용자 인터페이스를 제공해 주는 서비스가 있다. 이 절에서는 이러한 운영체제의 서비스를 살펴본다.

운영체제는 아래의 여러 서비스를 수행하여 사용자에게 편리함을 제공할 뿐만 아니라, 컴퓨터를 효율적으로 사용하도록 한다.

- 컴퓨터 시스템의 하드웨어, 소프트웨어, 파일 등 자원 관리
- 사용자의 명령을 입력받고 처리하기
- 어셈블러나 컴파일러 같은 언어 번역 시스템 소프트웨어 구동
- 실행에 필요한 라이브러리 함수를 연결하여 실행 가능한 프로그램으로 구성
- 번역된 프로그램을 메모리에 탑재

- 실행 가능한 프로그램 실행
- 파일관리(저장, 검색, 수행, 삭제 등)
- 파일을 입력 또는 출력 장치로 보내기
- 네트워크를 연결하여 다른 컴퓨터와 통신하기
- 그 외에 시스템 에러 처리 등

이러한 서비스를 모두 살펴보기는 어렵기 때문에 사용자가 컴퓨터에서 직접 접하게 되는 몇 개의 서비스를 살펴보자.

5.2.1 사용자 인터페이스

사용자가 컴퓨터를 활용하기 위해 사용자 인터페이스는 중요한데, 운영체제는 컴퓨터 사용을 편리하게 하기 위해 **사용자 인터페이스**를 제공한다. 사용자가 명령을 입력하면 운영체제는 컴퓨터 시스템이 이해할 수 있는 형태로 변환하여 실행한 후 필요에 따라 실행 결과를 화면에 출력하기도 한다. 이와 같이 여러 방법으로 입력하거나 다양한 장치를 통해 출력하는 인간과 컴퓨터 사이의 대화를 **인간-컴퓨터 상호작용**이라 한다.

사용자가 컴퓨터에게 명령을 입력하는 방법에는 여러 유형이 있다.

- 키보드를 이용하여 명령을 문자로 입력한다. 이러한 명령을 **라인 명령어** 입력이라 한다.
- 그래픽 사용자 인턴페이스의 **아이콘**을 마우스로 클릭하여 입력한다.
- 카메라 등을 통하여 손짓이나 몸짓을 이용하여 미리 정한 **제스처**로 명령을 입력한다.
- **음성**이나 소리로 입력한다.

위의 여러 입력 방법을 모두 살펴보기에는 어렵기 때문에 문자 입력과 아이콘 입력에 대하여 좀 더 살펴본다.

(1) 라인 명령어 입력 방식

사용자가 문자 형태의 명령어를 입력하면, 운영체제의 **쉘**이라는 명령어 번역기가 해석하여 명령을 수행하는 **커널**로 전달한다. 이 명령을 전달받은 커널은 명령어 수행이 가능한 커널 모드에서 해당 작업 시스템을 구동하는데 필요한 프로그램을 선택하여 구동하거나, 실행 중인 프로그램에게 명령을 전달한다. 커널 모드에서는 모든 하드웨어에 접근할 수 있는 권한이 있어서 시스템이 실행할 수 있는 모든 명령을 실행할 수 있다. 이러한 시스템이 실행하는 소프트웨어 외의 나머지 일반적인 소프트웨어는 **사용자 모드**로 실행되며, 사용자 모드에서는 컴퓨터 명령어의 일부만 사용 가능하다. 특히, 컴퓨터의 제어에 영향을 주거나, 입/출력을 수행하는 명령어는 사용자 모드에서 실행하는 프로그램들은 수행할 수 없다.

아래는 유닉스 운영체제의 라인 명령어를 콘솔 키보드에서 입력한 예이다.

```
> ls -al /usr/kildong/home_
```

이 명령의 의미는 운영체제에게 파일 시스템의 'user → kildong → home이라는 목록에 있는 내용을 화면에 리스트(ls)하라'는 의미이다. '-al'은 선택 사항으로 목록의 모든 아이템과 관련된 상세 내용(목록, 파일, 날짜, 바이트 수, 권한자 등)을 모두 보이라는 의미이다. 명령어에서 '>'는 프롬프트이다. 프롬프트는 컴퓨터가 입력을 기다리고 있음을 화면에 나타나는 표시로, 명령어를 받아들이기 위한 준비가 되었다는 의미이다.

그림 5.8은 라인 명령어를 입력하면 운영체제가 처리하는 과정이다. 화면 프롬프트에서 명령어 입력을 기다리다가 사용자가 문자로 명령을 입력하면, 올바르게 입력하였는지 혹은 선택 사항이 올바르게 들어왔는지 등을 검사한다. 명령어가 올바르지 않으면 에러 메시지를 출력하고, 올바르면 커널이 명령을 처리할 프로그램을 선택하여 **인터럽트**나 **시스템 호출**로 구동하도록 한다.

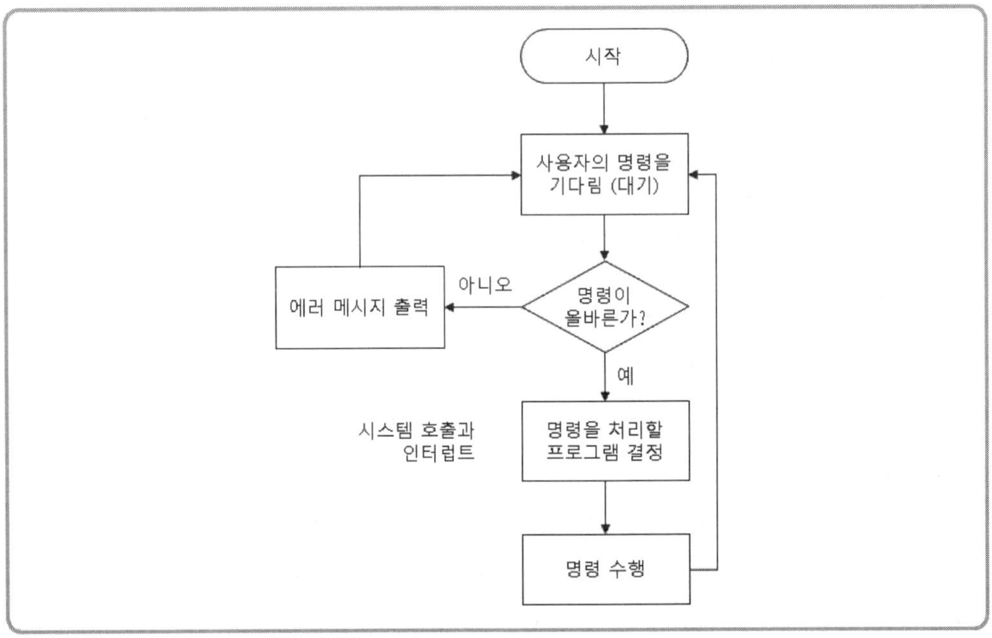

[그림 5.8] 운영체제에서의 라인 명령어 처리 과정

운영체제가 라인 명령어를 사용하는 것은 오래되었으나, 컴퓨터 시스템의 변화와 기술의 발전으로 다른 방법들이 나타나기 시작하였다. 라인 명령어 인터페이스는 사용자와 즉각적인 상호작용과 피드백이 가능하지만, 문법이 틀리면 다시 입력해야 하고, 여러 명령어를 기억해야 하는 불편한 점이 있다.

하지만, 아직도 라인 명령어를 사용하는 운영체제도 많이 있으며, **유닉스**나 **리눅스** 계열의 운영체제를 비롯하여 윈도우즈 계열 등 다양한 운영체제에서 제공되고 있다. 그림 5.9는 윈도우즈 계열 운영체제의 라인 명령어 프롬프트이다.

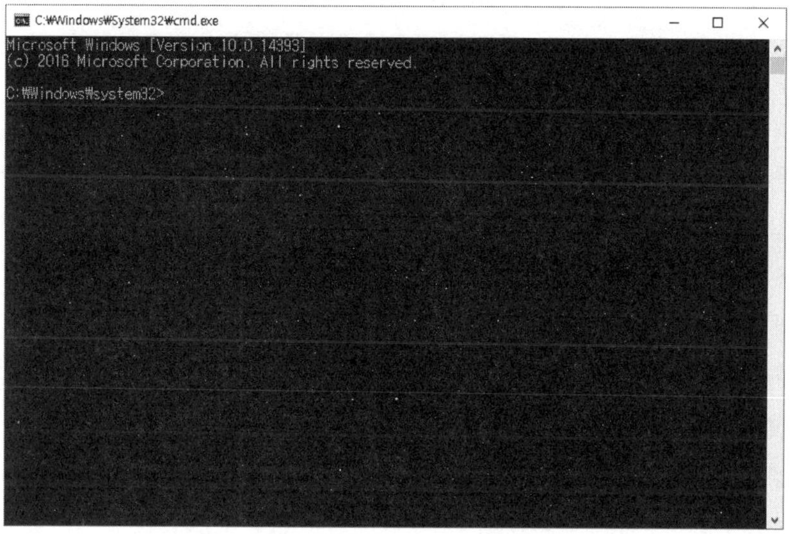

[그림 5.9] 윈도우즈 운영체제의 명령 프롬프트 예

(2) 그래픽 기반 입력 방식

객체-지향 프로그래밍 개념과 그래픽 사용자 인터페이스의 발전으로 사용자의 명령어 입력 방식도 많이 변하게 되었다. 즉, 그래픽 사용자 인터페이스에서 화면에 보이는 아이콘을 클릭하면 **사용자가 원하는 작업**을 수행하는 해당 프로그램(태스크)을 운영체제가 연결하여 구동한다. 이러한 사용자와 상호작용을 도와주는 소프트웨어는 운영체제의 일부가 아니며, 일반 소프트웨어로써 단지 그래픽 인터페이스 프로그램이다. 그래픽 사용자 인터페이스는 사용자에게 편리성을 제공하기 위해 인터페이스를 **시각적**으로 제공하는 것이 특징이다. 운영체제가 그래픽 인터페이스 프로그램을 이용하여 사용자에게 인터페이스를 제공한다.

사용자에게는 운영체제와 사용자 인터페이스를 구분하기 어렵다. 실제로 마이크로소프트사의 윈도우즈 계열은 운영체제라고는 하지만, 기존에 사용하던 **디스크 운영체제**에 시각화된 그래픽 사용자 인터페이스를 얹어서 결합한 형태이다.

라인 명령어 도구와 달리 그래픽 사용자 인터페이스는 마우스나 기타 포인팅 장치로 화면 위의 그래픽 **개체**(윈도우즈, 메뉴, 아이콘, 버튼 등)를 포인팅하여 명령하므로 사용자는 화면에서 원하는 기능을 찾아 쉽게 사용할 수 있다. 사용자에게 필요한 작업을 모두 프로그램화하여 컴퓨터 안에 설치하고, 각 작업을 수행하는 개체로 취급한다. 바로 객체-지향 개념이다. 다양한 그래픽 개체들은 여러 종류의 명령을 표현하며 사용자가 명령어를 직접 입력하지 않아도 명령을 선택하면 필요한 명령을 컴퓨터 시스템에 전달한다. 이외에도 운영체제에서 제공하는 여러 기능이 있으며 필요한 유틸리티를 추가하여 기능을 확장할 수도 있다.

시각 인터페이스에 관한 예는 윈도우즈 계열 운영체제 화면에서 많이 볼 수 있다. 시각 인터페이스가 있는 운영체제는 아래와 같이 수행한다.

- 사용자가 원하는 작업(명령)을 선택하거나 수행할 수 있도록 화면에 각 작업에 대한 태스크를 아이콘으로 보여준다.
- 사용자는 응용 프로그램을 수행하기 위해 해당 아이콘을 선택한 후 메뉴를 선택한다.
- 운영체제는 관련되는 다른 프로세스와 협조하여 사용자가 선택한 아이콘에 해당하는 태스크를 선택하고 구동시킨다. 이때 운영체제는 선택한 태스크에 처리기와 메모리를 할당하고, 관련되는 키보드나 마우스 같은 입출력 장치와 연결하고 관리한다.
- 실행 중인 응용 프로그램이 필요로 하는 데이터는 키보드나 디스크 등의 장치에서 가져오거나 저장하고 관리한다.

5.2.2 프로그램 실행

앞에서 설명한 바와 같이 운영체제는 사용자와 컴퓨터 시스템 사이에서 인터페이스를 제공할 뿐만 아니라, 응용 프로그램이나 시스템 프로그램을 실행한다. 프로그램을 실행할 때는 여러 개의 응용 프로그램을 동시에 실행하기도 하고, 한 응용 프로그램에서 다른 응용 프로그램에서 사용하는 데이터나 내용을 가져와서 사용할 수도 있다. 이러한 일들을 운영체제가 어떻게 수행하는지 개념적으로 살펴본다.

(1) 다중 작업 – 프로그램 수행

개인용을 포함한 오늘날 대부분의 컴퓨터는 여러 개의 작업을 동시에 수행할 수 있다. 이와 같이 여러 개의 작업을 동시에 수행하는 개념을 **다중 작업**이라 한다. 다중 작업은 두 개 이상의 응용 프로그램을 동시에 수행하기 때문에 웹브라우저를 수행하면서, 음악을 들을 수 있으며, 파워포인트를 실행하면서, 동시에 한글 워드 프로세서에서 작업할 수 있다. 이러한 경우는 윈도우즈 운영체제에서 많은 예를 볼 수 있다.

다중 작업 수행 과정을 살펴보자. 다중 과정은 운영체제의 **프로세스 관리자**가 관리한다. 프로세스는 사용자가 보는 프로그램이 아니라, 프로그램이 컴퓨터 시스템 안에서 처리 과정 중에 있는 **상태**를 의미한다. 즉, 처리기에서 실행 중이면 **실행 상태**이고, 메인메모리에서 처리기를 할당 받기 위해 대기 중이면 **준비 상태**, 입력이나 출력 중이면 **휴식 상태**와 같이 여러 상태로 변화하는 하나의 개념이다.

프로세스 관리자의 관점에서 각 프로그램은 자신이 수행해야 하는 작업으로 간주한다. 그러므로 프로세스 관리자는 동시에 수행하려는 여러 개의 프로그램을 그림 5.10과 같이 메모리에 모두 탑재한다. 물론 각 프로그램은 필요에 따라 메모리와 디스크 사이를 이동한다. 실제 실행은 시분할 개념과 같이 시간을 분할하여 각 작업을 순회하면서 실행한다. 즉, 작업1에 잠깐, 작업2에 잠깐, 작업3, 작업4, … 와 같이 한 번에 한 작업만 선택하여 실행한다. 이 때 실행될 작업을 선택하는 것은 **프로세스 관리자**의 역할이다.

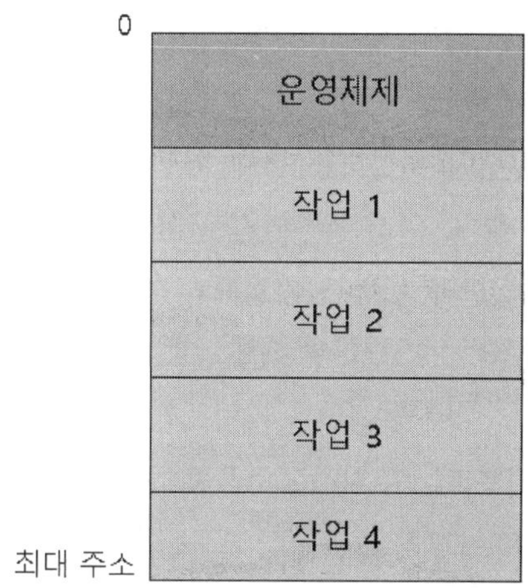

[그림 5.10] 다중 작업 환경에서 메모리 내에 탑재한 작업들

처리기를 할당받아 현재 실행 중인 작업은 여러 가지 이유로 진행을 멈추고, 운영체제가 다른 작업을 실행하도록 잠시 정지하는 경우가 있다. 예를 들면, 주변 장치를 통해 입력 또는 출력을 하는 일은 일반적으로 처리기의 실행 속도보다 늦다. 프로그램은 인스트럭션의 순서에 따라 실행하기 때문에 입력이나 출력을 마칠 때까지 기다릴 수밖에 없다. 이때, 처리기는 이러한 하나의 작업이 기다리는 동안 쉬지 않고 다른 작업을 실행할 수 있다. 즉, 실행 중인 작업이 입력이나 출력의 종료를 기다리는 동안 프로세스 관리자는 처리기가 쉬지 않고 작업을 계속할 수 있도록 메모리 내의 다른 작업을 처리기에 할당한다.

결국, 동시에 실행되는 여러 개의 프로세스에게 공평하게 처리기를 사용하도록 하기 위해, 각 프로세스에게 일정한 시간만큼 처리기를 할당하고 실행하도록 한다. 각 작업에 주어진 시간이 끝나면, 해당 작업은 준비 상태로 되돌아가 다시 자신의 순서가 돌아와 실행되기를 기다린다. 이러한 작업은 매우 짧은 시간 내에 일어나고 작업 사이에서는 이러한 교체가 자주 일어난다. 사용자는 여러 개의 프로그램이 동시에 실행되는 것처럼 느끼며, 사용자가 실행시킨 현재의 프로그램과 원활히 상호작용하며 수행할 수 있다.

(2) 인터럽트

사용자에게는 자신의 프로그램 실행이 컴퓨터 안에서 자동으로 실행되는 것처럼 보이지만 그러나 내부를 들여다보면 컴퓨터 시스템이 작동하는 것은 스스로 결정하고 자동으로 처리하는 것이 아니다. 실제로는 소프트웨어나 하드웨어 또는 각종 장치가 필요로 하는 **요청 신호**를 받고 그 신호에 따라 선택된 작업을 수행한다. 요청 신호는 프로그램을 실행하라는 신호, 다른 프로그램으로 교체하라는 신호, 마우스로 입력한다는 신호, 프린터를 연결한다는 신호, 디스크의 자료를 읽어온다는 신호, 프로그램에서 에러가 발생했다는 신호 등 다양하다.

이와 같이 어떤 프로그램이 실행하는 중에 하드웨어 장치나 소프트웨어에서 발생하는 다양한 신호를 **인터럽트**라 한다. 이러한 인터럽트 신호로 어떤 장치나 소프트웨어에서 특정 사건이 발생했음을 알린다. 만약 어떤 인터럽트가 발생하면 실행 상태에 있던 프로세스는 인터럽트에 의해 실행을 중단한다. 그러면 운영체제는 발생한 인터럽트 요청에 따라 필요로 하는 다른 작업을 수행한다. 이때 발생한 인터럽트가 현재 실행 중인 작업보다 중요하지 않은 인터럽트이면 해당 인터럽트는 무시하고, 더 중요하거나 긴급한 인터럽트이면 요청을 수락한 후 즉시 해당 작업으로 교체하여 수행한다. 예를 들어, 어떤 프로세스가 프린터로 출력하려고 할 때 프린터에 종이가 없으면, 프린터에서는 종이가 없다는 신호(인터럽트)를 운영체제에게 보낸다. 운영체제 측면에서는 출력 시 프린터에 종이가 없다는 것이 더 위급한 일이므로 종이가 없음을 알리는 태스크를 수행하여 사용자 화면에 메세지창으로 알린다.

이와 같이 여러 하드웨어 장치에서는 어느 순간이든 인터럽트를 발생시킬 수 있다. 예를 들어, 키보드 타이핑, 마우스 클릭, USB 메모리 사용 시에도 인터럽트 신호를 발생시켜 해당 프로세스가 처리할 수 있도록 한다.

위에서 언급한 내용을 정리하면 운영체제는 아래와 같이 인터럽트를 처리한다.

단계 1. 인터럽트가 발생하면 처리기는 수행 중이던 일을 중단한다.

단계 2. 인터럽트에 해당하는 작업들을 정의한 **인터럽트 서비스 루틴**을 실행시킨다.

단계 3. 인터럽트 서비스 루틴은 미리 정의되어 있으며 고정된 주소 위치를 갖고 있다. 인터럽트는 매우 빠르게 처리되어야 하므로 인터럽트 서비스 루틴을 신속히 찾을 수 있도록 고정된 위치의 주소를 테이블 형태로 저장하고 있다. 인터럽트 서비스 루틴의 시작 주소를 찾은 후, 실행할 수 있도록 요청된 제어를 전달한다. 이와 같이 인터럽트 서비스 루틴의 주소를 저장하고 있는 테이블을 **인터럽트 벡터 테이블**이라 한다.

단계 4. 인터럽트 서비스의 실행이 완료되면 인터럽트에 의해 실행 중에 중단되었던 작업이 다시 실행하도록 한다. 즉, 인터럽트 서비스를 실행하기 전에 실행 중이던 작업의 **바로 다음 주소**로 되돌아간다. 되돌아 갈 주소는 운영체제가 **프로그램 카운터**에 저장해 둔다. 그 후 중단되었던 작업은 실행을 계속한다.

그림 5.11은 이러한 과정을 보이고 있다.

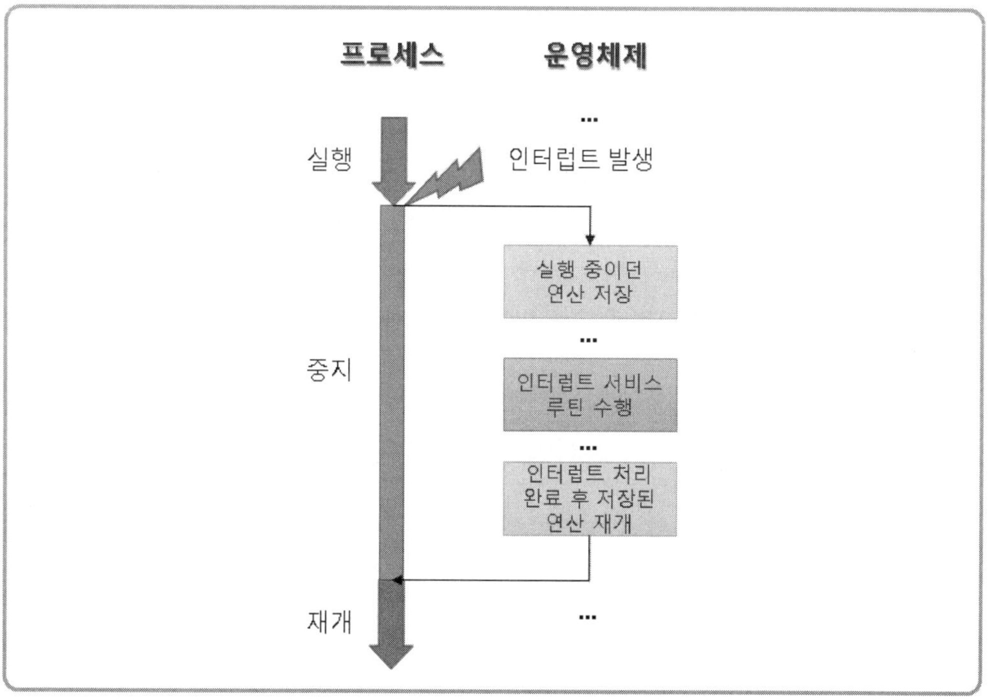

[그림 5.11] 인터럽트 발생 및 처리 과정

소프트웨어 역시 다양한 하드웨어처럼 인터럽트를 발생시키거나 발생한 인터럽트 신호를 처리할 수 있다. 소프트웨어는 특별히 **시스템 호출**을 통해 인터럽트를 발생시킨다. 시스템 호출은 소프트웨어가 어떤 일을 수행하기 위해 운영체제의 커널에게 신호를 주는 것으로 인터럽트와 유사하다. 다만 **트랩**이라고 하는 인터럽트로 현재 처리기에서 실행 중인 프로그램(프로세스)이 발생하는 인터럽트이다. 예를 들면, 프로그램 실행 중에 연산을 할 수 없는 '0으로 나누기'라든가 배열 할당 한계를 넘어간다든가(예: A[100]으로 선언했는데, a[105] = 345;와 같이 할당 범위를 넘어서 값을 할당하는 경우) 등의 에러가 발생하는 경우를 말한다. 이 배열 범위를 넘어가는 경우에는 시스템 동작에 영향을 줄 수 있는 에러(유효하지 않은 메모리 영역에 접근 시도)이기 때문에 인터럽트를 발생한다. 이것이 트랩이다. 지금부터 시스템 호출에 대하여 자세히 살펴보자.

(3) 시스템 호출

시스템 호출은 사용자 프로그램에서 운영체제가 처리해 주기를 바라는 서비스를 요청한다. 예를 들어, 프린트를 하거나, 키보드에서 입력을 하는 동작, 또는 C 프로그래밍 언어에서 scnaf나 printf 등의 파일을 읽기나 출력을 위한 시스템 호출이 있다. 이러한 시스템 호출은 실행 중인 프로그램과 운영체제 사이에서 인터페이스를 제공해 준다. 즉, 소프트웨어가 응용 프로그램을 사용할 수 있도록 함수 형태의 응용 프로그래밍 인터페이스(Application Programming Interface, API)를 제공한다. 그러므로 실행 중인 프로그램에서는 시스템 호출로 다양한 시스템 서비스를 요청할 수 있다.

예를 들어, 사용자 프로그램에서 하나의 파일을 다른 파일로 복사하고자 하는 경우, 파일을 열고 입력 파일에서 데이터를 읽고, 출력 파일에 데이터를 쓰는 일을 반복하여 수행해야 한다. 이 때 사용자 프로그램은 시스템 내부의 자세한 작업에 대해서 알 필요는 없다. 다만 open, read, write 등의 API 함수를 이용한 시스템 호출을 통해 시스템에 필요한 서비스를 요청하기만 하면 된다.

그림 5.12는 이러한 과정을 보인다.

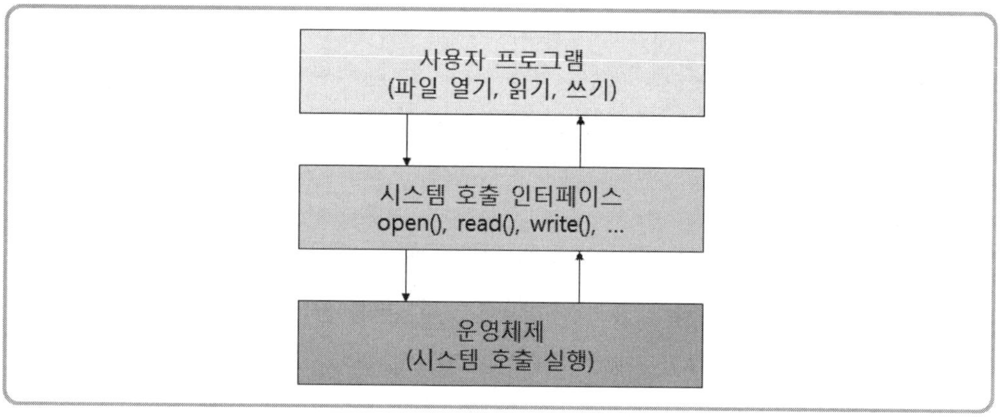

[그림 5.12] 사용자 프로그램에서 시스템 호출을 통한 파일 복사 서비스 수행 과정

운영체제가 시스템 호출을 통해 제공하는 서비스는 다음과 같다.

- 프로세스 생성, 종료, 대기, 메모리 할당 등의 프로세스 제어
- 파일 생성, 삭제, 열기, 닫기, 읽기, 쓰기 등의 파일 조작
- 장치 요구, 읽기, 쓰기 등의 장치 관리
- 시간, 날짜와 같은 시스템 데이터 설정과 읽어오기 등의 정보 관리
- 통신 연결 생성, 제거 및 메시지 송수신 등과 같은 통신 관리

이와 같이 사용자가 키보드로 입력 하거나 마우스 버튼을 클릭하면 운영체제는 이 상황을 인식하고, 사용자 프로그램에서는 시스템 호출 인터페이스를 사용하여 서비스를 호출한 후, 운영체제는 화면에 필요한 문자나 그래픽 이미지를 보여준다.

(4) 프로세스 간 통신

처리기에서는 여러 프로그램이 동시에 실행되고 있기 때문에 어떤 작업을 수행하기 위해서는 관련되는 여러 프로세스가 협력해야 한다. 그러므로 이러한 프로세스들 사이에는 작업을 원활하게 수행할 수 있도록 서로 통신을 해야 하는데 이러한 일을 프로세스 간 **동기화**라 한다. 동기화는 **프로세스 사이에서 통신**을 통해 이루어진다. 예를 들어, 특정 데이터베이스에 여러 프로세스가 동시에 접근하려 하면 데이터를 동시에 사용할 수 없다. 그러므로 **순서**를 정하여 하나의 특정 프로세스가 먼저 접근하도록 한다. 구체적인 예로, 기차표 예매 서비스의 데이터베이스 시스템에서 기차역 A와 B에서 동시에 하나의 특정 좌석을 예약하려 하면, 동일 좌석을 예약할 수 없도록 통신을 통하여 순서를 정한다. 그 후 한 프로

세스가 데이터베이스의 해당 좌석에 접근하여 예약 절차를 밟는 동안 다른 프로세스는 그 프로세스의 예약 처리를 종료할 때까지 기다리도록 한다. 이렇듯 여러 개의 프로세스가 동시에 수행될 때에는 프로세스 간 통신을 통하여 서로 동기를 맞출 필요가 있다.

(5) 데이터 공유

어떤 응용 프로그램에서 사용하는 데이터나 정보는 다른 응용 프로그램에서 공유할 수 있으며, 운영체제는 여러 응용 프로그램 사이에서 데이터를 **공유**할 수 있도록 한다. 이러한 공유 기능을 두 응용 프로그램 사이에 **호환성**이 있다고 한다. 호환성이 없으면 두 응용 프로그램 사이에서 데이터를 공유하기 어렵다. 예를 들어, 윈도우즈의 응용 프로그램 중 하나인 '그림판'에서 만들어진 이미지를 워드 프로세서 프로그램에서 사용할 수 있고, 마찬가지로 워드 프로세서 프로그램에서 작성한 문자를 '파워포인트'와 같은 다른 응용 프로그램에서도 사용할 수 있다.

그림 5.13은 윈도우즈 운영체제의 다른 응용 프로그램에서 만들어진 그래프 이미지를 워드프로세서에서 문서의 일부로 공유하여 사용하는 예이다.

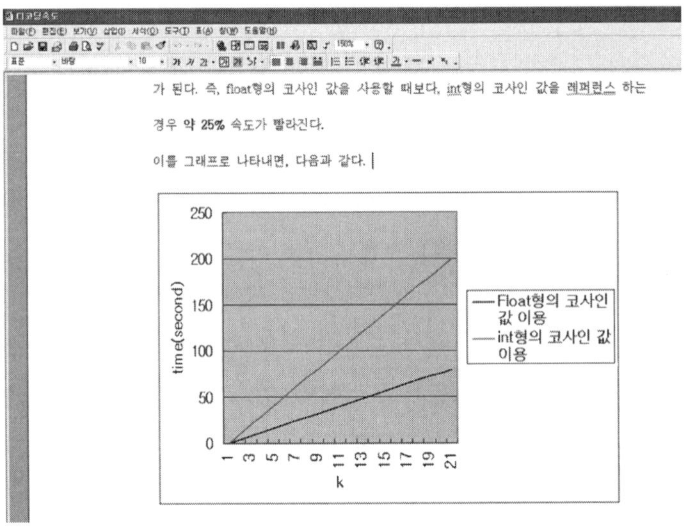

[그림 5.13] 워드프로세서 프로그램에서 그래프 이미지 공유

일반적으로 운영체제의 그래픽 사용자 인터페이스 환경에는 **클립보드**라고 하는 프로그램이 포함되어 있어서 이러한 작업을 수행한다. 클립보드는 응용 프로그램 사이에 자료가 전송될 때 잠시 동안 해당 자료를 저장하는 데 사용되는 임시 메모리 블록이다. 그러므로 이미지나 본문 내용을 '잘라내서 잠시 저장했다가 붙여 넣는'과정을 수행한다. 문서, 이미지, 본문 내용 등을 한 응용 프로그램에서 복사하여 저장하였다가, 다시 다른 응용 프로그램에 붙여 넣는다. 이러한 동작을 수행하기 위하여 클립보드는 복사하거나 이동할 데이터를 저장하기 위해 메모리 내에 일시적으로 공간을 확보하며, 실행 중인 응용 프로그램은 이러한 임시 메모리에 저장된 데이터를 사용한다. 윈도우즈 메뉴에서 '잘라내기', '붙이기'와 같은 명령을 사용하는 예를 많이 볼 수 있다.

이와 같이 클립보드를 사용하여 어떤 프로그램에 있는 데이터를 다른 응용 프로그램으로 이동시킬 수 있다. 이것은 윈도우즈 운영체제의 **OLE** (Object Linking and Embedding: 윈도우즈에서 문서와 기타 객체에 연결과 삽입을 도와주는 연결규약)를 통하여 더 확장할 수 있다. 새로운 응용 프로그램에서 사용 중인 파일에 옮겨진 데이터는 해당 파일의 형식(포맷)으로 변경된다. 즉, 전혀 다른 새로운 파일로 변형된다.

5.3 운영체제 구성

이번 절에서는 지금까지 언급한 운영체제가 수행하는 서비스를 동작하기 위한 운영체제의 기능적인 구성을 살펴본다. 그림 5.14에서 보듯이 운영체제는 처리기, 메모리, 저장장치 및 디스크, 키보드 등 각종 물리적 장치로 이루어진 하드웨어와 사용자 사이에서 연결해 주는 시스템 소프트웨어이다.

운영체제는 **커널 모드**와 **사용자 모드**의 두 개의 동작 모드가 있으며 시스템의 주요 명령들은 커널 모드로 실행한다. 커널 모드에서는 모든 하드웨어에 대한 접근 권한이 있으며, 시스템이 실행할 수 있는 모든 명령을 실행할 수 있다. 나머지 응용 소프트웨어는 사용자 모드에서 실행된다.

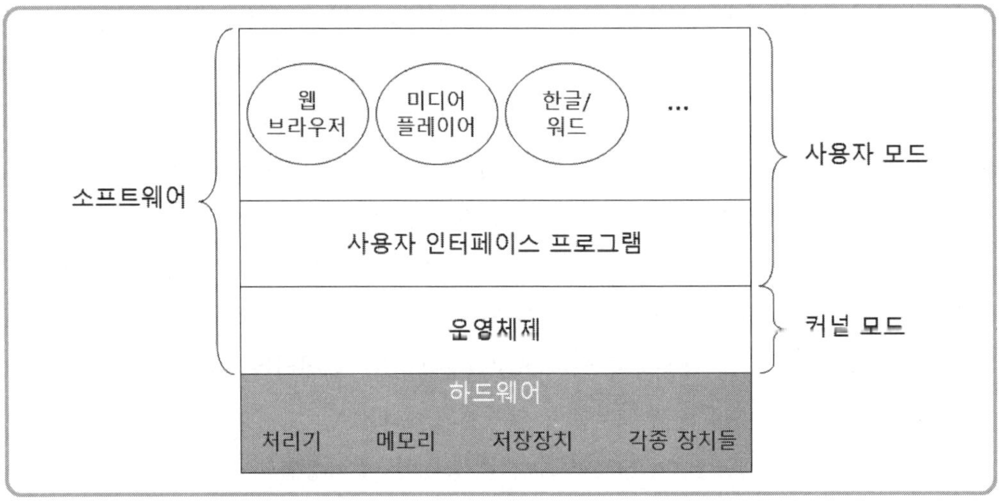

[그림 5.14] 컴퓨터 시스템의 하드웨어 및 소프트웨어 계층

이러한 운영체제도 시스템 소프트웨어의 일부로써, 컴퓨터 시스템의 하드웨어와 소프트웨어 자원을 관리하며, 실행 중인 프로그램이 효율적으로 동작하도록 한다. 또한 다양한 자원을 관리하기 위해 **프로세스 관리, 메모리 관리, 파일 관리, 디스크 관리, 입출력 관리** 등의 주요 기능을 수행한다. 여기에서는 각 관리에 대하여 간략하게 살펴본다.

5.3.1 프로세스

이미 언급하였듯이 프로세스는 컴퓨터 시스템 안에서 실행 중인 **프로그램의 상태**이다. 그러므로 여러 시스템 소프트웨어를 비롯하여 사용자가 직접 수행시킨 워드 프로그램, 멀티미디어 프로그램, 프린터 출력 같은 시스템 태스크 등의 여러 프로그램들이 프로세스 형태로 실행된다. 이러한 프로세스들은 작업을 수행하기 위해 처리기 시간, 메모리 공간, 키보드/마우스 등의 입력 장치, 모니터와 같은 출력 장치, 프로그램 수행에 필요한 파일들과 같은 여러 **자원을** 사용한다.

각 프로세스는 메모리에 자신만의 공간을 가지며, 작업 수행 시 필요한 각종 정보를 저장한다. 프로세스는 초기에 생성될 때 필요한 자원을 할당받을 수도 있고, 실행되는 동안 할당 받을 수도 있다. 수행중인 프로세스는 일시적으로 중단되기도 하는데 다시 실행될 때는 중단되었을 때와 동일한 상태로 되돌아가서 실행되어야 한다. 이를 위해 일시 중지되는 순간의 프로세스에 대한 모든 상태 정보를 **프로세스 제어 테이블**에 저장한다. 그리고 되돌아갈 인스트럭션의 주소는 **프로그램 카운터**에 저장한다.

5.3.2 프로세스 관리

프로세스는 동시에 여러 개가 수행될 수 있기 때문에 사용자는 여러 개의 프로그램을 동시에 실행시킬 수 있다. 예를 들어, 사용자가 미디어 플레이어 프로그램에서 음악을 들으며, 한글 워드 프로세서 프로그램에서 문서 작성을 하고 있다. 이와 동시에 정보 검색을 위해 웹 브라우저 프로그램을 실행한다. 그러므로 현재 컴퓨터 시스템에는 미디어 플레이어, 한글 워드, 웹 브라우저 세 개의 실행 중인 프로세스가 있다. 그러나 컴퓨터 처리기는 한 번에 한 개의 프로세스만 실행할 수 있다. 즉, 프로세스 하나가 작업을 수행하려면 정해진 자원만 할당받아야 한다. 그러므로 운영체제는 하나의 프로세스가 너무 많은 시간과 자원을 사용하지 않도록 주기적으로 실행 중인 프로세스를 중지시키고, 다른 프로세스를 수행하면서 스케줄링 한다.

이러한 스케줄링은 **프로세스 관리자**가 수행하는데, 자원을 할당하거나 중단하고, 현재 상황에 따라 프로세스의 상태를 변화시킨다. 프로세스의 상태 변화는 여러 환경과 조건에 따라 변화할 수 있지만 간단하게 그림 5.15와 같이 변화한다.

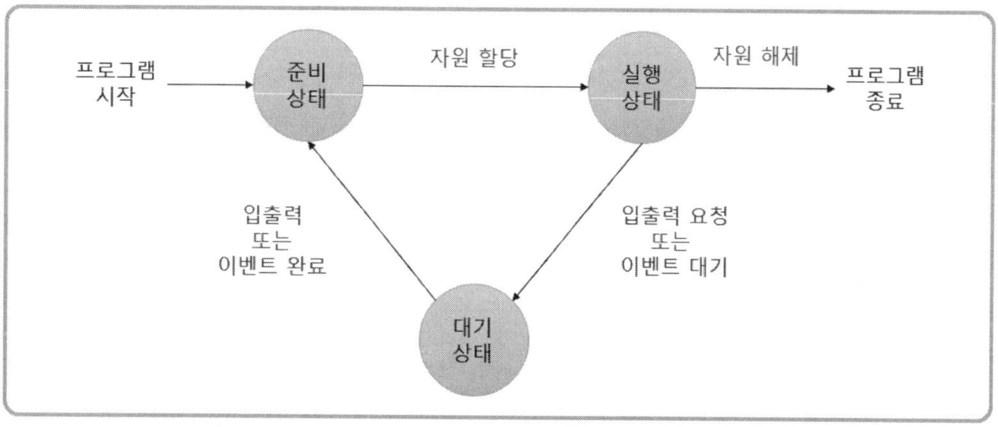

[그림 5.15] 프로세스 상태 전이

시작된 프로세스는 일단 프로세스 관리자에 의해 **준비 상태로** 된다. 그 후에 처리기 시간을 할당 받아 **실행 상태**로 된다. 실행 중인 프로세스의 입출력이 끝나기를 기다리거나 다른 이벤트를 기다려야 한다면, 현재 실행 중인 프로세스를 중지시키고 **대기 상태**로 전이한다. 그 후에는 프로세스 관리자가 준비 상태 중인 프로세스들 중에서 한 개를 선택하여 처리기와 사용 가능한 자원을 할당한다. 현재 대기 중인 프로세스는 이전에 요청한 자원이 사용 가능한 상태가 되거나, 사용이 종료되어 요청한 자원을 할당받을 수 있을 때, 대기 상태에서 준비 상태로 전환된다.

5.3.3 메모리 관리

프로세스는 수행되기 위해 메모리 공간을 할당 받아야 한다. 메모리 관리자는 프로세스에게 주 메모리를 할당하고 사용을 관리한다.

프로그램이 실행되기 위해서는 인스트럭션을 비롯한 데이터가 주 메모리 내에 있어야 한다. 메모리 관리자는 동시에 여러 개의 프로그램을 실행시키기 위해 대용량의 메모리에 여러 개의 프로세스를 탑재하고 유지하며 보호 관리한다. 일반적으로 각 프로세스의 크기에 따라 사용할 주소 공간을 할당 받는다.

프로세스가 실행되려면 주 메모리에 탑재되어 있어야 하지만, 프로세스 실행 중 일부 데이터는 메모리보다 큰 보조 저장 장치인 디스크 저장소의 일부를 메모리처럼 사용할 수도 있다. 이렇게 하기 위해 메모리 관리자는 그림 5.16과 같이 **스와핑** 기법으로 프로세스의 일부를 디스크에서 가져와서 메모리에 할당하기도 하고 해제하기도 한다. 이것은 프로세스가 처리기를 오랜 시간동안 사용하지 않을 때, 메모리를 회수하여 다른 프로세스가 메모리와 처리기를 사용할 수 있도록 하기 위함이다.

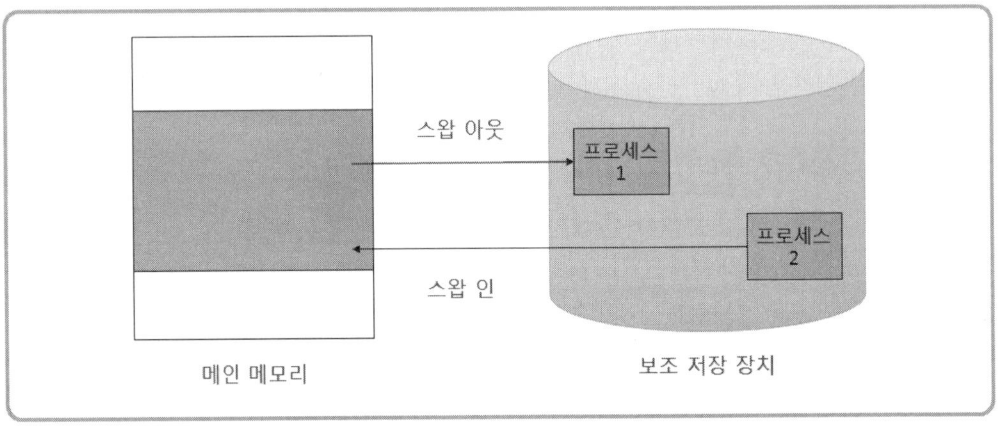

[그림 5.16] 보조 저장 장치를 메인 메모리처럼 사용하는 스와핑 기법

5.3.4 디스크 관리

운영체제를 비롯한 각종 프로그램들은 컴퓨터 시스템의 전원이 꺼져도 데이터가 사라지지 않는 보조 저장 장치인 디스크에 저장된다. 프로세스의 실행에 사용되는 주 메모리는 모든 프로그램과 데이터를 저장하기에는 용량이 적고, 전원이 꺼지면 저장하고 있던 데이터가 사라지기 때문에 보조 저장 장치를 사용한다.

각종 시스템 소프트웨어를 비롯하여 대부분의 사용자 응용 프로그램들은 디스크에 저장되어 있다가, 필요할 때 메모리에 탑재되어 실행된다. 운영체제는 이러한 프로그램과 데이터에 저장 장소를 할당하고 관리한다. 또한, 언급한 바와 같이 실행 중인 프로세스 전체가 메모리에 탑재되지 않고, 일부만 탑재된 채 아직 실행되지 않는 부분은 디스크에 저장되기도 한다. 이러한 보조 저장 장치는 시스템 사용이 매우 빈번하기 때문에 효율적인 알고리즘을 적용하여 디스크가 효율적으로 동작하도록 한다.

5.3.5 입력과 출력 관리

컴퓨터 시스템에는 다양한 입출력 장치들이 연결되어 있으며, 운영체제는 기본적으로 장치 관리자를 통하여 이러한 입출력 장치들을 관리한다. 사용자는 컴퓨터 시스템에 연결된 여러 입출력 장치들의 상세한 특성을 몰라도 사용할 수 있는데, 하드웨어 장치별 특성은 운영체제 내부에 숨겨져 있다. 컴퓨터 시스템에 연결된 입출력 장치는 기능이나 속도 면에서 매우 다양한 특성을 보이기 때문에 운영체제는 각각의 특성에 맞는 제어가 필요하다.

다양한 종류의 하드웨어 장치들은 동작 목적과 연결 형태에 따라 표준 인터페이스를 제공하고 있으며, 운영체제는 이러한 표준적인 하드웨어 요소를 바탕으로 입출력 장치들을 연결하고 처리한다. 각 입출력 장치는 장치 제어기가 컴퓨터 버스에 연결되어 있고, 장치 제어기는 처리기의 명령들이 장치를 작동할 수 있도록 구성 되어있다. 각 표준 인터페이스에 대한 상세 내용은 장치 제어기의 종류에 따라 다르다. 그러므로 운영체제는 각 장치 제어기의 동작을 이해하고, 각기 다른 장치들이 공통으로 사용할 수 있는 일관된 인터페이스를 제공하는 **장치 드라이버**를 제공한다. 장치 드라이버는 특정 하드웨어 장치를 제어하기 위한 운영체제 커널의 일부이다. 사용자 응용 프로그램은 운영체제 커널에 있는 장치 드라이버를 통해 컴퓨터 시스템의 각종 장치를 사용할 수 있다.

운영체제는 앞에서 언급한 처리기에 의한 컴퓨팅과 입출력 작업을 분리함으로써 컴퓨터 시스템을 보다 효율적으로 사용한다. 처리기에서 실행 중인 프로세스가 장치의 입출력 작업으로 실행을 중지하고 입출력의 종료를 기다릴 수 있는데 운영체제는 처리기가 쉬는 시간을 가지지 않도록 여러 프로세스들을 관리하여 시스템의 이용률을 높이는 것이 중요하다.

연습문제

1. 컴퓨터 운영체제에서 사용하는 인터페이스와 텔레비전의 인터페이스는 어떤 차이가 있는지 설명하시오. 또 가스레인지 인터페이스와는 어떤 차이가 있는지를 비교 설명하시오.

2. 만약 컴퓨터의 운영체제가 없다면 사용자는 프로그램을 어떻게 실행할 수 있는지 설명하시오. 또 운영체제가 없다면 컴퓨터를 어떻게 구동 시킬 수 있는지를 설명하시오.

3. 컴퓨터 시스템을 사용에 패스워드를 사용하는데, 패스워드 사용의 불편한 점은 무엇입니까? 만약 패스워드를 사용하지 않으려면 어떠한 방법으로 컴퓨터 권한을 제한할 수 있는지 아이디어를 제시하시오.

4. 사용자의 접근을 제어하기 위해 암호화한 권한자의 리스트가 매우 중요하다. 이유를 설명하시오. 만약 권한 리스트가 임의로 변경되었다면 어떤 문제가 발생합니까? 운영체제는 이러한 임의 변경을 막기 위해 어떻게 해야 합니까?

5. 어떤 프로그램이 종료할 때까지 입출력하기 위해 기다리는 시간으로 약 65%를 소비한다. 메모리 안에 탑재된 프로그램이 네 개가 있다면 일을 수행하는 처리기의 시간(처리기 이용률)의 몇 % 입니까? 또한 적어도 처리기 이용률의 88%를 유지하려면 프로그램 몇 개를 메모리 안에 유지해야 합니까?

6. 일괄 처리 시스템은 오늘날 기차표 예약이나 은행 무인 단말기에서 사용하기 불편한지 아닌지를 설명하시오.

7. 시분할 시스템에서는 메모리에 여러 개의 작업이 들어 있다. 그러므로 각 작업에 균등하게 시간을 배분하는 것이 프로그램 모두를 효율적으로 실행하여 생산성을 높이는데 중요하다. 만약 시간을 적게 배분할 때와 많이 배분 할 때, 혹은 각 작업 마다 서로 다르게 배분할 때는 생산성에 어떠한 일이 발생하는지를 설명하시오.

8. 하드웨어 가격이 1990년대 까지 급격히 저하되어 시분할 개념이 의미가 없어졌다. 이때 운영체제의 입장에서 발생한 개념이 무엇이며, 컴퓨터 하드웨어 구조는 어떻게 변화하였는지 설명하시오.

9. 네트워크를 통해 원격지 컴퓨터(혹은 서버)를 사용할 수 있다. 자신의 컴퓨터만 사용하는 것과 원격지 컴퓨터를 네트워크를 통하여 사용하는 것과의 차이가 있으면 설명하시오.

10. 운영체제가 출력하기 위해 기다리는 상태는 무엇입니까? 이러한 상태는 왜 발생하는지 설명하시오.

11. 프로세스의 개념을 설명하시오.

12. 프로세스가 실행 상태에서 준비 상태로 변화하는 경우는 어떤 경우인지 설명하시오.

13. 준비 상태에서는 언제 처리기를 할당 받습니까?

제 6 장

컴퓨터 네트워크와 인터넷

컴퓨터망(computer network)은 단어가 뜻하는 그대로 컴퓨터가 서로 정보를 주고받을 수 있게 연결한 디지털 전기통신망 중의 하나이다. 초기에 서로 독립적으로 개발된 다양한 형태의 컴퓨터망은 IP(Internet Protocol)의 출현과 함께 서로를 연결할 수 있게 되었으며, 세계의 모든 컴퓨터를 연결하는 인터넷으로 발전하였다. 인터넷이라는 용어는 망과 망 사이의 연결을 의미하고 있다.

6.1 개요

컴퓨터망의 개발 초기에는 컴퓨터 사이의 통신을 위해 개발하였지만, 최근에 와서 전화망, 방송망, 케이블 TV망, 영화배급망, CCTV망 등 다양한 형태의 통신망을 급격하게 대체하고 있다. 실제로 전용망을 통하여 제공해야 했던 음성통화/영상통화, TV시청, 라디오시청, 케이블 TV 등의 서비스를 제공하고 있다. 이러한 현상을 IP 융합(convergence)라 하는데, 모든 종류의 정보(음성, 데이터, 음악, 영화, TV, 원격회의 등) 전송 및 전달 표준으로 인터넷 프로토콜을 사용할 수 있다는 것을 의미한다. 더 나아가 **사물인터넷**(IoT, Internet of Thing) 기술이 발달하면서 세상의 모든 사물이 인터넷을 통하여 정보교환을 할 수 있게 되었다.

인터넷은 관련 하드웨어, 소프트웨어 기술의 발달과 함께 발전과 변화 속도가 더욱 빨라지고 있다. 하드웨어의 발달은 인터넷에 접속하는 단말(컴퓨터)의 소형화, 저에너지 소모화, 지능화 등을 촉진시켰다. 통신기술의 발달은 통신의 다양화, 광대역화, 무선화 등을 통하여 더 빠르고 편리하고 저렴하게 사용할 수 있게 되었다. 뿐만 아니라, 소프트웨어의 발달은 업무, 오락, 휴식 등 생활에 관련된 모든 분야에서 다양한 소프트웨어 제품의 개발을 촉진하고 있으며 인터넷의 장점을 최대한 활용하는 소프트웨어 개발을 가속화하고 있다.

이와 같이 생활 속에서 누구나 사용하는 인터넷이지만 구조와 작동원리를 알기는 쉽지 않다. 왜냐하면 인터넷에 접속하는 장비가 다양하고 통신에 접속하는 방법 또한 다양하며, 세계의 모든 컴퓨터를 연결하는 망의 규모가 방대하고 복잡하여 이해하기 힘들기 때문이다.

그림 6.1의 국내 인터넷 상용망에서 망의 방대함과 복잡함을 살펴볼 수 있다.

6장에서는 우리에게 익숙한 인터넷 연결 과정을 차근차근 따라가면서 컴퓨터망과 인터넷을 살펴보는 방식으로 작성하였다.

인터넷 접속과정은 아래와 같이 정리할 수 있다.

1. 단말기 선택
2. 통신망 선택 및 접속
3. 인터넷 연결 및 접속할 컴퓨터 선택
4. 프로그램 선택
5. 실행

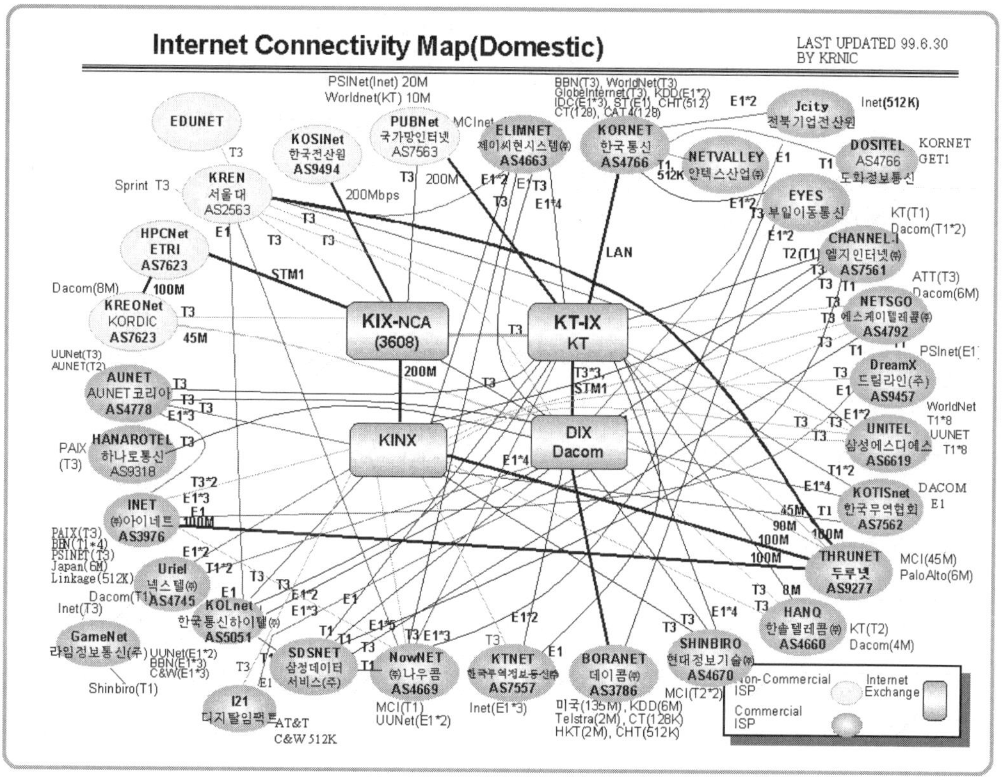

[그림 6.1] 국내 인터넷 상용망 구성도

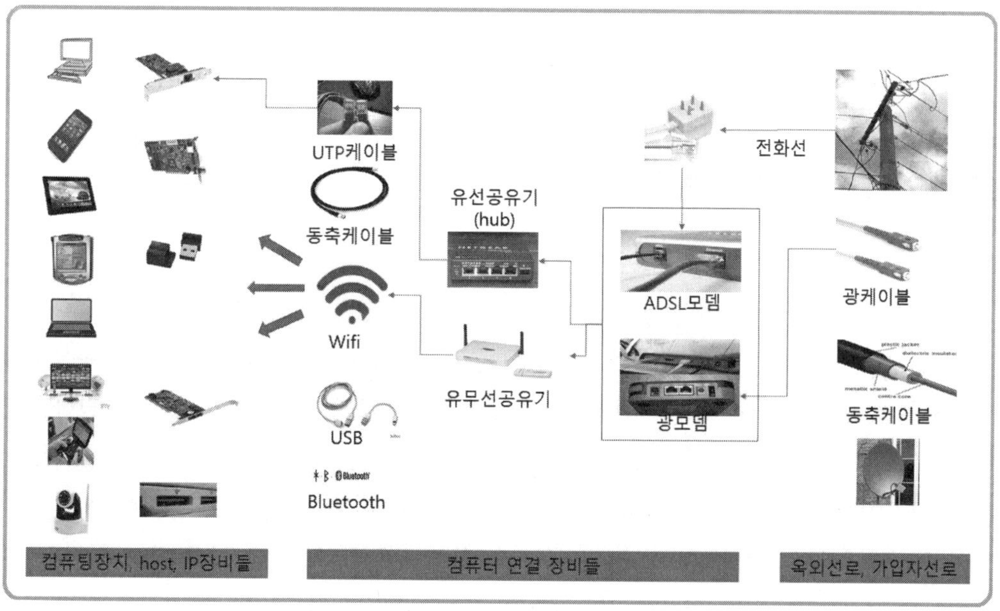

[그림 6.2] 일반적인 컴퓨터 네트워킹과 장비들

그림 6.2는 일반적인 인터넷 연결과 필요한 장치들이다. 인터넷 서비스에 가입하면 인터넷 제공자에서 가입자까지 가입자 선로를 연결하는데, 가입자 선로는 구리선, 광섬유 또는 위성 등의 매체를 사용한다. 인터넷 회선 제공자 한 개의 회선을 제공하지만 우리는 허브 또는 공유기 등을 설치하여 IP 텔레비전 셋톱박스, 컴퓨터, 노트북, 패드, 스마트 폰 등 여러 장치에서 동시에 인터넷을 사용한다.

예를 들어 게임을 하는 경우

1단계 스마트폰 또는 패드를 선택한다.
2단계 먼저 컴퓨터 망에 접속한 후
3단계 인터넷에 연결한다.
4단계 개인프로그램 선택 후
5단계 실행한다.

휴대하고 있는 단말이 카페의 와이파이 망에 접속하던, 학교의 wifi망에 접속하던, LTE 망에 접속하던, 3G 망에 접속하던, 아니면 친구 핸드폰의 테더링 망에 접속하던 인터넷을 사용할 수 있는 것이다.

우선 통신망의 기본 개념을 이루는 **교환방법**과 **프로토콜**의 개념을 알아보고 컴퓨터 망의 구조와 더불어 인터넷에 접속하면 일어나는 세부 과정을 통해 프로토콜의 계층 구조를 설명한다.

6.2 망 교환 방식

통신을 하려면 송신자와 수신자 사이에서 정보를 송신하거나 수신하는 통로가 필요하다. 통신망을 사용하는 가입자 모두를 직접 연결하는 회선을 미리 만들어 놓으면 수신자와 연결된 회선을 선택하여 쉽게 통신을 할 수는 있지만 필요한 통신 회선이 너무 많아져서 구현이 어렵다. 예를 들어 통신망 참여자가 n명인 경우 필요한 송수신 통로가 (n−1) + (n−2) + ... + 3 + 2 + 1 = n*(n−1)/2개의 송수신 통로가 필요하다. 이러한 방법은 소규모의 통신망에서는 가능할 수 있으나 대규모의 통신망에서는 모든 가입자 사이에 전용 통신회선을 설치한 후 직접 회선을 선택하고 통신하는 방법은 현실적으로 불가능 하다.

대규모 통신망에서는 망과 각 가입자 사이에 최소한의 회선을 연결 후 가입자 사이에 통신 연결이 필요할 때는 네트워크에서 송수신자 사이에서 동적으로 통신 통로를 확보하는 **망 교환** 개념을 사용한다. 망 교환을 위해 송신자와 수신자는 **고유 번호**를 가지며 발신자가 통신을 원할 때, 수신자 번호를 교환망에게 알려주면 교환망에서 송신자와 수신자 사이에서 정보를 전송할 수 있는 통신통로를 제공한다.

통신망에는 **회선교환**과 **패킷교환** 방식이 있다.

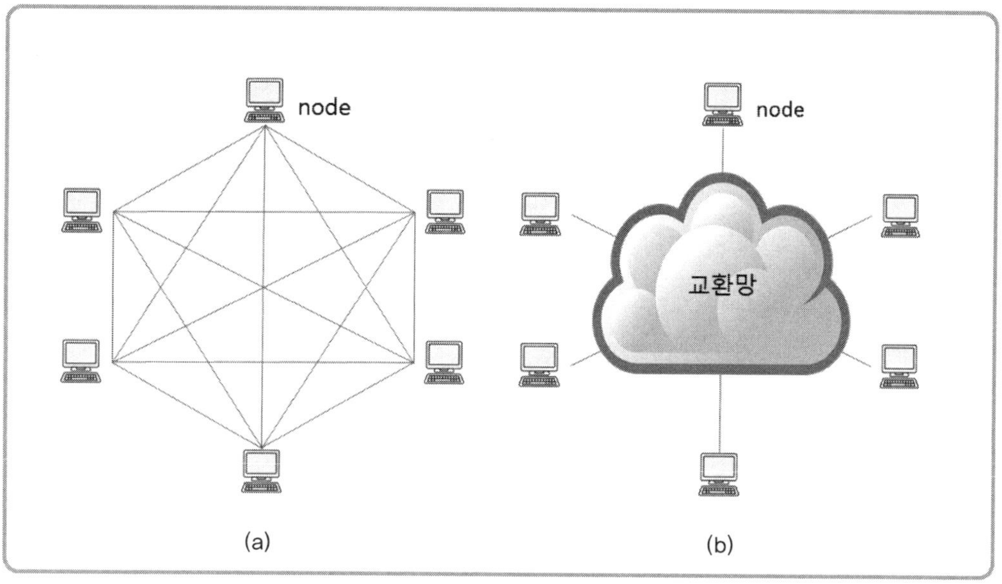

[그림 6.3] (a) 교환이 필요 없는 완전 매쉬 통신망 (b) 교환망(switching network)

6.2.1 회선 교환망

회선 교환망(circuit switched network)은 음성 통신을 위해 개발된 **전화 교환망**이 대표적이다. 초창기 송수신 전화기 사이에 두 가닥의 전화선을 물리적으로 연결하여 통신하는데 초창기에는 전화교환원이 연결용 플러그를 이용하여 송신자와 수신자의 전화선을 플러그로 연결하여 통신하였다. 이후 **기계식 교환기**가 발명되어 전화교환원을 대치하였으며 전자식 교환기까지 발전하였다.

회선 교환망에서 정보 송수신은 회선 연결설정, 데이터전송 및 연결해제 과정의 세 단계로 이루어진다. 연결설정 단계는 송신자로부터 수신자까지 통신 회선을 연결하는 단계이데 이 때 연결된 회선은 해제할 때 까지 다른 가입자가 사용할 수 없다. 두 번째 단계는 통화하는 단계이며, 세 번째 단계는 송수신자 사이에 할당되었던 회선을 반납하고 연결을 끊는 단계이다. 회선 교환망은 송수신자 사이에 물리적인 통신 회선이 만들어지므로 지연 없는 통신을 할 수 있는 장점이 있으나 통신 연결 때 물리적인 통신채널을 배타적으로 전용하므로 음성이 없는 경우에는 채널 낭비가 발생할 수 있으며 다른 가입자가 이 통신회선을 사용하고자 할 때는 연결 해제 때까지 기다려야 하는 **통화 중 회선 독점 현상**이 발생한다.

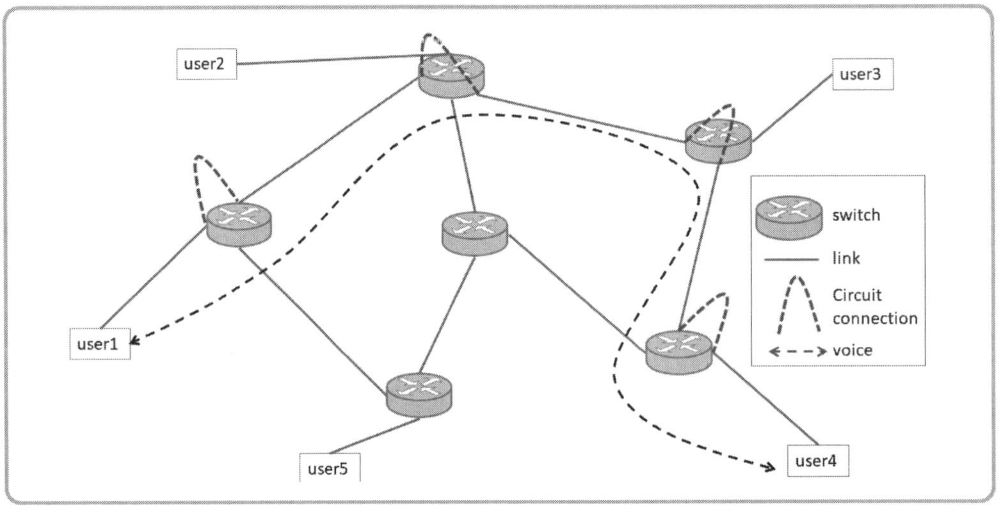

[그림 6.4] 연결설정, 통화, 연결해제 3단계로 동작하는 회선 교환망

6.2.2 패킷 교환망

패킷 교환망(packet switched network)은 송수신자 사이에 물리적 회선을 연결하는 회선 교환망과는 달리 시간 정보 전송능력 보다는 망 효율성, 망 가용성을 중시하여 데이터를 송수신하기 위해 만든 통신망으로서 우편망 또는 도로망과 같이 통신회선을 공유하여 사용한다.

패킷 교환망에서는 규격 봉투를 사용해서 우편을 발송하듯이 보내고자 하는 데이터를 **패킷**이라는 여러 개의 작은 크기로 나누고 각 패킷에 송수신 주소를 명시하여 패킷 교환망으로 전송한다. 패킷 통신망의 각 노드는 **라우터**들은 도착한 패킷의 다음 목적지(next hop)를 결정하고 보내는 라우팅 작업을 수행하는데 이는 우체국에서 우편물의 다음 목적지를 결정하고 보내는 과정과 유사하다. 망의 각 라우터에서 수행하는 **라우팅 작업**을 통하여 패킷은 최종 목적지에 도착한다. 라우팅 작업은 여러 가지 상황을 참고하여 패킷의 다음목적지를 계산하므로 같은 목적지로 가는 패킷일지라도 서로 다른 경로로 보낼 수 있다.

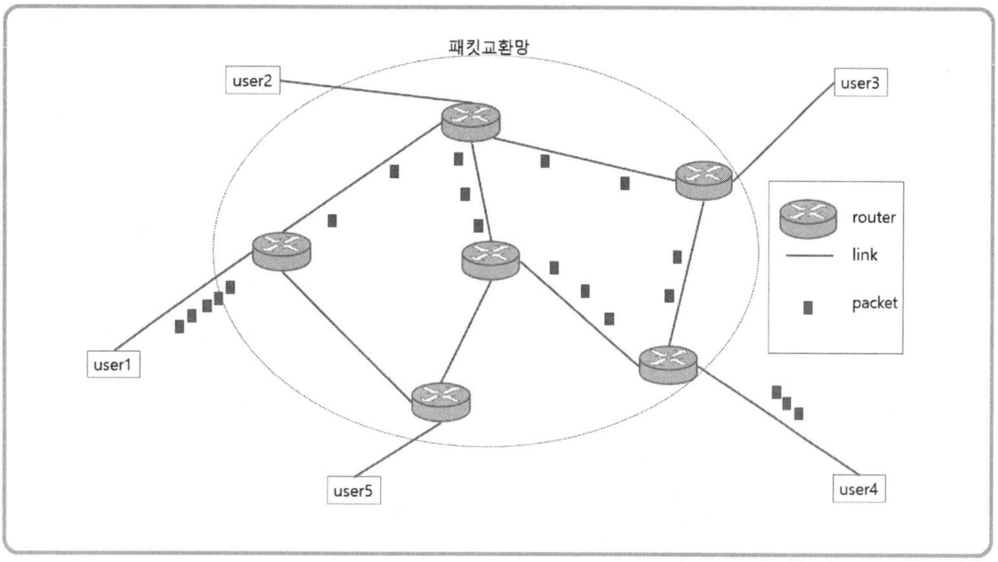

[그림 6.5] 망의 각 노드에서 다음 노드를 결정하여 패킷을 보내는 방식의 패킷 교환망

패킷 교환망에서는 통신설정을 위해 미리 회선을 독점하지 않기 때문에 통화 중 회선 독점 현상은 발생하지 않으며 통신회선을 효율적으로 사용할 수 있다. 그러나 라우터에서 전달(라우팅)하는 과정에 통신 지연이 발생할 수 있으며 망의 전송량이 전체적으로 많아지면 모든 통신이 늦어질 수 있다.

6.3 통신규약과 표준

사람 사이의 의사소통은 표현하고자 하는 의미를 정확하게 선정하고 형식과 절차에 맞게 표현해야 하는데 컴퓨터 통신에서도 데이터를 주고받기 위해 **메시지 표현 방법, 순서, 에러 검출법** 등 다양한 규칙을 지켜야 한다. 컴퓨터 통신에서 이러한 규칙을 **프로토콜**이라 한다.

사람의 의사소통에서 대화 목적이나 대화 환경에 맞는 규칙의 집합을 선택하여 사용하는 것처럼 컴퓨터 사이의 통신에서는 목적이나 상황에 따라 알맞은 프로토콜을 사용해야 한다.

인터넷 프로토콜 스택은 인터넷에 접속하기 위해 지켜야할 프로토콜의 집합으로 인터넷 통신에서 반드시 지켜야할 표준이며 5개의 계층 구조(**물리계층, 링크계층, 네트워크 계층**, 수

송계층, 응용계층)로 구성되어 있는데 3계층과 4계층을 강조하여 **TCP/IP 프로토콜 스택**이라 한다.

TCP/IP 프로토콜의 표준화는 IETF(Internet Engineering Task Force) 표준화기구에서 표준으로 제정된다(http://www.ietf.org/).

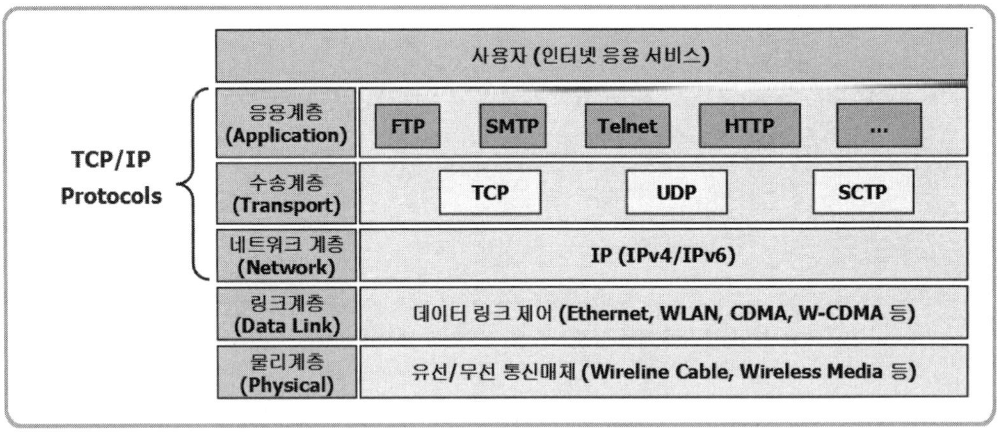

[그림 6.6] TCP/IP 프로토콜 스택

세계표준기구 ISO에서는 어떠한 네트워크일지라도 구조와 상관없이 개방형 컴퓨터 통신을 할 수 있도록 OSI(Open System Interconnection) 참조 모델을 제시하고 있다. 네트워크를 이루는 구성 요소를 7계층으로 나누고 각 계층의 표준을 정하고 있다. ISO 참조모델의 7계층과 TCP/IP 모델의 계층을 비교하면 그림 6.7과 같다. TCP/IP 응용 계층이 OSI 참조모델에서는 3계층으로 세부화 되어 있다.

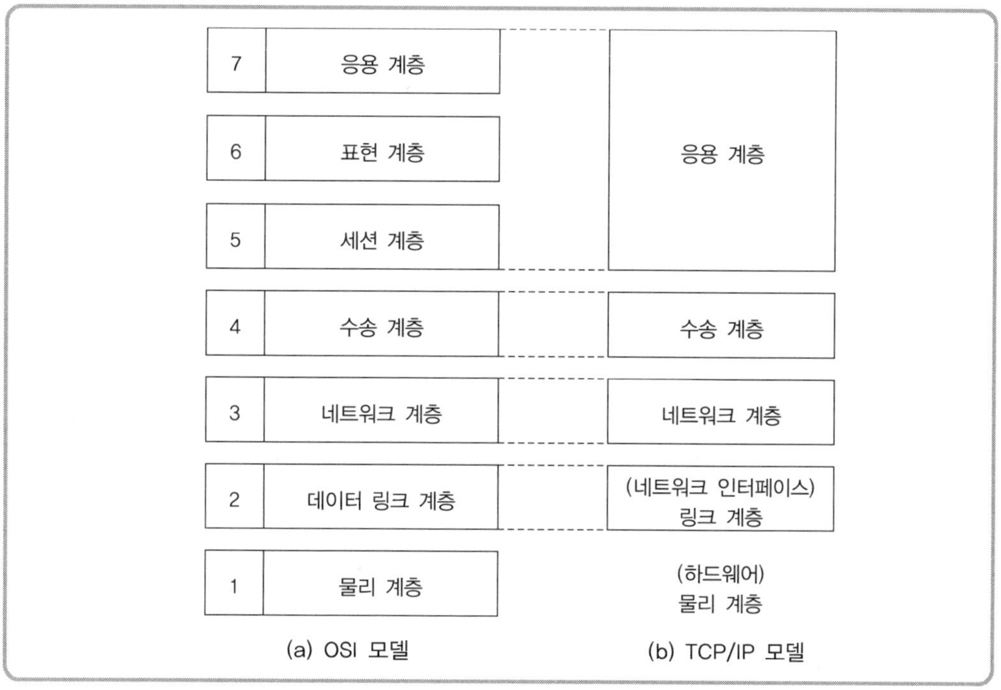

[그림 6.7] OSI 참조모델의 7계층과 TCI/IP 계층 비교

6.4 물리 계층

6.4.1 인터넷 접속의 첫 단계 : 단말장치 및 인터넷 통신선의 선택

컴퓨터, 스마트폰, 게임기 등 인터넷에 연결 가능한 단말 장치를 컴퓨터망에 연결하기 위해서는 단말 장치에 인터넷에 접속할 수 있는 물리적인 인터페이스가 있어야 하고 인터페이스와 컴퓨터망을 연결하는 물리적인 통신 회선이 있어야 한다.

최근 단말 장치는 인터넷에 접속하는 방법으로 두 종류 이상의 통신 인터페이스를 제공하는데 예를 들면, 스마트폰은 3G/LTE/5G를 통하는 인터넷 연결, 와이파이를 통한 인터넷 연결 또는 USB를 통한 연결이 가능하나 같은 단말 장치라도 인터넷에 접속하기 위해 사용자가 가장 먼저 하는 일은 인터넷에 접속하는 연결방법을 결정하는 일인데, 비용, 자료용량, 속도, 편의성 등을 고려하여 결정한다.

이 단계에서 선택 가능한 물리적 통신회선의 표준을 물리계층에서 정의한다.

6.4.2 물리 계층의 역할 : 비트 파이프

물리 계층의 목표는 두 컴퓨터 사이에서 '비트 신호 0과 1을 서로 송수신할 수 있는 비트 **파이프**'를 만드는 것으로 구리선, 광케이블, 무선전파 채널 등과 같은 물리적 매질 및 통신 방법과 표준을 정의한다.

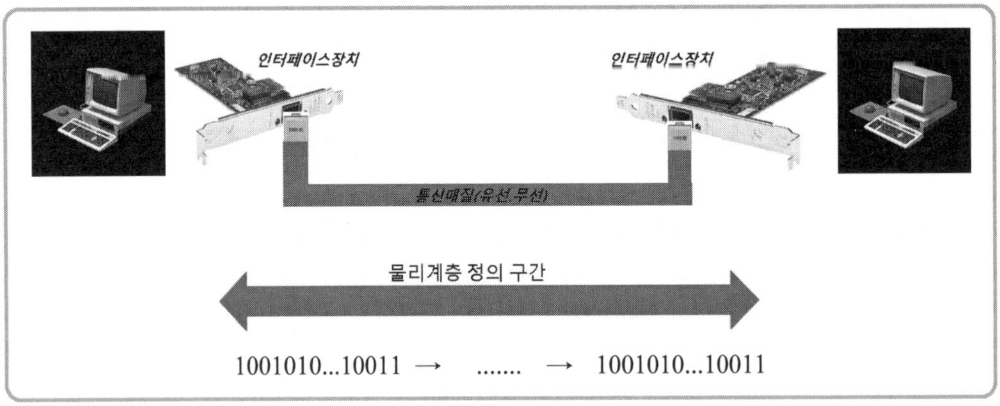

[그림 6.8] 비트 파이프 개념

- 물리적 통신매질에서 비트로 표현된 신호를 송수신하기 위한 방법
- 컴퓨터와 전송선 사이에서 연결 장치(하드웨어인터페이스) 정의

1계층에서 통신 매질과 통신 인터페이스를 정의하는데 통신매질은 크게 유선과 무선매질로 나눌 수 있다. 유선 매질의 경우 전선의 재료, 크기, 굵기, 가닥수, 내피, 외피 재질 등과 같은 규격, 무선매질의 경우 주파수 대역폭, 변조 복조 방법, 다중화 방법 등에 대한 규격을 정의한다. 통신 인터페이스장치는 컴퓨터가 통신매질을 사용할 수 있게 연결하는 규격을 정의한다.

물리적인 통신 매체에 비트파이프 개념을 구성하고 나면 컴퓨터는 서로 하드웨어 인터페이스를 통하여 이진 신호를 전송한다. 이 시점에서 신호 송수신자는 전압 크기, 전파의 길이, 전파의 주파수 같은 것들은 추상화되어 기술적으로 더 이상 관리할 필요 없는 것이 된다. 이런 구체적인 기술들은 물리 계층 안에 숨겨지고, 비트를 송수신하는 서비스를 요구하면 서비스를 제공받을 수 있다. 필요한 것은 하드웨어 인터페이스에게 비트를 보내라고 요청하고, 자료가 도착하면 알려달라고 요청하는 것이다.

6.4.3 컴퓨터 통신선

컴퓨터 통신선은 에러율, 전송 속도, 통신 비용 등 물리 특성에 따라 다양하게 사용되고 계속 변화되어 왔다. 초기 네트워킹에서는 각 가정에 이미 보급되어 있던 전화선을 컴퓨터 통신에 주로 사용하였다. 전화선 네트워크는 음성신호 전송을 목적으로 만들어진 **아날로그** 매체였으며 음성대역 위주의 그림 6.9(a)와 같은 신호를 전송하는 데 적합하고 그림 6.9(b)와 같은 디지털 신호의 원거리 전송은 불가능하였다.

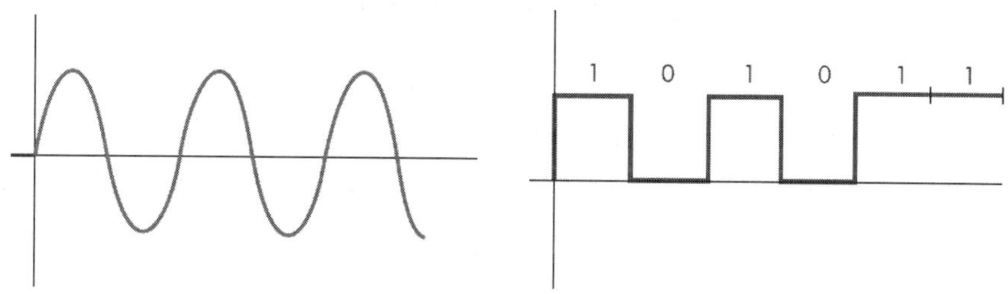

(a) 아날로그 표현 (b) 디지털 표현

[그림 6.9] 정보 표현 방식: 아날로그 및 디지털 표현

컴퓨터는 디지털로 된 이진 신호를 전화선으로 전송하기위해 그림 6.10과 같이 음성대역의 아날로그 신호로 변화시키는 **변조**(modulation) 시켜 나온 신호를 전송한다. 그리고 수신한 아나로그 신호는 디지털 신호로 변환하는 **복조**(demodulation) 과정을 거쳐 원래의 이진 신호를 수신할 수 있다. 이렇게 신호를 디지털에서 아날로그로 아날로그에서 디지털로 혹은 변환하는 장치를 **모뎀**이라 한다. 모뎀은 주파수나 크기나 위상차 같은 물리적 특성을 변조하여 두 개의 상태를 만든다. 한 상태는 0을 나타내고 다른 상태는 1을 나타낸다. 그림 6.10은 모뎀이 이진신호 1010을 파형의 크기(높이)를 이용하여 변조한 아날로그 신호를 볼 수 있다.

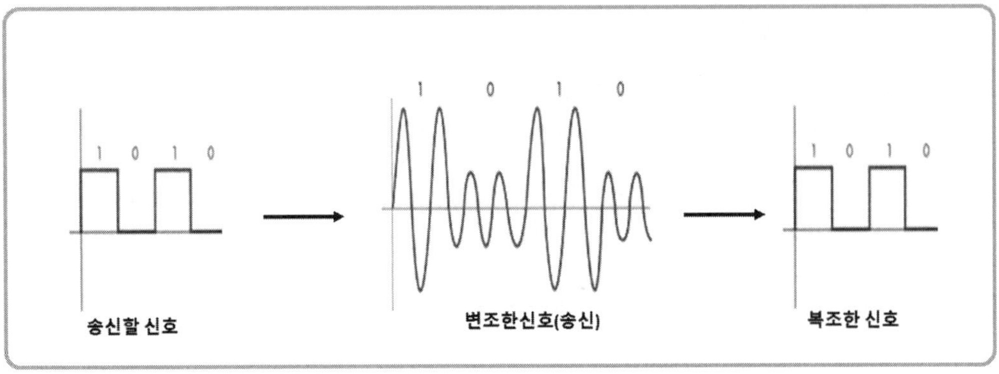

[그림 6.10] 전달된 신호의 이진 정보 변조화

초기 전화선에 에러가 많고 **전송대역폭이 적었기** 때문에 모뎀을 통한 전송 속도가 1,200bps에서 9,600bps 정도로 빠르지 않았다. 그 후 모뎀 기술이 발전하여 56,000bps (56Kbps)로 전송할 수 있게 되었으나 웹 페이지, 음악 파일, 영상 파일, 비디오 같은 멀티미디어와 같이 용량이 큰 자료를 전송하기에는 속도가 너무 느렸다.

디지털 가입자선(DSL, Digital Subscriber Line) **기술이 나타나면서 광대역 통신선로를 제공하기 시작하였다. DSL은 기존의 전화선을 이용하여** 전송률 256,000bps 이상의 통신선을 제공하였는데, 아날로그 음성신호와 서로 다른 주파수의 디지털 신호를 사용하여 아날로그 신호와 디지털 신호를 간섭없이 동시에 송수신할 수 있다. 한 전화선을 이용하여 통화 중인 음성과 다운로드 받고 있는 웹 페이지와는 서로 중첩되지 않고 독립적으로 동작하므로 광대역 통신선로를 추가 공사 없이 각 가정에 제공하였다.

사무용이나 상업용으로 가장 많이 사용되는 광대역 기술은 1970년대 중반에 나온 **이더넷**인데 동축 케이블을 사용하여 10Mbps를 전송할 수 있었다. 1990년대에 와서 개선된 **빠른 이더넷이 나왔는데** 약 100Mbps를 전송하게 되었다.

이러한 100Mbps 속도조차도 멀티미디어 소프트웨어나 자료를 처리 하는 데 충분하지 않았기 때문에 **기가비트 네트워킹** 개념을 도입하게 된다. 이 개념은 초당 1,000,000,000 비트(Gbps) 이상을 전송하는 속도이다.

이와 같이 컴퓨터 네트워킹에서 속도를 개선하고 증가시키려는 이유는 텔레비전 컬러 영상, 우주선에서 보내오는 컬러 영상, 영화 한편 등 여러 유형의 대용량 자료를 전송할 필요가 있으며 각 미디어에 따라 전송 속도도 다르기 때문이다. 어떤 컬러 영상이 해상도 약 5,000,000 화소이며 각 화소 당 16비트로 가정하면 압축하지 않은 단순 영상은 적어도 80,000,000 비트가 필요하다. 전송되기 전에 압축되고 압축 비율이 10:1이면, 이 이미지 하나만 보내더라도 총 8,000,000 비트를 전송해야 한다. [표 6.1]은 통신선의 속도별 정보의 양과 시간이다. [표 6.1]의 속도 비교에서 통신선이 매우 빠른 것처럼 보이지만 아직도 더 빠른 속도를 필요로 하는 응용 프로그램과 자료가 많다.

[표 6.1] 통신선별 속도 및 정보 전송시간

통신선	속도	8,000,000비트 전송 시간 (대략 한 개의 압축된 영상)
다이얼 식 전화선	56 Kbps	143초
디지털 가입자선, 케이블 모뎀	256 Kbps	31초
이더넷(Ethernet)	10 Mbps	0.8초
빠른 이더넷(Fast Ethernet)	100 Mbps	0.08초
기가비트 이더넷(Gigabit Ethernet)	1 Gbps	0.008초
10-Gigabit Ethernet	10 Gbps	0.0008초

6.4.4 물리계층 표준

컴퓨터 사이에 비트 파이프를 구성하는 방법은 유선매체, 무선매체 및 다른 망으로 구분할 수 있다. 유선 매체로는 직렬케이블, 병렬케이블, 동축케이블, UTP 케이블 및 광케이블 등이 있으며, 무선 매체로는 블루투스, 와이파이, 위성통신 등이 있으며 다른 망으로 이동통신망(3G/LTE/5G), 전력망, 전화망 등이 있다.

(1) 직렬 케이블

컴퓨터 통신을 위한 가장 간단한 형태로서 송수신 컴퓨터의 직렬 포트를 직렬 케이블로 연결하고 데이터를 직렬(serial)로 전송하는 표준이다. 대표적으로 RS232C, RS422, RS485 등이 있으며 그림 6.11은 RS232C를 설명하고 있다.

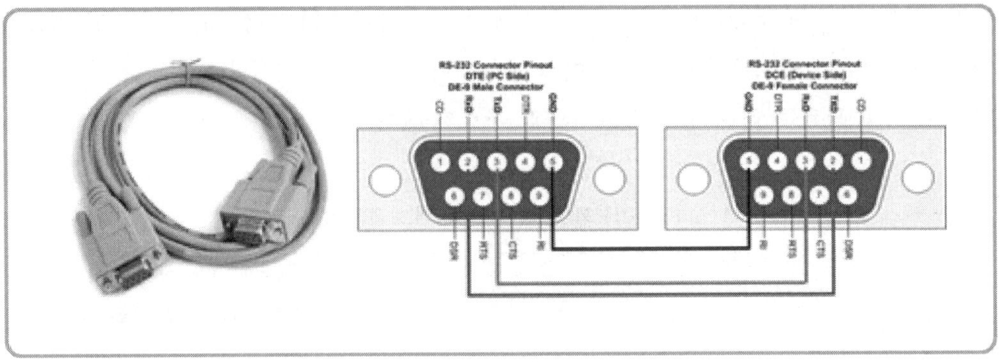

[그림 6.11] 직렬 케이블

(2) USB 케이블

외장하드디스크, USB 메모리 등 컴퓨터 주변장치 연결에 많이 사용되는 USB 케이블을 통하여 인터넷을 사용할 수 있다. 예를 들어 스마트폰의 테더링 서비스를 사용하면 스마트폰 통신이 가능한 어떤 곳에서도 인터넷을 사용할 수 있다.

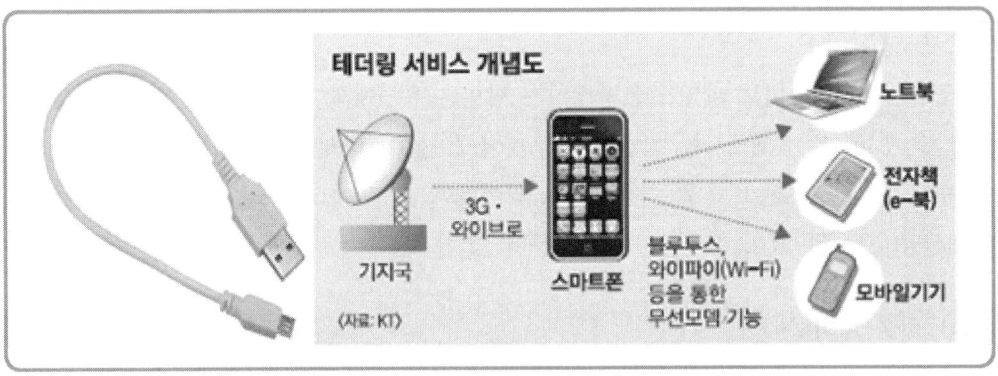

[그림 6.12] USB 케이블 및 테더링 서비스

(3) 동축 케이블

이더넷은 전세계 사무실이나 가정에서 일반적으로 사용하는 LAN에서 가장 많이 사용되는 기술로서 초기에 동축케이블을 사용하여 연결하였다.

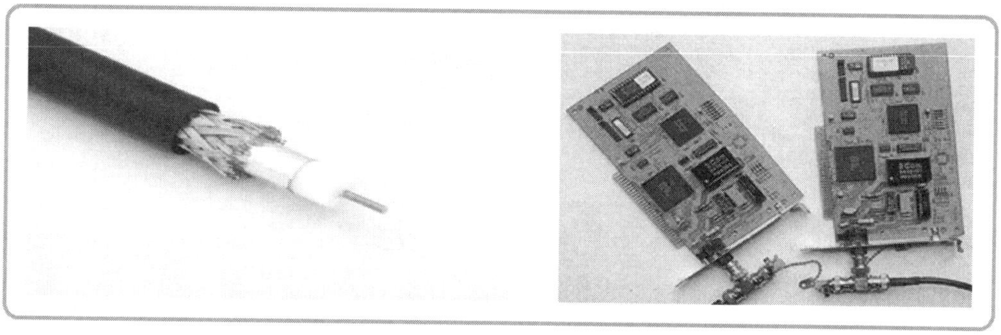

[그림 6.13] 동축케이블 및 인터페이스

(4) UTP/STP

트위스트 페어(twisted Pair) 케이블의 기본적인 형태는 두개의 절연 처리된 구리선을 서로 꼬아 놓은 것이다. 전선의 꼬임은 인접한 장치로부터 전기적 간섭을 줄이기 위해 사용되며 UTP 케이블과 STP 케이블 두 종류가 있다.

[그림 6.14] UTP 케이블 및 허브

(5) 광섬유

광섬유는 사람의 머리카락 굵기 정도의 가는 유리섬유를 이용하여 정보를 보내는 것으로 광섬유의 한 쪽 끝에는 레이저나 LED 같은 광원이 위치하고 다른 한 쪽에는 광 탐지기가 위치한다. 빛은 유리섬유를 통하여 다른 한 쪽 끝으로 보내지고 정보는 광원을 조절함으로서 전달된다.

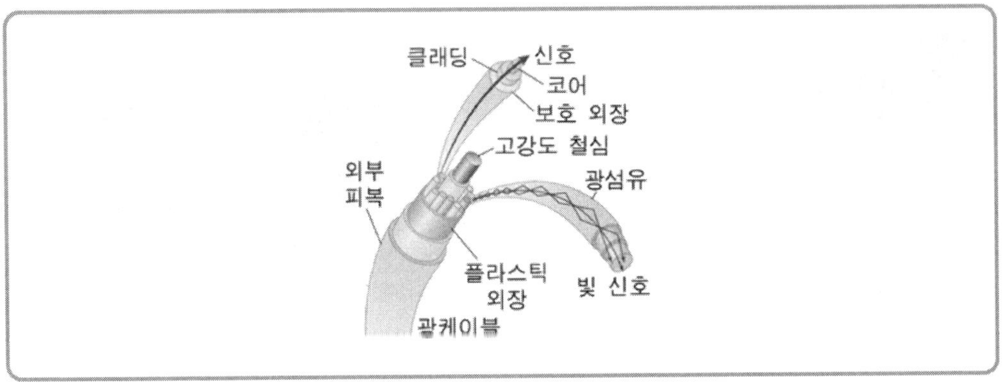

[그림 6.15] 광케이블

(6) 무선 통신

오늘날은 전파, 마이크로파, 적외선 등을 이용하는 **무선 데이터 통신**이 발전되어 있다. 무선에서는 사용자가 무선을 사용하기 때문에 사용자가 위치한 장소에 제한을 받지 않기 때문에 자동차, 사물인터넷 등 여러 부분에 응용하고 있다. **이동 컴퓨팅 기술**이라 한다.

무선 데이터 통신에서는 두 개의 형식이 있다.

무선 지역 접속망에서는 사용자가 자신의 컴퓨터에서 **지역 무선 기지국**(무선 라우터라고도 함)으로 전송한다. 이 기지국은 몇 미터에서 약 100미터 이내에 있으며, 인터넷 접속을 위해 유선 네트워크에 연결되어 있다. 최근 많이 사용하는 와이파이 무선랜 방식이 이에 해당한다. Wi-Fi는 보통 2.4GHz 및 5GHz 무선 전파 대역을 사용하고, 전송 속도는 약 10~50Mbps이다.

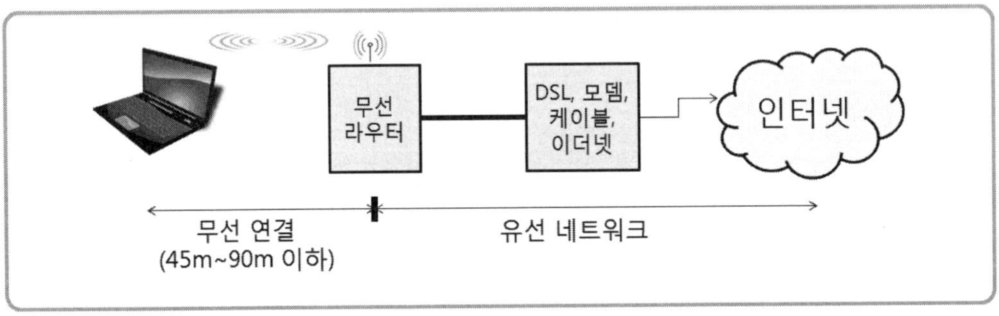

[그림 6.16] 무선 지역 접속망 구성

또 다른 무선 데이터 통신으로 **무선 광역 접속망이 있다. 이 통신에서는** 컴퓨터나 스마트폰에서 수백 미터 떨어진 **원격 기지국**에 메시지를 전송한다. 이 기지국은 대개 대형 **셀룰라**

안테나로 구성되며 빌딩 등에 설치된다. 대표적인 무선 광역 접속망에는 3G/LTE(4G)/5G 이동통신망 등이 있다.

6.5 링크 계층

6.5.1 인터넷 접속의 두 번째 단계 : 인터넷 통신선의 연결

인터넷 접속 매질(통신선)을 선택하였다면 그 다음 단계는 그 통신선을 이용하여 컴퓨터 통신망에 물리적으로 접속하는 단계이다. UTP 케이블, USB 케이블을 연결하거나 만일 와이파이 기술을 선택하였다면 AP(Access Point)를 찾아서 접속하여 인터넷 망에 연결하는 것이다. 이 단계에서의 동일한 통신 매질과 인터페이스를 사용하는 다수의 컴퓨터가 연결이 되는데 이를 컴퓨터 망이라고 한다. 예를 들어 광케이블을 사용하는 컴퓨터들끼리 연결되어 광케이블 컴퓨터망을 구성하고, 와이파이를 사용하는 컴퓨터들끼리 연결되어 와이파이망을 구성하고, 동축케이블을 사용하는 컴퓨터들끼리 연결되어 동축케이블 컴퓨터망을 구성한다. 이러한 컴퓨터 망을 LAN이라 하며 규모에 따라 WAN, MAN, CAN 등으로 부른다.

이 단계에서 컴퓨터 망을 구축할 때, 동일 통신매질을 사용하는 다수의 컴퓨터를 효율적으로 연결하기 위해 **컴퓨터 망 모양**(topology)를 고려해야 하며 다수의 컴퓨터 중에서 송수신 컴퓨터를 지정하고 공용 통신회선을 통하여 충돌 없이 자료를 보낼 수 있는 방법과 에러 없이 자료를 송수신 할 수 있는 방법이 필요하다. 이러한 기능이 **데이터 링크 계층**(2계층)에서 정의된다.

그림 6.17은 다양한 네트워크 구조이다. **버스 구조**는 모든 노드(컴퓨터)가 하나의 공유 통신선에 연결된다. 공유 통신선에 두 개 이상의 노드가 동시에 통신선을 사용하면 **메시지 충돌**이 일어나서 메시지를 읽을 수 없게 된다. 따라서 한 순간에 한 노드만 메시지를 보낼 수 있게 통신선을 사용하는 '순서'를 정하는 **매체접근 제어**를 해야 한다. 메시지 송신 권한을 획득한 노드는 송수신자의 주소를 명시한 메시지를 공유 통신선으로 발송하는데 이 메시지는 모든 노드에 도착한다. 메시지가 도착하면 각 노드는 **수신 주소**를 보고 수신 주소가 자신이면 메시지를 읽고 아니면 메시지를 버린다. 이 버스 구조는 여러 사용자가 동시에 자료를 전송하거나 받으려면 속도가 느리게 된다.

그림 6.17에서 **링 구조**는 컴퓨터망을 원 모양으로 구성하는데, 메시지는 일정 방향으로 원을 따라 돌다가 목적지에 도달한다. 링 구조 역시 공유선을 사용하는 방식이므로 매체접근 제어를 통하여 사용 권한을 획득한 노드가 메시지를 송신하는데, 메시지는 원형 구조를 따라 차례로 각 노드에 전달된다. 메시지가 도착한 노드는 수신 주소가 자신이면 메시지를 읽고 뒤에 다음에 있는 노드에게 메시지를 전달하지 않으며 수신 주소가 자신이 아니면 메시지를 읽지 않고 다음 노드로 메시지를 전달한다.

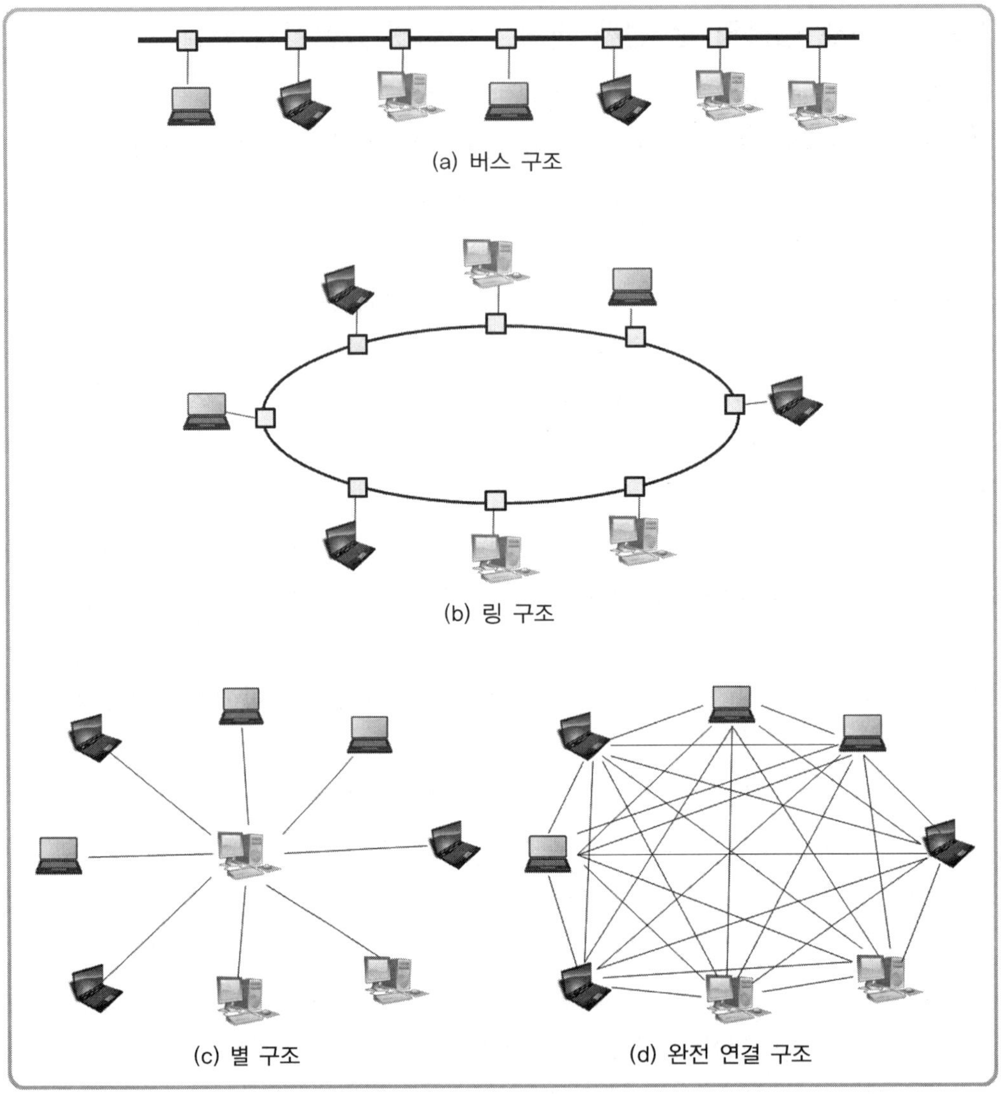

[그림 6.17] 다양한 네트워크 구조

그림 6.17에서 **별 구조**는 한 개의 중앙 노드에 다른 모든 노드를 연결한다. 이 중앙 노드를 중심으로 정보를 다른 노드에 직접 전달하는데, 메시지는 먼저 중앙 노드로 전달된 다음 중앙노드가 목적지 노드에 전달한다. 이 방법에서 모든 통신 제어는 중앙의 노드가 담당한다.

마지막으로 그림 6.17에서 **완전 연결 구조**로 모든 노드를 연결하는 전용 통신회선이 확보되어 있다. 메시지를 보낼 때 송수신 노드 사이에 이미 확보한 전용 통신회선을 이용한다. 각각의 컴퓨터 사이에 별도의 전용통신회선이 확보되어 있으므로 송수신자가 다르면 메시지를 동시에 전송할 수 있어 속도가 가장 빠르지만 망 구축 비용이 많이 든다.

6.5.2 MAC 주소

공유 통신선으로 연결한 컴퓨터 통신망에서 송신 컴퓨터가 수신 컴퓨터에게 데이터를 전송하려면 수신 컴퓨터를 구별할 수 있는 방법이 필요한데 컴퓨터망에서는 **MAC**(Medium Access Control) **주소를 사용하여 컴퓨터를 구별**한다.

주소 지정이란 송신 컴퓨터가 보낼 데이터에 송신측과 수신측의 주소를 추가하는 기능이다. 송신 노드에서 주소 지정한 메세지를 공유 통신선으로 전송하면 컴퓨터망의 모든 노드에 도착하고 각 노드는 망 구조에 따라 앞 절에서 설명한 방법으로 메시지를 수신한다. 만일 동일 망에 MAC 주소가 같은 노드가 존재한다면 송수신이 정상적으로 이루어지기 어렵고 다른 컴퓨터의 통신 내용을 볼 수 있어 보안 문제가 발생하기 때문에 MAC 주소는 컴퓨터 망에서 유일해야 한다.

MAC 주소는 하드웨어 인터페이스에게 주어지는 것인데, 네트워크 장비는 생산될 때부터 부여한 MAC 주소를 폐기될 때까지 사용한다. 스마트폰은 이동하며 적당한 와이파이 망에 접속하는데 스마트폰의 MAC 주소는 그 컴퓨터망에서도 유일해야 한다. 다시 말하면 통신 단말기가 어떤 컴퓨터망에 접속하더라도 통신단말의 MAC 주소가 그 망 내에서 유일함이 보장되어야 한다.

이 문제를 해결하기 위해 48 비트 구조로 되어 있는 MAC 주소는 48 비트 중 앞의 16 비트는 장비를 생산하는 회사 고유번호를 부여하고 뒷부분은 장비를 생산한 회사에서 임의로 일련의 주소를 부여하여 세계에서 유일한 MAC 주소임을 보장한다. MAC 주소를 알면 랜 카드와 같은 네트워크 장비가 어느 회사에서 만든 것인지를 알 수 있다.

6.5.3 이더넷

컴퓨터망에서 대표적으로 가장 많이 사용되는 **이더넷**(ethernet)을 설명한다. 이더넷은 그림 6.18(a) 버스 구조로 망을 구성하고, CSMA/CD **매체접근제어**(MAC) 프로토콜을 사용하며 무선 공유기를 통하여 와이파이 장비에도 연결할 수 있게 확장되어 있다.

이더넷 근거리 네트워크를 구성하기 위해서 동축 케이블에 탭 방식으로 모든 노드를 연결하게 되는데, 각 노드는 **트랜시버라**는 장치를 사용하여 케이블의 가장 가까운 지점에 연결한다. 이더넷 케이블은 최대 전송 길이가 정해져 있기 때문에 대학 캠퍼스 같이 큰 지역에서는 여러 개의 케이블을 **리피터**(repeater) 혹은 **브리지**(bridge)를 통하여 연결한다.

리피터는 신호를 증폭하여 전달하는 장치인데, 그림 6.18(b)에서 두 개의 근거리 네트워크를 연결하는 장치가 리피터라면 근거리 네트워크 1에서의 메시지를 근거리 네트워크 2로 전달하고 네트워크 2의 메시지를 네트워크 1로 전달한다. 두 개의 이더넷 망은 리피터를 통하여 연결되어 마치 한 개의 물리적인 네트워크인 것처럼 작동한다.

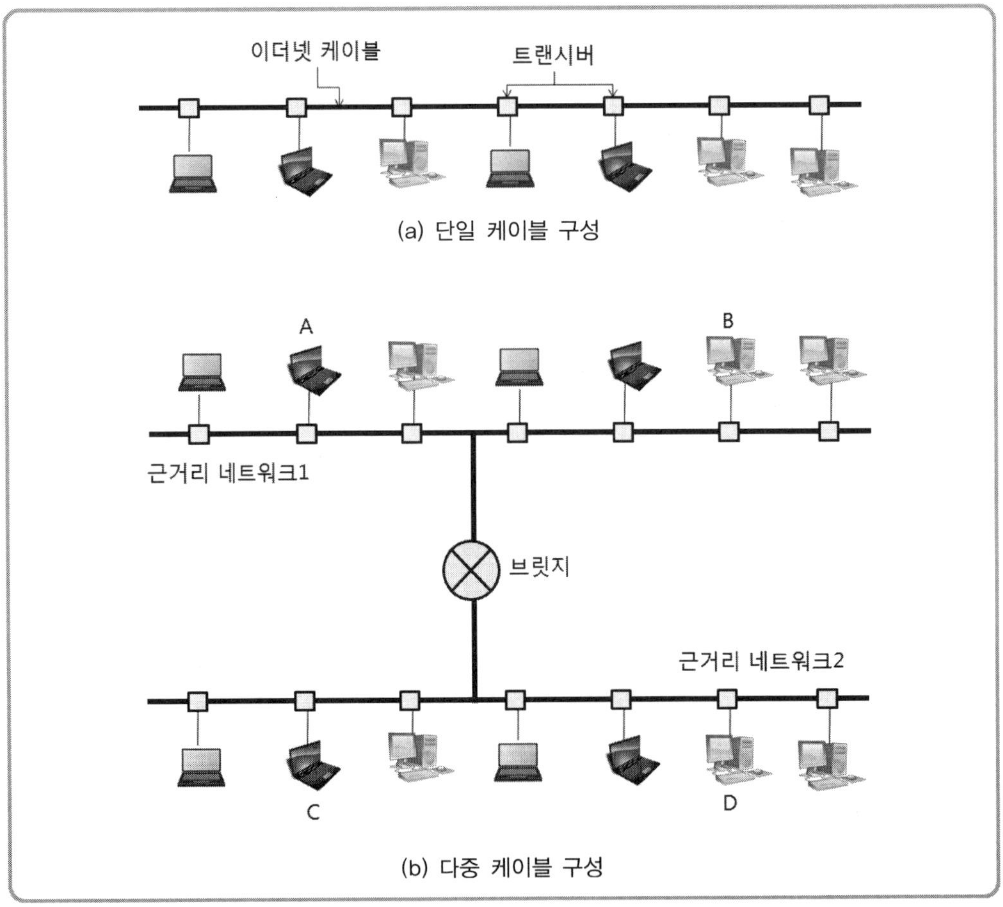

[그림 6.18] 공유 케이블을 사용한 이더넷 근거리 네트워크

6.6 네트워크 계층

6.6.1 라우터를 사용한 컴퓨터 네트워크간 연결

지금까지 인터넷 접속을 위해 물리적 회선을 선택하고 컴퓨터망에 접속하는 과정을 살펴보았다. 그러나 이 두 단계의 과정을 거쳐도 아직 우리가 원하는 인터넷망에 접속된 것은 아니며 접속한 컴퓨터망을 인터넷 사업자가 제공하는 회선에 연결해야 한다.

그림 6.19에서 컴퓨터 A1은 앞의 두 단계를 통하여 통신망 A에 접속한 상태인데 컴퓨터 A는 네트워크 A의 컴퓨터들(A2, A3, A4)과는 통신할 수 있으나 다른 네트워크 B에 연결한 컴퓨터 B1, B2, B3, B4 및 B5와 통신할 수 없다. 따라서 이 단계에서는 독립적으로 존재하는 컴퓨터망을 그림 6.20과 같이 연결하는 작업이 필요한데 이때 라우터를 이용하여 두 망을 연결한다. 컴퓨터 망을 연결하는 기술은 전 세계의 모든 컴퓨터망을 연결하여 하나로 만들며 전 세계의 모든 컴퓨터 망을 연결하여 하나의 망을 만들었다면 전 세계의 모든 컴퓨터가 연결되는데 이 것을 인터넷이라 한다.

인터넷에서는 각각의 컴퓨터를 유일하게 구분할 수 있는 명명 방법과 망을 통해 주소지정한 메시지를 보내면 수신컴퓨터를 찾아가게 할 수 있는 방법이 필요하다.

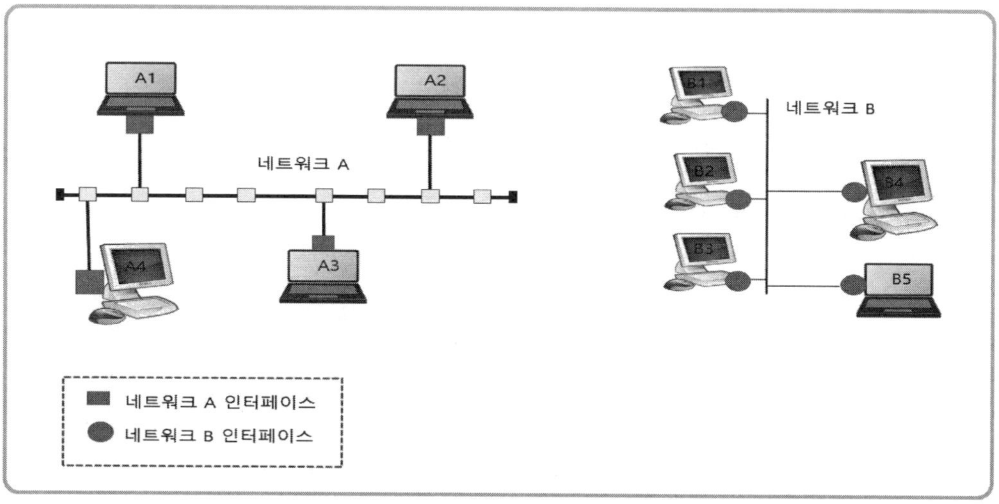

[그림 6.19] 서로 독립적인 컴퓨터망

네트워크 계층(3계층)의 인터넷 프로토콜(IP)에서 관련 내용을 담고 있는데 아래와 같은 주제로 요약할 수 있다.

- 라우터를 이용하여 네트워크를 연결한다.
- 네트워크의 모든 노드에 대하여 고유한 주소를 부여한다.
- 네트워크에 있는 어떤 두 개의 노드 사이에 **메시지가 배달**되어야 한다.

각 네트워크는 **라우터**라는 장치를 통하여 연결한다. 같은 유형의 네트워크를 연결하는 리피터 또는 브릿지와 달리 라우터는 완전히 다른 통신 기술을 사용하고 MAC 주소체계가 다른 네트워크도 연결할 수 있다.

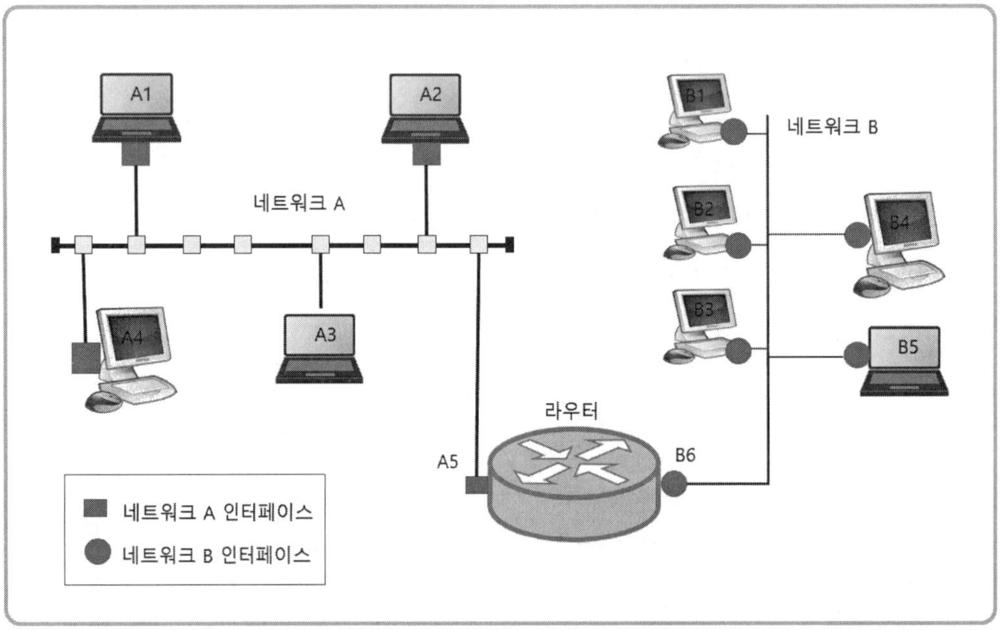

[그림 6.20] 라우터를 사용한 서로 다른 컴퓨터 네트워크의 연결

6.6.2 IP 주소

라우터를 이용한 네트워크 간 통신 때 송수신 노드를 지정해야 하지만 두 네트워크의 주소 체계가 다르다. 동축 케이블망에서 사용하는 MAC 주소와 광케이블 망에서 사용하는 MAC 주소체계가 달라서 서로 다른 망의 주소를 알고 지정할 방법이 없다. 연결된 망에서 같은 방법으로 망의 모든 노드(컴퓨터)를 구분할 수 있는 주소 체계가 필요한데, 인터넷에서는 32-비트 **인터넷 프로토콜 주소**(IP address)를 사용한다.

IP 주소 32-비트는 4 영역으로 분리되며 각 영역은 범위가 0~255인 8-비트 값으로 나타낸다. 그리고 8-비트 각 영역을 '점'으로 분리하여 표현한다. 예를 들어, www.knu.ac.kr 호스트는 32-비트 주소 155.230.11.1로 표기될 수 있다. 이에 대한 이진수 표현은 아래와 같다.

10011011 11100110 00001011 00000001
155 230 11 1

송신자는 이 32-비트의 송수신 주소를 인터넷 패킷에 명시하여 컴퓨터망으로 전송하고 인터넷은 이 패킷을 목적지로 중계하여 최종 수신자 컴퓨터에 전달한다.

인터넷 프로토콜 주소는 [표 6.2]와 같이 클래스 A, B, C, D, E로 구분한다. 클래스 A, B, C는 각 컴퓨터에 할당되는 주소이고 클래스 D와 E는 컴퓨터에 할당되지 않는다. 클래스 D는 멀티캐스트라는 특별한 인터넷 서비스에 쓰이며, 클래스 E는 나중에 사용하기 위해 예약되어 있다. 표에서 보듯이 **인터넷 프로토콜** 주소의 첫 번째 숫자만 보면, 이 주소가 어느 클래스에 해당하는지 알 수 있다. 예를 들어 '155.230.11.1' 주소는 클래스 B에 해당한다.

[표 6.2] 클래스별 인터넷 프로토콜 주소 범위

주소 클래스	주소 범위	특징
A	0.0.0.0 – 127.255.255.255	첫 번째 숫자가 0 ~ 127 범위를 가짐
B	128.0.0.0 – 191.255.255.255	첫 번째 숫자가 128 ~ 191 범위를 가짐
C	192.0.0.0 – 223.255.255.255	첫 번째 숫자가 192 ~ 223 범위를 가짐
D	224.0.0.0 – 239.255.255.255	멀티캐스트 서비스 용도
E	240.0.0.0 – 255.255.255.255	추후 사용 예정

IPv4 주소는 4바이트(32비트) 이며, IPv6 주소는 16바이트(128비트) 주소이다. 그러므로 IPv4의 주소는 총 2^{32}개가 있는 반면 IPv6 주소는 2^{128}개의 주소를 갖는다. IPv6 주소는 IPv4 주소 부족 문제를 해결하기 위해 개발되었다.

사용자는 이진수로 구성된 IP 주소를 보고 실제 목적지가 어떤 컴퓨터인지 알기 어렵고 기억하고 사용하기 어렵다. 따라서 인터넷에서 컴퓨터를 식별하기 위해 문자로 구성한 도메인 네임을 많이 사용하고 있는데 이-메일이나 웹에서 보는 주소 www.knu.ac.kr 혹은 www.naver.com 같은 이름이다. 사용자가 도메인 네임을 사용하여 목적지 컴퓨터를 지정하면 메시지를 전송하기 전 IP 주소로 변환하고 변환한 IP 주소를 사용하여 통신한다. **도메인 이름 서비스**는 www.knu.ac.kr 같이 문자로 된 호스트 이름을 32-비트 주소 155.230.11.1로 변환하는 일이다. MS 윈도우의 DOS 명령어 창에서 '**nslookup**' 명령어를 이용하여 주소 변환 과정을 직접 관찰할 수 있다(실행 예: nslookup www.knu.ac.kr, nslookup swedu.knu.ac.kr).

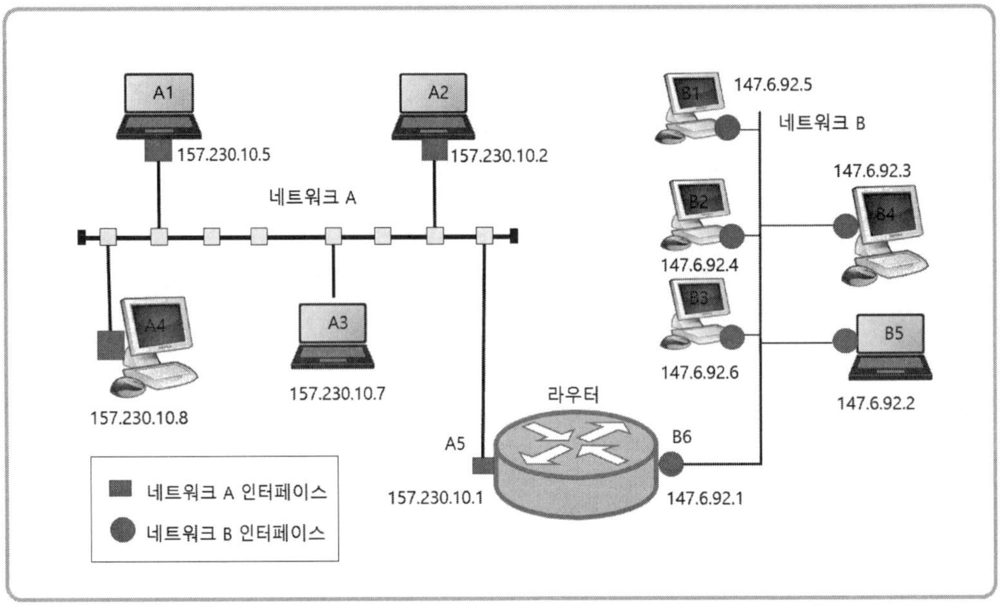

[그림 6.21] 컴퓨터 망의 모든 노드에 IP주소 할당

6.6.3 패킷 전달 과정 : 라우팅

이제 인터넷 프로토콜의 패킷 구성 방법을 살펴보자. 우선 패킷을 전달하기 위해 패킷을 **캡슐화**한다. 이 패킷 **캡슐화**는 송신자의 메시지가 프로토콜 스택의 각 계층을 통과하는 동안 수신자의 각 계층에서 참조할 정보를 추가하는 것이다. 그 후 각 패킷은 수신자의 물리계층과 데이터 링크 계층을 통과하는 동안 필요한 정보를 추출하여 처리하고 캡슐을 하나씩 제거한다.

그림 6.22는 TCP/IP의 인터넷 패킷 전달을 위한 **캡슐화**(encapsulation)와 **역캡슐화**(decapsulation) 과정이다. 송신자 컴퓨터가 발생시킨 데이터는 TCP/IP 프로토콜 스택을 따라 내려오면서, 각 계층에 해당하는 **헤더나 트레일러**가 첨가된다. 이 헤더들의 정보는 각 TCP/IP 계층에서 역할 수행을 위한 정보이다. 예를 들어, 인터넷 프로토콜 헤더에는 주소

가 포함되어 있어 인터넷 패킷 전달에서 중요한 정보로 사용된다.

송신자 컴퓨터의 패킷은 물리계층에서 비트 형태로 인터넷으로 전송되며 인터넷에서는 라우팅을 통해 수신자 컴퓨터에 전달한다. 수신자 컴퓨터에 도착한 패킷은 다시 역캡슐화 과정으로 헤더를 제외한 데이터 부분만 위 계층으로 전달된다. 이와 같은 과정을 통해 송신자 사용자가 생성한 데이터는 수신자에게 전달된다.

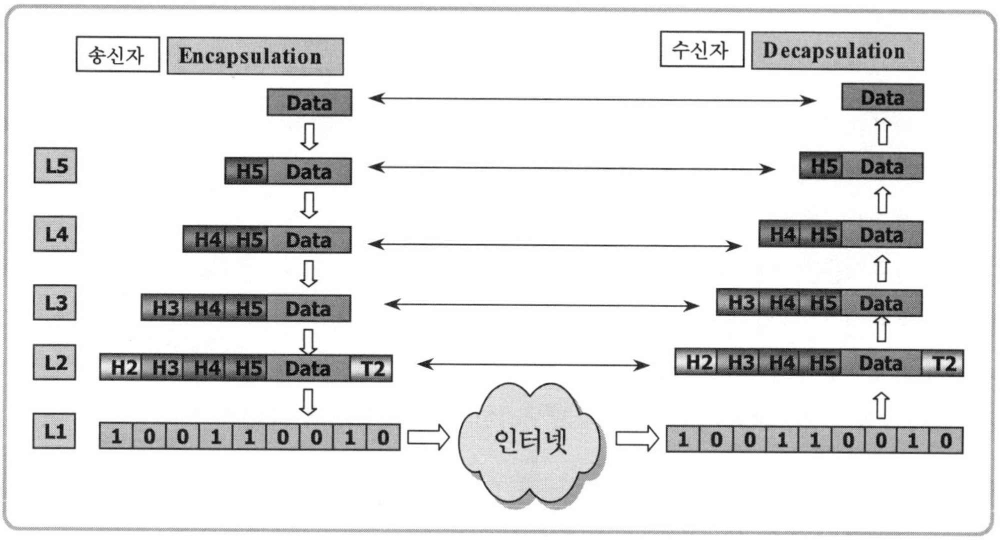

[그림 6.22] TCP/IP 캡슐화 과정

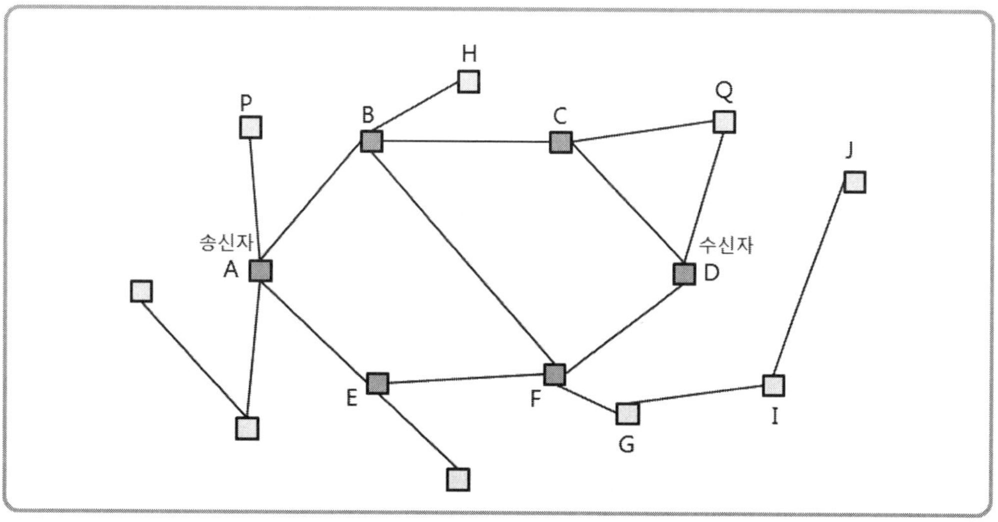

[그림 6.23] 패킷 교환망에서의 라우팅

그림 6.23의 송신자 노드 A에서 수신자 노드 D로 메시지를 보내는 경우, 메시지가 A → B → C → D 경로로 갈수 있으며 또 다른 경로인 A → B → F → D 로 갈 수도 있고, A → E → F → D로 갈 수도 있다. 메시지의 정확한 경로는 사용자가 아닌 네트워크에서 동적으로 결정하는데, 메시지 전송에 유리한 경로를 동적으로 찾아서 정하는데 이 과정을 라우팅이라 한다. 메시지가 크면 여러 개의 패킷으로 나누고 전송하는데 각 패킷은 각기 다른 경로로 갈 수 있다.

이외에도 라우팅에는 여러 가지 고려 사항이 있는데 하나가 네트워크 모양의 변화이다. 인터넷의 노드와 연결이 매일 새로 추가되고 제거되기 때문에 항상 **동적으로 변한다**. 지금 최적인 경로도 한 시간 후나 하루 후에는 최적의 경로가 아닐 수도 있는데 필요시 경로를 유지하는 테이블을 다시 계산해 주어야만 한다. 또한 네트워크 노드나 연결의 고장에 대한 문제가 있는데, 네트워크에서의 신뢰성이나 고장이 발생하더라도 통신이 원활하게 이루어지도록 하는 일은 컴퓨터 통신에서 매우 중요한 일이다. 고장이 났어도 네트워크는 계속 작동해야 한다. 컴퓨터 통신에서 실시간성을 중시하는 회선교환망을 사용하지 않고 패킷교환망을 사용하는 근본적인 이유이다.

그림 6.24는 두 개의 망이 라우터로 연결된 망에서 라우팅 테이블의 예를 보인다.

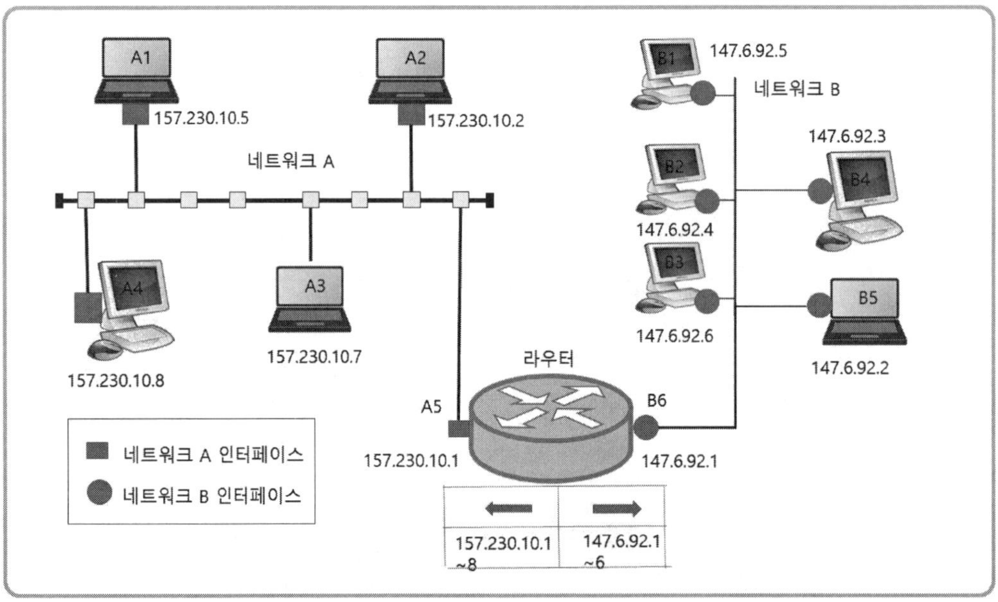

[그림 6.24] 라우팅 테이블 구성

위와 같은 라우팅에 의해 패킷이 수신 컴퓨터에 잘 전달되는지 어떻게 확인할까? 간단하게 ping 프로그램을 사용하여 수신컴퓨터에 패킷전달 여부를 확인할 수 있다. 그림 6.25는 윈도우즈 DOS 창에서 ping 프로그램을 실행시킨 예이다. 그림 6.25에서 테스트 용도로 4개의 패킷이 전송되어, 수신컴퓨터(www.kornet.net)에 다녀오기까지의 시간(RTT: Round Trip Time) 값이 측정된다.

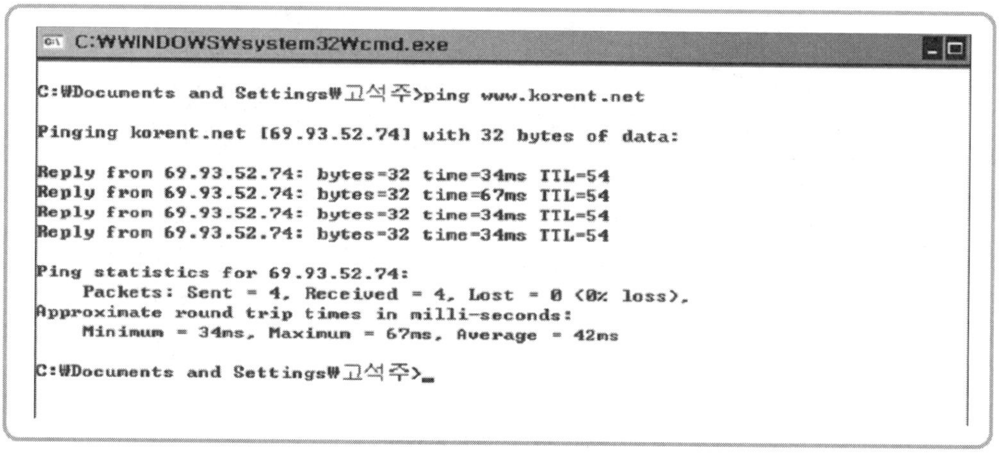

[그림 6.25] ping 실행 화면

6.6.4 인터넷 망 구성

전 세계를 연결하는 컴퓨터망은 매우 방대하여 한 인터넷 서비스 제공자가 전 세계에 흩어져 있는 모든 컴퓨터를 직접 연결할 수 없다. 인터넷은 그림 6.26과 같이 계층 구조를 가진 **트리 구조**로 구성한다.

개인 네트워크나 기관 네트워크는 계층의 맨 처음 레벨인 **지역 인터넷 서비스 제공자**(local ISP)에 연결하는데, 이 지역 인터넷 서비스 제공자는 보통 어떤 영역이나 **국가 인터넷 서비스 제공자**(national ISP)에 연결한다. 끝으로, 특정 영역이나 국가의 인터넷 서비스 제공자는 **국제간의 인터넷 서비스 제공자**에 연결할 수 있는데 **인터넷 백본**(Internet Backbone)'이라 하며 전 세계적인 범위로 연결을 확장한다. 이러한 계층구조는 마치 국제 전화에서 먼저 국가 전화번호로 연결되고, 다시 그 나라의 지역 번호에 연결된 다음, 개인에게 연결되는 것과 유사하다. 인터넷은 단순한 한 개의 네트워크가 아니라, 근거리 네트워크, 원거리 네트워크, 여러 레벨의 인터넷 서비스 제공자가 있는 **각종 네트워크들과** 라우터의 **방대한 연결로 연결되는 네트워크의 네트워크라 할 수 있다.**

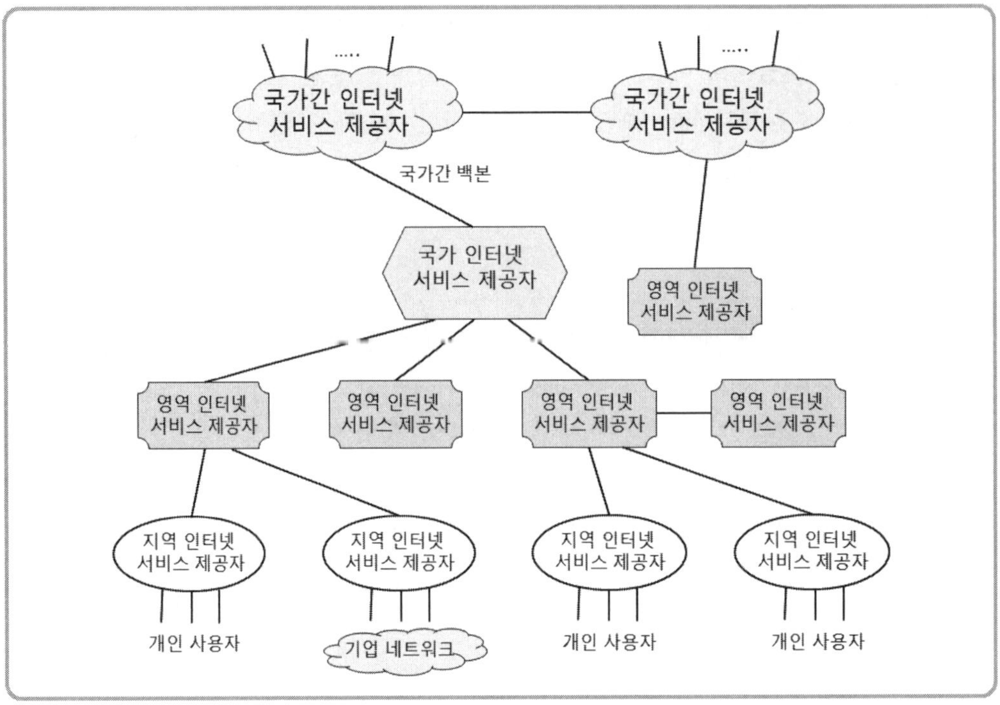

[그림 6.26] 인터넷 망의 구성

앞에서 살펴본 바와 같이 네트워크 계층은 라우터를 이용하여 데이터 링크 계층에서 의미하는 컴퓨터망을 연결하고 라우터를 포함한 연결된 모든 네트워크 장비에 IP 주소를 할당한다. 라우터가 제공하는 라우팅 서비스를 통하여 노드 위치가 어디든 네트워크 안에 있는 두 노드 사이에서 메시지가 배달될 수 있다.

네트워크 계층은 지금까지 언급한 것 외에도 여러 가지 기능을 한다. **네트워크 관리, 컴퓨터의 위치 파악** 등 다양하다. 대표적인 네트워크 계층 프로토콜은 IPv4, IPv6, ARP, ICMP 등이 있으며 이러한 프로토콜은 각 컴퓨터와 라우터에 구현되어 있다.

6.7 수송 계층

인터넷 사용자의 입장에서 지금까지 통신선 선택(1단계), 통신선을 이용한 컴퓨터망 접속(2단계), IP 주소 획득과 인터넷 접속 과정을(3단계) 살펴보았다. 인터넷을 사용하고 우리의 관점에서 인터넷 서비스선에 연결하고 IP 주소를 할당받은 상태이다. 이 상태에서 우리는 인터넷에 연결된 어떤 컴퓨터라도 IP 주소를 이용해 컴퓨터로 지정할 수 있다. 이를 통해 주소를 명시한 패킷을 보내면 해당 목적지 컴퓨터에 패킷이 도착한다. 그런데 패킷이 도착한 목적지 컴퓨터에는 많은 프로그램이 동작하고 있는데 **어떤 프로그램이 패킷을 수신하고 처리해야 하는지 알려 줄** 필요가 있다.

일반 우편물이 주소지에 도착하였다면 그 주소지에 있는 누가 우편을 받아야 하는지 구분할 필요가 있는데 수취인 이름으로 구분할 것이다. 인터넷에서 컴퓨터 통신할 때 IP주소에 추가하여 실행하고 있는 특정 프로그램(이하 프로세스)을 식별할 수 있는 주소를 한 개 더 사용한다. 이러한 **프로세스**(process) **식별자**는 정수 값을 사용하는데 이를 **포트**(port) **번호**라 한다. 이와 같이 포트 번호를 프로세스에 할당하고 어느 프로세스가 어떤 포트를 사용하는 지를 기억하고 관리하는 것이 **수송 계층**(transport layer) **프로토콜의** 역할이다.

그림 6.27에서 두 개의 호스트(host) 컴퓨터가 있다. 호스트 A는 128.65.10.5 주소를 사용하고 호스트 B는 110.155.110.54 주소를 사용한다. A 호스트에는 현재 포트 번호 412와 123에서 프로그램 KRT와 compy가 각각 실행되고 있으며 B 호스트에는 두 개의 프로그램 HWPT와 PTPX가 포트 번호 21과 34에서 각각 실행 중인데, 동작 중인 프로그램 KRT, compy, HWPT, PTPX는 각각 128.65.10.5:412, 128.65.10.5:123, 110.155.110.54:21, 110.115.110.54:34로 명시할 수 있다.

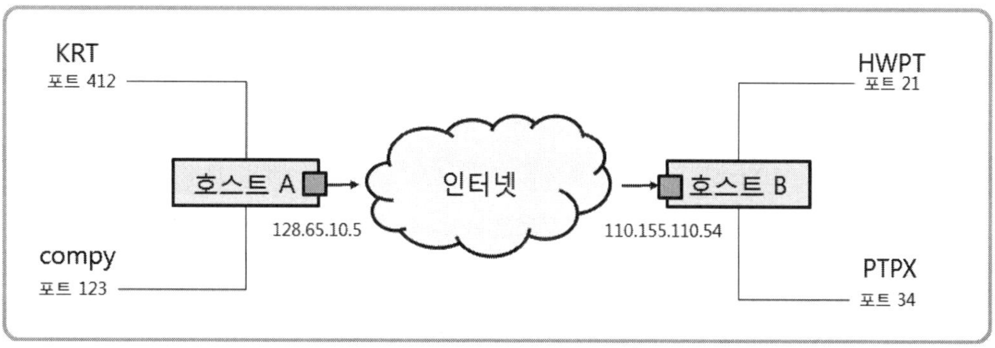

[그림 6.27] IP 주소와 포트 번호 사이의 관계

수송 계층 프로토콜은 'process-to-process' 서비스를 만든다. 하위 계층인 3계층 네트워크 계층 프로토콜의 역할은 주소 128.65.10.5의 호스트에서 주소 110.155.110.54의 호스트로 메시지를 배달하는 것 까지 책임지고, 수송 프로토콜은 목적지 노드에 도착한 메시지

를 그 주소지의 어떤 프로그램이 가져가야 하는지를 파악한다. 이것은 마치 우체국에서 우편물을 주소지까지 배달하는 것을 책임지고 주소지에서 수신자를 구분하는 과정, 우편물 도착지가 기숙사라면 기숙사까지는 우체국에서 배달하지만 각 객실로 보내주는 과정은 기숙사 직원이 하는 개념과 비슷하다.

원격지 컴퓨터의 프로세스에 접속하기 위해 포트 번호를 알아야 하는데 많이 사용하는 응용 프로그램 대부분은 [표 6.3]과 같이 **잘 알고 있는 포트 번호**를 사용한다. 예를 들어 HTTP 프로토콜은 포트번호 80을 사용하는데 다른 컴퓨터에 있는 웹 페이지를 보려면 80번 포트로 접속을 요청하면 된다.

[표 6.3] 수송계층 포트 번호

프로토콜	정식 이름	적용	포트번호
HTTP	Hypertext Transfer Protocol	웹 페이지 접근하기	80
SMTP	Simple Mail Transfer Protocol	전자 메일 보내기	25
POP3	Post Office Protocol	전자 메일 받기	110
IMAP	Internet Mail Access Protocol	전자 메일 받기	143
FTP	File Transfer Protocol	원격 파일에 접근하기	21, 20
TELNET	Terminal Emulation Protocol	원격 터미널에서 접근	23

수송 계층의 또 다른 역할은 에러와 신뢰성에 관한 것으로 네트워크의 끝 점끼리의 통신에서 특정 시간 안에 처음 보낼 때의 순서대로 누락되지 않고 중복 없이 정확히 도달했는지를 최종 확인하는 것이다. 이를 위해 **전송 제어 프로토콜**(TCP, Transmission Control Protocol)**이 사용된다.** TCP 서비스는 전송한 패킷이 정확하게 도착하는 것을 보장한다.

TCP와는 달리 **사용자 데이터그램 프로토콜**(UDP, User Datagram Protocol)은 에러를 처리하지 않고 메시지 순서에도 전혀 관여하지 않고 송수신 포트사이에 메시지 전달만 한다. UTP는 속도가 중요하거나 신뢰도 보다는 실시간성이 중요한 서비스에 사용한다.

지금까지 살펴본 바와 같이 컴퓨터망은 4개의 프로토콜 계층을 통해 프로세스에서 프로세스까지 메시지 배달을 수행한다. 이제 남은 것은 메시지 속에 있는 내용이다. 즉, 네트워크 사용자인 네트워크 응용 프로그램이 송수신 하는 메시지 내용에 관한 것으로 프로토콜 스택의 맨 위에 있는 응용 계층에서 담당한다.

6.8 응용 계층

지금까지 4단계, 즉 통신선 선택, 컴퓨터망 접속, 인터넷 주소 확보와 인터넷 연결, 포트번호 구분과 관리를 통하여 컴퓨터 프로세스 사이에 완벽한 통신 채널이 준비되었다. 이제는 컴퓨터 프로그램 사이에서 메시지를 전송하고 수신하는 프로세스 사이의 대화가 필요하다.

응용 계층 프로토콜은 네트워크를 통해 최종 사용자가 사용하는 이메일, 채팅, 전자상거래, 인터넷 뱅킹, 게임, IPTV 시청, 음악 감상, 원격회의 등 다양하게 인터넷 통신을 응용한 응용서비스를 제공한다. 인터넷 응용 프로그램은 계속 증가해 왔다.

지금까지 접해온 대부분의 인터넷 응용서비스들은 클라이언트-서버(Client-Server) 모델에 따라 동작한다. 예를 들어, 웹서비스를 위해 웹클라이언트와 웹서버가 사용되며, 메일 서비스를 위해 메일 클라이언트와 메일 서버가 동작한다. 그림 6.28은 클라이언트-서버 모델의 개념이다.

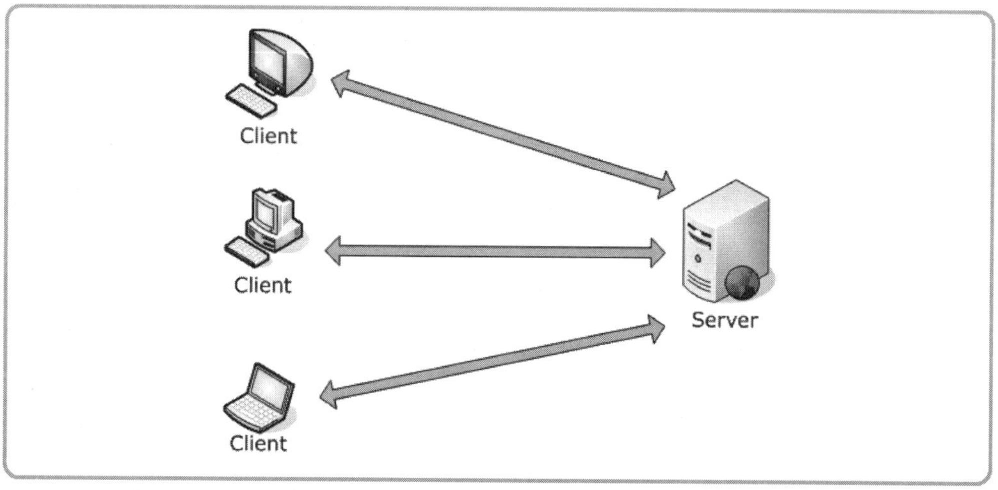

[그림 6.28] 클라이언트-서버 모델

웹서비스에서 알 수 있듯이 클라이언트는 일반적인 서비스 사용자를 의미하고, 서버는 서비스를 제공하는 사업자를 의미한다. 클라이언트는 필요할 때에 서버에 접속하여(연결하여) 원하는 서비스를 받은 다음에 연결을 종료하는 반면에, 서버는 1년 365일 동안 불특정 다수의 클라이언트 접속을 대기하고 있어야 한다. 대개 서버는 다수의 클라이언트를 상대하게 된다.

한편, 클라이언트-서버 모델에 대응되는 모델은 Peer-to-Peer (P-P) 모델이다. P-P 모델에서는 두 대의 단말이 동등한 입장에서 통신을 하게 되며, 사실상 각 단말이 클라이언트 역할을 하기도 하고 서버 역할을 하기도 한다. 대개 먼저 접속을 요청하는 단말이 클라이언트 역할을 수행한다. P-P 모델의 전형적인 예제는 VoIP(Voice over IP) 전화 서비스이다.

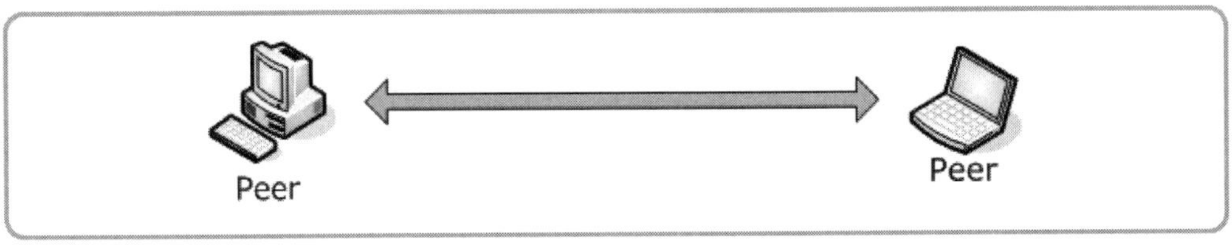

[그림 6.29] Peer-to-Peer 모델

사람 사이의 대화에서 대화의 목적에 따라 대화 내용이 달라진다. 마찬가지로 컴퓨터에서 수행 중인 프로그램인 프로세스 사이에서 주고받는 메시지 내용도 응용프로그램의 목적에 따라 다르기 때문에 응용프로그램에 따라 서로 다른 통신 프로토콜이 필요하다. 응용계층에서 사용하는 응용계층 프로토콜은 파일 전송을 위한 FTP(File Transfer Protocol), 이메일 송신을 위한 SMTP(Simple Mail Transfer Protocol), 수신한 이메일 받아오기 위한 POP3(Post Office Protocol version 3) 또는 IMAP(Internet Mail Access Protocol), 웹서비스를 위한 HTTP(Hyper Text Transfer Protocol) 등 매우 많다. 여기에서는 월드 와이드 웹서비스에 사용하는 HTTP를 간단하게 살펴본다.

웹 서비스를 사용하기 위해서 웹브라우저 프로그램을 구동한 후 주소창에 주소를 입력하는데 아래처럼 세부분으로 구성된 URL로 나타낸다.

<u>프로토콜://호스트이름/페이지</u>

맨 앞은 프로토콜을 나타내고 두 번째 부분은 호스트 컴퓨터 주소이며 마지막 부분은 호스트컴퓨터에 저장되어 있는 웹페이지를 식별한다.

http://www.media.kcs.kr/com_sci.html

이 URL은 이름이 media.kcs.kr인 호스트 컴퓨터에 있는 com_sci.html 파일에 저장된 문서를 의미한다. HTTP 프로토콜은 명시한 웹 페이지를 전송하기 전에 HTTP 클라이언트 프로그램과 포트 번호 80 사이에서 TCP 연결부터 해야 한다.

일단 연결되면 웹 페이지에 접근하기 위해 HTTP 응용 프로토콜이 사용된다. HTTP **요청 메시지**가 클라이언트에서 웹 페이지가 있는 서버로 발송된다. 그러면 HTTP **응답 메시지가** 서버에서 클라이언트로 보내진다. 응답에는 요청이 성공되었는지 아닌지를 알리는 상태 코드가 들어있으며 성공되었으면 상태코드와 함께 요청한 페이지도 들어간다.

어떤 사용자가 멀리 있는 웹 페이지에 어떻게 접근할 수 있는지 살펴보자. 일단 웹 브라우저를 사용하고 아래 URL을 클릭한다.

http://www.media.kcs.kr/com_sci.html

그러면 그림 6.30과 같은 순서로 이벤트가 발생하고 수행한다. 이러한 과정은 URL에서 클릭할 때마다 일어난다.

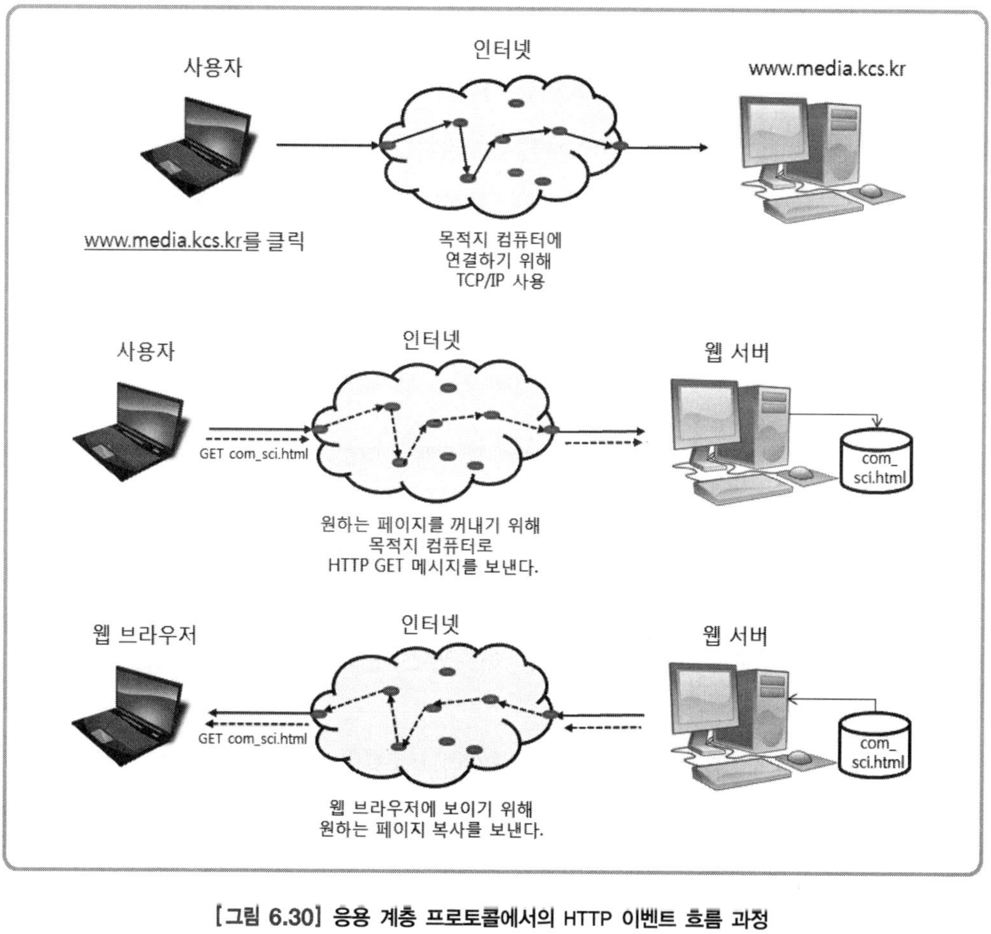

[그림 6.30] 응용 계층 프로토콜에서의 HTTP 이벤트 흐름 과정

연습문제

1. 아래 각 매체를 통해 스크린의 회색 수준(화소당 8비트)의 2,000×5,000 화소를 전송하는데 걸리는 시간을 계산하시오.
   a. 56 Kbps 모뎀
   b. 1.5 Mbps DSL 통신선
   c. 100 Mbps 이너넷 통신선

2. 네트워킹 장비에서 사용자 단말기에 장착하는 장비를 쓰시오.

3. 이더넷 근거리 프로토콜에서 주소 영역이 왜 필요한지 설명하시오. 혹시 주소 영역에 다른 '특별한' 주소 값이 필요합니까? 아니면 주소 영역이 없으면 어떠한 일이 발생할지 설명하시오.

4. 인터넷 프로토콜 패킷의 전달은 어떻게 이루어집니까?

5. 인터넷 주소를 왜 클래스에 따라 A, B, C, D, E로 구분합니까?

6. 인터넷에서 송수신 컴퓨터 사이에 데이터를 전송하는 계층은 무엇입니까?

7. 전송 제어 프로토콜 스택에서 캡슐화하는 이유를 설명하시오.

8. 주요 인터넷 서비스 중에 웹에 사용하는 응용 프로토콜은 무엇입니까?

9. 인터넷 프로토콜 주소 192.168.23.45는 어느 주소 클래스에 해당합니까?

10. 인터넷 응용서비스를 식별하기 위해 전송제어 프로토콜의 헤더에는 무엇이 기록되어야 합니까?

11. 아래와 같이 각 링크에 걸리는 시간을 나타내는 네트워크가 있다.

a. 노드 A에서 노드 G로 가는 단순 경로가 몇 개 있는지 구하시오. 단순 경로는 한 노드를 두 번 이상 지나가지 않는다.

b. 노드 A에서 노드 G로 가는 최단거리를 구하시오. 전체적으로 시간은 얼마나 걸리나요?

c. 만약에 노드 E가 고장 나면 최단 거리에 영향을 줍니까? 최단거리가 변하면 다시 구하시오.

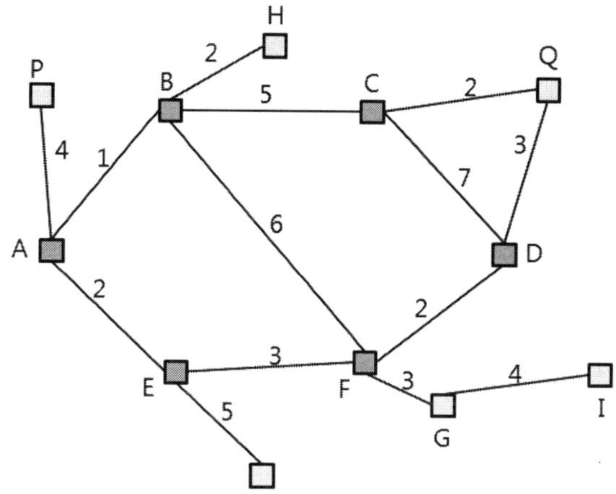

12. 아래 네트워크의 각 노드에서 자신 외의 다른 각 노드로 가는 경로를 모두 구하시오. 즉, A에서 각 노드 B, C, D로, B에서 각 노드 C, D, A로, ... 가는 경로를 구한다.

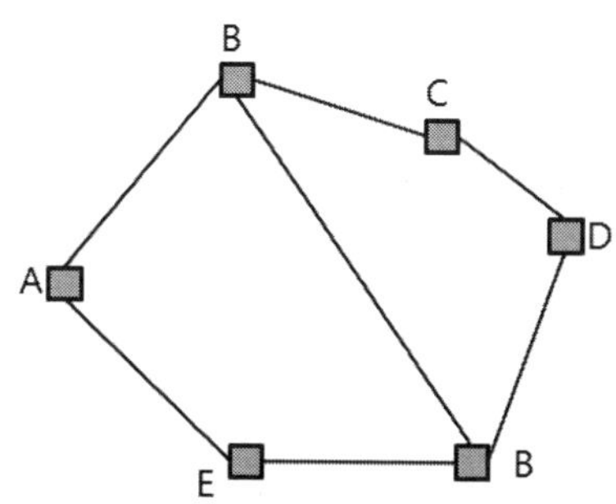

13. 인터넷 서비스를 위한 클라이언트-서버 모델과 Peer-to-Peer 모델의 차이점을 설명하시오.

제 7 장

데이터베이스

최근의 지능정보 사회에서 정보는 매우 중요한 자원으로 우리는 매일 발생하는 엄청난 데이터와 정보의 홍수 속에 있다. 이러한 많은 데이터들 중에서 유용하게 자료들을 활용하고 필요한 정보들을 도출해 내는 것은 중요한 작업이다. 상황을 정확하게 반영하면서 가치있는 정보를 효율적으로 사용할 수 있도록 보유하고 관리하면 개인이든 조직이든 의사를 결정하는 데 중요한 수단이 될 것이다.

이 장에서는 정보 혹은 데이터는 무엇인지 그리고 데이터를 효율적으로 관리하는 방법은 무엇인지, 가치 있는 정보는 어떻게 확보할 수 있는 방법 등에 대하여 살펴본다. 먼저 데이터와 정보, 데이터베이스의 의미를 살펴보고 이를 관리하는 데이터베이스 시스템, 데이터베이스 관리 시스템과 데이터베이스 설계와 구축 등을 살펴본다.

7.1 데이터베이스 개요

7.1.1 데이터와 정보

'**데이터**(data)'란 용어는 '**정보**(information)'**라는 용어**와 혼용하여 사용하기도 하지만 정보가 추상적이고 관념적인 의미라면 데이터는 구체화된 형식 즉, 컴퓨터 안에 저장 가능한 형태를 말한다. 예를 들어, 정보라 하면 '춥나', '덥나' 혹은 '비가 온나'와 같은 관념을 말하고, 데이터는 '섭씨 영하 10도', 혹은 '강수량 시간 당 10mm'와 같은 **구체적이고 표현 가능한 객관적인 의미의 값**을 말한다.

이러한 자료는 인간 생활에서 판단의 핵심 근거가 될 수 있는 정보를 구성하는 주요 요소이므로 데이터를 올바르게 수집하고, 저장하고, 관리하고, 정확히 분석하면 인간에게 많은 도움을 준다.

정보는 데이터에 적절한 가공을 가하여 어떤 상황에 대한 적절한 의사 결정을 할 수 있게 하는 지식(knowledge)을 의미하는 것으로 데이터를 해석하거나 데이터 상호간의 관계를 연관 지어 놓은 것을 말한다. 다시말해, 정보는 **자료를 특정한 목적과 문제 해결에 도움이 되도록 데이터를 가공한 것**이다.

컴퓨터 사용자 관점에서 데이터와 정보의 차이를 [표 7.1]과 [그림 7.1]에 정리했다.

[표 7.1] 데이터와 정보

데이터	정보
① 현실 세계로부터 단순한 관찰이나 측정을 통해 수집된 사실이나 값을 말한다. 즉 어떤 적절한 가공을 하지 않은 내용을 의미 ② 객관적 실제의 반영이며 그 의미를 전달할 수 있도록 구체화하고 숫자나 기호로 표현한 것. 예) 내일 영하 10도 주소, 나이, 이름, 온도, 습도, 강수량 등	① 정보는 데이터를 의사 결정에 유용하게 활용할 수 있도록 데이터를 처리하여 체계적으로 조직한 결과물이다. ② 자료를 처리해서 얻을 수 있는 결과 ③ 사용자가 목적하는 값 ④ 의사결정을 위한 값 예) 내일은 춥다

데이터에는 여러 종류가 있는데, 사용 목적에 따라 직접 수집한 자료를 원자료 또는 1차 자료라 한다. 예를 들어 카드 회사에 가입한 회원이 작성한 자료, 설문지 결과 등이 있다. 2차 자료는 목적에 맞게 직접 수집하지 않은 또는 다른 목적으로 수집한 자료를 의미

하며 매크로 데이터라고도 한다.

예를 들어, 정부 통계청 사이트에 있는 자료는 누구나 사용 가능한데 이 자료들은 특정 목적에 맞추어 직접 수집한 자료가 아니기 때문에 2차 자료이다. 2차 자료는 분석하는 사람의 목적에 정확하게 맞지 않을 수 있으나 자료가 이미 수집되어 있기 때문에 수집시간과 비용을 줄일 수 있다.

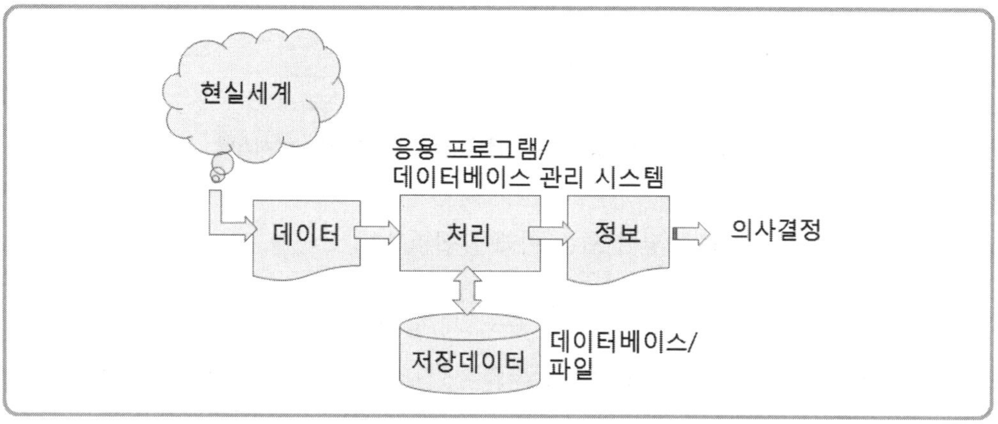

[그림 7.1] 데이터와 정보

정확한 정보를 제공하기 위하여 많은 자료를 수집하는 것도 중요하지만 수집한 자료를 효율적으로 저장하고 좋은 품질의 자료로 관리하며, 필요할 때는 언제든지 활용할 수 있어야 정보소스로서의 가치를 가질 수 있다.

7.1.2 데이터베이스

자료의 사용 목적이 다른 사용자라도 유사한 자료를 공유하며 다양한 목적에 사용할 수 있게 자료를 통합하여 관리하는 개념을 **데이터베이스**라 한다.

(1) 데이터베이스 개념

[그림 7.2]와 같이 각 응용 프로그램 마다 자신의 데이터 파일을 유지하고 있거나 어떤 기관의 각 부서마다 각각 자신들의 파일을 따로 유지하고 있다고 가정하자. 이때 기관에서는 부서 사이에 중복되는 자료를 가지고 있는 경우가 필연적으로 발생한다.

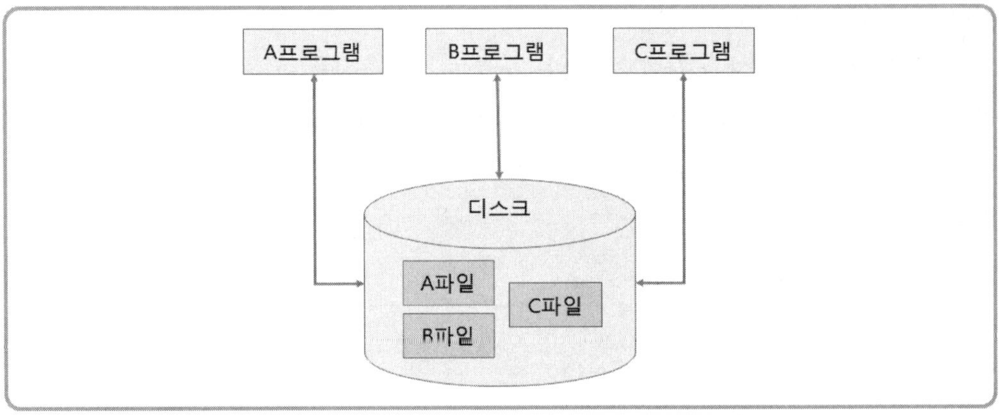

[그림 7.2] 각 프로그램 마다 자신의 파일 유지/관리하는 시스템

예를 들어 회원이 100,000명이 있는 아래를 살펴보자.

- A부서에서는 주민등록 번호, 이름, 주소, 나이, A 부서에서만 필요한 자료
- B부서에서는 주민등록 번호, 이름, 주소, 나이, B 부서에서만 필요한 자료
- C부서에서는 주민등록 번호, 이름, 주소, 나이, C 부서에서만 필요한 자료
- D부서에서는 주민등록 번호, 이름, 주소, 나이, D 부서에서만 필요한 자료

  ......

한 기관에서 부서별로 중복한 자료인 '주민등록 번호, 이름, 주소, 나이'를 각각 유지하고 있으면, 중복으로 인한 디스크 용량의 낭비를 초래할 수 있으며 중복된 자료의 불일치 현상이 발생한다. 자료의 불일치 현상은 퇴사한 직원에게 보너스를 지급하는 등 기관에게 심각한 영향을 줄 수 있기 때문에 자료의 가치를 떨어뜨린다. 아래처럼 간단하게 중복하는 용량을 계산할 수 있다.

(주민등록번호 / 이름 / 주소 / 나이)의 용량 × 부서수 × 회원수

이와같은 문제 해결을 위해 중복되는 아이템(항목)인 주민등록 번호, 이름, 주소, 나이를 통합 관리하고 각 '부서에서만 필요한 자료'는 따로 관리할 수 있도록 하면 중복을 피하고 디스크의 필요 공간을 줄일 수 있으며 자료의 불일치 가능성을 줄일 수 있다. 이렇게 **중복을 방지하고 데이터를 통합 관리**하는 개념을 구현한 시스템 소프트웨어가 바로 그림 7.3과 같은 데이터베이스다. 데이터베이스를 사용하여 **데이터를 체계적으로 관리하고 공유**할 수 있으며, 데이터 구조의 변경으로 인한 응용 프로그램의 수정을 줄일 수 있다.

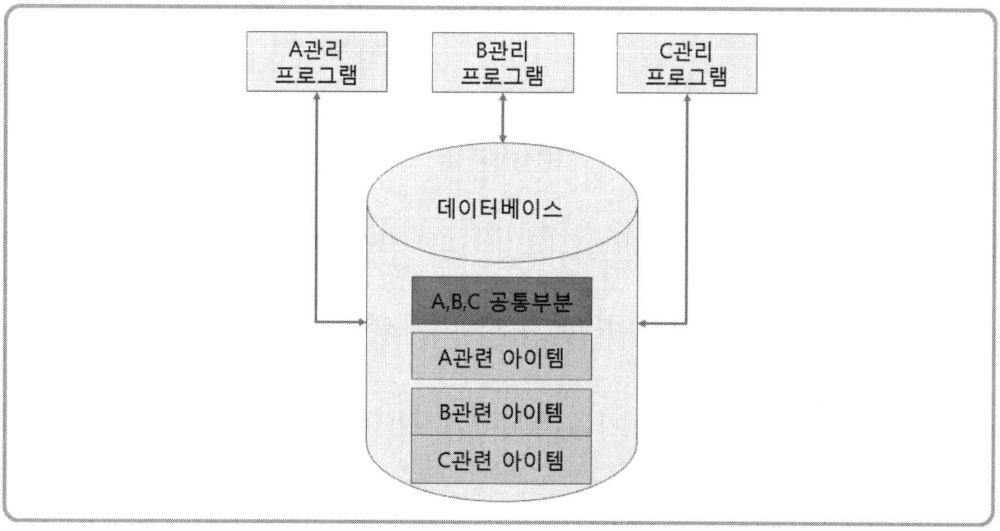

[그림 7.3] 데이터베이스 개념

데이터베이스는 논리적으로 연관된 여러 종류의 데이터를 체계적으로 모아 놓은 것으로 어떠한 조직에서 여러 사람이 공유하고 사용할 목적으로 통합하고 관리하는 자료의 집합이다. 데이터베이스는 불필요한 **데이터의 중복을 최소화**하고 자료 일관성을 유지할 수 있게 자료를 구조화 하여 데이터의 생성 검색과 갱신 및 삭제(CRUD)를 효율적으로 수행할 수 있다.

데이터베이스에 저장된 데이터는 외부 상황에 따라 끊임없이 변화하기 때문에 현재성과 정확성을 보장하는 가치 있는 정보를 얻으려면 현재의 상황을 정확히 관찰하고 측정하여 의미 있는 데이터를 DB에 저장한 자료는 실시간으로 반영해야 한다. 필요할 때 언제든 유용하게 활용하여 정보를 검색할 수 있어야 한다.

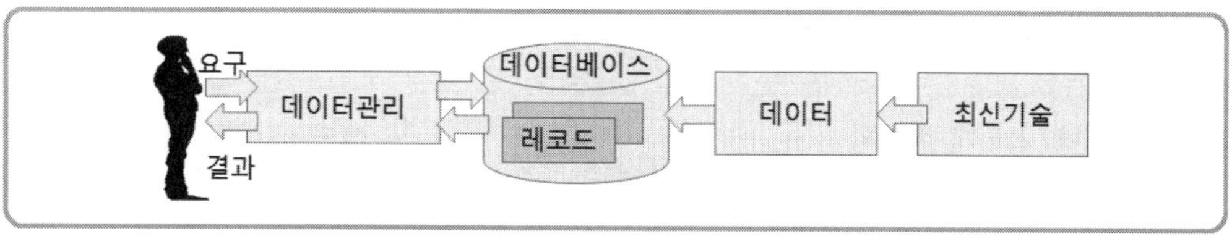

[그림 7.4] 데이터의 보존과 검색 요구 실행

데이터베이스의 특징을 정리하면 아래처럼 설명할 수 있다.

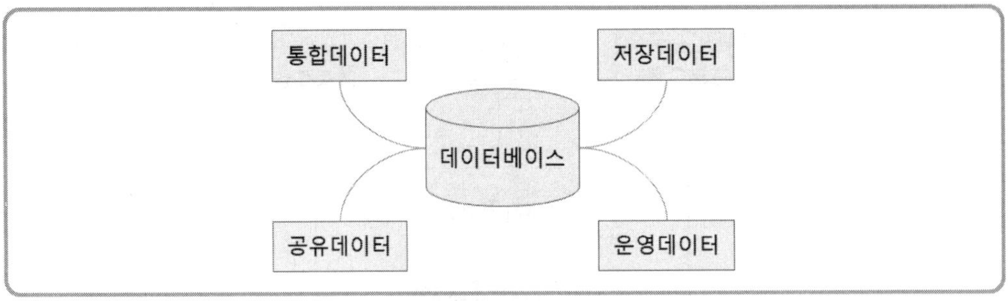

[그림 7.5] 데이터베이스의 정의

- **통합 데이터**로써의 데이터베이스: 원칙적으로 데이터베이스는 똑같은 데이터가 중복되지 않았음을 의미한다. 데이터의 중복은 일반적으로 여러 유형의 불편을 가져올 수 있다. 그러나 특수한 경우에 있어서는 효율성을 고려하여 일부 데이터는 통제된 중복을 허용하기도 하는데 중복된 자료의 일관성 유지가 필수다.
- **공유 데이터**로써의 데이터베이스: 목적이 다른 여러 응용 프로그램(사용자)이 공동으로 사용과 유지 가능한 데이터이다.
- **운영 데이터**로써의 데이터베이스: 고유 기능을 수행하는 어떤 조직이나 부서도 자신들만이 사용하고 유지해야 하는 데이터가 있는데 운영 데이터라 한다. DB에 저장한 데이터는 조직이나 부서의 주요 운영 데이터가 된다. 그러나 단순하게 작업 처리 때문에 일시적으로 필요하여 입출력하는 데이터는 운영 데이터로 취급하지 않는다.
- **저장 데이터**로써의 데이터베이스: 책상 위의 종이에 적혀있는 자료가 아니라, 반드시 컴퓨터로 접근할 수 있는 저장매체(디스크, CD 등)에 저장된 데이터를 말하며 자료의 영속성을 보장한다.

(2) 데이터베이스 특성

데이터베이스를 운영함으로써 아래와 같은 **장점**을 얻을 수 있다.

- 데이터 중복의 최소화
- 여러 사용자에 의한 데이터 공유
- 데이터의 일관성 및 무결성
- 정확한 최신의 정보 이용 가능
- 데이터 처리속도 증가
- 백업 및 회복

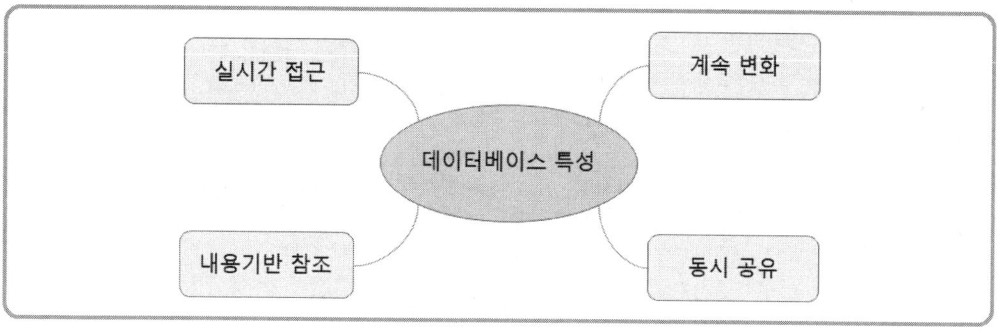

[그림 7.6] 데이터베이스 특성

이러한 데이터베이스는 몇 가지 특성을 가진다. 질의를 실시간으로 처리하고 응답하는 **실시간 접근성**, 특정 데이터를 조회하거나 수정하기 위해서는 저장된 위치나 주소가 아닌 **값**으로 **참조**하는 **내용에 의한 참조**, 여러 사용자가 같은 데이터를 동시에 사용할 수 있어야 하는 **동시 공유**, 정확한 정보를 제공하기 위해서는 최신의 **자료로 계속 갱신, 삽입, 삭제를 해야 하는 계속적인 변화**이다.

7.2 데이터베이스 시스템

7.2.1 데이터베이스 시스템의 구성

데이터베이스 시스템의 구성을 세부적으로 표현하면 다음의 그림과 같이 나타낼 수 있다. 데이터베이스 시스템의 각 구성에 대해 구체적으로 살펴보자.

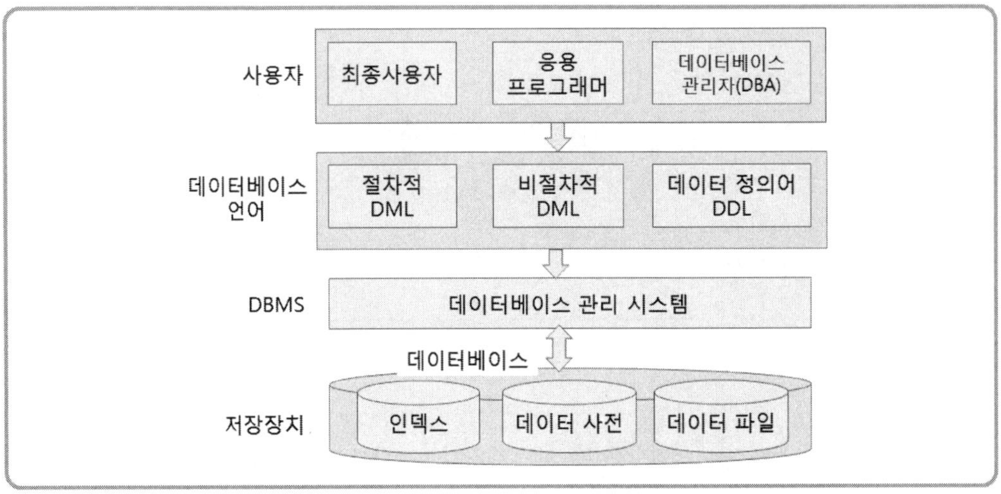

[그림 7.7] 데이터베이스 시스템의 구성

(1) 데이터베이스 사용자

데이터베이스 시스템 사용자는 목적에 따라 [그림 7.8]과 같이 **데이터베이스 관리자**, **응용 프로그래머** 및 **최종 사용자**로 구분할 수 있다.

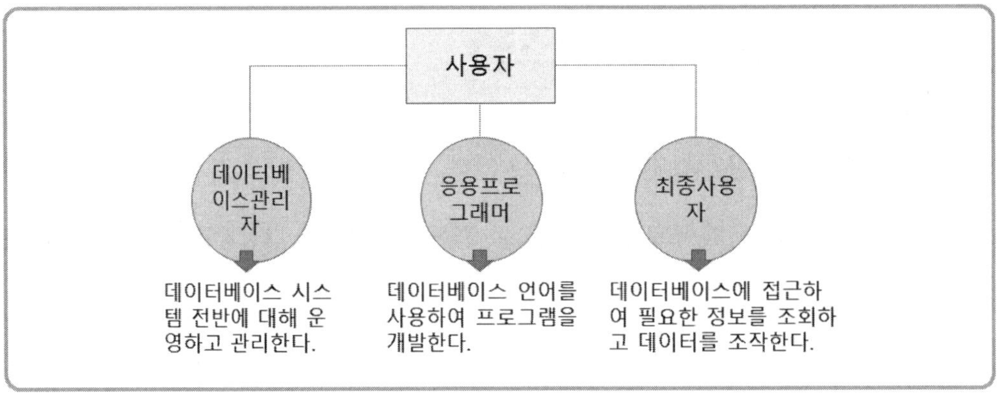

[그림 7.8] 데이터베이스 사용자

■ 데이터베이스 관리자

데이터베이스 관리자는 **데이터베이스 시스템을 총괄 운영하고 관리**한다. 데이터베이스 시스템을 설치, 구축, 갱신, 관리, 분석, 감시하는 일을 맡는다. 구체적으로 데이터베이스 시스템의 고장이나 사용 중에 발생한 문제의 원인을 파악하여 복구하고, 사용자에게 교육과 기술을 지원한다. 데이터베이스를 주기적으로 백업하여 데이터의 손실을 예방한다. 이외에도 데이터베이스에 접근하여 사용자 등록, 데이터의 접근 범위, 읽기/쓰기 권한, 사용자 로그인과 암호 관리를 한다.

데이터베이스를 설계, 구축, 관리, 운영 등 전반적인 업무를 하는데 대규모 데이터베이스가 필요한 조직에서는 **데이터베이스 설계자**가 데이터베이스 설계만 따로 담당한다.

데이터베이스 관리자의 주요 업무를 정리하면 다음과 같다.

① 데이터베이스 구성 요소 선정
② 데이터베이스 스키마 정의
③ 물리적 저장 구조와 접근 방법 결정
④ 무결성 유지를 위한 제약조건 정의
⑤ 보안 및 접근 권한 정책 결정
⑥ 백업 및 회복 기법 정의
⑦ 데이터베이스 시스템 관리
⑧ 시스템 성능 감시 및 성능 분석
⑨ 데이터베이스 재구성
⑩ 사용자 관리

데이터베이스 관리자는 항상 사용자의 요구 사항에 귀 기울이고 시스템 성능을 분석하여, 새로운 변화에 부응하면서 성능을 향상시키는 방향으로 데이터베이스를 구성해야 한다.

■ 응용프로그래머

응용 프로그래머는 **데이터베이스 응용 프로그램을 개발하는 개발자**로서 데이터베이스 관리 프로그램을 사용하여 데이터베이스의 저장 구조를 정의하고 설계하며 DBUS가 제공하는 인터페이스를 이용하여 최종사용자의 요구에 맞는 데이터베이스 응용프로그램을 개발한다.

■ 일반 사용자

일반 사용자는 최종 사용자로서 응용 프로그래머가 개발한 프로그램으로 데이터베이스에 접근하여 자신이 원하는 자료를 사용한다. 조직의 업무를 담당하거나 홈페이지 등에서 상품을 조회하거나 구매하기도 한다.

(2) 데이터베이스 언어

데이터베이스 언어는 사용자가 데이터베이스를 구축하고 활용 및 관리할 때 사용하는 언어이다. 사용자가 언어를 통하여 명령을 내리면 데이터베이스 관리시스템이 해석하고 수행한다. 데이터베이스 언어는 사용목적에 따라 데이터정의어, 데이터조작어 및 데이터제어어로 구분한다. 데이터베이스 관리자와 일반 사용자는 명령어 사용권한이 달라서 데이터베이스 시스템 관련 명령은 데이터베이스 관리자만 사용할 수 있다.

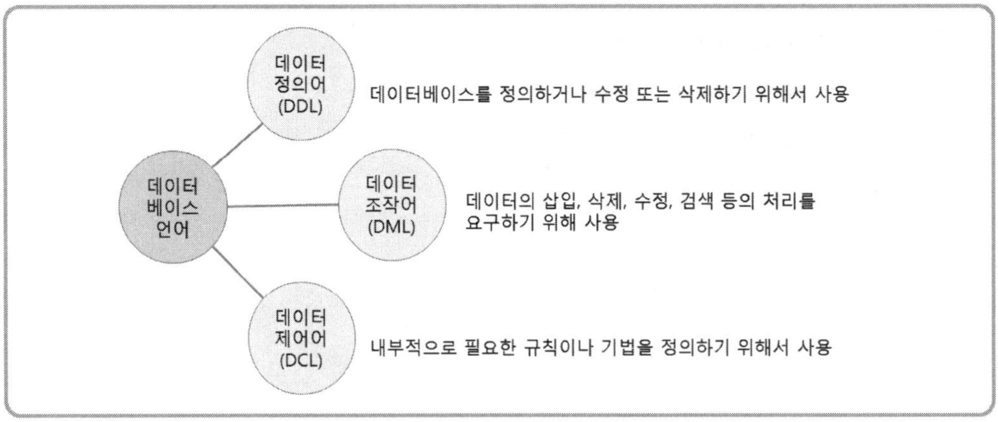

[그림 7.9] 데이터베이스 언어

① **데이터 정의 언어**(DDL, Data Definition Language): 데이터 구조의 생성, 업데이트, 삭제를 위한 언어 또는 언어 요소

② **데이터 조작 언어**(DML, Data Manipulation Language): 데이터의 검색, 등록, 업데이트 및 삭제를 위한 언어 또는 언어 요소

③ **데이터 제어 언어**(DCL, Data Control Language): 필요한 제어를 위한 언어 또는 언어 요소

데이터베이스 언어로서 대중적으로 많이 사용하는 언어는 **SQL**(Structured Query Language)이다. 초기에는 IBM의 관계형 데이터베이스인 시스템에서만 사용되었으나 많은 회사에서 데이터베이스 관리 시스템을 개발하면서 서로 다른 질의어를 제공하거나 이를 변형한 형태로 제공하는 경우가 많았다. 서로 다른 질의어 사용으로 인한 호환성 문제를 해결하고 표준 언어를 정하는 것이 필요하였다. 미국 표준 연구소인 ANSI와 국제 표준화 기구인 ISO에서 SQL를 관계 데이터베이스 표준 질의어로 채택하였다. SQL에서는 위의 모든 언어 요소를 포함하는 다양한 명령문이 하나로 정리된 언어 체계로서 존재하고 있다.

(3) 데이터베이스 관리 시스템

데이터베이스 관리 시스템은 실제로 컴퓨터에 설치하여 사용하는 소프트웨어이다. 물리적인 자료저장소에 데이터베이스를 구축하고, 자료를 일관성있고 무결하게 저장하고 관리하며, DB언어를 통하여 받은 사용자의 자료 생성, 조회, 삭제, 갱신 등을 처리하고 결과를 알려준다.

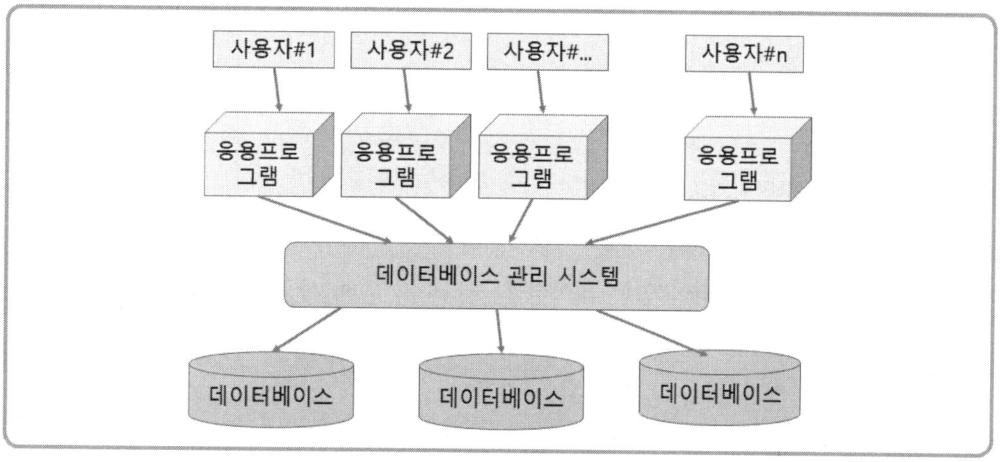

[그림 7.10] 데이터베이스 관리 시스템

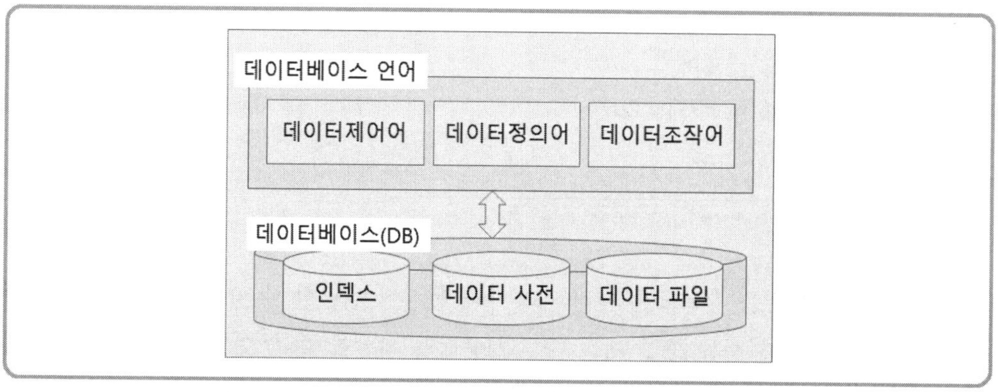

[그림 7.11] 데이터베이스 관리 시스템 구성

데이터베이스 관리 시스템은 데이터베이스를 생성해 운영하는 데 필요한 모든 기능을 제공하는 소프트웨어로서 그 기능을 요약하면 다음과 같다.

■ **자료 정의 및 저장 관리 기능**

① 디스크 기억 장치에 데이터베이스 공간을 할당하여 물리적인 저장 구조를 만들고 이에 접근하는 방법을 제공

② 데이터의 형, 구조, 데이터의 제약조건 등을 명세하는 기능

③ 데이터의 논리적 구조와 물리적 구조 사이의 변환이 가능하도록 구조 사이의 사상(mapping)을 명세하여 하나의 물리적 구조로 여러 응용 프로그램이 요구하는 데이터 구조를 지원하게 하는 것

④ 질의어 고유 기능

■ **질의 처리 및 트랜잭션 기능**

① 데이터 조작어를 이용하는 응용 프로그램을 수행

② 데이터베이스에 저장되어 있는 데이터를 처리하기 위해 사용자가 입력한 요구 사항들을 번역하여 실행할 수 있도록 응용 프로그램과 데이터간의 인터페이스 수단 제공

③ 데이터 요청, 변경 등을 위한 질의를 수행

④ 데이터베이스를 접근하여 데이터의 검색, 삽입, 삭제, 갱신 등의 작업을 위한 사용자와 데이터베이스 사이의 인터페이스 수단을 제공

■ **제어 기능**

① 데이터의 사용권한 제어

② 데이터 무결성과 일관성을 유지

③ 보안과 권한 검사

④ 병행수행 제어(concurrency control)

병행수행 제안 같은 레코드에 여러 사용자가 동시에 접근할 수 없도록 한다. 즉, 어떤 사용자가 한 데이터를 사용 중일 때는 다른 사용자가 사용할 수 없도록 한다. 이외에도 데이터 보호를 위해 패스워드 관리, 장애에 대비한 마스터 파일 이중화 기능도 제공한다.

여러 사용자가 데이터를 표준화하여 동시에 공유하고, 양질의 데이터를 관리 불법적인 접근으로부터 데이터를 보존하고 시스템 장애회복 기능 등의 자료관련 서비스를 제공함으로써 응용프로그램의 개발을 도와주며 비용을 줄일 수 있게 된다.

(4) 데이터베이스 관리 시스템의 종류

최근에는 구축하고자 하는 데이터베이스의 규모와 적용 분야, 구축 비용 등의 요소에 따라 다양한 수준의 DBMS가 출시되고 있다. 대표적인 몇 가지를 꼽으면 마이크로소프트 사의 SQL 서버와 액세스, IBM,사의 DB2와 informix, 오라클사의 Oracle, 사이베이스 사의 Sybase 그리고 공개형으로 다수 사용자를 보유하고 있는 MySQL 등이 있다.

[표 7.2] 데이터베이스 관리 시스템의 종류

DBMS	개발사	특징
MS-SQL 서버	Microsoft	사이베이스(Sybase)를 기반으로 개발한 관계형 데이터베이스로 환경 설정이 비교적 쉽고 오라클보다 가격이 저렴하다.
ACCESS	Microsoft	중소 규모 데이터베이스를 위한 데스크톱용 DBMS로 프로그래밍 언어를 모르는 사용자들도 쉽게 데이터베이스를 구축할 수 있으며, 다른 응용 프로그램들과 자유롭게 자료를 공유할 수 있는 기능을 가지고 있다.
Informix	IBM	유닉스 환경에서 널리 사용되는 대표적인 제품으로, 성능이 뛰어나며 병렬처리를 위한 멀티스레드를 지원, SQL 사용
DB2	IBM	다수의 사용자들이 서로 관계된 여러 개의 데이터베이스를 동시에 접근할 수 있는 대형 데이터베이스를 위한 시스템이다. SQL 사용
Oracle	오라클	유닉스 환경에서 사용되는 RDBMS로는 현재 가장 널리 사용되는 대표적인 제품의 하나이다. SQL 사용
MySQL	MySQL, 썬마이크로시스템즈	세계에서 가장 많이 쓰이는 오픈 소스의 관계형 데이터베이스 관리 시스템(RDBMS)으로 다중 스레드, 다중 사용자 형식의 구조질의어 형식을 지원

7.3 데이터베이스 모델

현실 세계의 데이터를 컴퓨터의 데이터베이스에서 사용하기 위해 컴퓨터 데이터베이스로 옮기는 실제 데이터를 컴퓨터 데이터베이스에서 효율적으로 사용하기 위해 옮기는 변환 과정을 **데이터 모델링**이라 이라고 하며 데이터 모델링을 쉽게 할 수 있도록 도와주는 도구가 **데이터 모델**이다. 데이터모델은 데이터베이스가 어떻게 구조화되고 사용되는지를 알 수 있도록 한다.

현실 세계의 데이터를 컴퓨터 세계의 데이터베이스로 옮기는 작업은 결코 쉽지 않다. 현실 세계와 컴퓨터 세계는 근본적으로 많은 차이가 있고, 현실 세계에 존재하는 엄청나게 많은 데이터 중 필요한 데이터만 선발하는 작업은 상당히 많은 고민과 결정이 필요하기 때문이다. 데이터베이스 모델은 체계적이고 조직적인 데이터베이스 구축의 기반이 된다.

데이터베이스 모델에서 현재까지 대두된 대표적인 세 가지 모델로는 계층형(hierarchical model), 네트워크형(network model), 관계형(relational model)이 있으며, 그 외에도 객체-지향모델, 멀티미디어 모델 등이 있다.

이 장에서는 먼저 파일시스템을 통하여 데이터베이스가 나오기까지의 배경을 살펴보고, 데이터베이스 모델에 대해 설명하도록 한다.

7.3.1 파일 시스템

다듬어지지 않은 데이터를 그대로 컴퓨터의 파일시스템에 저장하여 사용할 수 있다. 다음의 그림은 데이터들을 파일에 순차적으로 저장하는 파일 시스템을 보여주는 예이다.

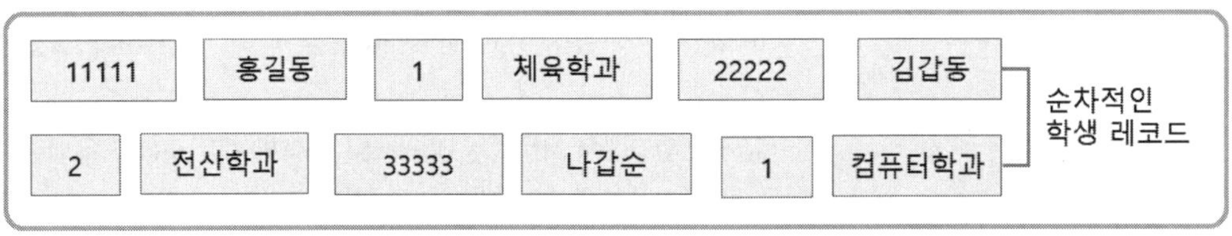

[그림 7.12] 파일 시스템에서의 데이터 저장

파일 시스템에서는 각 응용 프로그램이 필요한 데이터를 별도의 파일로 관리한다. 예를 들어, 대학에서 학생 관리 프로그램, 교수 관리 프로그램, 성적 관리 프로그램의 3개의 응용 프로그램을 갖추고 있다고 하자. 학생 관리 프로그램은 학생 정보를 저장하고 있는 파일을 이용하고, 교수 관리 프로그램은 교수 정보 파일 그리고 성적 관리 프로그램은 성적 정보 파일을 이용한다. [그림 7.13]과 같이 각각의 응용 프로그램들은 개별적인 파일을 이용하여 데이터를 관리한다.

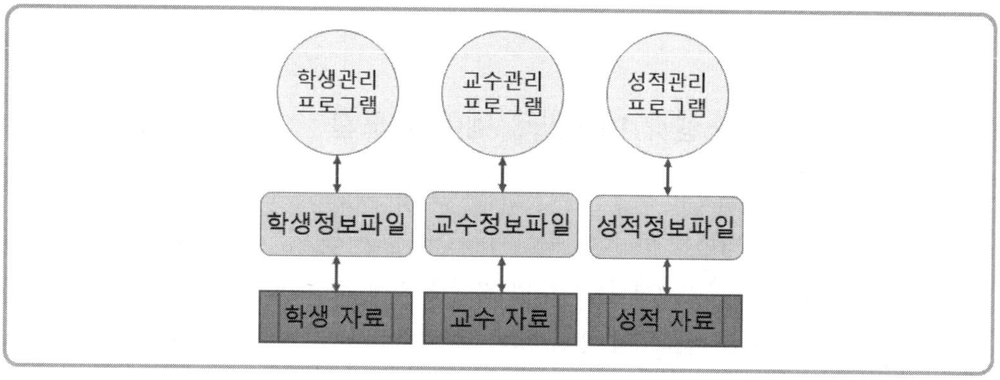

[그림 7.13] 각 응용프로그램에 종속적인 파일시스템

이런 경우의 파일에는 많은 정보가 중복 저장되어 있는데 중복된 정보가 수정되면 관련된 모든 파일을 수정해야 하는 불편함이 있다. 예를 들어, 한 학생이 자퇴하게 되면 학생 정보 파일뿐만 아니라 교수 정보 파일, 성적 정보 파일도 수정해야 한다.

[표 7.3] 파일시스템과 데이터베이스 비교

구 분		파일시스템	데이터베이스
데이터 관리		특정 응용을 위해 필요한 파일들을 별개로 정의	사용자 공용
독립성	데이터 독립성	파일들이 프로그램에 종속됨	프로그램에 독립적으로 데이터 관리
	논리적 독립성	데이터 구조가 바뀌면 프로그램을 이에 맞게 변경	데이터베이스의 논리적 구조 기술만 변경
	물리적 독립성	디스크장치가 바뀌면 데이터의 표현 방식이 바뀌어 프로그램 수정	물리적 기술만 변경함
	데이터 접근	개별 접근 혹은 공통 접근 루틴	DBMS를 통한 접근 (논리적, 물리적 독립성 유지)
데이터 중복성		파일간의 데이터 중복, 비슷한 내용을 포함하고 있어도 상호 교환되지 않음	데이터 일관성, 보안성을 유지하고, 경제성을 높임
무결성		데이터 불일치로 인한 무결성 결핍이 높음	일관성, 제약조건을 통한 무결성 상승
동시접속		협의되지 않은 다수의 프로그램 접근 시 제어가 어려움	동시 액세스 제공

파일시스템에서의 문제점을 해결하기 위해 나온 개념이 데이터베이스다.

7.3.2 계층 데이터 모델과 네트워크 데이터 모델

계층 모델과 네트워크 데이터 모델에서는 데이터들 간의 관계를 친자관계로 표현한다. 계층형에서 한 개의 데이터는 한 개의 부모데이터를 갖는다. 이 구조는 반복적인 부모-자식 관계 정보를 표현한다. 각 부모는 다수의 자식을 가질 수 있고, 자식은 단 하나만의 부모를 가질 수 있다. 어떤 레코드에 관한 모든 속성(attribute)은 엔터티 타입(entity type) 내에 나열한다.

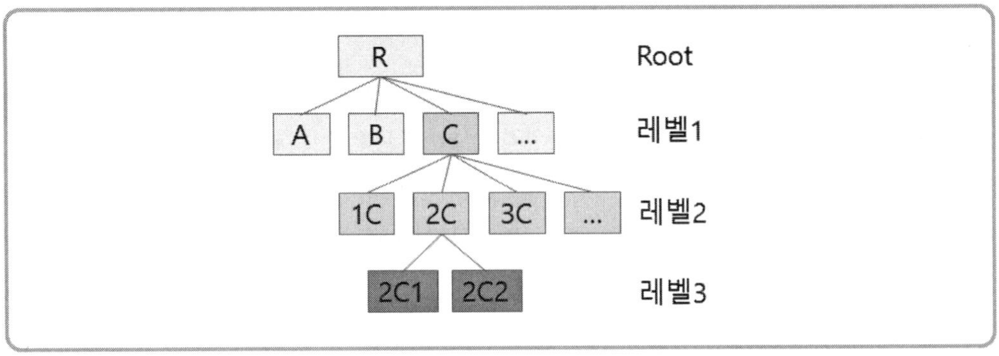

[그림 7.14] 계층형 모델

이 모델에 대한 데이터베이스 구현에서는 하나의 엔티티 타입은 하나의 테이블에 해당한다. 각각의 레코드는 행으로 표현되며, 속성은 열로 표현된다. 엔티티 타입은 엔티티 타입끼리 서로 1:N 매핑 된다.

예를 들어, 계층형 데이터베이스 모델의 한 예는 회사의 직원 목록을 “직원”이라는 이름의 테이블에 저장한다. 이 테이블 안에는 성명, 직위, 봉급 같은 속성(열)이 있을 수 있다. 또한 각 직원의 자녀에 대한 자료도 성명, 생년월일 등의 속성을 갖는 “자녀”라는 이름의 별도의 테이블에 둘 수 있다. “직원” 테이블은 부모 세그먼트를 표현하며, “자녀” 테이블은 자녀 세그먼트를 표현한다. 이 두 세그먼트는 “계층”을 형성 한다: 각각의 직원은 다수의 자녀를 가질 수 있지만, 각각의 자녀는 한 명의 직원을 부모로서 가진다.

한편 네트워크형에서 한 개의 데이터는 여러 개의 부모데이터를 가질 수 있다. 계층형 데이터베이스 모델은 각 레코드가 하나의 부모 레코드와 수많은 자식 레코드를 이루는, 레코드의 트리로 구성하지만, 네트워크 모델은 각 레코드가 여러 부모와 자식 레코드를 가질 수 있게 하여 그래프 구조를 이룬다.

이 데이터모델에서는 데이터의 친자관계를 표시하기 위해 포인터 방식을 사용한다. 포인터란 다음 데이터의 물리적인 저장위치를 지시하는 정보를 말한다.

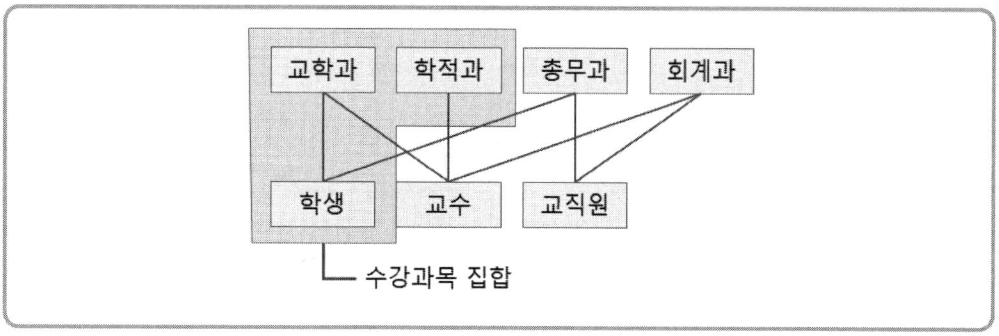

[그림 7.15] 네트워크형 모델

네트워크 데이터 모델은 같은 개체들 사이의 관계를 두 개 이상 표현할 수 있어 데이터의 개념적 구조를 논리적 구조로 좀 더 자연스럽게 모델링할 수 있다. 그러나 계층 데이터 모델보다 구조가 훨씬 복잡해질 수 있어 데이터의 삽입·삭제·수정 등의 연산과 데이터의 검색이 계층 데이터 모델보다 더 어렵다는 문제가 존재한다.

7.3.3 관계형 데이터 모델

관계형 데이터 모델은 [그림 7.16]과 같이 데이터를 테이블 즉, 이차원의 행렬로 나타낸다. 각 행렬은 데이터 뿐 아니라 자료 사이의 관례를 모델링한다. 이와같이 자료 뿐 아니라 관계를 모델한 행렬 또는 테이블을 릴레이션(관계)이라고 하는데 데이터를 조작할 때 집합론에 기초한 수학적 연산, 관계연산(Relation Algebra)를 적용한다.

이와 같이 관계형 데이터 모델에 기반을 둔 데이터베이스를 **관계형 데이터베이스**(Relational DataBase)라고 부르며 데이터베이스라고 하면 관계형 데이터베이스를 의미할 만큼 관계형 데이터베이스를 많이 사용한다.

학생 테이블 ← 테이블(릴레이션, 엔티티)

필드(열, 속성)

레코드 (행, 투플)

학번	이름	학과명	성별	주소
20181201	김철수	컴퓨터	남	대구
20150315	이영희	수학	여	포항
20140527	홍길동	기계공학	남	구미
20171209	이영희	컴퓨터	여	경주
20187363	이강주	사회	여	강릉
20162223	박희동	수학	남	인천
20175037	스미스	수학	남	로스앤젤레스

← 필드명

[그림 7.16] 관계형 데이터 모델의 예: 학생 테이블

그림 7.17은 테이블과 테이블 사이의 관계를 설정하여 표현한 관계형 데이터베이스 모델의 예이다. 이러한 관계형 데이터 모델을 이용하여 관계형 데이터베이스를 구축한다.

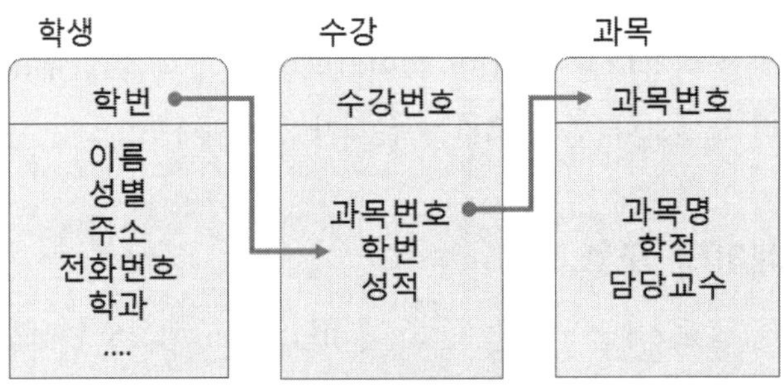

[그림 7.17] 관계형 데이터베이스 모델

관계형 데이터베이스는 테이블, 필드, 레코드, 도메인, 키의 요소로 구성된다. 각 요소는 아래와 같다.

- **테이블**: **관계**(릴레이션)를 엔티티라고도 하며, 열과 행으로 구성한다.
- **필드**: 열을 말하는 것으로 **속성**이라 하며, 데이터 값을 저장하는 단위이다. 학번, 이름, 학과, 성별, 주소를 **필드명**이라 한다.
- **레코드**: 행을 말하는 것으로 **튜플**이라 하며, 각 행의 데이터 내용이다.
- **도메인**: 필드가 가질 수 있는 값들의 집합이다

- **키**: 주어진 관계(릴레이션)의 모든 인스턴스 가운데 유일성을 갖는 여러 개의 속성 집합이다. 키로 데이터를 구별할 수 있기 때문에 **식별자**라고도 한다. 키의 유형에는 표 7.4와 같은 종류가 있다.

[표 7.4] 키의 유형

키 이름	설명
후보키	한 테이블 내에서 데이터 레코드를 고유하게 식별할 수 있는 필드
기본키	후보 키 중에서 대표로 선정된 키
슈퍼키 또는 복합키	두 개 이상의 필드로 구성된 기본키
외래키 또는 참조키	관계가 설정된 다른 테이블의 기본키

이러한 여러 키 사이에서는 그림 7.18과 같은 종속이 있다.

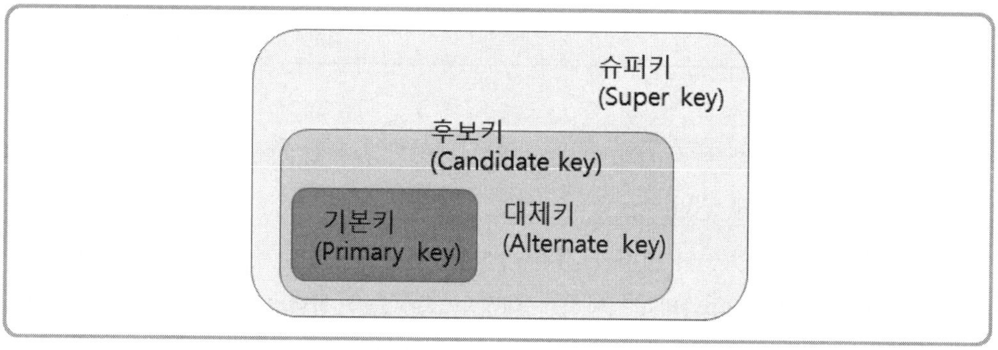

[그림 7.18] 키 사이의 종속

사용자는 관계 데이터베이스에서 키를 이용하여 자료를 검색한다.

7.3.4 관계형 데이터베이스 관리 시스템 (RDBMS)

일상생활에서 데이터를 정리하여 표현할 때 흔히 표와 같은 방법을 사용하게 되는데, 관계형 데이터베이스는 이 '표(테이블)'의 개념을 사용해서 데이터를 구성하는 방법을 사용한다.

관계형 데이터베이스 시스템에서 사용자에게 보이는 데이터는 테이블이며 사용자에 의해 수행되는 연산들은 저장되어 있는 테이블로부터 새로운 테이블을 생성하는 연산이다.

이러한 연산들로는 SELECT, PROJECT, JOIN 등이 있다. 간단한 예로 다음과 같은 학생과 학과 데이터베이스가 있다.

테이블 이름 : 학생

학번	이름	학년	학과
11111	홍길동	4	기계공학
22222	이영희	2	수학
33333	김철수	1	컴퓨터

테이블 이름 : 학과

학과번호	학과	정원
D1	기계공학	50명
D2	수학	10명
D3	컴퓨터	30명

첫 번째 표에서 각행은 하나의 학생에 대한 데이터들의 묶음이 되고, 각 열은 학생의 속성들의 값을 나타내게 된다.

위의 예에서 볼 수 있듯이 여러 가지의 속성을 가진 대상들의 데이터를 나열할 때 테이블의 형태가 된다. 이렇게 나타내고자하는 대상의 속성들을 묶어 하나의 행을 만들고 이들 행들의 집합으로 데이터를 나타내는 것이 관계형 데이터베이스이다.

데이터들이(릴레이션) 테이블로 구성되어 있으면 수학에서의 관계대수(relation algegra) 연산을 적용시켜 다음과 같이 데이터를 추출해 낼 수 있다.

SELECT(또는 RESTRICT) **연산**은 테이블로부터 지정된 행을 추출해낸다.

SELECT(RESTRICT) : 학과 where 정원 > 25명

학과번호	학과	정원
D1	기계공학	50명
D3	컴퓨터	30명

PROJECT **연산**은 테이블로부터 특정한 열을 추출해낸다.

PROJECT : 학생 over 학번, 이름

학번	이름
11111	홍길동
22222	이영희
33333	김철수

JOIN 연산은 공통 행을 기준으로 두 테이블을 합치는 연산을 수행한다. 참고로 JOIN 연산은 반드시 공통된 열이 있어야 한다. 만약 두 테이블에 공통된 열이 있더라도 일치하는 값이 없다면 JOIN 연산은 제대로 수행이 되지 않을 수도 있다.

JOIN : 학과 and 학생 over 학과

학과	학과번호	정원	학번	이름	학년
수학	D1	50	22222	이영희	2
기계공학	D2	10	11111	홍길동	4
컴퓨터	D3	30	33333	김철수	1

지금까지 설명한 바와 같이 관계로 자료를 만들고, 저장하고 질의어를 처리하며 자료를 CRUD할 수 있게 처리하는 시스템이 관계형 DUMS이다.

7.3.5 데이터베이스 스키마

데이터베이스 스키마(schema)는 데이터베이스의 구조와 조건에 관한 전반적인 명세를 기술한 것으로 **데이터베이스에서 자료의 구조, 자료의 표현 방법, 자료 간의 관계를 형식 언어로 정의한 구조**로서 데이터베이스의 자료저장 구조를 이해하기 위한 기본 자료가 된다. 미국의 표준화 기관인 ANSI/SPARC에서 데이터베이스의 복잡한 내부구조를 감추고 사용자 입장에서 쉽게 이해하고 이용할 수 있도록 3단계 데이터베이스 스키마를 제안하였다.

3단계 데이터베이스 구조는 하나의 데이터베이스를 세 단계로 나누어 이해한다. 즉, 개별 사용자 관점에서 바라보는 **외부 단계**(external level), 조직 전체의 관점에서 바라보는 **개념 단계**(conceptual level), 물리적인 저장 장치의 관점에서 바라보는 **내부 단계**(internal level)로 나누어 이해한다.

스키마의 3단계를 그림으로 표현하면 다음과 같다.

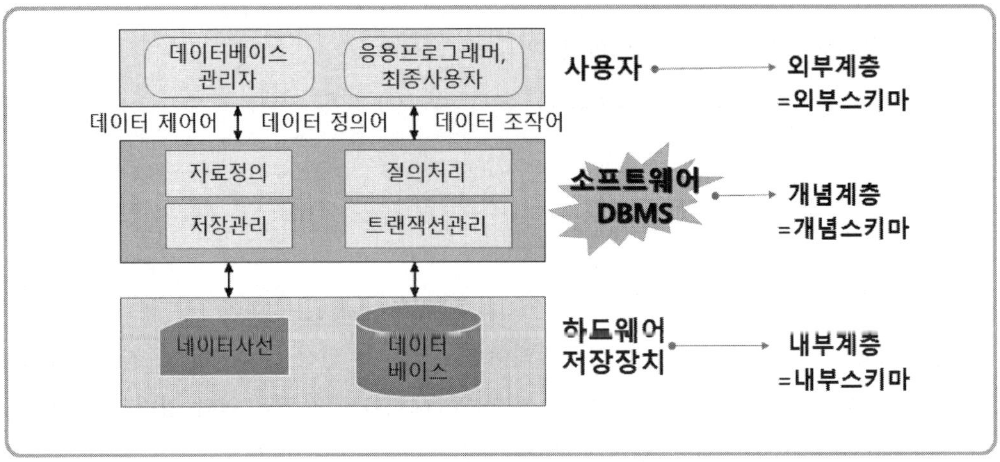

[그림 7.19] 데이터베이스 스키마

(1) 외부 스키마(external schema)

- 사용자나 응용 프로그래머가 각 개인의 입장에서 필요로 하는 데이터베이스의 논리적 구조를 정의한 것
- 전체 데이터베이스의 한 논리적 부분으로 볼 수 있으므로 서브스키마라고도 한다.
- 하나의 데이터베이스에는 여러 개의 외부 스키마가 존재할 수 있으며, 하나의 외부 스키마는 여러 개의 응용 프로그램이나 사용자가 공유한다.
- 동일한 데이터베이스에 대해서 서로 다른 관점을 정의할 수 있도록 허용

(2) 개념 스키마(conceptual schema)

- 데이터베이스의 전체적인 논리적 구조로서, 모든 응용 프로그램이나 사용자들이 필요로 하는 데이터를 통합한 조직 전체의 데이터베이스 명세로서 하나만 존재
- 개체 간의 관계와 제약조건을 나타내고 데이터베이스의 접근 권한, 보안 정책 및 무결성 규정에 관한 명세를 정의
- 경북대 데이터베이스

(3) 내부 스키마(internal schema)

- 데이터베이스의 물리적 구조를 정의
- 물리적 저장장치의 관점에서 본 전체 데이터베이스의 명세
- 개념 스키마의 물리적 저장 구조에 대한 정의를 기술

데이터베이스 하나를 세 단계로 나누고, 각 단계별로 다른 추상화(abstraction)를 제공하여 데이터베이스를 효과적으로 관리할 수 있다. 3단계 데이터베이스 구조를 통해 모든 데이터가 어떻게 저장되고 유지되는지와 관련된 복잡한 내용을 숨기고 필요한 데이터만 단순화한 외부 단계의 관점을 일반 사용자들에게 제공할 수 있다.

데이터베이스 관리 시스템(DBMS)은 주어진 설정에 따라 데이터베이스 스키마를 생성하며, 사용자가 데이터베이스 자료를 저장, 조회, 삭제, 변경할 때 데이터베이스 스키마를 참조하여 명령을 수행한다. 스키마는 데이터베이스를 구성하는 개체(entity), 속성(attribute), 관계(relation) 및 데이터 조작 시 데이터 값들이 갖는 제약조건 등에 관해 전반적으로 정의한다.

데이터베이스 스키마의 구성 요소는 다음과 같다.

(1) 개체(entity)

- 사람, 장소, 사물, 사건 등과 같이 독립적으로 존재하면서 고유한 현실세계의 객체(object)
- 데이터베이스의 대상
- 데이터베이스 내에 표현하고자 하는 정보를 포함하는 유무형의 객체
- 결과적으로 테이블(관계)
- 학생, 교수, 학과, 과목, 수강 등으로 표현

(2) 속성(attribute)

- 개체의 성질, 분류, 식별, 수량, 상태 등을 나타내는 세부 항목
- 열(column) 항목, 학생개체의 속성 예 : 학번, 이름, 주민등록번호. 주소, 전화번호 등

(3) 관계(relation)

- 두 개 이상의 개체 사이에 존재하는 연관성으로 개체-관계 모델의 중요한 요소

고객과 관련된 데이터인 고객번호, 이름, 나이, 주소를 저장한다고 가정해보자. 고객번호는 정수로, 이름은 최대 10자의 문자열로, 나이는 정수로, 주소는 최대 20자의 문자열만 허용하기로 했다면 정해진 이 모든 내용이 스키마다. 그리고 정의된 스키마에 따라 데이터베이스에 실제로 저장된 값은 인스턴스(instance)다. 보통 스키마는 한번 정의되면 자주 변경되지 않지만, 인스턴스는 계속 변하는 특성이 있다.

7.4 SQL(Structured Query Language)

SQL은 관계형 데이터베이스의 생성 조작 및 질의를 위한 표준 언어이다. 데이터베이스 관리 시스템은 SQL를 해석하고 SQL 내용에 따라 릴레이션(테이블)을 생성, 조회, 수정, 삭제하며 테이블에 자료를 생성, 조회, 갱신, 삭제한다.

7.4.1 데이터 정의어 (Data Definition Language)

데이터 정의어란 말 그대로 데이터베이스에 저장하는 **데이터들을 정의하는 언어**다. SQL의 데이터 정의 언어의 문장은 관계형 데이터베이스의 구조를 정의하는데, 구조는 튜플(행), 속성(열), 관계(테이블), 인덱스 파일 위치 등 데이터베이스 고유의 특성을 포함한다.

SQL 데이터 정의에 대한 주요 기능은 아래와 같이 도메인을 정의하거나 테이블을 정의하는 내용이 주축이 된다.

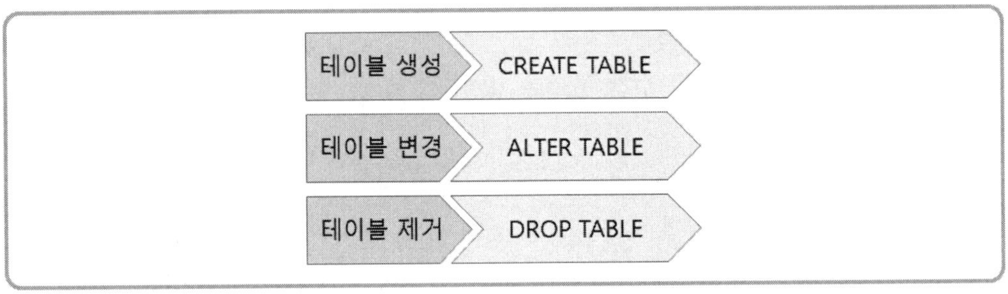

[그림 7.20] Relation 정의

- CREATE : 데이터베이스 릴레이션(테이블), VIEW, 인덱스, 저장 프로시저 만들기
- ALTER : 데이터베이스 개체에 대한 변경, RENAME의 역할
- DROP : 데이터베이스 관계(테이블), 뷰, 인덱스, 저장 프로시저 제거
- TRUNCATE : 관계 (테이블)에서 데이터를 돌이킬 수 없도록 제거

(1) 테이블 생성

테이블을 생성하는 SQL 명령어는 CREATE TABLE이다. CREATE TABLE 문은 생성할 테이블을 구성하는 속성들의 이름과 데이터 타입 및 제약 사항에 대한 정의, 기본키·대

체키·외래키의 정의, 데이터 무결성을 위한 제약조건의 정의 등을 포함한다. CREATE TABLE 문의 기본 형식은 다음과 같다.

```
CREATE TABLE_테이블_이름 (
  ① 속성_이름 데이터_타입 [NOT NULL] [DEFAULT 기본값]
  ② [PRIMARY KEY (속성_리스트)]
  ③ [UNIQUE (속성_리스트)]
  ④ [FOREIGN KEY (속성_리스트) REFERENCES 테이블_이름(속성_리스트)]
     [ON DELETE 옵션] [ON UPDATE 옵션]
  ⑤ [CONSTRAINT 이름] [CHECK(조건)]
);
```

①은 테이블을 구성하는 각 속성의 이름과 데이터 타입과 기본적인 제약 사항을 정의한다.
②는 기본키로 테이블에 하나만 존재할 수 있다.
③은 대체키로 테이블에 여러 개 존재할 수 있다.
④는 외래키로 테이블에 여러 개 존재할 수 있다.
⑤는 데이터 무결성을 위한 제약조건으로 테이블에 여러 개 존재할 수 있다.
그리고 [ ]로 표시한 항목은 생략이 가능하다.

SQL 문은 세미콜론(;)으로 문장 끝을 표시하며 SQL 문에 사용되는 CREATE TABLE, NOT NULL과 같은 키워드는 대소문자를 구분하지 않는다.

[예제] 학생 테이블은 학번, 이름, 학년, 지도교수, 학과, 성적 등의 속성으로 구성되고, 학번 속성이 기본키이다. 이름과 학번 속성은 값을 반드시 입력해야 하고, 성적 속성은 값을 입력하지 않으면 0이 기본으로 입력되도록 학생 테이블을 생성해보자.

```
CREATE TABLE 학생 (
학번 VARCHAR(10) NOT NULL,
이름 VARCHAR(10) NOT NULL,
학년 INT,
지도교수 VARCHAR(10) NOT NULL,
학과 VARCHAR(20),
```

```
성적 INT DEFAULT 0,
PRIMARY KEY(학번)
);
```

기본키로 지정한 속성은 굳이 NOT NULL을 표기하지 않아도 자동으로 NOT NULL 특성을 갖지만, 기본키로 사용할 속성은 널 값을 가질 수 없다는 제약조건을 더 명확히 표현하기 위해 NOT NULL을 표기했다.

(2) 테이블 변경

테이블에 새로운 속성을 추가하는 ALTER TABLE 문의 기본 형식은 다음과 같다.

```
ALTER TABLE 테이블_이름
ADD 속성_이름 데이터_타입 [NOT NULL] [DEFAULT 기본값];
```

[예제] 테이블 생성의 예의 [예제]에서 생성한 학생 테이블에 생일 속성을 추가해보자.

```
ALTER TABLE 학생 ADD 생일 DATETIME;
```

나이 라는 정수형 데이터 값을 가지는 칼럼을 추가시키도록 하고, 사용자가 임의의 값을 부여하지 않으면 0을 기본으로 갖도록 하자.

```
ALTER TABLE 학생 ADD 나이 INTEGER DEFAULT 0;
```

(3) 테이블 제거

CREATE TABLE 문으로 생성한 테이블은 DROP TABLE 명령어로 제거할 수 있다. 테이블을 제거하는 DROP TABLE 문의 기본 형식은 다음과 같다.

```
DROP TABLE 테이블_이름 CASCADE ¦ RESTRICT;
```

DROP TABLE 문을 작성할 때 삭제할 테이블을 참조하는 다른 테이블도 함께 삭제하려면 CASCADE를 지정한다. 반대로 삭제할 테이블을 참조하는 테이블이 있으면 삭제가 수행되지 않도록 하려면 RESTRICT를 지정한다.

[예제] 학생 테이블을 삭제하되, 학생 테이블을 참조하는 다른 테이블이 존재하면 삭제가 수행되지 않도록 해보자.

```
DROP TABLE 학생 RESTRICT;
```

7.4.2 데이터 조작어 (Data Manipulation Language)

데이터 조작 언어는 말 그대로 테이블에 저장된 **데이터들을 조작**하는 데 필요한 언어이다. SQL의 데이터 조작 기능은 네 가지, 즉 데이터 검색, 새로운 데이터 삽입, 데이터 수정 및 데이터 삭제로 구성되어 있다. 검색하는 명령어로는 **SELECT**가 있고, 수정하는 명령어로는 **UPDATE**, 삽입 **INSERT**, 삭제 명령어로 **DELETE**가 있다.

데이터 조작 기능 4가지를 위한 SQL 문의 작성 규칙을 차례로 알아보자.

[그림 7.21] SQL의 데이터 조작어

(1) 데이터 검색

테이블에서 원하는 데이터를 검색하기 위해 필요한 SQL 문은 **SELECT**이다. SELECT 문은 다양한 검색 유형을 지원하며, 일반 사용자들이 가장 많이 사용하므로 꼼꼼히 살펴볼 필요가 있다.

기본 검색을 위한 SELECT 문의 기본 형식은 다음과 같다.

```
SELECT [ALL ¦ DISTINCT] 속성_리스트 FROM 테이블_리스트
[WHERE 조건];
```

SELECT 키워드와 검색하고 싶은 속성의 이름을 쉼표(,)로 구분하여 차례로 나열하고 FROM 키워드와 함께 검색하고 싶은 속성이 있는 테이블의 이름을 쉼표(,)로 구분하여 차례로 나열한다. SELECT 문은 검색 결과를 테이블 형태로 반환한다.

조건을 만족하는 데이터를 검색하는 SELECT 문의 기본 형식은 다음과 같다.

WHERE 키워드와 함께 검색조건을 명시하는데 비교 연산자와 논리 연산자를 이용한 검색 조건을 나타낸다. 조건에서는 비교 연산자를 이용해 숫자뿐만 아니라 문자나 날짜 값 등 다양한 자료형을 비교할 수 있다.

예제를 통해 SELECT 문의 기본 작성 규칙을 알아보자.

[예제] 다음의 SELECT 문을 실행했을 때의 결과를 유추해보자.

```
SELECT 학번, 이름, 학과 FROM 학생;

SELECT DISTINCT 학년, 학번 FROM 학생 WHERE 학과 = '컴퓨터학부';

SELECT 학년, 학번 FROM 학생 WHERE 학년 = 1;

SELECT 이름, 학과, 지도교수 FROM 학생
WHERE 학과 = '컴퓨터학부' AND 학년 = 4;
```

(2) 데이터 삽입

테이블에 새로운 튜플을 삽입하기 위해 INSERT 문을 사용한다. 첫째는 테이블에 튜플을 직접 삽입하는 방법이고, 둘째는 부속 질의문을 이용해 튜플을 삽입하는 방법이다.

테이블에 튜플을 직접 삽입하는 INSERT 문의 기본 형식은 다음과 같다.

```
INSERT INTO 테이블_이름[(속성_리스트)]
VALUES (속성값_리스트);
```

INTO 키워드와 함께 튜플을 삽입할 테이블의 이름을 제시한 후, 속성의 이름을 나열하는데 이 나열 순서대로 VALUES 키워드 다음의 속성 값들이 차례로 삽입된다. INTO 절의 속성 이름과 VALUES 절의 속성 값은 순서대로 일대일 대응되고 개수도 같아야 한다. INTO 절에서 속성 이름의 리스트는 생략할 수 있는데, 생략한 경우에는 테이블을 정의할 때 지정한 속성의 순서대로 VALUES 절의 속성 값이 삽입된다. VALUES 절에 나열되는 속성 값은 문자나 날짜 타입의 데이터인 경우에는 작은따옴표로 묶어야 한다.

[예제] 학사관리 데이터베이스의 학생 테이블에 학번이 201800001, 이름이 최유경, 학년 3 학년, 지도교수 '나향기', 학과 '기계공학과', 성적 100 인 학생의 정보를 삽입해보자. 그런 다음 학생 테이블에 있는 모든 내용을 검색하여 삽입된 새로운 튜플을 확인해보자.

```
INSERT INTO 학생(학번, 이름, 학년, 지도교수, 학과, 성적)
VALUES ('201800001', '최유경', 3, '나향기', '기계공학과', 100);

SELECT * FROM 학생;
```

다음은 특정 필드를 지정하여 학생 테이블에 데이터를 추가하여 보자.

```
INSERT INTO 학생 VALUES (2018012001, '백두산', 3, '기계공학과');


INSERT INTO 학생 (학번, 이름, 학과)
        VALUES (20180120014, '백두산', '기계공학과');


INSERT INTO 학생 SELECT 학번, 이름, 학년, 학과
        FROM 학생&교수 WHERE 지도교수 = '신민경';
```

(3) 데이터의 수정

테이블에 저장된 데이터를 수정하기 위해 UPDATE 문을 사용한다. UPDATE 문의 기본 형식은 다음과 같다.

```
UPDATE 테이블_이름 SET 속성_이름1 = 값1, 속성_이름2 = 값2, · · ·
[WHERE 조건];
```

UPDATE 문은 테이블에 저장된 튜플에서 특정 속성의 값을 수정한다. 값을 어떻게 수정할 것인지는 SET 키워드 다음에 지정한다. WHERE 절에 제시된 조건을 만족하는 튜플만 속성 값을 수정하는데, WHERE 절을 생략하면 테이블에 존재하는 모든 튜플을 대상으로

SET 절에서 지정한대로 속성 값을 수정한다.

[예제] 학생 테이블에서 학번이 '2018045090'인 학생의 주소를 '대구 달서구 장산로 20'으로 수정해보자. 그런 다음 학생 테이블의 모든 내용을 검색하여 수정 내용을 확인해보자.

```
UPDATE 학생
SET 주소 = '대구 달서구 장산로 20'
WHERE 학번 = '2018045090';

SELECT * FROM 학생;
```

(4) 데이터 삭제

테이블에 저장된 데이터를 삭제하기 위해 필요한 SQL 명령어는 DELETE이다. DELETE 문의 기본 형식은 다음과 같다.

```
DELETE FROM 테이블이름
[WHERE 조건];
```

DELETE 문은 WHERE 절에 제시한 조건을 만족하는 튜플을 삭제한다. WHERE 절을 생략하면 테이블에 존재하는 모든 튜플을 삭제하여 빈 테이블이 된다.

[예제1] 학생 테이블에서 학번이 '2018045090' 인 학생을 삭제해보자. 그런 다음 학생 테이블의 모든 내용을 검색하여 삭제 여부를 확인해보자.

```
DELETE FROM 학생 WHERE 학번 = '2018045060';
SELECT * FROM 학생;
```

[예제2] 다음의 명령문을 실행하여 어떻게 결과가 나타나는지 확인해보자.

```
DELETE 학생;
DELETE 학생 WHERE 학년 < 2;
```

7.4.3 데이터 제어어(Data Control Language)

데이터 제어어는 **데이터베이스 보안**과 **데이터의 정확성**을 위한 무결성 유지 및 시스템 장애 대비 등 **데이터베이스를 제어**하기 위한 기능을 시행하는 언어다.

데이터베이스 관리 시스템은 데이터베이스의 보안을 유지하기 위해, 계정이 발급된 사용자가 로그인에 성공했을 경우에만 데이터베이스에 접근이 가능하도록 하는 접근 제어 기능을 기본으로 제공한다.

새로운 사용자의 계정과 암호를 생성하고, 기존 사용자의 계정 변경 및 제거 등 사용자 계정 관리는 데이터베이스 관리자가 담당한다. 데이터베이스 관리자는 데이터베이스 전체의 보안을 관리하기 위해 필요한 모든 권한을 가지고 있다.

로그인한 사용자가 모든 데이터베이스를 사용할 수 있고 권한을 가지는 것은 아니다. 사용자별로 데이터베이스의 사용 범위와 수행 가능한 작업을 제한할 수 있어, 각 사용자는 자신에게 허용된 권한 내에서만 데이터베이스를 사용할 수 있는데 보안을 위한 데이터 단위는 데이터베이스 전체부터 특정 테이블의 특정 행과 열 위치에 있는 특정 데이터 값에 이르기까지 다양하다.

데이터 제어언어에 속하는 SQL문 명령에는 다음과 같은 것이 있다.

```
COMMIT : 데이터 변경을 확정한다.
ROLLBACK : 데이터의 변경을 취소한다.
GRANT : 데이터를 조작하는 권한을 사용자에게 준다.
REVOKE : 데이터를 조작하는 권한을 사용자로부터 박탈한다.
```

SQL 문을 이용해 데이터베이스 객체에 사용 권한을 부여하거나 부여한 권한을 취소하는 방법을 알아보도록 한다.

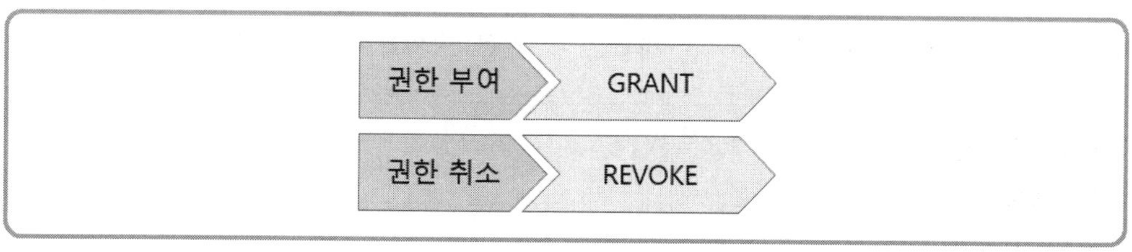

[그림 7.22] SQL의 데이터 제어어

(1) 권한의 부여

객체의 소유자가 다른 사용자에게 객체 사용 권한을 부여하기 위해 필요한 SQL 명령어는 GRANT이다. GRANT 문의 기본 형식은 다음과 같다.

```
GRANT 권한명
ON 객체명
TO 부여할 사용자 이름과 다른 데이터베이스 역할 이름
[WITH GRANT OPTION];
```

WITH GRANT OPTION : 권한을 부여 받은 사용자도 부여 받은 권한을 다른 사용자 또는 역할에게 부여할 수 있게 된다.

GRANT 문을 이용해 테이블에 대한 사용 권한을 부여하는 예제를 살펴보자.

[예제] 학생 테이블에 대한 검색 권한을 사용자 '경대인'에게 부여하도록 해보자.

GRANT SELECT ON 학생 TO 경대인;

[예제]의 GRANT 문이 실행되면 사용자 경대인은 학생 테이블에 접근하여 원하는 데이터를 검색할 수 있는 권한을 가지게 된다. 하지만 사용자 경대인은 부여받은 권한을 다른 사용자에게는 부여할 수 없다.

(2) 권한의 취소

데이터베이스 관리자가 다른 사용자에게 부여한 시스템 권한을 취소할 때도 REVOKE 문을 이용한다. 단, 특정 객체에 대한 권한을 취소하는 것이 아니므로, 시스템 권한을 취소하고자 할 때는 REVOKE 문에서 객체를 지정할 필요가 없다.

GRANT 명령어를 통해 다른 사용자에게 권한을 부여한 사용자가 자신이 부여한 권한을 취소할 수도 있다. 다른 사용자에게 부여된 객체의 사용 권한을 취소하기 위해 필요한 SQL 명령어는 REVOKE이다. REVOKE 문의 기본 형식은 다음과 같다.

```
REVOKE 권한명
ON 객체명
FROM 사용자명
CASCADE ¦ RESTRICT;
```

[예제] '학생' 테이블에서 '경대인'에게 부여한 검색 권한을 회수하여 보자.

REVOKE SELECT ON 학생 FROM 경대인;

7.5 데이터베이스 설계

데이터베이스 설계는 사용자들의 요구 사항을 고려하여 데이터베이스를 생성하는 과정이다. 데이터베이스가 구축되면 데이터베이스를 구조를 변경하기 어렵기 때문에 설계 과정에서부터 품질 좋은 데이터베이스를 생성해야 한다. 이를 위해서는 사용자들의 요구사항을 잘 분석하고 분석한 결과를 바탕으로 데이터베이스의 논리적, 물리적 구조를 설계해야 한다.

데이터베이스 설계 순서는 다음과 같다.

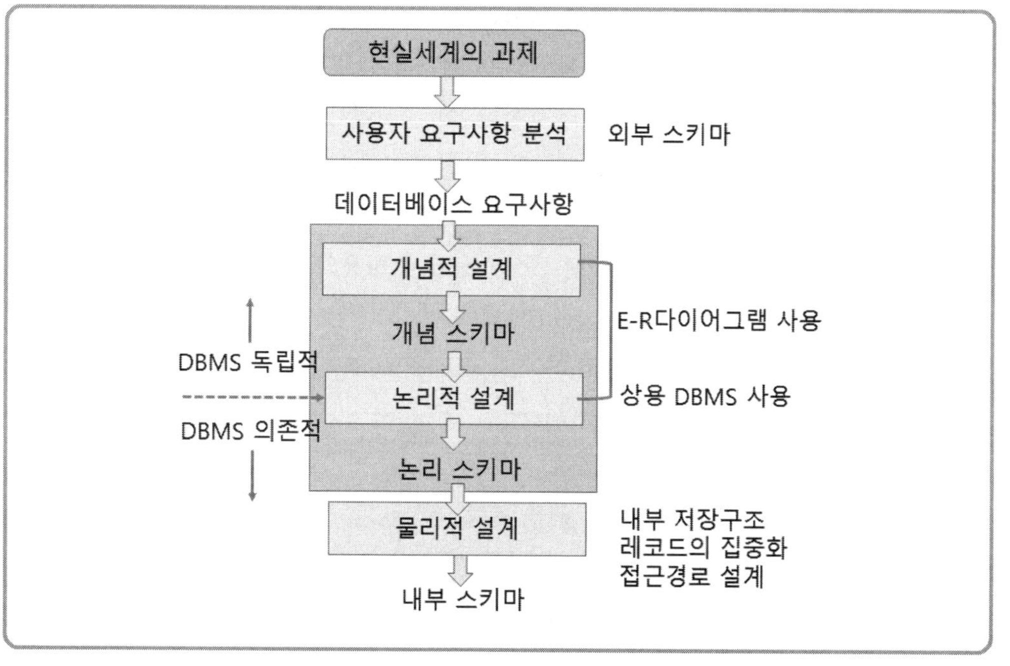

[그림 7.23] 데이터베이스의 스키마에 따른 설계 단계

(1) 사용자 요구 사항 분석

데이터베이스 설계는 요구사항분석 단계부터 시작한다. 요구사항 분석단계에서는 조직의 구성원들이 데이터베이스를 사용하는 용도를 파악한다. 여기에서 파악한 요구사항은 이후의 설계단계에서 중요하게 사용되고 구축된 데이터베이스의 성능을 결정짓는 중요한 기준이 된다.

- **목적** : 데이터베이스를 구축하려는 사용자들의 목적이 무엇인지 파악
- **방법** : 데이터베이스 구축 목적, 업무 흐름, 개발 범위 등 사용자와 개발 환경에 대한 여러 가지 요구사항을 면담과 문서를 통해 분석
- **산출물** : 요구 사항 명세서, 업무흐름도

(2) 개념적 설계

현실 세계에 존재하는 데이터를 의미 있는 엔티티와 엔티티 내의 공통된 속성과 엔티티들 사이의 관계를 정의하는 추상화 과정으로 현실세계를 추상화하여 개념적으로 표현하여 이해하기 쉽게 할뿐 아니라 의사소통을 원활하게 해주는 과정을 의미한다.

개념적 설계 단계에서 요구사항 분석 단계의 결과물인 요구 사항 명세서를 개념적 데이터 모델로 변환하는 '**개념적 모델링**'을 진행한다. 이 단계에서 도출한 **E-R(개체-관계) 다이어그램**과 같이 개념적 데이터 모델로 표현한 결과물을 개념적 구조 또는 개념적 스키마라고 한다.

다음의 표 7.5는 ERD(Entity-Relationship Diagram)에서 사용되는 용어들이다.

[표 7.5] ERD에서 사용되는 용어들

ERD용어	설명
엔티티	관리 대상이 되는 정보를 갖고 있는 사람, 사물, 사건, 개념 등을 의미
속성	성질이나 상태 등 엔티티가 가질 수 있는 세부적인 특성
인스턴스	엔티티의 구체적인 단일 사례
기본 키	인스턴스를 서로 구별할 수 있는 유일한 값
관계	엔티티 간의 연관성
참조 키	관계가 설정된 두 테이블에서 다른 테이블을 참조할 때 사용되는 속성 값

E-R 다이어그램은 다대 다, 일대 다, 다대 일, 일대 일 중의 하나로 구성되며, E-R 다이어그램을 이용하여 논리설계를 진행하면 테이블들을 구성할 수가 있다. E-R 다이어그램은 네 가지 구성요소를 가지게 된다.

- **사각형** : 엔티티 집합을 나타낸다.
- **타원** : 속성을 나타낸다.
- **마름모** : 관계 집합을 나타낸다.
- **선** : 엔티티 집합과 그의 속성 및 관계 집합과 엔티티 집합을 연결한다.

다음은 E-R 다이어그램의 구성 요소들의 표현 도구들이다.

다이어그램이름	기호
개체	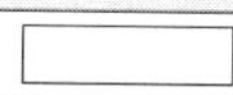
관계성	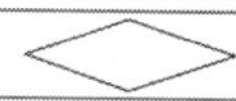
속성	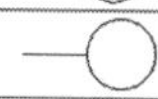
키속성	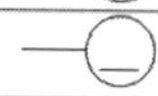
다중값속성	
복합속성	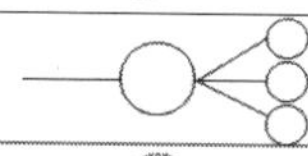
유도속성	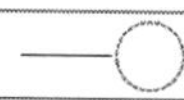
일반화계층	
서브세트	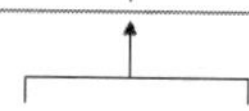
위크개체(의존개체)	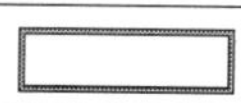

[그림 7.24] E-R 다이어그램 표현 도구

(3) 논리적 설계

개념적 모델에서는 DBMS에 구애받지 않고 설계가 진행되지만 논리적 설계에서는 컴퓨터가 이해할 수 있는 논리적 데이터 모델로 변환한다. 개발에 사용할 DBMS에 적합한 논리적 데이터 모델을 구축할 때 개념적 설계 단계에서 생성한 개념적 구조를 기반으로 진행한다.

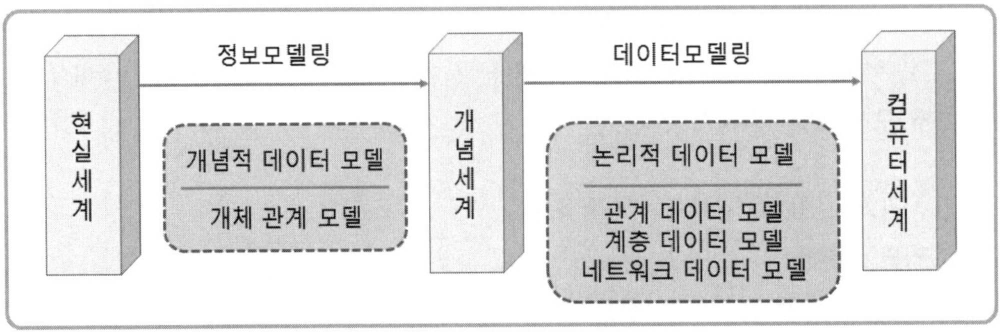

[그림 7.25] 개념적 데이터 모델과 논리적 데이터 모델

DBMS의 종류에 따라 네트워크 데이터 모델, 계층 데이터 모델, 관계 데이터 모델, 객체지향 데이터 모델 등을 논리적 데이터 모델로 사용할 수 있는데, 일반적으로 관계 데이터 모델을 많이 사용한다. 관계 데이터 모델을 사용한다면 개념적 설계 단계에서 생성한 E-R 다이어그램을 릴레이션(테이블) 스키마로 변환하여 RDBMS가 처리할 수 있도록 하는 것이 논리적 설계 단계에서 수행하는 주요 작업이다.

논리적 데이터 모델로 표현된 결과물을 논리적 구조 또는 논리적 스키마라고 한다.

(4) 물리적 설계(데이터 구조화)

물리적 설계 단계에서는 논리적 설계 단계에서 생성된 논리적 구조를 기반으로 물리적 구조를 설계한다. 저장 장치에 적합한 저장 레코드와 인덱스의 구조 등을 설계하고, 저장된 데이터와 인덱스에 빠르게 접근하게 할 수 있는 탐색 기법 등을 정의한다.

데이터베이스를 실제로 구축할 컴퓨터 시스템의 저장 장치와 운영체제의 특성을 고려하여, 효율적인 성능을 지원하면서도 사용할 DBMS로 구현이 가능한 물리적인 구조를 설계하는 것이 물리적 설계 단계에서 수행하는 주요 작업이다

(5) 데이터베이스 구축

데이터베이스 구축 단계에서는 이전 설계 단계의 결과물을 기반으로 DBMS에서 SQL로 작성한 명령문을 실행하여 데이터베이스를 실제로 생성한다.

연습문제

1. 데이터와 정보는 비슷한 듯 하지만 아주 큰 차이가 있다. 그 차이를 예를 들어 설명하시오.

2. 데이터베이스 개념을 설명하시오.

3. 데이터베이스 사용의 장점을 설명하시오.

4. 데이터베이스 시스템의 구성요소를 열거하고 각각을 설명하시오.

5. 데이터베이스 모델의 종류를 열거하고 각각의 특징을 설명하시오.

6. 데이터베이스와 스키마, 테이블에 대하여 서로의 연관성을 비교하여 설명하시오.

7. 관계 데이터베이스의 구조를 결정하는 구성요소인 릴레이션, 속성, 튜플, 도메인에 대해서 설명하시오.

8. 데이터베이스 관리자의 역할은 무엇인가?

9. 데이터베이스 관리시스템에서 제어기능이 갖추어야할 요건은 무엇인가?

10. 데이터베이스 언어를 사용 목적에 따라 세 유형으로 분류하고 각각을 설명하시오.

11. 아래 내용을 추출할 수 있는 임의의 '학생' 테이블을 생성하시오. 그리고 생성한 '학생' 테이블에 '생일' 속성을 아래와 같이 추가한 결과를 보이시오.

    ```
    ALTER TABLE 학생 ADD 생일 DATETIME;
    ```

12. 11번 문제에서 생성한 테이블에 아래 연산을 수행하면 어떤 일이 발생하는지 보이고 이유를 설명하시오.

    ```
    DROP TABLE 테이블_이름 CASCADE | RESTRICT;
    ```

13. 아래 '학생' 테이블에서 '학과'가 '컴퓨터학부'이고 학년이 1학년인 학생만 검색하여 '이름', '학과'를 출력하는 SQL 문장을 쓰시오. 또 이 테이블에서 학년이 2학년인 학생을 검색하면 어떤 일이 발생하는지 설명하시오. 아래 명령을 참고하시오.

```
SELECT '이름', '학과' FROM '학생'
WHERE '학과' = '컴퓨터학부' AND 학년 = 1;
```

테이블 이름 : 학생

학번	이름	학년	학과
20161345	김미진	2	체육학과
20162482	최은정	2	심리학과
20173344	여진규	1	컴퓨터학부

14. 어느 신용카드 회사에서 고객과 고객이 발급받은 신용카드 간의 관계를 E-R 다이어그램으로 표현하시오.

15. 데이터베이스의 구축 단계를 설명하시오.

PART III

컴퓨터 내부 들여다 보기

제 8 장

컴퓨터 시스템 조직

컴퓨터는 메모리 장치, 처리 장치, 입력과 출력장치 및 보조 기억장치로 구성된 내장컴퓨터 구조를 가진다. 이 장에서는 컴퓨터 시스템의 관점에서 각 장치의 구조 및 작동원리 즉, 컴퓨터 조직을 개념 중심으로 살펴본다. 컴퓨터 시스템의 구성요소 및 구성요소들 사이의 데이터 흐름을 살펴봄으로써 컴퓨터 조직을 살펴본다.

8.1 컴퓨터 시스템 조직

컴퓨터 시스템의 조직은 메모리 장치, 처리기 장치, 입력과 출력장치, 보조 저장장치로 구성되어 있다. **조직**이라는 용어는 **구조**와 다른 의미로 사용할 수 있다. 구조는 단순한 외형적인 모양을 말하며, 조직은 **각 요소 혹은 부품 사이에서 데이터가 흐르는 과정**에 의미를 연관지어 설명한 부품의 동작 원리를 포함하여 말한다.

메모리, 처리기, 입출력장치 등으로 구성된 컴퓨터 조직에서는 메모리에 프로그램과 데이터를 저장한 후, 프로그램 인스트럭션을 순서에 따라 불러내어 처리하는 방식이다. 메모리에 어떤 프로그램을 탑재하느냐에 따라 컴퓨터는 다양한 일을 수행할 수 있기 때문에 **프로그램 중심** 컴퓨터이다. **프로그램 내장 방식 컴퓨터**의 아이디어를 최초로 제안한 폰 노이만의 이름을 따서 **폰 노이만 컴퓨터**라고도 한다.

컴퓨터 조직은 프로그램만 교체하면 여러 일을 수행할 수 있는 프로그램 중심 컴퓨터이므로 특정 프로그램으로부터 **독립적**인 컴퓨터 조직이다. 메모리에 탑재된 프로그램의 각줄 즉, 인스트럭션은 처리장치를 통해 처리되고 결과는 다시 메모리에 저장한다.

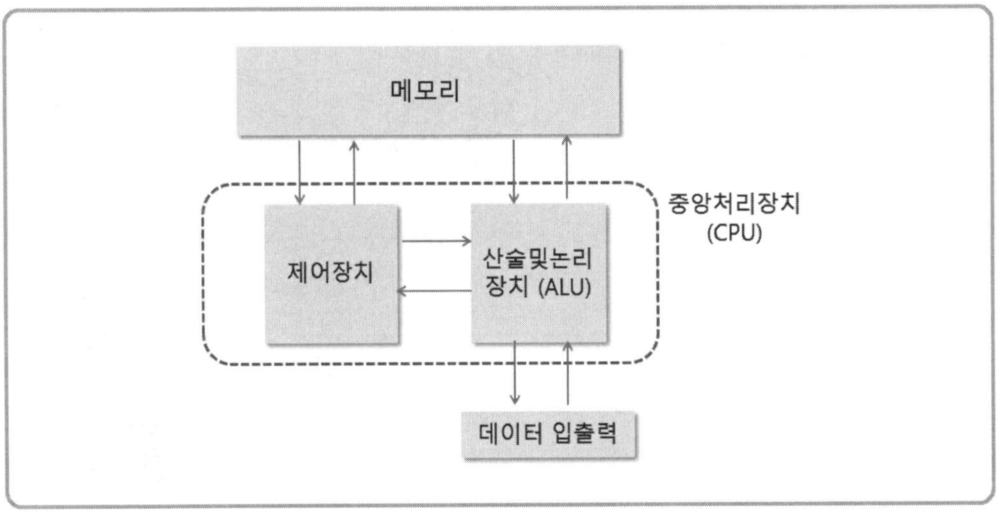

[그림 8.1] 내장 프로그램 컴퓨터 조직

이러한 내장 프로그램 개념의 컴퓨터는 그림 8.1과 같이 메모리 장치, 처리기(제어장치, 산술논리연산 장치, 레지스터), 입출력 장치로 구성되어 있다. 메모리는 프로그램과 데이터가 저장되며, 제어장치는 메모리와 산술논리연산 장치, 입출력 장치의 동작을 제어한다. 산술논리연산 장치는 덧셈, 뺄셈, 곱셈, 나눗셈 등의 산술연산과 논리곱(AND), 논리합(OR), 논리부정(NOT) 등의 논리 연산을 수행한다. 데이터를 입력하거나 처리결과를 출력하는 일은 입력과 출력장치가 수행한다.

그림 8.1과 같은 컴퓨터 시스템은 입력기능, 출력기능, 연산기능, 제어기능, 저장 기능을 수행하기 위해, 그림 8.2와 같이 정보(인스트럭션과 처리될 데이터)가 각 장치 사이를 이동한다.

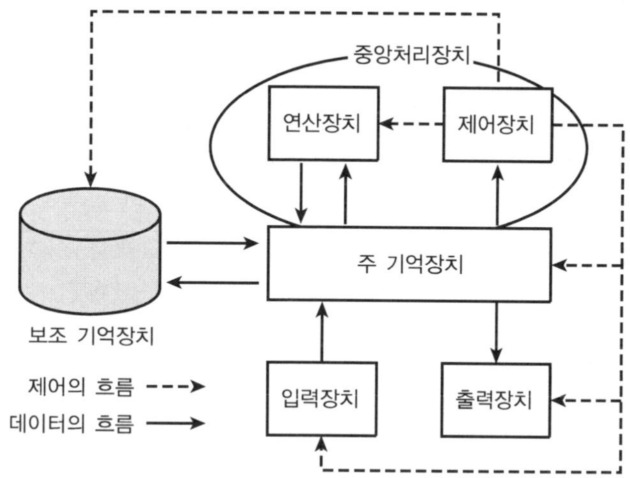

[그림 8.2] 컴퓨터 시스템 조직과 정보의 흐름

컴퓨터 시스템 조직의 각 장치는 다음과 같이 정리할 수 있으며 다음 절에서 처리기 장치의 산술논리연산 장치와 제어장치, 메모리, 입출력 장치의 기본 원리와 기능을 좀 더 자세히 살펴본다.

- **처리기 장치**는 산술논리연산 장치, 제어장치, 각종 레지스터가 있다. 레지스터는 처리장치에서 처리 도중에 발생하는 중간 결과 값 또는 피연산자의 값을 일시적으로 저장할 필요가 있을 때 사용하는 **임시 저장 장치**이다.
- **메모리**는 입력장치를 통해 읽어 들인 데이터나 프로그램, 또는 실행 도중에 처리된 여러 결과를 저장한다. 메모리는 처리기 장치와 정보(인스트럭션과 데이터)를 직접 교환하면서 프로그램을 실행한다.

- **입력장치**는 컴퓨터가 작업에 필요한 데이터를 읽어 들여서 메모리에 저장하는 장치이며, **출력장치**는 메모리에 저장된 데이터를 출력하는 장치이다. 입력장치로 들어온 데이터는 입출력 제어장치와 입출력 채널을 통해 메모리에 저장되고, 메모리에 저장된 데이터는 입출력 채널과 입출력 제어장치를 경유하여 출력장치로 출력되는데 이 모든 입출력 과정은 처리기 장치의 제어를 통해 이루어진다.

8.2 처리기 장치

처리기 장치는 간단하게 처리기라고도 하며 **산술논리연산 장치, 제어장치, 레지스터로 구성**되어 있다. 이 절에서는 산술논리연산 장치, 제어장치, 레지스터에 대해 살펴본다.

8.2.1 산술논리연산 장치

산술논리연산 장치는 간단히 '연산장치'라고 부르기도 하는데, 제어장치의 제어에 따라 더하기, 빼기, 곱하기, 나누기, 비교(큰지, 작은지, 같은지 등)와 같은 **산술연산이나 논리연산을 수행**한다. 이 장치는 인스트럭션 해석에 따라 필요한 데이터를 메모리에서 가져와 필요한 연산을 수행한다. 그 후에 결과를 다시 메모리로 저장한다.

이 산술논리연산 장치는 **레지스터**, 산술논리연산 장치 회로 레지스터와 연산장치 사이의 자료이용을 위한 **경로**로 구성한다. 여기서는 산술논리연산 장치에서 연산이 처리될 때 발생하는 값을 레지스터에 저장하고 원하는 연산이 처리되는 과정을 살펴보자.

■ 레지스터와 데이터 경로

레지스터는 산술연산 동안 발생하는 중간 결과 값을 잠시 저장하고, 연산을 마치면 최종 결과 값을 저장한다. 레지스터는 작은 **메모리 셀**이지만 아래와 특징이 있다.

- A, X, R0, ACC, PC와 같이 지정한 **이름**으로 레지스터를 구별하고 접근한다.
- 레지스터는 처리기에 있기 때문에 메모리에 접근하는 것보다 훨씬 빠르게 접근할 수 있다.
- 레지스터는 일반적으로 사용하는 프로그램과 자료저장을 위한 저장장치가 아니고, 연산 도중에 생기는 중간 결과 값을 저장하는 것과 같이 프로그램 수행이 필요한 자

료를 저장하기 위해 사용한다.

레지스터는 보통 16, 32, 64, 128개 등 여러 개가 있다. 처리기는 프로그램의 다양한 수식과 여러 문장을 수행하는데 모든 중간 결과 값을 메모리에 저장하고 다시 꺼내기에는 시간이 많이 소요된다. 그러므로 처리기 가까이 임시 저장 장치를 주고 사용하면 프로그램의 전체 실행 속도를 높일 수 있다.

그림 8.3은 산술논리연산 장치의 구조인데 레지스터 32개와 그 사이를 연결하는 데이터 경로로 구성된다. 레지스터는 R0~R31로 번호가 붙어있다. 이 중에서 어느 것은 중간 결과 값을 저장하고, 어느 것은 최종 결과 값을 저장한다. 그림 8.3과 같은 산술논리연산 장치로 연산을 수행하면 아래와 같은 순서로 처리된다. 메모리 주소 Ui와 Vj에 저장되어 있는 값의 연산을 처리하는 과정이다. 이 때 Ri, Rj는 각각 레지스터이며, t1 ~ t5는 연산이 처리되는 시간 순서이다.

```
t1: Ri ← (Vi)
t2: Rj ← (Vj)
t3: ((연산))
t4: Rm ← (연산)     // Vresult는 Vi와 Vj의 연산 결과
t5: M(Vresult) ← Rm
```

메모리에서 레지스터로 연산하려는 값을 이동하는데, 먼저 메모리 주소 Ui에 저장된 값 M(Vi)는 버스를 통해 레지스터 Ri에 들어간다. 또 다른 메모리 주소의 값인 M(Vj)는 버스를 통해 다른 레지스터인 Rj에 들어간다. 이 두 값을 연산자에 따라 연산을 한 후에 최종 결과 값인 Vresult를 버스를 따라 Rm 레지스터에 저장한다. 최종 결과 값 Vresult는 레지스터에서 메모리 M(Vresult)로 이동한 후 저장된다.

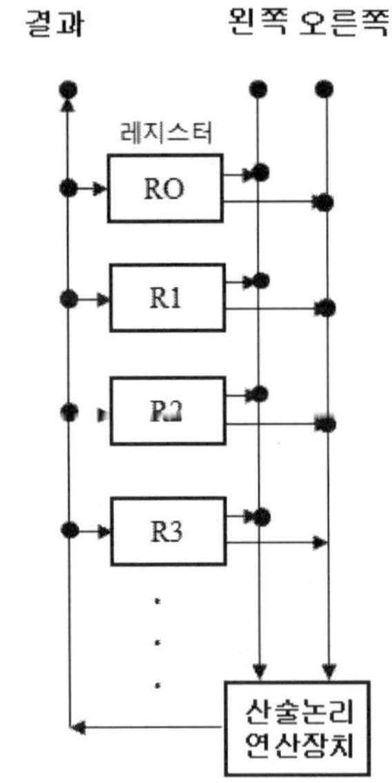

[그림 8.3] 레지스터가 여러 개 있는 산술논리연산 장치 예

■ **산술논리연산 장치 회로의 선택**

산술논리연산 장치 자체의 회로는 기본 산술연산을 수행할 수 있는 게이트(AND, OR, NOT 게이트) 수준의 회로로 구성되어 있다. 이 회로로 수행하는 연산들은 아래와 같다.

- **산술연산** : 더하기(+), 빼기(-), 곱하기(×), 나누기(/)
- **관계연산** : 크다(>), 작다(<), 같다(=), 크거나 같다(≧), 작거나 같다(≦), 같지 않다(≠)
- **논리연산** : 논리합(OR), 논리곱(AND), 논리부정(NOT)

이제 이와 같은 **여러 개의 연산 기능 중에서 하나의 연산을 선택**하는 방법을 생각해보자. 즉, 산술논리연산 장치에게 위의 13개 연산 중에서 어떠한 연산을 수행해야 하는지를 알려 주는 것이다. 말하자면, X+Y를 연산하라든가, X≦Y를 연산을 수행하라고 알려 주어야 한다.

여러 개의 입력 중에서 하나를 선택하여 단일 출력으로 연결하는 조합회로인 **멀티플렉서를 사용하여 이를 해결할 수 있다.** 멀티플렉서의 회로는 N개의 입력이 들어가고, 선택신호에 따라 N개 입력에서 1개를 선택하여 출력하는 회로이다.

예를 들어서 X + Y, X - Y, X × Y, X / Y의 네 가지를 수행하는 산술논리연산 장치가 있다고 하자. 이 각 연산에는 각각 0, 1, 2, 3의 번호가 이진수 00, 01, 10, 11로 붙어 있다. 이제 산술논리연산 장치는 X, Y값에 대해, 네 개의 연산을 아무 때나 자동으로 수행한다. 원하는 연산 하나만 수행하는 것이 아니다. 이 네 개의 연산 결과는 그림 8.4와 같이 바로 멀티플렉서의 입력으로 들어간다.

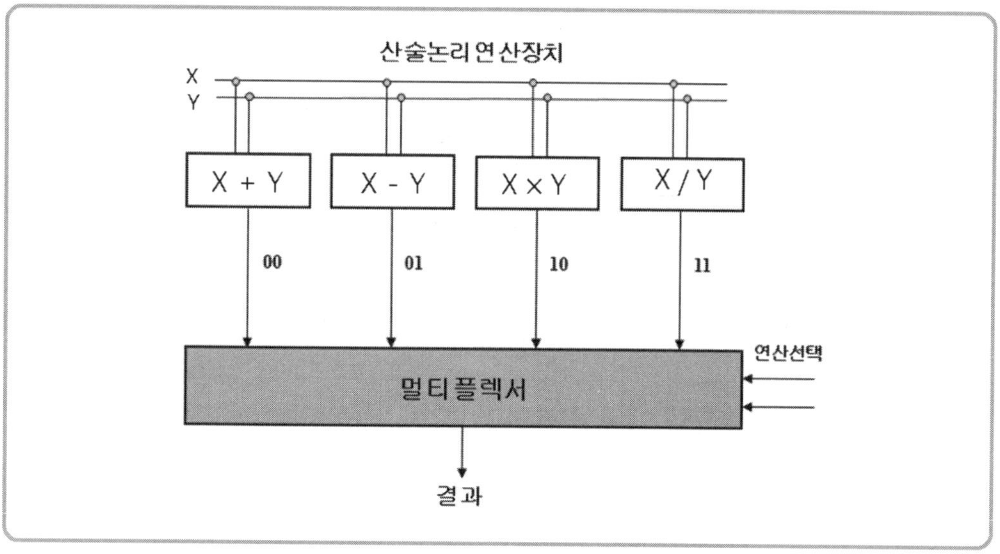

[그림 8.4] 원하는 연산 결과를 선택하는 멀티플렉서

그러나 결과는 한 개만 선택되어야 하기 때문에, **연산 선택의 입력에 따라 원하는 연산 하나만 선택**하도록 해야 한다. 그러면 나머지 세 개의 연산 결과는 무시된다. 예를 들어, 곱하기 연산을 수행한 결과 값을 전송하는 이진수 10을 선택한다고 하자. 이 값을 멀티플렉서의 출력 값으로 나오게 하면 나머지 연산 결과인 더하기, 빼기, 나누기 결과는 무시된다. 그러므로 산술논리연산 장치는 일단 여러 개의 연산을 실행하고, 그 중에서 인스트럭션과 기타 신호에 의해 멀티플렉서를 통해 원하는 연산을 선택한다.

최종으로 그림 8.3과 그림 8.4를 결합하여 그림 8.5와 같이 컴퓨터의 산술논리연산 장치의 전체 구조를 설계할 수 있다.

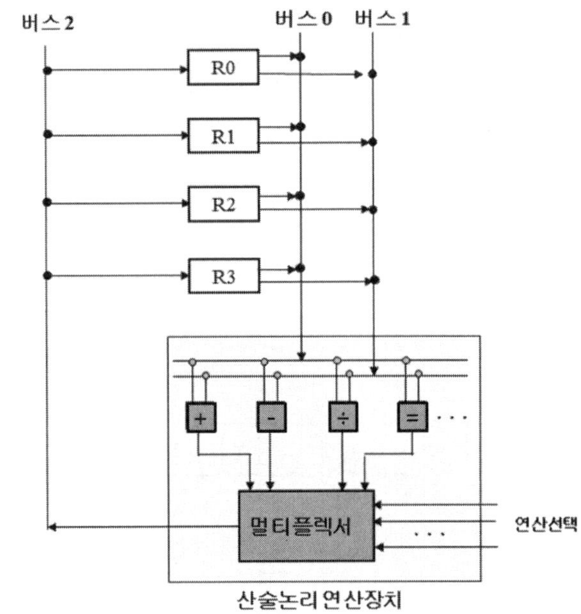

[그림 8.5] 산술논리연산 장치의 전체 구조

8.2.2 제어장치

제어장치는 인스트럭션을 올바르게 수행하고, 프로그램이 순서대로 정확하게 수행하도록 처리기 장치 내에 있는 다른 부품의 동작을 제어한다. 제어장치 자신은 인스트럭션을 실행하지 않으나, 시스템 전체에 있는 각 부품이 잘 작동하도록 신호로 지시한다. 즉, 자료가 메모리에 저장될 장소인 **주소 지정**, 입출력 장치 지정, 연산장치에서 수행할 연산의 종류(+, −, ×, /, AND 등) 지정, 각 장치의 상태에 따라 작동에 필요한 신호를 발생한다.

컴퓨터는 메모리에 이진수로 저장한 프로그램의 인스트럭션을 순서에 따라 실행하므로, 제어장치는 **인스트럭션을 실행하도록 패치, 해석, 실행의 과정**을 거치며, 각 단계에서는 다음과 같은 역할을 수행한다.

(1) **패치**(fetch) **단계** : 처리기에서 실행 중인 인스트럭션이 종료되면, 실행할 **바로 다음** 인스트럭션을 메모리에서 꺼낸다. 꺼낸 인스트럭션을 **인스트럭션 레지스터**에 넣는다.
(2) **해석**(decode) **단계** : 인스트럭션 레지스터에 있는 인스트럭션을 해석한다. 즉, 실행할 연산이 무엇인지를 파악한다.
(3) **실행**(execute) **단계** : 해석한 결과에 따라 적당한 명령(신호)를 산술논리연산 장치, 메

모리, 입출력 제어기 등에 보내서 작동하도록 한다.

이러한 세 단계를 반복적으로 수행하는데, 프로그램의 마지막을 나타내는 인스트럭션인 HAL(혹은 QUIT, STOP 등)를 만날 때까지 반복한다.

이러한 제어장치의 작동을 알기 위해 먼저 기계어 인스트럭션을 살펴보자.

■ 기계어 인스트럭션

제어장치에 의해 해석되고 실행하는 인스트럭션은 바로 **기계어**로 표현된다. 물론 이진수로 표현되는데 형식은 보통 그림 8.6과 같다.

동작 코드	주소 영역1	주소 영역2	…
8-비트	8-비트	8-비트	

[그림 8.6] 기계어 인스트럭션의 일반적인 형식

그림 8.6의 인스트럭션 형식에서 **동작 코드** 영역은 하드웨어가 인식하는 기계어 동작으로 부호가 없는 정수형 코드이다. 이 정수 코드는 여러 동작이나 연산을 의미하는데, 예를 들어, 11110011은 더하기, 10101010은 곱하기, 10111110은 저장하기, … 와 같은 값을 가진다. **동작 코드 영역이 k개의 비트이면,** 기계어의 동작 코드는 최대 2^k개의 종류가 있을 수 있으며, **최대 2^k개의 동작을 수행**할 수 있다.

그림 8.6의 인스트럭션 형식에서 **주소** 영역은 연산이나 동작이 수행될 값(대상, 객체)이 저장되어 있는 메모리 주소로 나타낸다. 마찬가지로, **주소 영역이 N비트**를 차지한다면 메모리의 최대 공간은 2^N이다. 즉, 주소가 하나씩 할당된 **단위메모리 영역 워드가 0∼2^N−1개** 있다는 의미이다. 연산자 종류의 피연산자의 개수는 연산자의 종류에 따라 다르며 컴퓨터의 구조에 따라서 다르게 정의된다.

예를 들어 어떤 메모리 주소 X와 주소 Y의 두 값을 더하는 인스트럭션인 ADD X, Y는 주소 X와 Y 내용을 더하여 결과를 주소 Y의 메모리에 저장하라는 의미이며(물론 이전 내용은 파괴된다), ADD X, Y, Z 는 주소 X와 Y 내용을 더하여 다른 주소 영역인 Z 영역에 저장하는 의미이다. 물론 이때는 두 주소의 내용인 X와 Y의 내용은 파괴되지 않는다. 여기에서 한 인스트럭션은 주소 영역이 두 개이고, 다른 인스트럭션은 주소 영역이 세 개이다. 또 다른 인스트럭션으로 메모리 주소 X의 값이 음수인지 양수인지를 알아보는 인스트럭션인 NEGA는 주소 영역이 하나이다.

ADD X, Y, NEGA X 등과 같이 표현하는 인스트럭션을 어셈블리어 인스트럭션이라 하며 ADD X, Y의 인스트럭션을 24-비트 형식의 기계어로 표현하면 아래와 같다.

어셈블리어 인스트럭션: ADD X, Y
기계어 인스트럭션: 00001001 01100011 01100100
동작코드 주소1 주소2

여기에서 동작 코드는 8비트, 앞 주소 영역은 8비트, 뒤 주소 영역도 8비트이다. 두 주소 영역과 동작 코드를 합쳐서 메모리 안에 하나의 인스트럭션 셋으로 구성되며 제어장치는 이것을 해석한다.

■ 기계어 인스트럭션의 분류와 해석

기계어 인스트럭션은 네 개의 그룹으로 분류할 수 있는데, **데이터 전송**, **산술연산**, **비교**, **분지**이다. 이러한 인스트럭션이 해석되고 실행되는 과정을 가상적으로 살펴보자. 이해를 명확하게 하기 위해 기계어 형식이 아닌 어셈블리어 형식으로 설명한다. 즉, ADD, SUB, COM, MOV와 같은 형식을 사용한다. 또한 메모리 주소를 나타내기 위해 A, B, C, X, Y, Z 같은 문자를 사용한다. 문자 R은 산술논리연산 장치의 레지스터를 나타낸다.

(1) 데이터 전송 인스트럭션

이 인스트럭션은 **메모리와 레지스터에 저장되어 있는 정보의 이동을 수행**한다. 즉, 메모리와 레지스터, 메모리와 메모리 또는 레지스터와 레지스터 사이의 데이터 이동을 수행한다. 데이터 전송 인스트럭션은 원래의 데이터는 파괴되지 않고(복사만 됨) 받는 쪽 주소 공간의 데이터는 파괴된다. 데이터 전송을 수행하는 인스트럭션은 아래와 같은 것들이 있다.

```
LOD  X,  R    // 레지스터 R에 메모리 X의 내용을 탑재하라.
STO  X,  R    // 레지스터 R의 내용을 메모리 X에 저장하라.
MOV  X, Y     // 메모리 X의 내용을 메모리 Y로 이동하라(복사하라).
MOV  R1, R0   // 레지스터 R1의 내용을 레지스터 R0로 이동하라(복사하라).
```

(2) 산술연산 인스트럭션

이 인스트럭션은 **산술논리연산 장치가 연산을 수행**하도록 한다. 보통은 산술 연산 +, -, ×, / 와 논리 연산 AND, OR, NOT을 수행한다. 인스트럭션에 따라 어떤 경우에는 연산되어질 값이 메모리 셀에 있을 수도 있고, 레지스터에 있을 수도 있다.

산술연산을 수행하는 인스트럭션은 아래와 같은 것들이 있다. M(X)는 메모리 주소 X의 내용(값)을 의미한다.

```
ADD X, Y, Z  // 메모리 X의 내용을 메모리 Y의 내용과 더하여 결과를
             // 메모리 Z에 넣어라. 이 경우는 주소가 세 개 있는 경우로
             // M(Z) = M(X) + M(Y)를 수행한다.
ADD X, Y     // 메모리 X의 내용을 메모리 Y의 내용과 더하여 결과를
             // 메모리 Y에 넣어라. 이 경우는 주소가 두 개 있는 경우로
             // M(Y) = M(X) + M(Y)를 수행한다.
ADD X        // 메모리 X의 내용을 레지스터 R의 내용과 더하여 결과를
             // 레지스터 R에 넣어라. 이 경우는 주소가 한 개 있는 경우로
             // R = M(X) + R을 수행한다. R 내용은 실행하기 전에 이미 메
             // 모리에서 가져와 탑재했다.
```

이외에도 SUB(빼기), MUL(곱하기), DIV(나누기), AND(논리곱), OR(논리합) 등이 같은 방식으로 수행한다.

(3) 비교 인스트럭션

이 인스트럭션은 **두 값을 비교하여 결과에 따라 처리기 안에 있는 비트인 조건 코드를 특정 값으로 세트**한다. 이 조건 코드는 **상태 레지스터**(혹은 조건 레지스터)라 하는 특수 레지스터이다. 그러므로 레지스터의 비트들은 비교 연산 결과에 따라 세트된다. 예를 들어, 각각 크다(GT), 같다(EQ), 작다(LT)를 나타내는 1-비트 조건 코드가 세 개 있다고 하자. 비교를 수행하는 인스트럭션은 아래와 같은 것들이 있다. M(X)는 메모리 주소 X의 내용(값)을 의미한다.

```
COM X, Y   // 메모리 셀 X의 내용을 메모리 셀 Y의 내용과 비교하고, 결과에
           // 따라 조건 코드 비트를 세트한다.
```

이 때 세 개의 조건 코드는 조건에 따라 다음과 같이 세트된다.

```
M(X) > M(Y)이면, | 1 | 0 | 0 |        // GT = 1, EQ = 0, LT = 0
M(X) = M(Y)이면, | 0 | 1 | 0 |        // GT = 0, EQ = 1, LT = 0
M(X) < M(Y)이면, | 0 | 0 | 1 |        // GT = 0, EQ = 0, LT = 1
```

(4) 분지 인스트럭션

이 인스트럭션은 프로그램이 명령어 나열 순서대로 흘러가던 **제어의 흐름을 변경**한다. 컴퓨터는 어떤 주소 k에 들어있는 인스트럭션을 실행한 후에는 k + $\mathcal{L}$($\mathcal{L}$는 이 주소를 차지하는 인스트럭션 길이)번째 주소의 인스트럭션을 수행해야만 한다. 즉, 다음 인스트럭션을 실행한다. 그러나 **분지 인스트럭션**은 현재의 조건 코드에 따라, 어떤 인스트럭션을 실행할 것인가를 새로 결정한다. 이 경우 프로그램은 순차적으로 실행되지 않는다. 분지를 수행하는 인스트럭션은 아래와 같은 것들이 있다. M(X)는 메모리 주소 X의 내용(값)을 의미한다.

```
JMP  X   // 무조건 메모리 주소 X로 가서 실행하라.
         // 즉, 메모리 주소 X에서 다음 실행할 인스트럭션을 인스트럭션
         // 레지스터로 가져온다.

JGT  X   // 조건 코드 GT가 1로 세팅되었으면, 메모리 주소 X로 가서
         // 실행한다. 아니면, 프로그램 순서대로 다음 인스트럭션을
         // 실행한다. 즉, 메모리 주소 X에서 다음 실행할 인스트럭션을
         // 인스트럭션 레지스터로 가져온다.
         // JEQ와 JLT도 마찬가지 방법으로 실행한다.

JGE  X   // 조건 코드 GT와 EQ가 둘 다 1로 세팅되었으면, 메모리 주소
         // X로 가서 실행하라. 아니면, 프로그램 순서대로 다음 인스트
         // 럭션을 실행한다. 즉, 메모리 주소 X에서 다음 실행할 인스트
         // 럭션을 인스트럭션 레지스터로 가져온다.
         // JLE와 JNQ도 마찬가지 방법으로 실행한다.

HAL      // 프로그램 실행을 멈춘다. 더 이상 다음 인스트럭션으로 가지
         // 않는다. HAL도 프로그램 실행을 제어하는 인스트럭션이다.
```

지금까지 컴퓨터가 해석하고 실행하는 인스트럭션 일부를 살펴보았다. 아래의 [표 8.1]은 컴퓨터에서 프로그램의 문장이 컴퓨터 시스템에서 인스트럭션으로 어떻게 저장되는지

를 예를 든 것이다. 이 컴퓨터는 각 인스트럭션의 길이가 4바이트(32비트)이다. 변수 x, y, z 값은 각 4바이트로 메모리 주소 2000, 2004, 2008에 들어 있으며, 인스트럭션은 주소 500부터 저장된다.

[표 8.1] 프로그램의 인스트럭션 해석 과정

프로그램 문장	주소	메모리 내용	설명
	…	…	
	500	LOD R0, y	주소 2004의 내용인 y값을 레지스터 R0에 넣어라
x = y + z	504	ADD R0, z	주소 2008의 내용 z값을 레지스터 R0의 내용과 더하고, 결과를 레지스터 R0에 넣어라
	508	STO x, R0	레지스터 R0의 내용을 메모리 주소 2000에 넣어라
		…	
	700	COM x, y	x와 y를 비교하고, 조건 코드를 세팅하라
	704	JGT 716	x 〉 y이면 주소 716 주소로 가라
if (x 〉 y) z = x	708	MOV y, z	x ≦ y이면, z = y
else z = y	712	JMP 720	다음 인스트럭션을 뛰어 넘어라
	716	MOV x, z	x 〉 y이므로 z = x
	720	…	
	…	…	
	2000	…	x 값
	2004	…	y 값
	2008	…	z 값
	…	…	

▪ 제어장치의 구성 요소

이와 같이 제어장치는 여러 종류의 인스트럭션을 패치하고, 해석하고 실행하도록 하는 장치이다. 이런 일을 수행하기 위해서 제어장치에는 **두 개의 특수 레지스터와 인스트럭션 해석기**가 있다. 두 개의 레지스터는 **프로그램 카운터와 인스트럭션 레지스터**이다. 그림 8.7은 제어장치에 있는 세 개의 구성 요소이다. 각 구성 요소가 하는 일은 다음과 같다.

- 프로그램 카운터는 다음에 수행할 인스트럭션을 저장하고 있는 메모리의 주소를 저장하고 있다. 즉, 다음 실행할 인스트럭션을 가리키고 있다. 그러므로 인스트럭션을 실행할 때마다 프로그램 카운터의 주소를 **현재 실행 중인 인스트럭션의 길이**만큼 증가시킨다. 이 증가한 주소를 **메모리 주소 레지스터**(MAR)에 제공한다.

- 인스트럭션 레지스터는 실행할 인스트럭션을 메모리에서 꺼내어 저장하고 있는 레지스터다. 현재 실행 중인 인스트럭션이 종료되면, 프로그램 카운터가 가리키고 있는 다음 실행할 인스트럭션을 인스트럭션 레지스터로 꺼내온다. 물론 메모리에서는 MAR이 가리키고 있는 주소의 인스트럭션이다. 인스트럭션 레지스터에 저장된 인스트럭션은 인스트럭션 해석기가 해석한다.
- **인스트럭션 해석기**는 인스트럭션 레지스터에 저장되어 있는 인스트럭션의 동작코드 부분(IR(op))과 주소 부분(IR(addr))에서 동작코드 부분을 해석한다. 그러므로 동작코드의 비트 수 k에 따라 0에서 2^k-1 사이의 2^k개 신호를 발생한다. 2^k개 신호 중에서 정확히 한 개 신호만 1로 세팅하여 연산 장치로 보낸다.

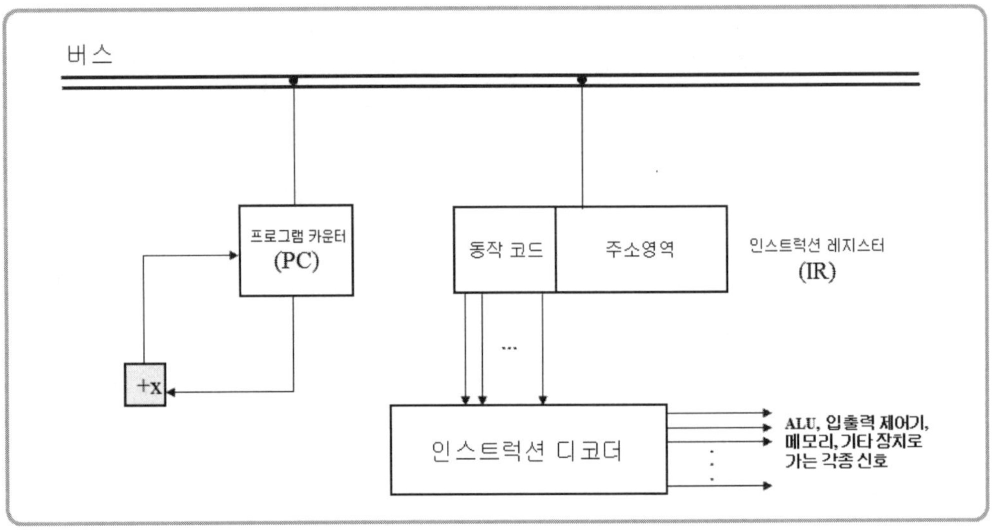

[그림 8.7] 제어장치의 레지스터와 인스트럭션 해석기 구성 요소

그림 8.8은 동작코드를 3-비트로 입력하고, 8(2^3)개의 출력을 발생하는 인스트럭션 해석기를 구성한 예이다. 즉, 기계어 동작 8개 중의 한 개다. 세 개 비트로 된 IRop가 인스트럭션 해석기에 들어가면 이진수 000에서 111까지 8개가 발생한다. 만약 세 비트가 000이면, 그림 8.8에서 000이 출력되는 선이 1로 나머지 선은 0으로 세팅된다. 그러므로 이 선은 ADD 연산을 수행하도록 작동한다(인스트럭션 동작코드에서 000을 ADD로 지정했다면). 또 동작코드가 001이면 선 001이 1로 세팅되고, LOD 연산을 수행한다(인스트럭션 동작코드에서 001을 LOD로 지정했다면).

명령어에서 명령코드가 kbit인 경우 인스트럭션 해석기는 2^k개의 출력 중 한 개만 1을 출력하고 나머지는 0을 출력하여 해당 연산을 수행하는 회로를 구동한다.

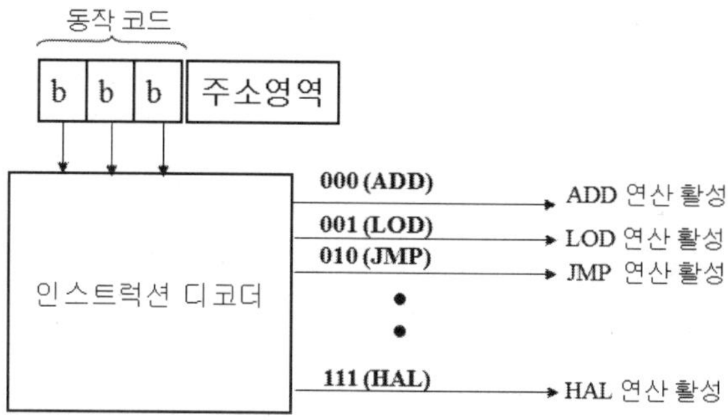

[그림 8.8] 인스트럭션 해석기

8.3 메모리 장치

메모리 장치는 컴퓨터 시스템에 입력이나 출력되는 데이터와 실행될 프로그램(인스트럭션 집합)을 저장하거나 조회할 수 있다. 프로그램과 데이터를 저장하는 곳이다. 메모리는 주기억 장치를 의미하며 **랜덤 접근** 기술을 사용하는데 **랜덤 접근 메모리**(RAM, Random Access Memory)라고도 한다. 랜덤 접근 기술은 **메모리의 어느 위치에 있는 자료(데이터 혹은 인스트럭션)라도 접근하는 시간은 균등하게 일정**하다는 의미이다. 여기서는 메모리의 기본 개념과 동작원리, 캐시 메모리 등을 살펴본다.

그림 8.9는 메모리 장치의 구조이며 메모리는 다음과 같은 특징이 있다.

- 메모리는 고정된 크기의 **셀**로 나누어져 있는데, 각 셀은 식별할 수 있도록 **주소**라는 번호(0, 1, 2, ⋯, N)가 붙어있다. 즉, 각 셀에 서로 다른 유일한 주소가 있다.
- 메모리에 접근하려면 무조건 지정한 주소로만 접근할 수 있고, 하나의 셀 전체에 통째로 저장하거나 셀 하나를 통째로 꺼내야 한다. 즉, 셀 안의 비트를 전체적으로 취급한다. 그러므로 **셀은 주소를 통해 접근할 수 있는 최소 단위**가 된다. 즉, 주소를 할당할 수 있는 최소 단위이다.
- 셀에 있는 내용을 써내거나 셀에 저장하는데 걸리는 시간은 메모리의 어느 위치에

있는 셀이든 모두 같다.

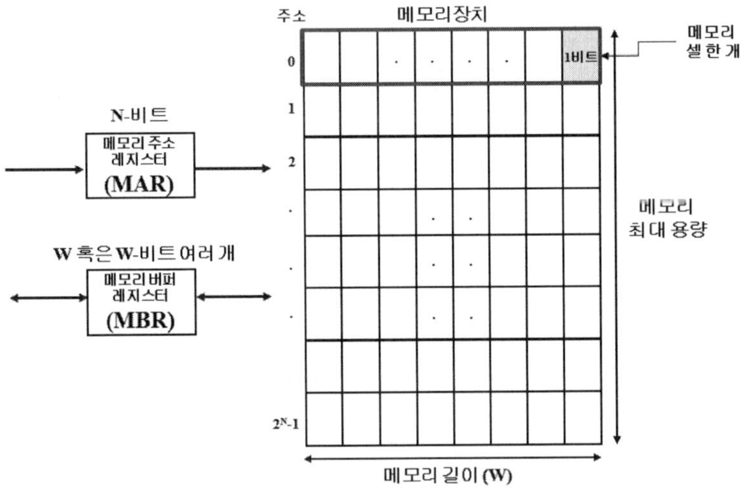

[그림 8.9] 메모리 장치의 구조

8.3.1 메모리의 주소

그림 8.9에서와 같이 메모리는 크기(길이)가 일정한 이진수를 저장하는 셀로 만들어졌다. 즉, 각 **셀의 비트 수를 셀의 크기(길이)**라 하며 W로 나타낸다. 초기 컴퓨터는 이 셀 크기가 다양했지만, 오늘날은 셀 크기를 8비트로 표준화하여 사용하는데, 이 **8-비트 셀 크기를 바이트**라 한다.

8-비트 길이의 셀 하나에는 부호가 없는 정수 값으로 이진수 00000000~11111111을 저장한다. 그러므로 가장 작은 정수는 이진수 00000000이고, 가장 큰 수는 이진수 11111111이다. 이 수는 그다지 크지 않기 때문에 십진수 23467같은 큰 수를 저장하려면 8-비트 셀을 여러 개 연결하여 저장한다. 다시 말하면 정수형 수를 저장하기 위해서는 2-바이트(16-비트)나 4-바이트(32-비트)를 연결하여 사용하고, 실수형 수 하나를 저장하기 위해서는 4-바이트(32-비트)나 8-바이트(64-비트)를 연결하여 저장한다.

메모리의 각 셀에 저장된 내용은 주소로 접근 가능하며 각 셀은 고유의 주소로 식별한다. 주소 하나를 **N개의 비트로 표현한다면** 가장 작은 주소는 0이고, 가장 큰 주소는 N개의 비트열(111…111)로 계산되는 값인 2^N-1이다. 그러므로 **메모리 공간의 주소 범위는 0 ~ 2^N-1**이며 메모리는 총 2^N개의 셀로 구성된다. 즉 N 비트의 주소 비트를 가진 메모리의 최대 메모리 크기는 2^N 이다. N 값은 보통 32 주소 비트이고, 즉 2^{32}로서 4,000,000,000 (4,000MB, 4G) 바이트를 가질 수 있다.

메모리 공간의 크기를 65,536(2^{16})나 1,048,576(2^{20})처럼 표현하면 기억하기 어렵기 때문에, 2^{10}, 2^{20}, 2^{30}처럼 천 단위, 백만 단위처럼 사용하는 것이 기억하기 쉽다. 그러므로 K(Kilo, 킬로), M(Mega, 메가), G(Giga, 기가), T(Tera, 테라), P(Peta, 페타)의 기호를 활용하여 메모리의 공간을 표현한다. 아래는 주소 길이에 따른 최대 메모리 크기이다.

2^{10} = 1,024 (1KB, 1 kilobyte)
2^{16} = 65,536 (64KB, 64 kilobyte)
2^{20} = 1,048,576 (1MB, 1 megabyte)
2^{30} = 1,073,741,824 (1GB, 1 gigabyte)
2^{40} = 1,099,511,627,776 (1TB, 1 terabyte)
2^{50} = 1,125,899,906,842,624 (1PB, 1 petabyte)

16비트 주소를 사용하는 컴퓨터는 64KB 메모리 공간을 사용한다. 즉, 65,536개의 메모리 셀(8비트)이 있다는 것으로, 8-비트로 표현되는 영어 알파벳 문자 65,536개를 저장할 수 있다는 의미이다. 1980년대 이후 2000년대는 32-비트 주소(4GB) 까지 사용하여 보통 2~4GB 메모리를 사용했다. 요즈음 처리기는 40-비트, 48-비트, 64-비트 주소도 사용한다.

8.3.2 읽기와 쓰기

메모리에 여러 연산이 있지만, 중요한 두 개의 연산은 **읽기**(꺼내기)와 **쓰기**이다.

- **읽기는 주소가 가리키는 위치(셀)에 저장된 내용을 꺼내서** 레지스터에 복사한다. 메모리 셀에는 기존 값이 그대로 남아있다. 이 읽기를 아래처럼 표현할 수 있는데, 주소를 인자로 하고 결과로 값을 가져온다.

```
value ← M(address)
```

그러므로 예를 들어 주소 23666번지에 304의 값이 저장되어 있다면 value ← m(23666)은 304를 꺼내온다. 그리고 23666에는 304가 변하지 않고 그대로 남아있다.

- **쓰기는 주소가 가리키는 위치에 어떤 값을 저장한다.** 이때는 저장하는 주소에 있었던 원래 값은 없어지고 방금 저장한 값으로 변경된다. 주소와 값 두 개의 인자를 사용하여 아래와 같이 표현한다.

```
M(address) ← value
```

예를 들어 주소 23666번지에 304의 값이 있었다면 M(23666) ← 500는 주소 23666에 500을 저장하고 원래 있었던 304는 없어진다.

이와 같이 두 개의 연산 '읽기'와 '쓰기'를 수행하는 데 걸리는 시간은 메모리 공간(2^N)의 주소 각각에 대해 동일하다. 이런 각 셀에 접근하는 데 걸리는 동일한 시간을 **메모리 접근 시간**이라 한다. 또 특별히 비트를 하나씩 조작하지 않으면, 패치나 저장 연산에 셀 하나를 전체로 취급한다. 이 셀 하나가 지정한 주소로 접근할 수 있는 최소 단위이다.

8.3.3 메모리 레지스터

메모리 두 개의 레지스터 메모리 주소 레지스터(MAR)**와 메모리 버퍼 레지스터**(MBR)**를 사용한다.** 이 두 레지스터는 읽기와 쓰기 연산을 수행하는 데 사용되는데, MAR은 접근할 셀의 주소를 저장하는 곳이고 MBR은 메모리에서 읽은 값 또는 메모리에 쓸 값을 저장한다.

- **메모리 주소 레지스터**는 읽거나 쓸 셀의 주소를 잠시 보관하는 레지스터이다. 이 레지스터는 주소를 저장하여야 하므로 주소 길이와 같은 **N비트 길이**이어야 한다.
- **메모리 버퍼 레지스터**는 읽거나 쓸 데이터 값을 잠시 보관하는 레지스터이다. 이 메모리 버퍼 레지스터는 **메모리에 저장하는 데이터의 크기**와 같아야 하기 때문에 길이는 **W비트**이다.

메모리의 이 두 레지스터가 작동하는 과정은 아래와 같다.

- read(address) M(address)

  단계1: MAR에 주소를 넣는다. MAR ←address

  단계2: MAR에 있는 주소를 해석한다. MBR ← M(MAR)

  단계3: 해석된 주소가 가리키는 메모리 위치의 내용을 MBR에 복사(탑재)한다.

- write(address, value)

  단계1: MAR에 주소를 넣는다. MAR ← address

  단계2: MBR에 값을 넣는다. MBR ← value

  단계3: MAR에 있는 주소를 해석한다. M(MAR) ← MBR

  단계4: 해석된 주소가 가리키는 메모리 위치에 MBR의 내용을 저장한다.

예를 들어 위에서 언급한 메모리에서 주소 23666의 내용을 꺼내는 fetch(23666)와 주소 23667에 156을 저장하는 store(236667, 156)의 동작은 아래와 같다.

- read(23666) M[23666]

  단계1: MAR ← 23666 MAR ← 23666

  단계2: MAR의 23666을 해석

  단계3: MBR ← 23666[304] MBR ← M[MAR]

- write(23667, 156) M[23667] ← 156

  단계1: MAR ← 23667

  단계2: MBR ← 156

  단계3: MAR의 23667을 해석

  단계4: M[MAR] ← MBR

이러한 과정을 모두 마치면 메모리 내용은 아래와 같이 변경된다.

23665	-1826
23666	**304**
23667	**156**
23668	-1

단계3에서 'MAR에 있는 주소를 해석한다.'는 것은 N비트의 주소 체계를 가지는 메모리 공간 2^N에서 메모리 셀 하나를 선택(접근)하는 신호를 발생한다는 뜻이다. 즉, 메모리 공간 2^N 에서 MAR에 저장된 주소만 선택하여 접근한다. [그림 8.8] 인스트럭션 디코더와 같은 디코더 회로를 이용하여 해결할 수 있다.

예를 들어 N = 8이면 MAR에는 8-비트가 들어가고, 256(0~255)개의 주소에 접근할 수 있는 신호를 발생한다. 이것은 8×255 디코더이다. 8비트 주소 00000111을 해석하면 256개 출력 중에서 7번(00000111) 출력만 활성화하면 이외의 나머지 출력은 활성화 하지 않는다(0으로 세팅). 결국 00000111만 선택되어 메모리에서 주소 7의 셀에 접근한다. 그림 8.10은 디코더와 메모리를 결합한 구조로 아주 간단하게 4×16으로 나타낸 것이다.

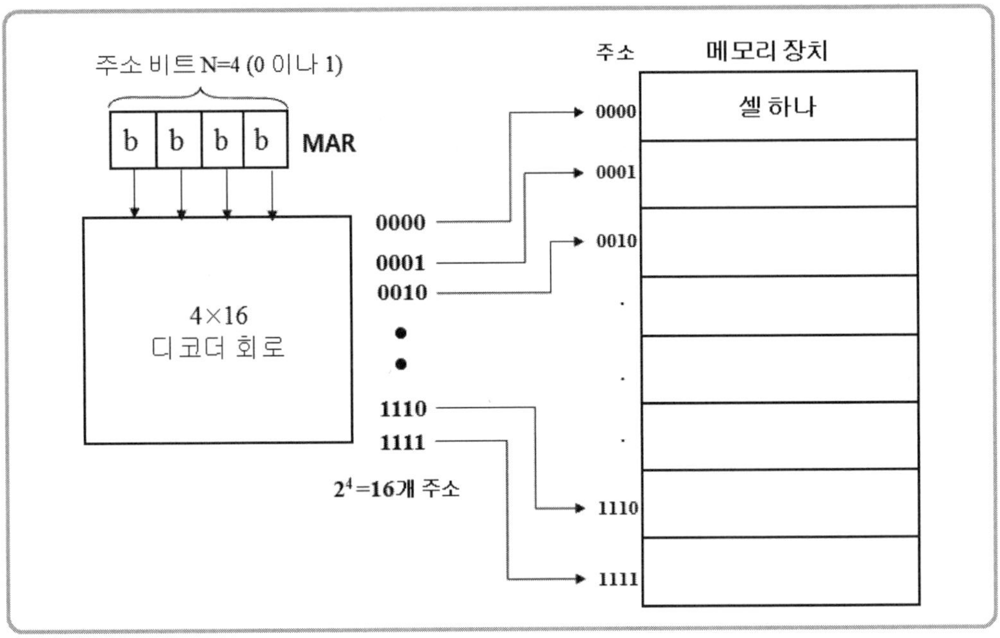

[그림 8.10] 디코더와 메모리를 결합한 구조

8.3.4 캐시 메모리

메모리는 데이터와 인스트럭션을 저장하고 처리기는 메모리의 인스트럭션을 실행하며 메모리의 데이터를 읽고 쓴다. 메모리에 접근하여 데이터를 가져오고 저장하는 일은 처리기의 처리 속도에 비하여 느리기 때문에 처리기가 데이터나 인스트럭션을 가져오는 동안 아무 것도 하지 않고 기다리는 일이 발생하게 되었다. 이 결과 메모리에서 병목 현상이 발생한다.

이런 문제를 해결하기 위해 즉, **처리기 속도와 메모리 속도의 균형을 잡기 위해**, 주메모리보다 빠른 재질로 만든 캐시 메모리를 설치한다.

자주 사용하는 인스트럭션이나 데이터는 가까이에 있는 빠른 캐시 메모리에 두고 사용한다. 이렇게 하면 인스트럭션이나 데이터를 메모리에서 가져오거나, 메모리까지 가서 저장하는 시간을 줄일 수 있다(그림 8.11). **처리기 가까운 곳에 두는 속도가 빠른 메모리를 캐시 메모리라고 하며** 이러한 캐시 메모리는 두 개(2-레벨), 세 개(3-레벨) 혹은 필요에 따라 더 많은 캐시를 둘 수도 있다.

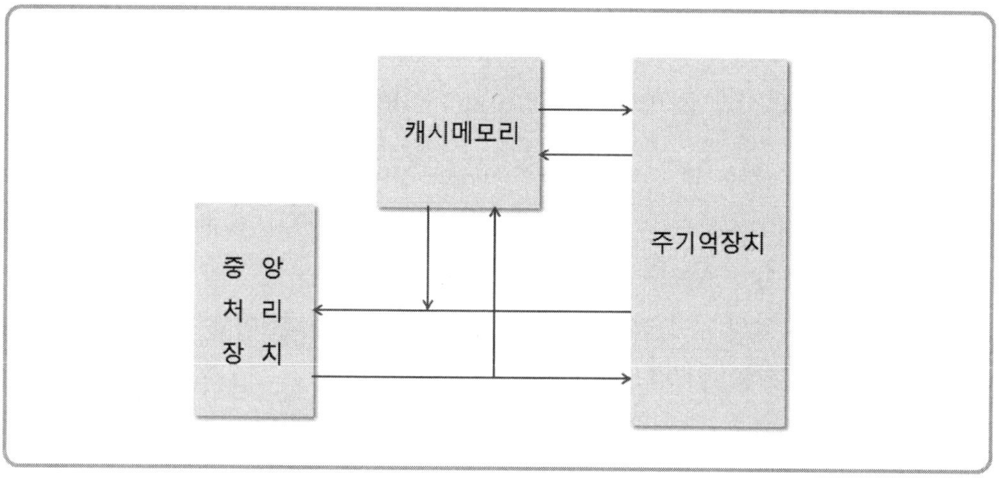

[그림 8.11] 캐시 메모리의 위치

처리기가 어떤 정보를 필요로 할 때 직접 주메모리를 접근하는 것이 아니고 아래처럼 작동한다.

1. 먼저 원하는 정보를 캐시 메모리에서 읽는다. 캐시 메모리에 정보가 있으면, 처리기는 캐시에서 빠른 속도로 정보를 가져온다.

2.1. 원하는 정보가 캐시에 없으면, 그 때는 메모리에서 가져온다. 이때는 속도가 느리다.

2.2. 데이터를 캐시에 복사한다. 이때 2.1에서 읽은 데이터의 위치에서부터 k개의 메모리 위치까지의 데이터를 모두 가져온다.

2.3. 만약 캐시 메모리의 용량이 꽉 차면, 최근에 사용하지 않은 오래된 데이터부터 제거한다.

이런 과정은 메모리에 저장된 정보에 접근하는 시간을 줄일 수 있고, 메모리에 접근하는 횟수를 줄일 수 있다. 캐시 메모리의 평가 기준으로는 보통 **적중률**(hit ratio)을 많이 쓰는데, 필요한 정보를 캐시에서 찾으면 적중했다고 하고, 캐시에서 찾지 못하고 메모리에서 불러오면 실패했다고 한다.

예를 들어 메모리에 접근하는 평균 시간이 10nsec, 캐시에 접근하는 시간이 3nsec이고, 사용자가 필요로 하는 정보를 취급하는 시간의 80%는 캐시에 있다. 즉 캐시 적중률이 80%인 시스템의 경우 메모리 평균 접근시간을 구해보자. 이 경우 3nsec 안에 필요한 것을 가져오는 80%의 시간과 캐시에 없기 때문에 메모리에서 가져와야 하는 3nsec를 소비한 20%의 시간은 10nsec를 걸리게 한다. 그래서 메모리와 캐시를 통한 전체 평균 접근 시간은 아래와 같다.

$$\text{평균 접근 시간} = (0.80 \times 3) + 0.20 \times (3 + 10) = 5.0 \text{ nsec}$$

즉, 메모리에 접근하는 데 걸리는 원래의 10nsec 보다 50%가 감소된다. 그러므로 캐시 적중률을 높이면 수행 시간을 더 많이 줄일 수 있다. 이러한 캐시는 대부분의 컴퓨터에서 사용하고 컴퓨터의 실행 속도를 높인다.

캐시 적중률은 아래와 같이 **적중의 수를 전체 참조의 횟수로 나누어서 구할 수 있으며, 적중률이 높을수록 컴퓨터의 처리속도는 빨라진다**.

$$\text{적중률} = \frac{\text{적중 수}}{\text{전체 메모리 참조 횟수}} = \frac{\text{적중 수}}{\text{적중 수} + \text{실패 수}}$$

8.3.5 메모리 계층구조

메모리에 따라 속도, 용량, 가격, 성능 등이 다른데 컴퓨터 시스템은 각 메모리를 특성에 맞게 다양한 용도로 사용한다. 메모리의 용량이 적거나 속도가 느린 재질을 사용하면 그 만큼 접근 시간이 늘어나고 처리 속도가 늦어진다. 그러나 가격 때문에 용량을 무한정 증가시킬 수는 없다. **여러 종류의 메모리를 계층적으로 서로 연결한 구조**를 메모리 계층구조라 한다. 일반적인 메모리 계층구조는 그림 8.12와 같다. 아래 계층으로 갈수록 용량은 크지만 데이터에 접근하는 시간은 느리며 가격도 저렴하다.

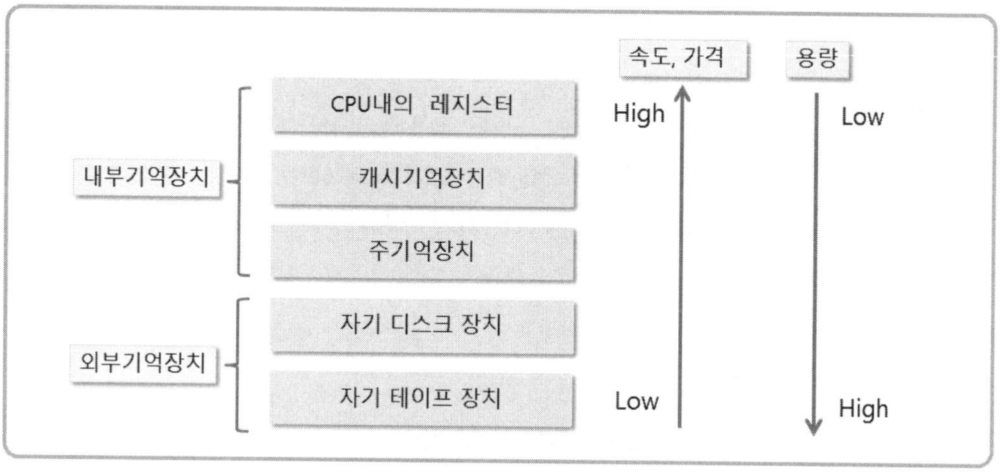

[그림 8.12] 메모리 계층구조

메모리는 전원을 공급하지 않으면 저장된 데이터가 사라지는 휘발성 메모리와 전원을 공급하지 않더라도 데이터가 사라지지 않고 저장할 수 있는 메모리인 비휘발성 메모리 ROM으로 분류할 수 있다. 주기억장치에서 사용하는 RAM(Random Access Memory)은 휘발성 메모리이며 데이터가 저장된 위치에 상관없이 같은 시간 내에 읽거나 쓰기가 가능한 메모리이다. ROM(Read Only Memory)은 비휘발성 메모리이며 저장된 인스트럭션이나 데이터를 읽기만 할 수 있는 저장 장치로 사용자가 데이터를 새로 추가하거나 기록할 수 없다. 그러나 인스트럭션이나 데이터를 전원 없이도 유지할 수 있기 때문에 시스템을 작동시키는 부팅 프로그램에 사용할 수 있다. 또한 임의로 조작하면 안되는 시스템 관리프로그램, 시스템 초기화 프로그램, 진단 프로그램, 게임 등을 저장하는 데 사용한다.

8.4 입력과 출력 장치

입력과 출력장치는 처리기나 메모리가 외부세계 혹은 사용자와 소통하고 상호작용하도록 한다. 입력과 출력장치는 기본적으로 두 유형이 있는데, 하나는 사용자가 읽을 수 있도록 정보를 표현(키보드, 모니터 화면, 프린터 등 다양)하고, 하나는 컴퓨터가 접근하고 읽기 쉽게 정보를 저장(하드 디스크, 플래시 메모리, 콤팩트 디스크, USB, DVD등 다양)하는 유형이다. 처리기는 입력장치를 통해 들어온 각종 데이터를 처리한 후, 결과를 메모리에 저장한다. 또한 메모리에 저장된 내용은 처리기의 제어로 출력 제어장치를 통해 출력장치에 출력된다. 입출력 시스템은 입출력 동작을 제어하는 입출력 제어장치, 입출력 채널, 입출력장치로 구성되어 있는데, 각 장치는 서로 독립된 고유의 기능을 수행하고 유기적으로 결합되어 작동한다. 입력장치나 출력장치를 **접근하는 방법**과 **제어하는 방법**은 대부분 유사하며 중요하다. 이 절에서는 입력과 출력장치 각각 보다는 컴퓨터 시스템의 관점에서 입력과 출력 동작을 살펴본다.

8.4.1 입출력 장치의 연결

컴퓨터 시스템의 처리기, 메모리, 키보드 같은 입력장치, 모니터 같은 출력장치는 **버스로 연결**되어 있다. 버스는 주소 데이터 및 제어가 이동하는 경로로 세 유형이 있는데, 주소를 전송하는 주소 버스이고, 데이터를 전송하는 데이터 버스와 제어를 전송하는 제어 버스가 있다. 처리기 장치가 데이터를 처리하는 속도와 입출력 장치가 데이터를 처리하는 속도는 차이가 있다. 따라서 고속으로 데이터를 처리하는 처리기와 상대적으로 속도가 느린 입출력 장치 사이에서 데이터를 직접 주고받기는 어렵다. 처리기 장치가 입출력 장치 모두를 관리하기 어렵기 때문에, **각 입출력 장치의 속도나 동작 특성에 따라 별도의 입출력 제어기나 인터페이스를 사용**한다.

입출력 장치는 메모리에서 데이터를 전송하려면, **입출력 제어기, 인터페이스를 경유하여 버스에 연결**된다. 그림 8.13은 입출력 장치의 연결이다.

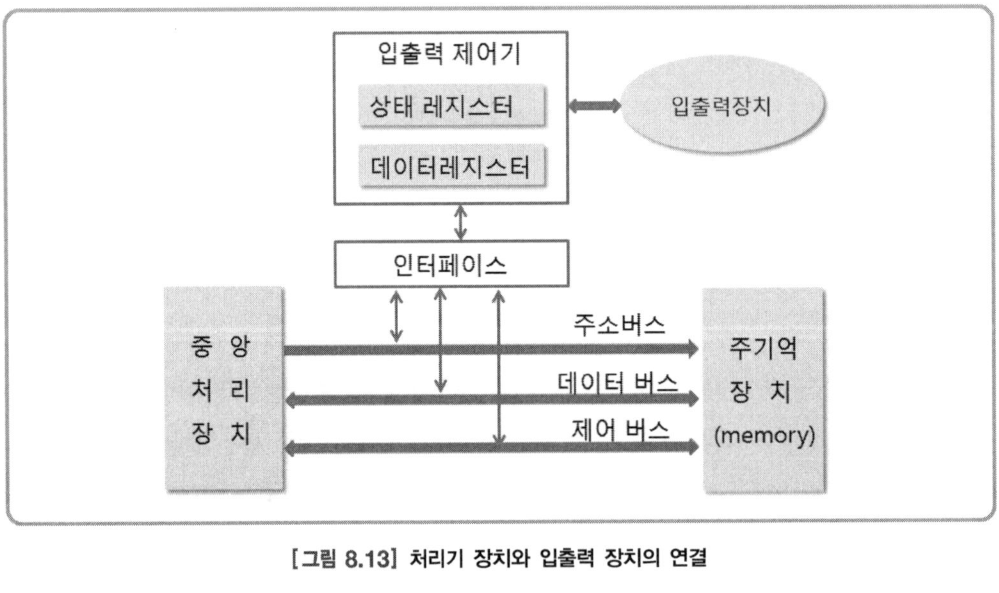

[그림 8.13] 처리기 장치와 입출력 장치의 연결

■ 입출력 버스

그림 8.13에서 **입출력 버스는 데이터를 전송하기 위해서 입출력 장치와 메모리 사이의 신호를 전송**한다. 입출력 버스는 주소 버스, 데이터 버스, 제어 버스를 사용한다. **주소버스**는 데이터를 읽거나 기록할 메모리 저장 위치의 주소를 전송하는 경로이다. 이때의 주소는 처리기가 생산하며, 처리기에서 메모리나 입출력 장치로 전송한다. 메모리나 입출력 장치에서 처리기로 가는 주소는 없기 때문에 경로가 한 쪽 방향이다. **데이터 버스**는 데이터를 전송하는 경로이며, 읽기나 쓰기 모두 수행하기 때문에 양 방향의 통로이다. **제어버스**는 처리기가 발생하는 제어 신호와 여러 장치에서 보내는 신호를 주고받는 경로로 양 방향이다.

■ 입출력 인터페이스

입출력 인터페이스는 **입출력 장치와 메모리 또는 입출력 장치와 처리기 장치 사이에서 각종 동작 특성을 보완**하기 위한 하드웨어이다. 예를 들어, 컴퓨터 하드웨어와 입출력 장치 사이의 전압 차이 온도 차이를 해결한다.

■ 입출력 제어기

입출력 제어기는 **입출력 장치나 인터페이스와 컴퓨터 시스템 사이의 데이터 이동을 제어**한다. 즉, 입출력 장치의 속도나 특성에 따라 처리기와 각 장치 사이에서는 속도 차이가 현저하게 난다. 그러므로 이 문제를 해결하기 위하여 **입출력 제어기**를 두고 속도를 조절한다. 구성 요소는 입출력 장치의 상태를 감시하여 저장하는 상태 레지스터, 처리기 장치에서 받은 인스트럭션을 저장하는 인스트럭션 레지스터, 전송할 데이터를 저장할 데이터 레지스터 등이 있다.

임의의 속도가 빠른 장치에서 속도가 느린 장치에 자료를 전송하더라도, 속도가 느린 장치가 자료 받기를 수용하기 못하면 속도가 빠른 장치는 전송하는 것을 기다려야만 한다. 즉, 초당 100바이트를 보내는 장치에 초당 1,000바이트로 보내면, 받는 장치는 자료를 누적하게 되고, 보내는 장치는 기다려야 한다.

입력과 출력 제어기는 **입력과 출력을 처리하고, 입력과 출력 장치와 다른 장치 사이에서 속도 차이를 조절**한다. **입출력 버퍼**라는 작은 용량의 메모리가 있으며, 입출력 장치의 디스크 헤드 제어나 프린트 용지 제어 같은 기계적인 기능을 제어한다. 또한 입력이나 출력을 수행할 때, 하드웨어의 여러 신호(**인터럽트 신호**)를 처리기에 전송한다. 그림 8.14는 입출력 제어기의 구조이다.

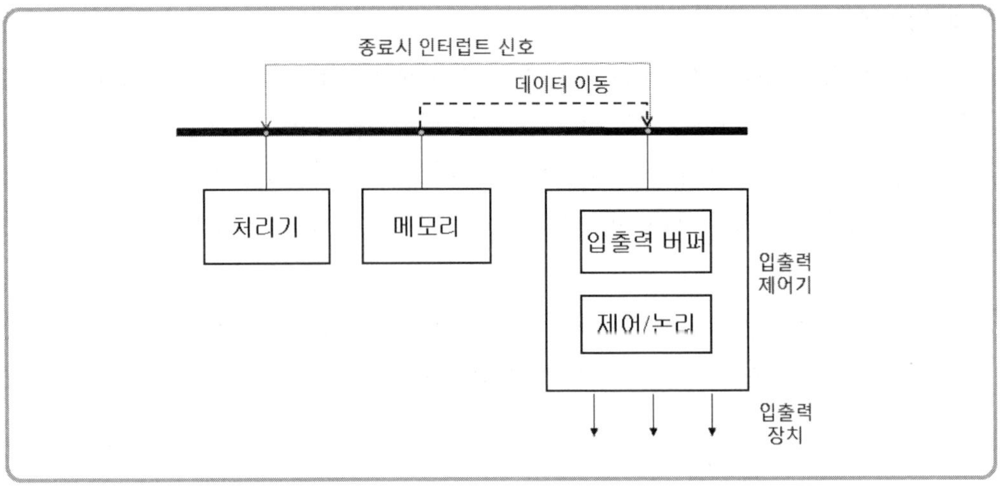

[그림 8.14] 입출력 제어기의 구조

어떤 문서 한 줄에 있는 문자 80개를 모니터 화면에 출력한다고 가정하자. 이때 아래의 순서로 출력을 수행한다.

(1) 메모리에서 80개의 문자를 입출력 제어기 안에 있는 입출력 버퍼로 전송된다. 이 동작은 고속(초당 수 백 만개의 문자 전송)으로 일어난다.
(2) 일단 자료가 입출력 버퍼에 들어가면 처리기는 입출력 제어기에 출력을 시작하라고 지시한다.
(3) 입출력 제어기의 제어 논리가 실제 전송을 하게 되고, 화면에 80개의 문자를 출력한다.

그런데 이러한 출력과정은 초당 수백에서 수천 개의 문자를 전송하는 속도로 느리게 일어날 수 있다. 처리기는 출력장치가 출력하는 동안 기다리거나 쉴 수가 없기 때문에 다른 작업을 처리한다. 80개의 문자가 화면에 출력되면, 입출력 제어기는 처리기에 출력완료 인터럽트 신호를 전송한다. 이 신호가 나타나면 처리기는 출력을 마친다.

8.4.2 입출력 방법

그러면 이제부터 각 장치와 메모리, 처리기 사이에서 어떻게 입력과 출력이 일어나는지 살펴보자. 처리기가 직접 데이터를 전송하여 입력이나 출력을 하는 **처리기 중심 입출력 방법**과 메모리 장치와 입출력 장치가 직접 데이터를 교환하는 **직접 메모리 접근 방법**이 있다.

■ **처리기 중심 입출력 방법**

처리기 장치에 의한 입출력은 그림 8.15와 같은 구조에서 수행하기 쉬운 방식으로서 입출력 장치와 메모리 사이에서 처리기 장치를 경유해야만, 데이터 전송이 이루어진다. **처리기 장치 안에 있는 레지스터로 메모리의 내용을 읽은 후 레지스터에 저장된 내용을 직접 출력 장치로 전송한다.** 또한 입력장치에서 처리기의 내부 레지스터에 데이터를 저장한 후, 최종적으로 메모리에 저장한다. 처리기 중심 입출력은 다음의 두 방법 즉, **프로그램에 의한 입출력**과 **인터럽트에 의한 입출력** 방법을 사용한다.

(1) **프로그램에 의한 입출력 방식** : 처리기 장치가 주변장치의 상태를 검사하고, 입출력 인스트럭션을 전송하거나, 데이터를 전송하는 입출력 동작들을 직접 제어한다. 그러므로 모든 입출력 동작이 처리기의 통제하에 이루어진다. 이 방식에서는 입출력 동작을 수행하는 동안에는 처리기 장치가 입출력 외의 아무 일도 못하게 하기 때문에 효율적이지 못하다. 입출력 과정에서 입력장치가 데이터 하나를 읽어서 버퍼에 넣을 때까지 처리기가 계속 입력을 확인하기 때문이다. 마찬가지로 출력장치가 버퍼에 있는 데이터 하나를 출력할 때까지 처리기는 계속해서 출력 완료 검사를 한다.

(2) **인터럽트에 의한 입출력 방식** : 이 방법 역시 입출력 동작은 처리기가 수행한다. 그러나 처리기가 입출력장치에게 입출력 과정에서 필요한 동작을 제시한 후 다른 업무를 수행한다. 입출력장치는 처리리가 지시한 작업 완료 후, 그 결과를 인터럽트로 처리기에게 알려준다. 입출력이 완료 될 때까지는 처리기가 기다리지 않고 다른 작업을 수행할 수 있으므로 프로그램에 의한 입출력 방식보다 처리기의 이용 측면에서는 효율적이다. 그러나 인터럽트 사용에 따른 별도의 시간이 필요하기 때문에 즉, 인터럽트 서비스 루틴이 수행되기까지의 인터럽트 반응시간이 필요하기 때문에 속도가 획기적으로 개선되지는 않는다.

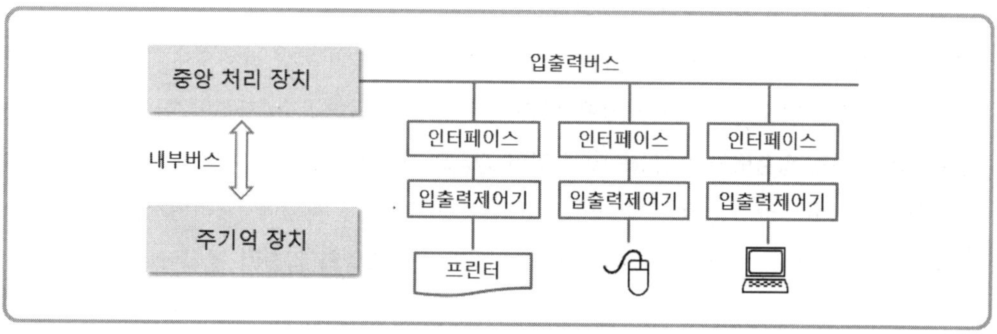

[그림 8.15] 처리기에 의한 입출력 방식 구조

■ 직접 메모리 접근 방법

처리기 장치가 입출력에 개입하지 않으면 어떨까? 처리기 없이 입출력 장치가 메모리에서 직접 필요한 자료를 가져가거나 필요한 자료를 저장하는 방법으로 그림 8.16과 같이 **DMA 제어기**가 **처리기 장치에서 보낸 입출력 지시를 받은 후 직접 메모리(DMA)에 접근**하여 입출력 동작을 독자적으로 수행한다. 처리기의 입장에서 입출력 인스트럭션 하나로 블록 한 개의 데이터를 통째로 전송할 수 있다.

직접 메모리 접근 방식은 정보를 입출력할 때마다 시작주소, 데이터의 크기, 전송 방향 등을 일일이 알려주어야 한다. 또 다중 입출력에서는 여러 개의 DMA 제어기가 필요하므로 비용이 들기도 한다. 따라서 **입출력 채널 제어기**라는 입출력 전용 하드웨어로 입출력을 수행할 수 있다.

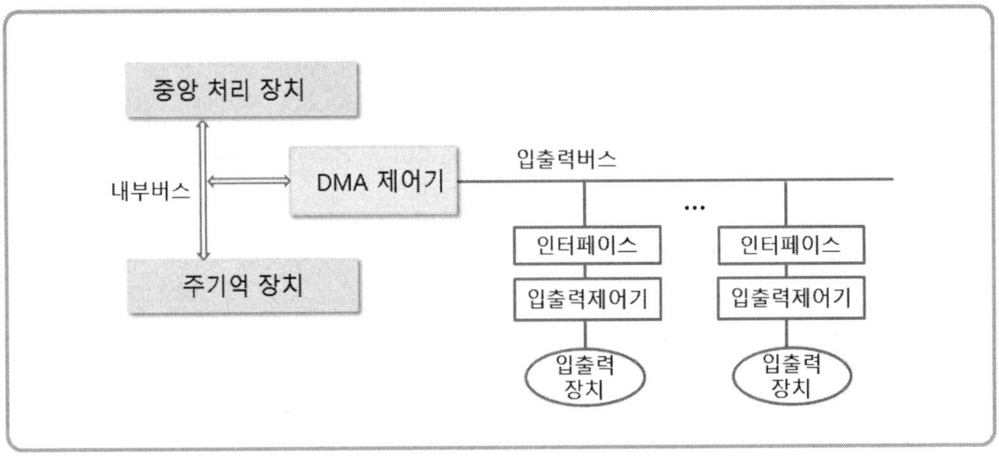

[그림 8.16] 직접 메모리 접근 입출력 방식 구조

■ 채널 제어기에 의한 입출력 방식

채널 제어기는 그림 8.17처럼 입출력만 전담하는 별도의 특수 컴퓨터로 **입출력 프로세서**라 한다. 처리기 장치는 계산만 수행하고 입출력은 이 처리기가 전용으로 맡는다는 개념이다. 처리기는 입출력 프로세서에게 입출력 전송을 시작하라고 지시만 한다. 그러면 **입출력 프로세서는 입출력을 수행하는데 처리기 장치와 독립적으로 수행**한다. 입출력 프로세서와 처리기 장치는 작업을 동시에 병행으로 수행할 수 있기 때문에, 처리기 장치는 입출력 때문에 많은 시간을 소비할 필요가 없다. 이 방식이 **고속의 입출력 방식**이다.

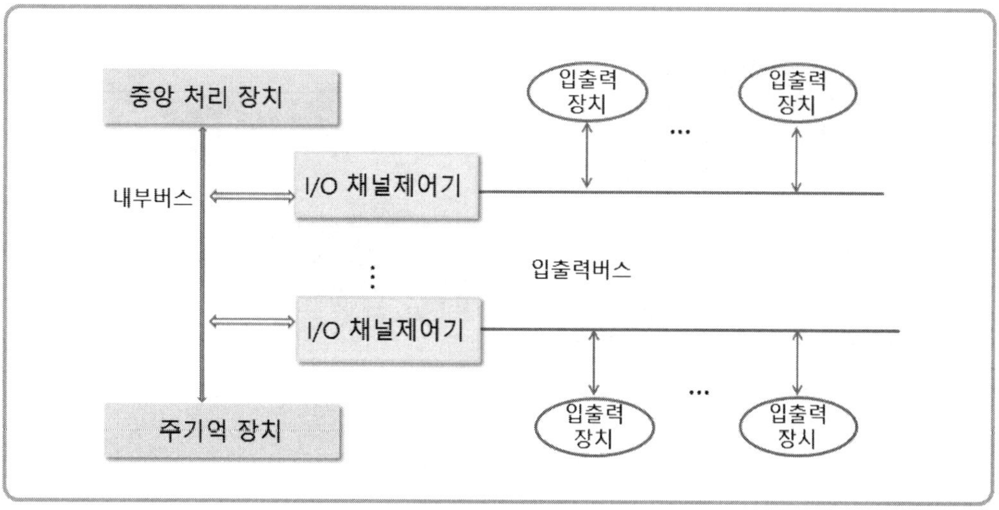

[그림 8.17] 채널 제어기에 의한 입출력 방식 구조

이외에도 입력장치나 출력장치는 여러 유형과 다양한 특성이 있다. 그 중에서 **소형 디스플레이 장치**로 머리에 착용하는 영상장치가 있다. 이 장치는 양쪽 눈 가까이에 위치에 소형 디스플레이가 있으며, 시각차를 이용한 삼차원 영상을 투영한다. 또한 사용자의 움직임에 따라 영상을 렌더링하여 가상현실이나 증강현실에 활용한다. 이 장치는 게임뿐만 아니라 산업, 우주 개발, 원자로, 군사 관련, 의료 관련 등 여러 분야에 활용한다. 그리고 출력장치로 3D 프린터의 활용성도 높아졌다.

촉감이나 진동정보를 이용하여 컴퓨터의 처리 결과를 출력하는 햅틱 장치에는 햅틱 마우스, 센서 글로브 등이 있는데 가상환경에서 접촉하는 객체의 형태나 압력 등을 느낄 수 있다. 이 햅틱 기술은 터치스크린은 물론 의료 시뮬레이터, 항공기, 전투기 시뮬레이터, 차량 시뮬레이터, 게임 시뮬레이터 등 여러 분야에 응용한다.

각종 입출력 장치는 각 특성에 따른 입출력 방식이 있으며, 다양하게 활용되지만, 이 책에서는 더 자세한 설명을 하지 않는다.

(a) HMD(출처: www.oculus.com)

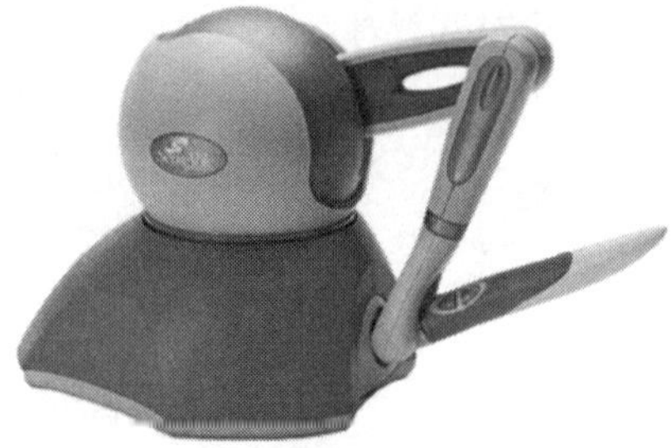

(b) 햅틱 마우스(출처: www.3dsystems.com)

[그림 8.18] 다양한 입출력 장치

8.5 대용량 저장 장치

이 절에서는 컴퓨터 시스템의 관점에서 대용량 저장 장치를 살펴본다. 메모리와 대용량 저장 장치 시스템은 여러 유형이 있는데 대용량 자료저장을 위하여 **발생 외부기억장치를 사용한다([그림 8.12] 메모리 계층구조 참조). **대용량 저장 장치**는 접근 방식에 따라 두 형식이 있는데, 하나는 **직접 접근 장치**이고, 하나는 **순차 접근 방식**이다.

■ **직접 접근 장치**

직접 접근 장치는 정보를 저장하는 각 단위가 유일 주소를 가지고 있기 때문에 메모리와 같이 '저장 장치의 어느 위치이든 접근 가능하다. 다만, 디스크나 CD 같은 장치에서 정보에 접근하는 시간은 정보가 저장된 물리적인 위치와 장치의 현재 상태(헤드의 현재 위치 등)에 따라 달라진다.

디스크에서는 아래처럼 **섹터**라는 단위로 정보를 저장하는데, 섹터는 **주소 하나와 데이터 블록으로 구성**되어 있다. 데이터 블록은 정해진 수의 바이트이다.

섹터 하나:	주소	데이터

또한 여러 개의 섹터는 디스크의 가운데를 중심으로 하여 디스크 표면에 **트랙**이라는 여러 개의 동심원을 구성하고 있다. 이러한 트랙을 여러 개의 디스크에 적용하면 **실린더**라 한다. 즉, 여러 개의 디스크에 걸쳐 있는 같은 길이의 지름을 가진 트랙 묶음을 말한다.

만약 4매의 디스크로 구성된 디스크 팩(묶음)이 있으면, 맨 위와 맨 아래 면은 사용하지 않으므로 사용할 수 있는 면은 모두 6개이다. 또 각 디스크와 디스크 사이에 헤드를 연결하는 3개의 액세스 암과 6개의 헤드가 있다. N개로 이루어진 디스크 팩에서 헤드를 어떤 트랙에 고정하면, 읽기/쓰기 동작이 가능한 트랙 수는 2×(N-1)이다. 그러므로 공간 개념으로 확대하면 하나의 원통처럼 구성되어 있다. 0번 트랙의 모임은 0번 실린더, 45번 트랙 모임은 45번 실린더이다.

이와 같이 섹터와 트랙으로 구성되는 디스크 표면은 읽기/쓰기 헤드가 처리기가 요청한 트랙을 찾기 위해 트랙 위를 이동한다. 요청한 트랙을 찾으면 헤드가 그 트랙 위에 정지한다. 이런 디스크는 읽기/쓰기 헤드 아래에서 아주 빠른 속도로 회전한다. 일반적으로 디스크 구조는 그림 8.19와 같다.

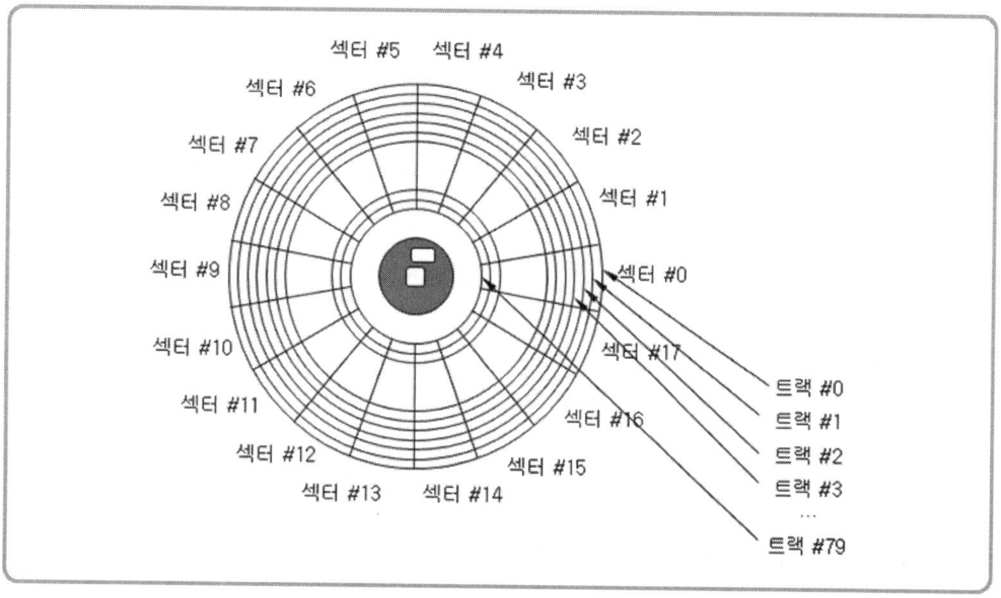

[그림 8.19] 일반적인 디스크 구조

디스크에 있는 어떤 섹터에 접근하려면 세 개의 요소가 필요한데, 탐색시간, 지연시간, 전송시간이다. **탐색시간**은 요청한 정보가 디스크에 저장된 실린더 트랙을 찾는 시간과 그

트랙에 저장된 정보를 가진 섹터를 찾는 시간을 합친 것이다. 즉, 헤드가 트랙이나 실린더까지 이동한 시간과 헤드가 정보가 저장된 레코드가 있는 섹터까지 도달하는 시간의 합이다. 디스크는 회전하고 있기 때문에, **지연시간**은 데이터가 있는 현재 섹터가 회전하여 다시 헤드 위치까지 돌아오는데 걸리는 시간이다. 이를 회전지연시간이라고도 한다. **전송시간**은 방금 읽은 데이터를 디스크에서 메모리로 전송하는데 걸리는 시간이다. 이런 시간은 헤드의 현재 위치와 접근된 섹터에 따라 달라진다.

예를 들어 아래와 같은 요소 특성을 가진 디스크 드라이브에 대하여 임의의 자료에 접근하는데 걸리는 시간을 계산해 보자.

- 회전 속도 = 120회/초 = 8.33msec/회 (1msec = 0.001sec)
- 암(헤드) 이동 시간 = 바로 옆 트랙으로 이동하는 시간 0.01msec, 즉, 현재 k 트랙에서 k+1 트랙이나 k-1 트랙으로 이동하는데 걸리는 시간
- 표면에 있는 트랙 수 = 500 (트랙 번호 0에서 트랙 번호 499까지)
- 트랙당 섹터 수 = 64
- 섹터당 바이트 수 = 1,024

• **탐색시간**

최선일 때 = 0msec (현재 레코드 위치에 자료가 있음. 헤드가 이동할 필요 없음)

최악일 때 = 499×0.01 = 4.99msec (트랙 0에서 트랙 499로 이동)

평균일 때 = 150×0.01 = 1.5msec (헤드가 약 150개 트랙을 이동한다고 가정함)

• **지연시간**

최선일 때 = 0msec (섹터가 헤드 바로 밑에 있음)

최악일 때 = 8.33msec (헤드가 섹터를 지나가서, 한 번을 완전히 회전하고 돌아올 때까지 기다려야 함)

평균일 때 = 4.17msec (반만 회전함)

• **전송시간**

1/64×8.33msec = 0.13msec (헤드 아래를 통과하는 데 섹터 한 개에 대한 시간, 또는 트랙에 대해 1/64번째, 이 시간은 모든 섹터에 대해 동일함)

위의 예는 직접 접근 장치(디스크뿐만 아니라)에서 자료에 접근하는 특성을 보인 것이다. 오늘날에는 작지만 몇 기가바이트의 대용량 플래시 메모리, 수십 기가바이트의 USB, 수백 테라바이트의 하드 디스크, 테라바이트와 페타바이트 클라우드 방식의 온라인 저장까지 다양한 특성의 대용량 저장 장치로 접근시간은 각각 다르게 계산된다.

■ 순차 접근 장치

순차 접근 장치는 컴퓨터 개발의 초창기에 많이 사용하던 기술이다. 이 방식은 각 데이터가 자신의 주소를 가지고 있지 않기 때문에 각 데이터는 주소로 식별할 수 없다. 어떤 자료를 찾으려면 그 자료가 위치한 곳까지 하나씩 순차적으로 탐색해야만 한다. 즉, 이 자료가 '내가 찾는 것이 맞는지?, 아니면 지나가고, 다시 맞는지 묻고, … ' 하는 방식을 반복적으로 수행한다. 결국 찾는 것이 있으면 정지하고, 아니면 자료 파일의 끝까지 지나가게 된다.

이런 이유로 직접 접근 장치가 순차 접근 장치보다 특정 자료에 접근하는 속도가 평균적으로 더 빠르다. 비록 속도는 느리지만, 순차 접근 장치도 특별한 경우에 사용하는데, 메모리나 디스크의 내용을 전부 복사하여 장기간 보관하는 백업 작업에 유용하다.

위에서 언급한 대용량 저장 장치 외에도 하드 디스크, CD, DVD, 단층 규격 기준으로 DVD보다 5배, CD보다 35배 많은 데이터를 저장할 수 있는 블루레이 디스크와 같은 각종 대용량 저장 장치가 있으며 USB 메모리, 메모리 카드, SD 카드, SSD 등 플레시 기반 메모리가 있다.

8.6 여러 장치를 하나로 연결하기

이 절에서는 지금까지 설명한 컴퓨터의 각 요소별 즉 처리기 장치(산술논리 연산 장치, 제어 장치), 메모리 장치 및 입력과 출력장치로 이해한 구조와 작동 원리를 하나로 합쳐서 컴퓨터 시스템을 구성한다. 그림 8.20은 간략하게 연결한 컴퓨터 시스템 전체 구성이다. 그림에서 인스트럭션을 어떻게 실행하는지 살펴본다.

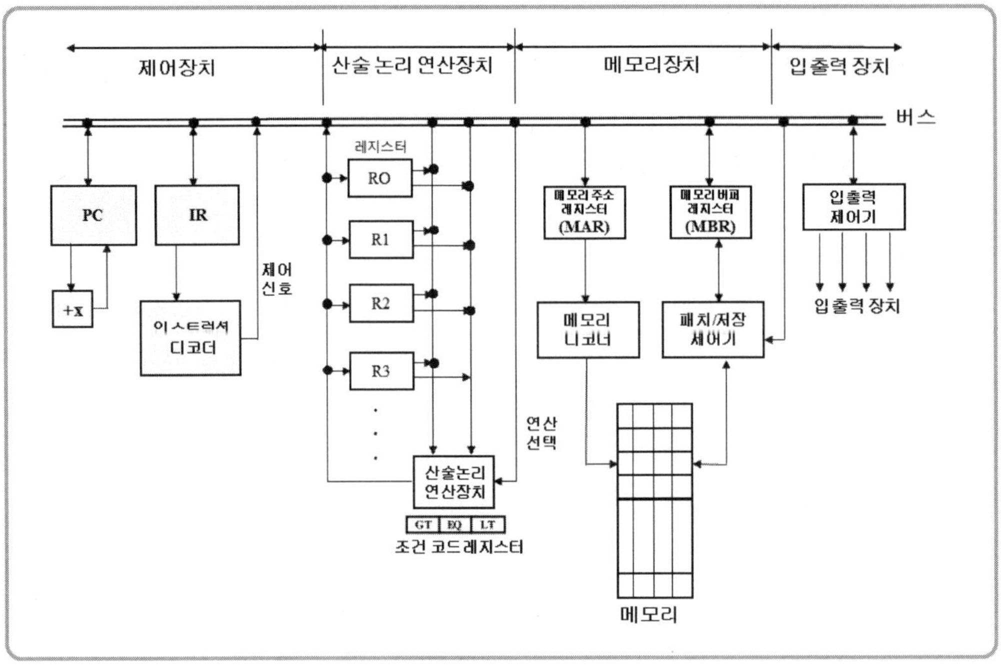

[그림 8.20] 컴퓨터의 일반적인 구조

여기에서 사용하는 인스트럭션은 이미 어셈블리어 부분에서 사용한 가상 인스트럭션 셋이다. 이 인스트럭션을 그림 8.20의 컴퓨터에서 실행하려면 **패치, 해석, 실행의 세 단계**를 거쳐야 한다. 이 세 단계는 HAL 인스트럭션을 만날 때까지 반복 수행한다. 이 과정을 알고리즘 식으로 간단히 표현하면 아래와 같다.

```
while (NOT HAL 인스트럭션 OR NOT 에러 ) do
    패치 단계
    해석 단계
    실행 단계
endwhile
```

이런 반복을 컴퓨터의 **기계 주기**라 한다. 이 기계 주기를 이해하기 위해 [표 8.2]의 표기를 사용하여 기계 주기의 각 단계와 인스트럭션의 수행과정을 살펴본다.

[표 8.2] 인스트럭션 수행 동작의 표기

	의미
M(X)	메모리 셀에서 X의 내용으로, 메모리 셀 **한 개**를 차지한다.
A ← B	레지스터 B에 저장되어 있는 값을 레지스터 A로 보내라.
각 표기	• PC는 프로그램 카운터, MAR는 메모리 주소 레지스터, MBR은 메모리 버퍼 레지스터, IR은 인스트럭션 레지스터이며, 동작 코드 부분 IR(op)와 주소 부분 IR (addr)으로 나누어진다. • ALU는 산술논리연산 장치이다. R은 임의의 한 레지스터이다. • GT, EQ, LT는 ALU에 있는 조건 코드이다. • +X는 프로그램 카운터를 X씩 증가시킨다. (프로그램 인스트럭션 길이만큼 증가한다. 여기에서는 간략하게 설명하기 위해 1씩 증가시킨다).
FETCH	메모리의 패치 연산
STO	메모리의 저장 연산
ADD	ALU의 더하기, 곱하기, 빼기, 나누기의 여러 계산 값 중에서 '더하기 회로'의 출력을 선택하라고 ALU에 지시한다. 즉, 그림 8.20의 선택 회로에서 ADD 코드를 보낸다.
SUB	ALU의 더하기, 곱하기, 빼기, 나누기의 여러 계산 값 중에서 '빼기 회로'의 출력을 선택하라고 ALU에 지시한다. 즉, 그림 8.20의 선택 회로에서 SUB 코드를 보낸다.

■ **패치 단계**

패치 단계에서는 제어 장치가 메모리에서 다음에 실행할 인스트럭션을 가져와서 인스트럭션 레지스터인 IR에 넣는다. 모든 인스트럭션에 대해 같으며, 아래 네 단계로 수행한다.

1. MAR ← PC
2. HBR ← M(MAR)
3. IR ← MBR
4. PC ← PC + 1

프로그램 카운터의 주소를 메모리 주소 레지스터 MAR에 넣는다. 그리고 MAR의 주소로 패치를 수행한다. 그러면 주소가 가리키는 셀의 내용을 메모리 버퍼 레지스터 MBR에 복사한다. 메모리 버퍼 레지스터 MBR에 있는 인스트럭션을 인스트럭션 레지스터 IR에 넣는다. 그러면 해석 단계에서 해석할 준비가 된다. 그리고 프로그램 카운터 PC의 내용을 증가 시키고 다시 PC에 넣는다. 이 PC에 들어있는 값이 다음 실행할 인스트럭션의 메모리 주소이다.

이제 제어기 장치는 IR에 현재 실행할 인스트럭션을 가지고 있으며, 프로그램 카운터를 갱신했다. 그러면 현재 실행 중인 인스트럭션이 실행을 마치면, PC안에 있는 다음 인스트럭션을 다시 패치한다. 그리고 해석하고 실행할 준비를 한다.

■ 해석 단계

인스트럭션 해석 단계는 단순한데 IR의 동작 코드를 인스트럭션 해석기로 보내기만 하면 된다. 그러면 동작 코드의 역할을 해석한다. 해석 단계는 아래와 같다.

해석기 ← IR(op)

인스트럭션 해석기가 동작 코드에 맞는 신호를 발생한다.

■ 실행 단계

인스트럭션 각각에 대하여 실행하기 때문에 동작은 모두 다르다. 그러므로 제어장치 회로는 동작에 필요한 제어 신호와 인스트럭션을 실행하도록 여러 장치에 데이터 전송 신호를 연속하여 발생한다. 데이터 전송 신호는 산술논리연산 장치, 메모리, 입출력 장치에 전송한다. [표 8-3]은 인스트럭션을 실행하는 과정에서 무슨 신호와 무슨 전송이 일어나는지를 보여 준다. 여기서 LOD X는 메모리 셀 X의 내용을 레지스터 R에 복사하라는 의미이며, STO X는 레지스터 R의 현재 내용을 메모리 셀 X에 저장하라는 의미이다. ADD X는 메모리 셀 X의 내용을 레지스터 R의 내용과 더하고 결과를 다시 레지스터 R에 넣으라는 인스트럭션이다. 그리고 JMP X는 메모리의 주소 X 위치에 있는 인스트럭션으로 '무조건 건너뛰라'는 의미이다. 이러한 인스트럭션이 실행되는 과정에서의 단계별 동작은 [표 8-3]과 같다.

[표 8.3] 인스트럭션의 실행과정

명령어	동작	동작의 설명
LOD X	1. MAR ← IR(addr)	IR(addr)의 addr에 해당하는 주소 X를 MAR로 보냄
	2. MBR ← M[MAR]	주소 X의 셀 내용을 꺼내어 MBR에 넣음
	3. R ← MBR	MBR의 내용을 레지스터 R에 복사
STO X	1. MAR ← IR(addr)	IR(addr)의 addr에 해당하는 주소 X를 MAR로 보냄
	2. MBR ← R	레지스터 R의 내용을 MBR에 넣음
	3. M[MAR] ← MBR	MBR의 내용(값)을 메모리 셀 X에 저장
ADD X	1. MAR ← IR(addr)	IR(addr)의 addr에 해당하는 주소 X를 MAR로 보냄
	2. MBR ← M[MAR]	주소 X의 셀 내용을 꺼내어 MBR에 넣음
	3. R ← R + MBR	R = R + MBR
JMP X	PC ← IR(addr)	IR(addr)의 addr에 해당하는 주소 X를 PC로 보냄
JGT X	GT = 1이면, PC ← IR(addr)	조건 코드 GT가 1이면, 메모리 주소 X에 있는 인스트럭션으로 가라는 의미

위의 인스트럭션에 대한 신호와 전송이 연속으로 일어나는 것은 바로 컴퓨터의 기계 주기 중에서 실행 단계에서 일어나는 것이다. 그러나 실제 컴퓨터에서는 200~300개 정도의 인스트럭션 중에서 인스트럭션 마다 각기 다른 행동을 수행한다. 한 인스트럭션이 실행을 마치면, 제어 장치는 다음 인스트럭션을 꺼내고, 전체 기계 주기를 다시 시작한다. 이것이 컴퓨터가 기본적으로 실행하는 과정이다. 그림 8.21은 기계 주기를 전체적으로 보인다.

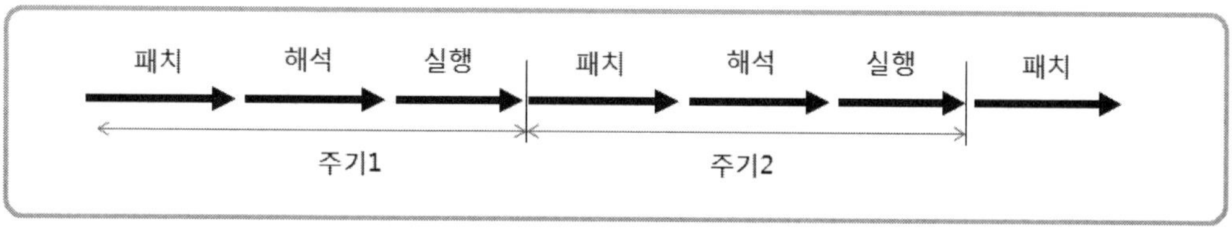

[그림 8.21] 기계 주기

8.7 새로운 개념의 컴퓨터 시스템

지금까지 폰 노이만식 컴퓨터 즉, 프로그램이 내장된 컴퓨터 구조 개념으로 반드시 프로그램 인스트럭션에 의해 실행하고 데이터를 처리하는 컴퓨터와 관련 내용을 살펴보았다.

오늘날 컴퓨터 응용 범위가 확대되고, 처리할 데이터의 양도 많아서 고성능 컴퓨터가 필요하게 되었지만 폰 노이만 컴퓨터는 속도의 한계를 가져 왔다. 모든 프로그램과 자료를 메모리에 저장하여 처리하는 관계로 자료 이동에서 병목현상이 발생하고, 인스트럭션을 해석하는 데 시간이 소요된다. 뿐만 아니라, 여러 개의 처리기를 사용하는 멀티 프로세싱 컴퓨터에서는 여러 처리기를 동시에 제어하는 데 따른 문제가 발생하고, 운영체제의 여러 작업에 대한 스케줄링의 복잡성, 프로그래밍 언어의 표현력 부족 등을 한계의 이유로 볼 수 있다.

이러한 폰 노이만식 개념(내장 프로그램)의 한계를 극복하기 위해 새로운 개념의 컴퓨터를 개발하고 있다. 이러한 새로운 개념에는 **병렬 처리 컴퓨터**, **데이터 플로우 컴퓨터**, **광 컴퓨터** 등이 있다. 아래에서 각 개념을 살펴본다.

8.7.1 병렬 처리 컴퓨터

병렬 처리 컴퓨터 개념은 동시에 여러 개의 일을 처리하도록 한다는 것이다. 즉, **복수 개의 인스트럭션을 동시에 처리함으로써 데이터 처리를 고속화**하여, 이전에 처리하기 어려웠던 여러 문제를 해결한다. 자연언어, 게임, 음성, 영상 처리, 문제 해결, 추론 등을 수행할 수 있다.

병렬 컴퓨터는 처리기가 한 개 있는 컴퓨터가 아니라, 처리기가 두 개부터, 수십 개, 수백 개, 수천 개 이상이 있는 컴퓨터이다. 각 처리기가 필요한 작업을 수행한다면, 속도가 처리기 수만큼 비례하여 증가하지는 않더라도, 처리기가 한 개일 때 보다는 확연히 증가한다. 그러나 처리기와 처리기 사이 또는 처리기와 공유 메모리 사이의 자료(인스트럭션이나 데이터) 이동시 발생하는 병목 현상 등의 문제로 인하여 속도가 엄청나게 증가하지는 않는다.

기본적으로 병렬 처리 컴퓨터 기술에는 두 모델이 있는데, 하나는 **단일 인스트럭션 다중 데이터** 병렬 처리이고, 하나는 **다중 인스트럭션 다중 데이터** 병렬 처리이다.

단일 인스트럭션 다중 데이터 병렬 처리 모델은 인스트럭션 패치, 해석, 실행 과정이 제어

장치 한 개에서 차례로 일어난다. 그러나 그림 8.22와 같이 산술연산논리 장치와 관련 레지스터는 여러 개가 있고, 각 산술연산논리 장치는 각기 자신이 사용하는 독자적인 메모리가 있다. 제어 장치는 인스트럭션 한 개를 패치하여 산술연산논리 장치 전부에 보낸다. 그러면 각 산술연산논리 장치는 자신의 메모리에 가지고 있는 데이터로 동시에 인스트럭션을 실행한다. 예를 들어 1,000개의 산술연산논리 장치가 있는 컴퓨터가 인스트럭션 ADD X를 실행하면, 독자 메모리의 값과 독자 레지스터 R의 내용을 사용하여 동시에 1,000개의 더하기를 병렬로 실행한다.

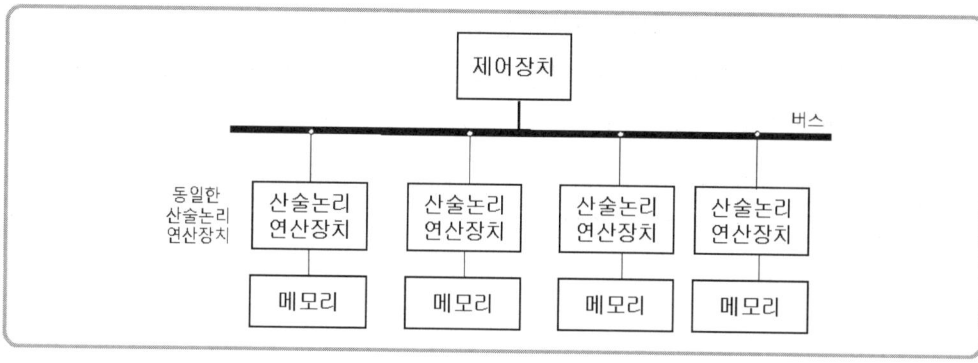

[그림 8.22] 단일 인스트럭션 다중 데이터 병렬 처리 시스템

이런 병렬 처리는 수학에서 벡터나 행렬 구조의 자료를 계산하는 데 효율적으로 활용할 수 있다. 예를 들어 1,000개 값이 들어있는 벡터 ℝ와 1,000개의 값이 들어있는 ℙ를 더하여, 1,000개를 저장할 수 있는 벡터 ℍ에 저장하는 연산은 아래 벡터 더하기 인스트럭션(VADD)처럼 실행 할 수 있다.

```
…
VLOD  ℝ
VADD  ℙ
VSTO  ℍ
…
```

이 연산은 각 벡터의 원소를 아래처럼 동시에 연산하는데, 벡터 더하기 인스트럭션 한 개로 한 번에 처리한다. 그러나 순차 컴퓨터에서 실행하려면 1,000번의 연산을 수행해야 한다. 1000개의 연산장치가 있는 병렬 처리에서는 최대 1000배 정도 처리 속도를 향상시킬 수 있다. 그러나 실제로는 병렬화에 따른 복잡한 처리가 추가되기 때문에 반드시 1000배로 향상되지는 않는다.

```
  …
ALU1: h1 = r1 + p1
ALU2: h2 = r2 + p2
ALU3: h3 = r3 + p3
  …
ALU1000: h1000 = r1000 + p1000
```

또 다른 병렬 처리 모델은 **다중 인스트럭션 다중 데이터 병렬 처리** 모델로 **클러스터 컴퓨팅**이라고도 한다. 이 모델은 단일 인스트럭션 다중 데이터 병렬 처리 모델과 달리 산술연산논리 장치만 여러 개 두는 것이 아니라, 처리기(제어장치, 프로그램 카운터 등 포함) 전체를 여러 개 두는 개념이다. 그렇기 때문에 각 처리기는 자기 메모리에 있는 독립된 프로그램을 독자적으로 실행할 수 있다. 그림 8.23은 다중 인스트럭션 다중 데이터 병렬 처리 모델이다.

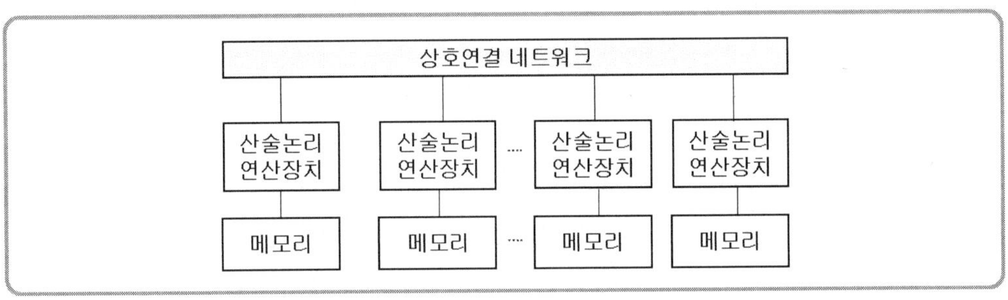

[그림 8.23] 다중 인스트럭션 다중 데이터 병렬 처리 시스템

그림 8.23의 처리기와 메모리 각각은 폰 노이만 컴퓨터 구조이고, 각각 자기 방식대로 자기 메모리로 각기 프로그램을 실행한다. 그러나 각 처리기가 문제 하나를 혼자 해결하기 보다는 모든 처리기가 동시에 병렬로 해결한다. 여러 처리기의 각각은 문제 전체에서 일부를 맡아서 처리하고 결과는 다른 처리기에 전달한다. 이 때 데이터를 전달하기 위해 **상호연결 네트워크**를 사용한다. 이 상호 연결 네트워크는 처리기 끼리 데이터나 메시지를 서로 주고받을 수 있도록 한다. 상호연결 네트워크는 병렬 처리 컴퓨터 시스템에서 처리기 사이를 서로 연결하는 네트워크이다.

대규모 병렬 처리 시스템을 효율적으로 사용하기 위해서는 가능한 많은 수의 처리기를 활용하는 효율적인 알고리즘을 설계하며 이러한 병렬처리 알고리즘으로 대규모 문제를 해결할 수 있다. **병렬 알고리즘**을 효율적으로 설계하는 기술도 매우 중요하며, 더 나아가 오늘날 복잡하고 대규모 문제를 해결하는 방법으로 중요하게 다루고 있다. 이러한 변화에 따라 컴퓨터 시스템은 더욱 대규모 병렬 처리 시스템 구조로 진화하고 있다.

8.7.2 데이터 플로우 컴퓨터

지금까지 살펴본 컴퓨터 시스템은 폰 노이만의 내장형 프로그램 개념을 가진 컴퓨터 시스템으로 반드시 '프로그램'이 메모리에 있어야만 실행이 가능했다. 즉, 인스트럭션을 차례로 패치하여 순서에 따라 차례로 실행했다. 이러한 개념의 컴퓨터를 **제어 플로우 컴퓨터**라 한다. 그러나 메모리 없이 즉, **프로그램 인스트럭션 없이** 데이터만 처리기 사이를 흘러가면서 실행하는 컴퓨터 시스템이 있다. 이러한 컴퓨터 시스템이 **데이터 플로우 컴퓨터**이다. 그러므로 메모리와 프로그램 카운터가 없으며 **데이터 흐름으로 연산**한다. 이 개념은 어떤 연산을 기다리는 처리기에 데이터만 도달하면 자동으로 연산 처리를 수행한다. 즉, 인스트럭션을 패치하고, 해석하고, 주소에 의한 데이터를 꺼내오기 위해 메모리까지 갔다 오는 시간이 필요 없다. 데이터가 처리기 사이를 흘러 가기만 하면 실행하는 이런 이유로 데이터 플로우라는 이름이 붙었다.

데이터 플로우 컴퓨터 모델은 **계산 단위와 데이터 종속 그래프로 구성**된다. 계산 단위는 한 개로 된 인스트럭션이나 여러 인스트럭션으로 구성된 인스트럭션 블록으로 된 단위이다. 그러므로 한 계산 단위의 결과로 만들어지는 출력 값이 다른 계산 단위의 입력 값으로 들어가면, 두 계산 단위 사이에서는 데이터에 의해 서로 종속 관계를 갖는다. 데이터 플로우 모델은 그림 8.24와 같이 방향 그래프로 낼 수 있다. 여기서 각 노드는 계산 단위이고, 두 노드 사이의 연결은 두 계산 단위 사이의 데이터 종속 관계이다. 이 연결 방향에 따라 전달되는 데이터가 이동하는데, 이동하는 데이터를 토큰이라 한다(토큰은 노드의 출력 값이다). 어느 계산 단위의 입력에 필요한 값(토큰)이 모두 나타나면, 해당 계산단위는 입력 값에 대하여 즉시 실행한다. 데이터 종속 그래프의 모든 경로에 토큰이 있으면 각 노드는 스스로 실행한다.

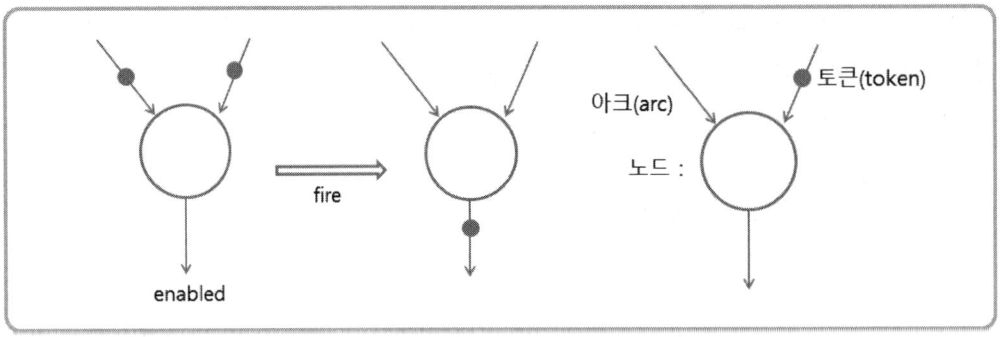

[그림 8.24] 데이터 플로우 개념

데이터 플로우 컴퓨터 모델의 예를 들어 보자. 수식 할당문 y = (a + b) * (c − d)를 연산한다면 제어 플로우 모델에서는 아래와 같이 수행한다.

t1: p1 = a + b;
t2: p2 = c − d;
t3: y = p1 * p2;

t1, t2, t3은 각각 실행 시간을 나타내고, 그 시간에 각 연산을 수행한다. 즉, t1, t2, t3의 순서에 따라 각 연산을 실행하여 최종 결과를 y에 저장한다.

그러나 데이터 플로우 모델에서는 그림 8.25와 같이 데이터 플로우 그래프의 데이터 종속 관계에 따라, 다른 계산 단위(연산자)의 작동과 관계없이 각 처리기(연산자)가 독립으로 실행한다. 연산에 필요한 데이터 a, b, c, d가 모두 준비되면 더하기 처리와 빼기 처리가 동시에 실행한다.

이와 같이 새로운 개념의 데이터 플로우 컴퓨터 모델은 **연산에 필요한 데이터만 있으면, 즉시 실행하여 원하는 연산을 수행**한다. 이 모델은 **여러 데이터를 동시에 병렬로 처리**할 수 있다. 데이터 플로우 컴퓨터를 효율적으로 활용하려면 이 모델에 적합한 알고리즘을 개발하여야 한다. 2015년에 발표한 구글 텐서 플로우는 다차원 배열로 나타낸 데이터 '텐서' 사이의 계산 알고리즘을 자료흐름 그래프로 모델링하고 모델링 결과를 데이터흐름 프로그램으로 구현할 수 있는 공개소스 라이브러리로서 데이터 플로우 개념을 사용하는 인공지능 기계 학습 알고리즘에 주로 사용한다.

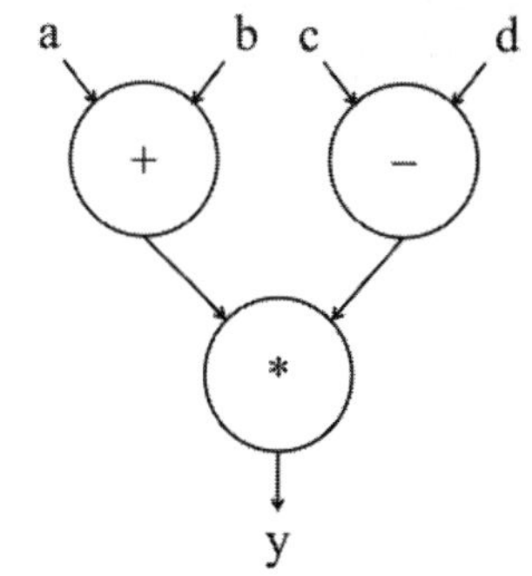

[그림 8.25] y = (a + b) * (c − d) 데이터 플로우 그래프

8.7.3 광 컴퓨터

광 컴퓨터는 기존의 구리와 같은 금속 재질의 회로 대신에 광섬유를 사용하여 메모리, 연산 장치, 제어 장치 등 컴퓨터의 주요 기능을 **빛 신호**로 처리하는 컴퓨터로서 빛의 가장 큰 특징인 고속성이나 병렬성을 살려 초고속의 데이터 저장 및 산술 논리 연산을 가능하게 한다.

광 컴퓨터의 주요 기술은 광 프로세서, 광 송수신장치, 광 저장장치 등에서 응용되고 있다. **광 프로세서**는 저전력 레이저를 액상 렌즈에 통과 시켜 푸리에 변환을 통해 행렬 곱셉과 패턴 인식 같은 복잡한 수학 연산을 수행하며 속도는 그래픽 처리 장치보다 약 100배 정도 빠르다. **광 송수신 장치**는 광 컴퓨터 내부 칩과 칩 사이에 빛으로 데이터를 주고받기 때문에 전기 신호보다 훨씬 빠르게 데이터를 전송하며 전기 신호보다 약 10배 이상 빠르게 데이터를 송수신을 할 수 있다. **광 저장 장치**로는 HVD (Holographic Versatile Disc)가 있는데 이 홀로그래픽 데이터 저장 시스템은 홀로그램 기술의 이점인 병렬성과 3차원적인 특징을 활용하여 저장 밀도가 높고, 저장 용량도 크며 읽기와 저장 매체의 접근 시간도 빠르다. 정보는 광선의 각도, 파장, 위상인 세 개의 물리적 값으로 그 변화를 저장한다.

연습문제

1. 폰 노이만 컴퓨터 구조에서 병목현상은 무엇이며, 이를 해결할 수 있는 방법을 설명하시오.

2. 아래의 인스트럭션 레지스터가 있다.

동작코드: 8비트
주소1: 12비트
주소2: 12비트

a. 이 인스트럭션의 동작 코드는 모두 몇 개입니까?
b. 메모리의 최대 길이(크기)는 얼마입니까?
c. 각 연산을 수행하려면 몇 바이트가 필요합니까?
d. MAR은 몇 비트입니까?
e. MBR은 몇 비트입니까?

3. 어떤 변수 a, b, c, d, e가 각각 메모리 위치 2000, 2004, 2008, 2012, 2016에 저장되어 있다. 본문의 인스트럭션을 사용하여 아래 각 산술 연산 수식을 기계어로 변환하시오.

a. a = c − d + e − b
b. a = (b + c) − (d + e) * a
c. **if** (a ≥ b) **then**
    c = d
  else
    c = e

4. 산술논리연산 장치가 30개의 연산을 수행할 수 있다. 이 30개 중에서 오직 한 개의 연산만 선택할 수 있는 멀티플렉서를 설계하시오.

5. 메모리와 캐시 메모리를 설명하시오.

6. 메모리 주소 레지스터와 메모리 버퍼 레지스터의 역할을 기술하시오.

7. 아래 입출력 방식을 비교하여 설명하시오.
   a. 직접 메모리 접근에 의한 입출력과 채널 제어기에 의한 입출력
   b. 프로그램에 의한 입출력과 인터럽트에 의한 입출력

8. 메모리 크기가 아래와 같으면 메모리 주소 레지스터는 각각 몇 비트입니까?
   a. 1MB
   b. 10MB
   c. 4GB

9. 메모리 크기가 1M바이트라고 말하면 이 메모리의 실제 정확한 크기는 몇 바이트 입니까?

10. 메모리와 캐시 메모리로 구성된 시스템에서 메모리 접근시간이 10nsec, 캐시 메모리 접근시간이 1nsec이다. 이 때 메모리와 캐시를 통한 평균 접근시간이 1.7nsec로 주어질 때 캐시 적중률은 얼마인가?

11. 32×8비트의 용량의 가지는 메모리를 사용하여 64MB 메모리를 구성하시오.

12. 아래 각 인스트럭션이 컴퓨터 시스템 내부에서 실행하는 과정을 본문에서 사용한 패치/해석/실행을 수행하는 표기를 사용하여 기술하시오.

    a. MOV X, Y
    b. ADD X, Y

13. 컴퓨터의 기계 주기란 무엇인가? 각 단계와 인스트럭션 수행과정을 기술하시오.

제 9 장

자료의 표현

인간은 다양한 정보를 컴퓨터로 처리하고 사용한다. 즉, 정보를 숫자, 문자, 소리, 그림, 사진, 동영상, 그래픽 등의 다양한 데이터 형식으로 사용한다. 그러면 인간이 사용하는 정보가 컴퓨터 하드웨어에서는 어떻게 표현되고 저장되는가? 이 장에서는 정보가 컴퓨터에 표현되고 저장되는 방식에 대하여 살펴본다.

9.1 디지털 표현

9.1.1 아날로그 신호

우리가 생활하면서 접하게 되는 **아날로그 신호**의 특징은 음성처럼 연속적으로 변화하는 물리량을 나타내며 연속적이지 못한 **디지털 신호**와는 반대의 성질을 갖는다. 또한 아날로그는 전류, 전압 등과 같이 연속적으로 변화하는 물리량을 이용하여 어떤 값을 표현하거나 측정하는 것을 의미하기도 한다. 예를 들어, 사람의 목소리와 같이 연속적으로 변하는 신호는 아날로그 신호이며 레코드판은 아날로그 신호를 기록한 것이다.

아날로그 신호는 주로 '사인(sine)' 곡선을 사용하여 표현한다. 방송이나 전화는 전통적으로 아날로그 기술을 사용해 왔기 때문에 전화선을 이용해서 데이터를 보내려면, 컴퓨터의 디지털신호를 아날로그 신호로 바꾸어 보내고, 도착한 아날로그 신호를 컴퓨터에서 사용하기 위해 다시 디지털 신호로 변환하는 **모뎀**(modem)이 필요하게 된다. 모뎀은 **디지털 신호를 아날로그로 변조하고 반대로 아날로그 신호를 디지털 신호로 복조**하기 위해 만들어졌다.

아날로그 신호의 특징은 아래와 같이 정리할 수 있다.

- 음성과 영상 등 실생활의 대부분의 신호로서, 시간에 따라 연속적으로 변하는 신호
- 시간에 따라 크기와 모양이 끊임없이 바뀌는 음파나 전자기파 등의 신호

아날로그 신호는 주기 신호와 비주기 신호로 분류되며, 주기 신호는 **정현파**(sine wave)와 **비 정현파**로 분류 된다. 비정현파는 다시 계단파, 직선파 그리고 삼각파 등으로 분류된다. 그림 9.1은 이를 표현하고 있다.

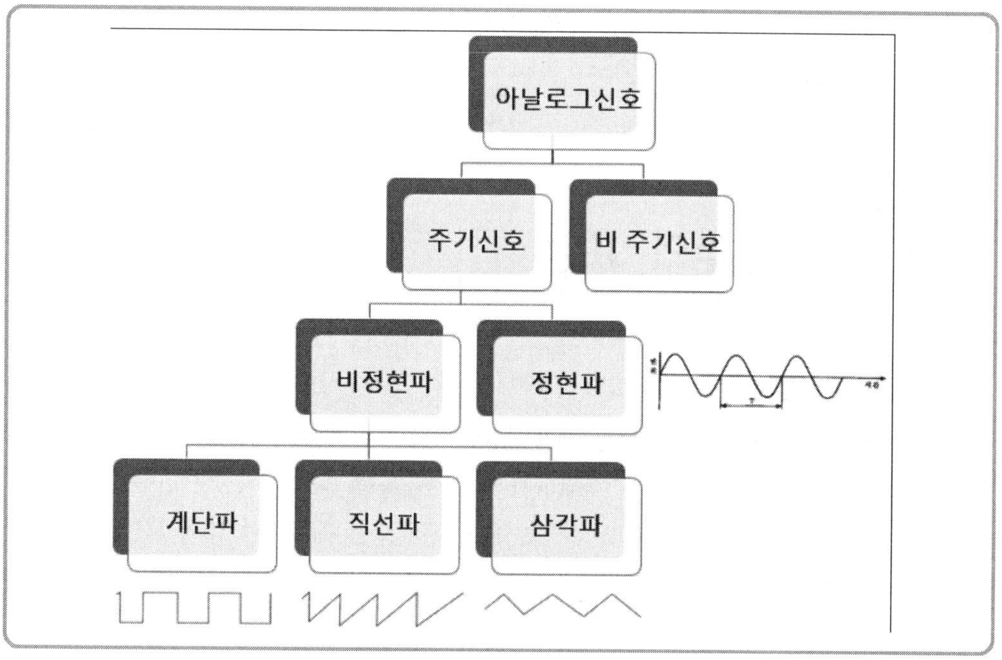

[그림 9.1] 각종 아날로그 신호

9.1.2 디지털 신호

디지털(digital)이란 데이터를 0과 1의 두 가지 상태로만 생성하고, 저장하고, 처리하는 전자기적 기술을 말한다. 디지털 용어는 아날로그(analog)와 대응되며, '임의의 시간에서 값이 최소값의 정수배로 되어 있고 그 이외의 중간 값은 취하지 않는 양'을 가리킨다. 따라서 디지털이란 일반적으로 데이터를 한 자리씩 끊어서 다루는 방식이라 할 수 있으며, 아날로그 신호와 다르게 디지털 신호는 연속적이지 않은 단계적인 표현이라고 할 수 있다.

디지털 신호를 처리하고 연산을 하는 장비를 흔히 컴퓨터(혹은 디지털 컴퓨터)라고 부른다. 이와는 대조적으로 데이터를 연속량으로서 다루는 컴퓨터를 아날로그 컴퓨터라 하며, 미분방정식 처리 등에 적합하기 때문에 자동제어 장비의 설계 및 각종 장치의 제어 등 특수한 용도에 쓰인다.

디지털 신호를 표시하기 위한 방법으로 **2진수**(binary digit)를 사용한다. 2진수 각 자리를 **비트**(bit)라고 하며, 비트가 모여 컴퓨터에서 특수한 목적으로 사용 할 수 있을 정도의 그룹, 즉 8개의 비트가 모이면 이것을 **바이트**(byte)라고 한다.

아날로그와 디지털의 차이는 연속적인 값의 표현방식으로 볼 때 '선'과 '숫자'로 구별할 수 있다. 아날로그 신호는 연속적인 곡선의 형태로 표현이 가능하고, 디지털은 이산적인 값 즉, 숫자로 표현이 가능하다. 예를 들면, 아날로그 신호는 전류의 주파수나 음성을, 디지털 신호는 도서관의 모든 책의 권수를 들 수 있다.

9.2 각종 진수의 표현

이제 '수(number)'를 표현하는 방법에 대해서 알아보자. 사람들이 살아가는 세계에서는 10진수를 많이 표현하지만 컴퓨터의 세계에서는 2진수를 사용하여 표현한다. 그럼, 다른 진수에는 어떤 것들이 있으며 이를 표현하기 위한 방법들을 알아보자. 몇 진수에서 진수란 올림수라고 판단하면 수월하다. 즉 10진수는 해당 자리수를 계산하여 10이 되면 윗 자리수에서 1이 올라간다. 이런 식으로 반복되면 이를 10진수라고 부른다. 모든 진수는 이와 같은 구조로 되어 있다.

9.2.1 2진수

2진수는 0과 1로 수를 나타낸다. 2를 올림수로 하여 표현하는 기법이다. 4비트 예를 들면 아래와 같이 총 2^4개로 표현할 수 있다. 각 자리수를 0과 1로 순차적으로 표현할 수 있으며, 0000부터 한 자리씩 변경하면 1111까지 표현이 가능하다. 다시 말하면 각 자리수 4개를 사용하여 최소값 0000(0)과 최대값 1111(10진수 15)로 표현한다. N개의 비트로 이루어져 있다면, 표현 가능한 개수는 2^N개이고 표현 범위는 $0 \sim 2^N-1$ 이다.

2진수	10진수
0000	0
0001	1
0010	2
0011	3
0100	4
0101	5
0110	6
0111	7
1000	8
1001	9
1010	10
1011	11
1100	12
1101	13
1110	14
1111	15

4비트를 사용하면 16개의 2진수를 나타낼 수 있다. N비트로 표현할 수 있는 2진수의 개수는 2^N개이며, 표현 가능한 수의 범위는 0 ~ 2^N-1이다. 여기서 -1이 첨가된 이유는 시작이 1이 아닌 0부터 시작하였기 때문이다.

2진수를 10진수로 변경하기 위해서는 각 비트의 자리에 2의 승수로 표현하면 된다. 2진수는 아래 첨자 2를 사용하여 표현한다. 아래와 같이 2진수 0101은 10진수 5와 같다.

$$0101_2 = 0 \times 2^3 + 1 \times 2^2 + 0 \times 2^1 + 1 \times 2^0 = 0 + 4 + 0 + 1 = 5$$

9.2.2 8진수

8진수는 8을 올림수로 하여 숫자를 표현하는 표기법이다. 8진수는 다음 표처럼 0에서 7 사이의 8개의 심볼을 사용하며, 각 심볼들은 3비트 패턴으로 표현된다. 3비트가 필요한 이유는 0~7의 값을 표현하기 위해서는 3비트가 필요하기 때문이다. 8진수 7에 상응하는 3비트 패턴은 111이다. 아래는 8진수와 2진수, 10진수의 관계이다

8진수	2진수	10진수
0	000	0
1	001	1
2	010	2
3	011	3
4	100	4
5	101	5
6	110	6
7	111	7

위의 표에서와 같이 8진수와 10진수는 표현이 같다. 어떤 숫자가 8진수인지 나타내기 위해 8진수 앞에 수 0이나 소문자 o를 첨가하여 표현하거나(예: 0123 혹은 o123), 혹은 8진수 뒤에 아래첨자 8을 붙이기도 한다 (예: 123_8). 아래는 비트패턴을 8진수로 변환하거나, 8진수를 2진수로 변환한 예이다.

101 110 010	o562 or 562_8
142_8	001 100 010

이제 8진수를 10진수로 변환하여 보자. 예를 들어 41.7_8을 변환해보자. 먼저 8진수의 각 자리 수에 8의 맥급수를 가중치로 곱하여 더한다. 즉, 아래의 과정을 반복한다.

$$\begin{aligned} 41.7_8 &= 4 \times 8^1 + 1 \times 8^0 + 7 \times 8^{-1} \\ &= 32 + 1 + 0.875 \\ &= 33.875 \end{aligned}$$

그러므로 8진수 41.7_8의 10진수 변환 값은 33.875이다.

또한, 10진수를 8진수로 변환하려면 몫이 0이 될 때까지 8로 나누는 과정을 반복하면 된다. 그 후 소수 이하 부분은 8을 곱하여 소수점 윗부분을 취한다. 예를 들어 10진수 266.43751은 아래 그림과 같이 변환된다.

8	266	2
8	33	1
8	4	4
	0	

그러므로 소수점 윗부분은 412_8이며, 소수점 아래 부분은 아래와 같이 계산한다.

> 0.43751 × 8 = 3.5에서 3을 취하고
> 0.5 × 8 = 4.0에서 4를 취한 후
> 0 × 8 = 0

그러므로 10진수 266.43751 = 412.34_8이다.

9.2.3 10진수

10진수는 자리 올림수를 10으로 표현하는 기법이다. 주어진 비트패턴을 10진수로 변환하는 방법부터 알아보자. 그림 9.2는 비트패턴 10101에 대한 10진수를 구하는 과정이다.

1		0		1		0		1	2진수
2^4		2^3		2^2		2^1		2^0	가중치 x 2진수
16	+	0	+	4	+	0	+	1	더하기
								21	10진수

[그림 9.2] 10101_2를 10진수로 변환하기

그림처럼 맨 오른쪽부터 비트패턴의 자리수에 따라 **$1 \times 2^0 + 0 \times 2^1 + 1 \times 2^2 + ...$** 순서로 더해 나간다. 이러한 덧셈을 통해 1 + 4 + 16 = 21의 10진수 값을 얻는다.

그림 9.3은 10진수 35를 2진수로 바꾸는 과정을 보여준다. 먼저 10진수 35를 2로 나눈 나머지 1을 기록하고, 나눈 몫에 대하여 2로 나누는 과정을 반복한다. 몫이 0이 될 때까지 위 과정을 반복하며, 그 때까지 기록된 나머지가 해당하는 2진수(100011)이다.

10진수	나누기	몫	나머지
35	2	17	1
17	2	8	1
8	2	4	0
4	2	2	0
2	2	1	0
1	2	0	1

[그림 9.3] 10진수의 2진수 변환

이와 같이 10진수를 2진수로 표현할 수 있고, 2진수를 10진수로도 변환할 수 있다.

이제 소수점이 있는 10진수를 2진수로 변환하여 보자. 예를 들어 10진수 25.458을 변환한다. 먼저 정수 부분은 앞에서의 변환 방법에 의하여 2진수로 변환하면 11001_2이다. 그 후 소수점 이하의 부분에 대해서는 아래의 과정을 수행한다.

0.458 × 2 = 0.916에서 소수점 앞의 정수부분 분리 0
0.916 × 2 = 1.832에서 소수점 앞의 정수부분 분리 1, 나머지 부분 0.832
0.832 × 2 = 1.664에서 소수점 앞의 정수부분 분리 1, 나머지 부분 0.664
0.664 × 2 = 1.328에서 소수점 앞의 정수부분 분리 1, 나머지 부분 0.328
……

이와 같이 반복하여 소수점 이하가 0이 되거나 정확도에 따라 소수점 이하 자리수를 지정한 만큼의 정수부분만 구하여 순서대로 사용한다. 그러므로 십진수 25.458의 최종 변환 값은 $11001.0111..._2$ 이다.

9.2.4 16진수

16진수란 16을 기반으로 하여 숫자를 표현하는 표기법이다. 16진수는 16개의 심볼을 사용하여 표현되며, 각 심볼들은 4비트 패턴으로 표현된다. 예를 들어, 11은 16진수 B로 표현되며, 상응하는 비트 패턴은 1011이다.

어떤 숫자가 16진수임을 나타내기 위하여 16진수 앞에 소문자 x를 첨가하거나 (예, xA34) 혹은 16진수 뒤에 아래첨자 16을 붙이기도 한다. 즉, $A34_{16}$와 같이 표기한다.

다음은 16진수와 2진수와의 관계를 보인다.

16진수	2진수	10진수
0	0000	0
1	0001	1
2	0010	2
3	0011	3
4	0100	4
5	0101	5
6	0110	6
7	0111	7
8	1000	8
9	1001	9
A	1010	10
B	1011	11
C	1100	12
D	1101	13
E	1110	14
F	1111	15

비트패턴을 16진수로 변환하는 방법과 16진수를 비트패턴으로 변환하는 예는 아래와 같다.

1100 1110 0010	xCE2
x24C	0010 0100 1100

이제 16진수를 10진수로 변환하여 보자. 예를 들어 x2AF를 변환한다. 먼저 16진수의 각 자리 수에 16의 맥급수를 가중치로 곱하여 더한다. 즉, 아래의 과정을 반복한다.

$$\begin{aligned} x2AF &= 2 \times 16^2 + 10 \times 16^1 + 15 \times 16^0 \\ &= 512 + 160 + 15 \\ &= 687_{10} \end{aligned}$$

그러므로 16진수 2AF의 10진수 변환 값은 687이다.

또한 10진수를 16진수로 변환하려면 몫이 0이 될 때 까지 16으로 반복하여 나눈다. 그 후 소수 이하 부분은 16을 곱하여 소수점 윗부분을 취한다. 예를 들어, 10진수 423은 그림

9.4와 같이 변환되어 16진수 1A710이 된다.

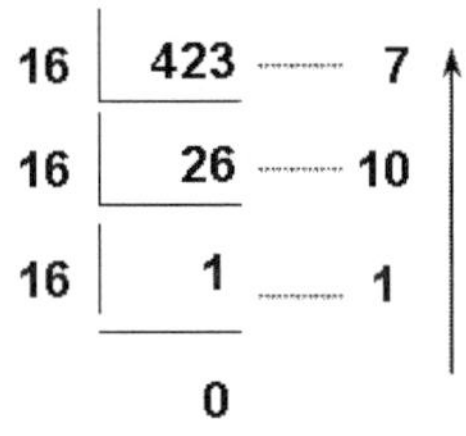

[그림 9.4] 10진수의 16진수 변환

9.3 정수와 실수의 컴퓨터 내부 표현

우리 주위에 있는 다양한 것들을 표현하기 위해 다양한 기법이 필요하다. 예를 들어 수, 문자, 그림, 소리, 영상 등 다양한 데이터들이 존재한다. 컴퓨터에서는 이를 어떻게 표현하는지 살펴보도록 한다.

그림 9.5에서와 같이 우리가 원하는 정보는 변형된 정보로서 이 변형된 정보가 실제 컴퓨터 관련 분야에서 다루어지고 활용되고 있다.

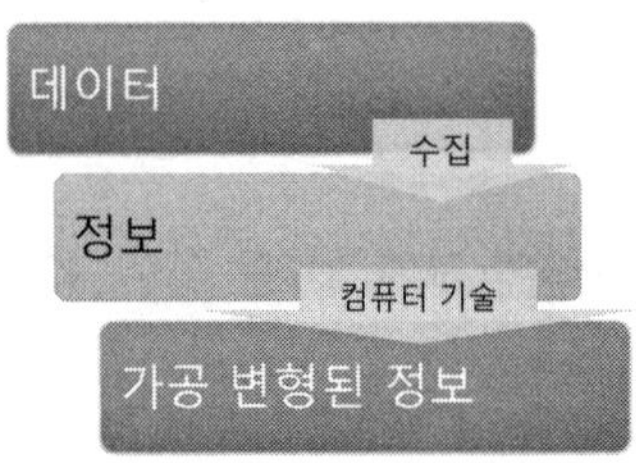

[그림 9.5] 데이터와 정보

엄밀히 말하면 데이터는 정보를 획득하기 위해 수집한 자료나 이들의 모음이다. 이러한 데이터는 다양한 컴퓨터과학의 방법을 사용하여 우리에게 유용한 정보로 변환될 수 있다. 이제 다양한 데이터의 종류를 알아보자.

그림 9.6은 우리가 다루는 데이터의 종류를 보여주고 있다.

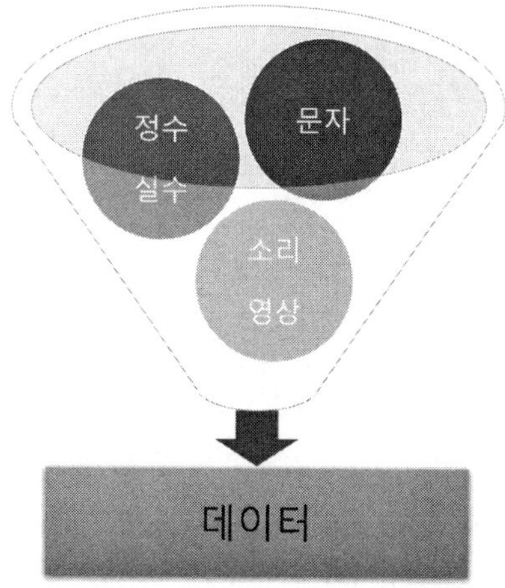

[그림 9.6] 데이터의 종류

컴퓨터 분야에서 다루는 데이터는 문자, 숫자, 그림, 소리, 영상 그리고 최근 등장한 다양한 것들이 존재한다. 문자는 다양한 의견을 표현하고 글을 남긴다든가 이메일에 사용할 수 있다. 숫자를 이용하여 규정화된 데이터를 표현하고 수학적 계산에 사용한다. 사진을 통하여 글자를 표현하기 어려운 것들을 표현하며 소리와 영상을 통하여 멀티미디어를 표현하고 전달한다. 흔히 우리는 문자, 숫자, 이미지, 소리와 영상들의 다양한 데이터를 이용하여 표현한 정보나 미디어를 **멀티미디어**(multimedia)라 한다. 우리가 말하는 데이터에 대해서 구체적인 예를 들어보면 다음과 같다.

- 수 : 정수형, 실수형
- 문자 : ASCII 코드, EBCDIC 코드, Unicode
- 이미지 : BMP, JPG
- 오디오 : WAV, MP3
- 비디오 : MPEG, MOV

9.3.1 데이터의 내부 표현

이제 컴퓨터 내부에서 표현되는 다양한 데이터에 대해서 살펴보자. 컴퓨터 내부에서는 다양한 종류의 데이터들은 모두 **비트**(bit: binary digit)로 표현된다. 그림 9.7은 다양한 데이터들의 내부 표현 방식을 보여준다.

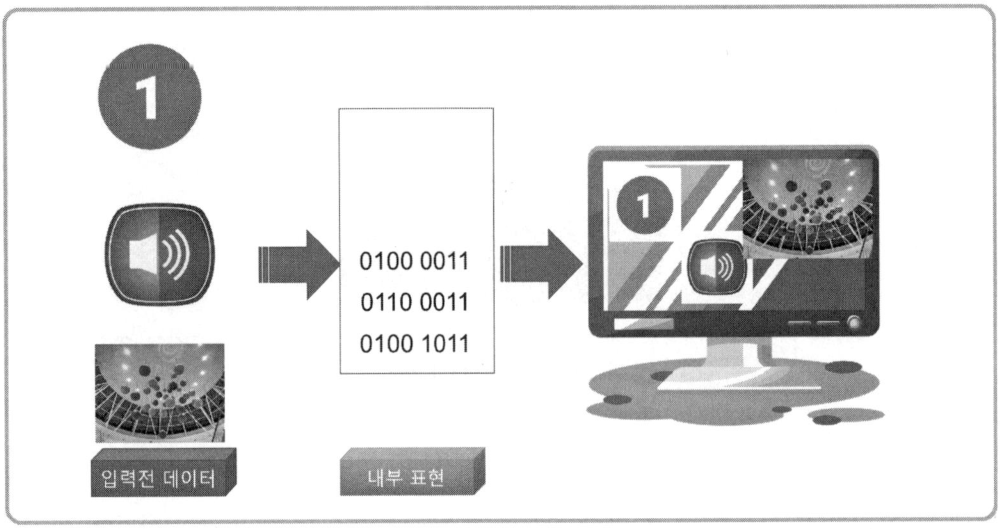

[그림 9.7] 컴퓨터의 내부 표현

컴퓨터 내부에서 다루는 비트는 데이터를 표현하는 가장 작은 단위이다. 0은 전기가 흐르지 않는 경우, 1은 전기가 흐르는 경우를 의미하며, 흔히 0은 False, 1은 True를 표현한다. 또한 이러한 비트의 0과 1을 이용하여 논리회로 스위치는 off/on을 이용하여 표현한다. 이러한 데이터는 4-비트패턴, 8-비트패턴 그리고 16-비트패턴 등이 있다. 아래의 표는 각 비트 패턴을 보여주고 있다.

Bit	4-bit pattern	8-bit pattern	16-bit pattern
0	0000	0000 0000	0000 0000 0000 0000
1	0001	0000 0001	0000 0000 0000 0001
2	0010	0000 0010	0000 0000 0000 0010
3	0011	0000 0011	0000 0000 0000 0011
4	0110	0000 0100	0000 0000 0000 0100

Bit	4-bit pattern	8-bit pattern	16-bit pattern
...	...	...	...
7	1111	0000 1111	0000 0000 0000 1111
...	X	...	...
255	X	1111 1111	0000 0000 1111 1111
...	X	X	...
65,536	X	X	1111 1111 1111 1111

'바이트'는 8-비트패턴으로 옥텟(octet)이라고 한다. 컴퓨터 내부에서는 8-비트 패턴을 이용하여 다양한 것들을 표현한다. 컴퓨터 내부에서 흔히 표현하는 바이트의 단위로는 KB(Kilo-Byte, 2^{10}), MB(Mega-Byte, 2^{20}), GB(Giga-Byte, 2^{30})가 있다.

9.3.2 정수의 표현

정수의 표현을 살펴보자. 정수는 양의 정수와 음의 정수로 나눌 수 있다. 이를 위하여 비트로 표현된 정수에서 특정 비트를 양/음을 표현하는 데 사용한다. 만약 양의 정수만을 사용하는 경우는 이 특정 비트가 필요 없다. 이 표현 방법을 **부호와 크기방식**이라고 부른다.

(1) 부호가 없는 양의 정수 표현

음수를 표현할 필요가 없는 경우는 부호 비트가 필요 없다. 그림 9.8은 부호가 없는 N 비트 크기의 정수 표현방법이다.

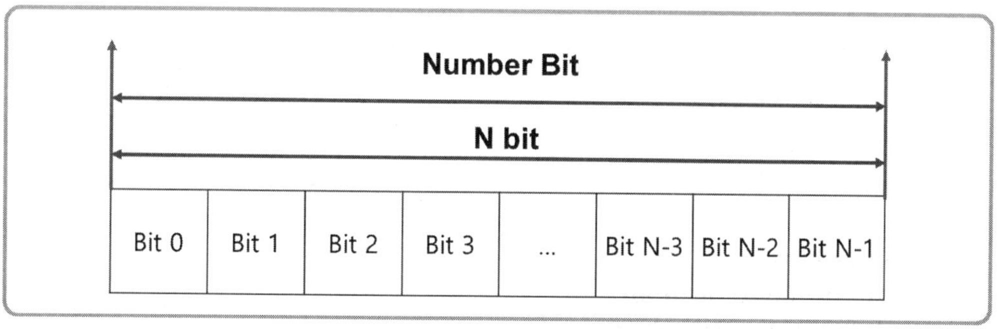

[그림 9.8] 부호가 없는 N비트의 정수 표현

비트 전체가 표현에 사용되므로 모두 0인 비트부터 모두 1인 비트까지 표현할 수가 있다. 그러므로 표현가능한 수의 개수는 2^N이고, 표현 범위는 0부터 표현하므로 최소 0부터 최대 2^N-1까지 표현할 수 있다. 그림 9.9는 8비트 경우에 대한 예제이다.

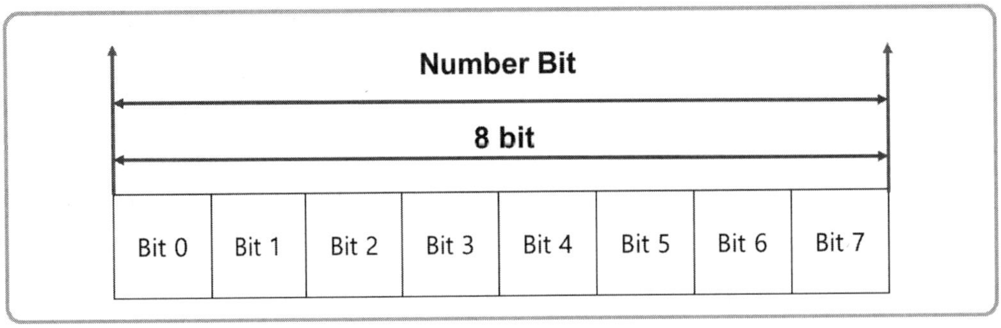

[그림 9.9] 부호가 없는 8비트의 정수 표현

(2) 부호가 있는 정수 표현

부호화/크기 방법으로 N 비트의 음의 정수를 표현할 수 있다. 이는 가장 **왼쪽비트**(MSB: Most Significant Bit)를 양수/음수를 표현하는 부호 비트로 사용한다. MSB가 1이면 음의 수, 0이면 양의 수를 의미하며, 그림 9.10과 같이 표현 할 수 있다.

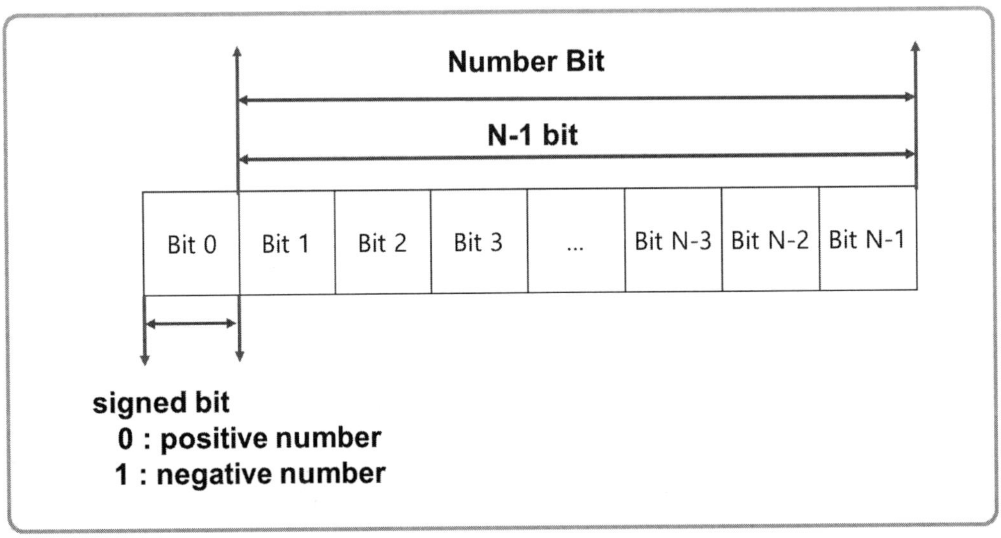

[그림 9.10] 부호가 있는 N비트의 정수 표현

하지만, 문제가 발생한다. 즉, 순수 부호비트만을 이용하여 정수를 표현하는 경우 +0 (000)과 −0 (100)이 존재한다. 또한 다음처럼 +1과 −1을 더하는 경우 결과가 0이 나오지 않는 문제가 발생하여 수치 계산에 사용할 수 없다.

```
1       : 001
-1      : 101
1 + -1 = 110
```

위와 같은 문제를 해결하기 위하여 음수에 대하여 '**2의 보수**(complement)' 표현방식을 사용한다. 2의 보수란 2를 만들기 위하여 필요한 수로 정의되는 데, 쉽게 얘기하면 1의 보수에(0과 1을 1과 0으로 반전시킴) 1을 더하면 2의 보수가 된다. 예를 들면, 음수 3을 표현하고자 한다면 |−3|(절대값)을 취한 뒤 2의 보수로 표현하면 되는데, 십진수 3은 011이고 2의 보수는 1의 보수인 100에 1을 더하여 101이 2의 보수가 된다. 즉, −3은 3-비트패턴으로 101이 된다. 양수의 경우에는 원래 방식과 동일하게 적용하면 된다. 다음 표는 3-비트패턴에서 '2의 보수방법에 의한 수의 표현' 예제를 보여준다. 아래 표에서 알 수 있듯이, 2의 보수를 사용하는 경우 '0'은 '000'으로만 표현되며, '+1(001)'과 '−1(111)'을 더하면 결과가 '0(000)'이 나옴을 알 수 있다.

비트 패턴	표현되는 값
011	3
010	2
001	1
000	0
100	−4
101	−3
110	−2
111	−1

2의 보수 방법에 대한 표현 개수와 범위를 알아보자. 표현 개수는 2^N이며, 표현 범위는 최소 -2^{N-1}에서 최대 $2^{N-1}-1$까지이다. 실제 컴퓨터에서는 2의 보수 방법을 사용하여 음수를 표현한다.

다음 표는 2의 보수방식에 의한 표현 범위를 정리하고 있다.

비트패턴 크기	표현 범위
1 비트	$-2^0 \sim 2^0-1$
2 비트	$-2^1 \sim 2^1-1$
4 비트	$-2^3 \sim 2^3-1$
8 비트	$-2^7 \sim 2^7-1$
16 비트	$-2^{15} \sim 2^{15}-1$
32 비트	$-2^{31} \sim 2^{31}-1$

9.3.3 실수의 표현

실수의 표현법은 정수의 표현법과는 다르다. 하지만 기본적으로 수를 표현하는 방식은 매우 흡사하다. 실수에서는 소수점이라는 특성이 존재하여 이를 처리해야 한다.

이를 위해 실수의 표현에서는 '**정규화**(normalization)' 방식을 사용한다. 즉, 소수점을 이동하여 정수 부분을 '0'으로, 소수점 아래 첫 번째 수가 0이 아닌 수가 나오도록 만드는 방법이다. 이를 정규화라고 부르며 컴퓨터에서는 이런 정규화를 통하여 실수를 표현한다. 정규화 표현을 수학적으로 나타내면 다음과 같다.

$$\pm M \times B^{\pm E}$$

M(Mantissa)은 크기 부분이고, B(Base)는 밑이고, E(Exponent)는 지수를 의미한다.

이를 N-비트패턴의 크기에 맞추어 표현하면 아래와 같이 실수와 지수의 부호 부분, 지수 부분, 크기(가수) 부분으로 나누어 볼 수 있다.

실수 부호	지수 부호	$\times B^{\pm E}$	$\pm 0.b_1b_2....$
±	±	지수 부분(E)	크기 부분(M)

실수 부호는 숫자 자체의 부호이고, 지수 부호는 정규화 후에 소수점 이동으로 표현된 지수 부분의 부호이다. 지수 부분은 정규화 후에 소수점 이동으로 표현된 지수 부분이고, 크기 부분은 소수 이하의 유효 자리 수이다. 지수 부분은 10진수 이면 밑이 10이고, 2진수이면 밑은 2이다. 대부분의 컴퓨터는 2진수를 사용하므로 보통 밑은 2이다.

예를 들어보자. 10진수 −25.458에 대하여 정규화를 수행하면 -0.25458×10^2로 변환된다. 즉, 지수 부분은 2이고, 크기 부분은 0.25458가 된다. 또한, −25.458를 2진수로 표현하면(9.2.3절 참고), $-11001.0111_2 \times 2^0$인데, 이에 대하여 정규화를 수행하면 $-0.110010111_2 \times 2^5$가 된다. 즉, 실수의 부호는 −이고, 지수의 부호 및 크기는 +5이며, 크기 부분은 0.110010111이고. 이를 32-비트패턴으로 표현하면 아래와 같다. (아래는 예시이며, 실제 컴퓨터마다 다르게 표현될 수도 있다)

실수부호(1비트)	지수부호(1비트)	지수 부분(6비트)	크기 부분(24비트)
1	0	000101	110010111000000000000000

9.4 문자 및 멀티미디어의 표현

9.4.1 문자의 표현

이제 문자 표현방식에 대해서 알아보자. 문자의 경우는 다양한 문자가 존재하여 수처럼 획일적인 방법을 사용할 수 없다. 초기에는 영어만을 위한 방법이 나왔지만 컴퓨터의 보급이 전 세계로 확대되면서 영어이외의 다른 문자의 표현도 중요하게 되었다. 그래서 각 문자의 사용에 적합한 문자 코드들이 등장하였다. 문자 코드의 종류는 크게 3가지 정도가 나와 있다: ASCII(American Standard Code for Information Interchange) 코드, 확장 ASCII 코드, 유니코드(unicode)가 존재한다.

ASCII 코드는 ANSI라는 미국의 표준단체에서 제정한 것으로 각 문자를 7-비트 패턴으로 구성하였다. 이는 $2^7 = 128$개의 영어 문자와 키보드에 있는 일부 특수 문자만을 고려하여 제정되었다. 그림 9.11은 ASCII 코드표이다. 10진수 0은 NULL 문자를 65는 ‘A’를 의미한다.

DEC	HEX	OCT	Char	DEC	HEX	OCT	Char	DEC	HEX	OCT	Char
0	00	000	Ctrl-@ NUL	43	2B	053	+	86	56	126	V
1	01	001	Ctrl-A SOH	44	2C	054	,	87	57	127	W
2	02	002	Ctrl-B STX	45	2D	055	-	88	58	130	X
3	03	003	Ctrl-C ETX	46	2E	056	.	89	59	131	Y
4	04	004	Ctrl-D EOT	47	2F	057	/	90	5A	132	Z
5	05	005	Ctrl-E ENQ	48	30	060	0	91	5B	133	[
6	06	006	Ctrl-F ACK	49	31	061	1	92	5C	134	₩
7	07	007	Ctrl-G BEL	50	32	062	2	93	5D	135	]
8	08	010	Ctrl-H BS	51	33	063	3	94	5E	136	^
9	09	011	Ctrl-I HT	52	34	064	4	95	5F	137	_
10	0A	012	Ctrl-J LF	53	35	065	5	96	60	140	`
11	0B	013	Ctrl-K VT	54	36	066	6	97	61	141	a
12	0C	014	Ctrl-L FF	55	37	067	7	98	62	142	b
13	0D	015	Ctrl-M CR	56	38	070	8	99	63	143	c
14	0E	016	Ctrl-N SO	57	39	071	9	100	64	144	d
15	0F	017	Ctrl-O SI	58	3A	072	:	101	65	145	e
16	10	020	Ctrl-P DLE	59	3B	073	;	102	66	146	f
17	11	021	Ctrl-Q DCI	60	3C	074	<	103	67	147	g
18	12	022	Ctrl-R DC2	61	3D	075	=	104	68	150	h
19	13	023	Ctrl-S DC3	62	3E	076	>	105	69	151	i
20	14	024	Ctrl-T DC4	63	3F	077	?	106	6A	152	j
21	15	025	Ctrl-U NAK	64	40	100	@	107	6B	153	k
22	16	026	Ctrl-V SYN	65	41	101	A	108	6C	154	l
23	17	027	Ctrl-W ETB	66	42	102	B	109	6D	155	m
24	18	030	Ctrl-X CAN	67	43	103	C	110	6E	156	n
25	19	031	Ctrl-Y EM	68	44	104	D	111	6F	157	o
26	1A	032	Ctrl-Z SUB	69	45	105	E	112	70	160	p
27	1B	033	Ctrl-[ESC	70	46	106	F	113	71	161	q
28	1C	034	Ctrl-₩ FS	71	47	107	G	114	72	162	r
29	1D	035	Ctrl-] GS	72	48	110	H	115	73	163	s
30	1E	036	Ctrl-^ RS	73	49	111	I	116	74	164	t
31	1F	037	Ctrl_ US	74	4A	112	J	117	75	165	u
32	20	040	Space	75	4B	113	K	118	76	166	v
33	21	041	!	76	4C	114	L	119	77	167	w
34	22	042	"	77	4D	115	M	120	78	170	x
35	23	043	#	78	4E	116	N	121	79	171	y
36	24	044	$	79	4F	117	O	122	7A	172	z
37	25	045	%	80	50	120	P	123	7B	173	{
38	26	046	&	81	51	121	Q	124	7C	174	|
39	27	047	'	82	52	122	R	125	7D	175	}
40	28	050	(	83	53	123	S	126	7E	176	~
41	29	051	)	84	54	124	T	127	7F	177	DEL
42	2A	052	*	85	55	125	U	made by Lee Jae-wook			

[그림 9.11] ASCII 코드

한편, 7-비트패턴의 ASCII 코드를 8비트패턴으로 확장한 것이 '확장 ASCII 코드'이다. 이는 컴퓨터 내부의 비이트(8비트)와 단위를 맞추기 위해 제정 되었으며, 8-비트 패턴을 사용하므로 총 표현 할 수 있는 문자의 수는 28 = 256개로 확장되었다.

컴퓨터가 전 세계적으로 널리 보급되면서 보다 많은 언어를 표현할 필요성이 생겼다. 이를 위해 2바이트로 이루어진 16비트 패턴을 가진 문자 코드가 필요하게 되어 '**유니코드**(unicode)'를 제정하게 되었다. 이는 2^{16} = 65,536개의 문자를 표현할 수 있다.

9.4.2 그림의 표현

그림 혹은 이미지(image)는 수나 문자와 달리 획기적인 방법을 사용한다. 다양한 방식들이 존재하는데 크게 그림 표현 방식은 **비트맵 방식**과 **벡터 그래픽** 방식으로 나눠진다.

먼저, 비트맵(bitmap) 방식에서는 이미지를 픽셀의 그룹(행렬)으로 표현하는 반면에, 벡터 그래픽 방식에서는 직선(두 점의 좌표로 표현) 및 원(중심점의 좌표와 반지름의 크기로 표현됨) 등과 같은 수식을 이용하여 표현한다.

단순한 비트맵 방식의 경우, 흑백이미지를 흰색과 검은색의 조합으로 표시할 수 있다. 아래 그림은 흑백 이미지를 비트맵으로 표현한 예이다. 각 픽셀당 1 비트가 할당되어 검은색은 1로 표현하고, 흰색은 0으로 표현하고 있다.

0	0	0	0	0	0	0	0	0	0	0	0	0	0	0
0	0	0	0	0	0	0	0	0	0	0	0	0	0	0
0	1	0	0	0	1	0	0	0	0	0	0	0	0	0
1	1	1	1	1	0	1	0	0	0	0	0	0	0	0
0	1	0	1	0	1	0	0	0	0	0	0	0	0	0
0	1	0	0	0	1	0	0	0	0	0	0	0	0	0
1	0	1	1	1	1	1	0	0	0	0	0	0	0	0
0	0	0	0	1	1	1	1	1	1	1	1	0	0	0
0	0	0	0	1	1	1	1	1	1	0	1	1	0	0
0	0	0	0	1	0	1	0	1	0	0	1	1	1	0
0	0	0	0	0	1	1	1	1	1	1	1	1	0	1
0	0	0	0	1	0	1	1	1	1	1	1	1	0	0
0	0	0	1	0	0	1	0	0	1	0	1	0	0	0
0	0	0	0	1	0	1	0	0	1	0	1	0	0	0

[그림 9.12] 흑백 이미지의 표현

따라서, 800x600 픽셀을 갖는 모니터의 화면에 위와 같은 방식으로 흑백이미지를 표현하기 위해 요구되는 데이터 크기는 다음과 같다.

$$800 \times 600 \times 1 = 480{,}000 \text{ Bits} = 80{,}000 \text{ Bytes} = 80 \text{ KB}$$

회색 수준의 흑백 이미지에서는 각 픽셀이 8 비트(1 바이트)로 표현되며, 흰색과 검은색 중간의 색을 표현할 수 있다. 이 경우, 픽셀당 1 바이트의 데이터가 요구되므로 총 80 KB × 8 = 640 KB의 정보가 필요하다.

이제 컬러 이미지의 표현 방법에 대하여 살펴보자. 컬러 이미지의 경우, 각 색깔은 빛의 3원색인 빨강, 녹색, 파랑색의 조합으로 표현한다. 그러므로 색상 하나는 3원색을 적절한 농도로 조합하여 표현할 수 있기 때문에 비트맵의 각 픽셀에 대한 컬러를 표현하려면 3 바이트가 필요하다.

그림 9.13은 컬러 이미지의 표현방식이다. 그림 9.13에서, 각 픽셀은 3바이트의 RGB 농도로써 표현되고 있다. 빨강색의 경우 R = 100%, G = B = 0%로 표현하고, 흰색의 경우는 R = B = G = 100%로 표현한다.

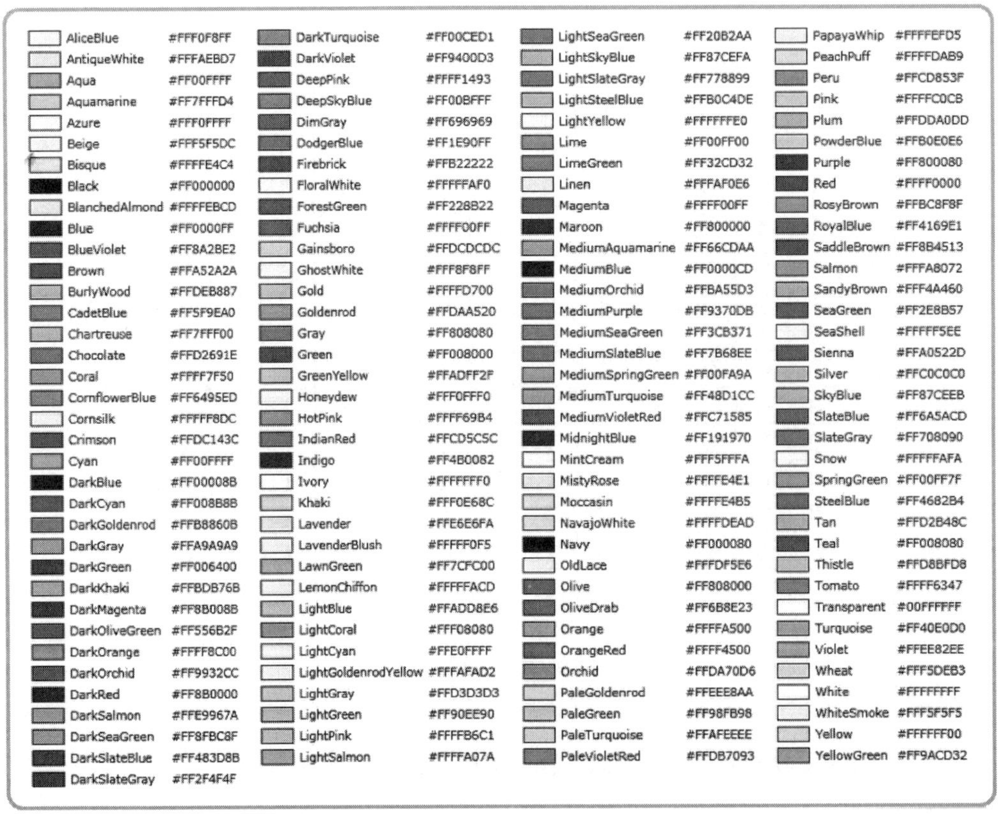

[그림 9.13] 칼라 이미지의 색상 표현

예를 들어, 800×600 픽셀을 갖는 모니터 화면에 컬러 이미지를 표현할 때 필요한 데이터의 양은 다음과 같다.

$$800 \times 600 \times 3 \text{ Bytes} = 1{,}440{,}000 \text{ Bytes} = 1{,}440 \text{ KB} = 1.44 \text{ MB}.$$

즉, 800×600 크기의 컬러 사진을 인터넷으로 통해 전송하려면 총 1.44MB의 데이터를 전송한다. 이와 같이 이미지를 표현하려면 데이터가 많이 필요하기 때문에 압축하여 저장하여야 한다. 실제 위와 같이 생성된 이미지를 표현하는 파일은 더욱 압축되는데 대표적인 이미지 압축 기술은 JPEG(Joint Photograph Expert Group) 방식이다. JPEG 방식으로 압축된 이미지 파일은 *.jpg의 확장자를 사용한다. MPEG은 동영상(비디오) 압축 기술이다.

비트맵 방식은 픽셀 단위로 표현을 하기 때문에 특정 개체 위주 편집을 위한 작업에는 최적화되어 있지 않다. 편집을 하면 객체 위주가 아니라 픽셀 위주이기에 전체 그림에 영향을 준다. 이러한 문제로 인하여 픽셀별로 편집하기에는 용이하나 개체별로 편집이 필요한 경우에는 사용하기가 힘들어진다. 이러한 문제점을 해결하기 위해 **벡터 그래픽**(vector graphic) 방식이 개발되었다.

벡터 방식은 픽셀에서 선이나 도형을 수식의 집합으로 표현을 한다. 벡터기반의 객체를 위주로 하여 시작점, 끝점, 선의 굵기, 칼라들을 이용하여 표현한다. 그림 9.14는 벡터 이미지를 보여준다.

[그림 9.14] 벡터 이미지 예제

벡터 그림 방식은 벡터를 사용하므로 보통 전용 드로잉 소프트웨어를 사용한다. 이는 개체 위주의 편집을 지원하기 때문이다. 또한 개체 위주의 편집이기에 다양하게 활용 및 응용할 수 있다. 그러므로 많은 편집 기능을 제공한다. 또한 해상도나 다른 특성에 변화에도 그림의 변형이나 파괴가 거의 없다.

지금까지 그림 파일의 표현 방식에 대하여 살펴보았다. 비트맵 방식을 사용하는 파일 형태로는 BMP, PICT, TIFF, JPEG, GIF 그리고 PNG 등이 있다. 한편, 벡터 그래픽 방식을 사용하는 파일에는 DXF, IGES 등이 있다. 이렇게 파일들을 분류하여 소프트웨어에서 사용한다. 또한 각 파일마다 특징을 지니고 있다. JPEG와 GIF는 상당한 압축력을 보이고 있어 전송용, 인터넷 기반의 장소에 많이 사용되고 있다. 또한 간단하게 움직이는 곳에서는 GIF와 플래쉬도 많이 사용되고 있다.

우리가 주로 사용하는 각 파일 형식의 특징을 정리하면 아래와 같다.

- BMP(Bitmap) : 비트맵 디지털 그림을 저장하는 방식의 파일 포맷이다. 이 포맷은 특허의 제한을 받지 않아 많은 운영체제에서 사용되고 있다. 하지만 압축을 거의 하지 않기 때문에 크기가 크다.
- TIFF(Tagged Image File Format) : 사용자의 수정 범위를 넓게 하여 많은 기능에 사용되어진다.
- JPEG(Joint Photographic Experts Group) : 손실 압축 방법을 사용하여 원본 이미지의 손실을 가져온다. 실제 인터넷 전송에서도 많이 사용되고 있으며 비손실 압축은 PNG와 같은 포맷을 사용한다.
- PNG(Portable Network Graphic) : 비손실 그래픽 파일 포맷이다. 풀 컬러 화상 방식도 지원한다. 이 포맷은 인터넷상의 전송을 위해 개발되었다.

9.4.3 소리의 표현

소리 혹은 오디오(audio)는 우리 주위에서 청각적으로 접할 수 있는 모든 것을 말한다. 음악, 음성 및 기타 청각적으로 인지 가능한 모든 것들이다. 흔히 전화 소리, 음악 CD, DVD 음악 그리고 블루레이 음악 등이 있다. 우리가 접하는 소리들은 보통 아날로그 소리이다. 이를 컴퓨터 내부에 저장을 하기 위해서는 비트화를 시켜야 한다. 이를 디지털화라고 부르며 디지털화 후에 컴퓨터에서 재생이나 전송 및 이동도 가능하다.

그러면, 컴퓨터는 어떻게 오디오(예: 사람의 음성, MP3 음악) 정보를 표현하는지 살펴보자. 컴퓨터의 오디오 표현은 크게 다음 3가지 과정을 통해 이루어진다. 이는 일반적인 방법으로 중간에 추가적인 방법을 사용하거나 기존 방식을 변화시키기도 한다.

(1) **샘플링**: 오디오(아날로그) 샘플을 단위시간(예: 1초)동안 채취하여 숫자 정보로 표현
(2) **양자화**: 샘플링된 데이터 숫자를 미리 정해진 숫자 단위(혹은 범위)의 정수로 표현
(3) **인코딩**: 양자화를 통해 얻어진 숫자(정수)를 비트패턴으로 변환

그림 9.15는 상기한 오디오의 비트패턴 변환 과정을 보여준다.

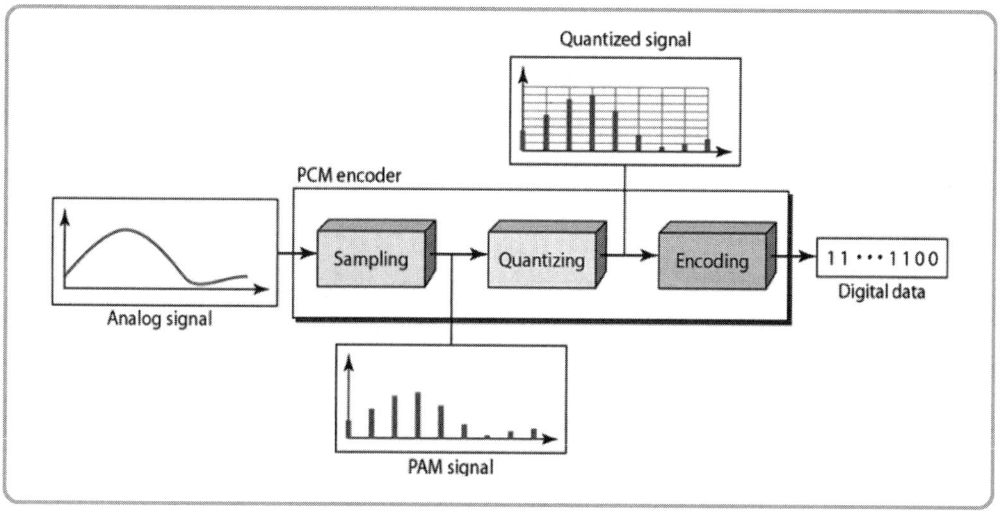

[그림 9.15] 오디오의 비트패턴 변환 과정

즉, 아날로그 오디오 정보를 디지털 데이터로 변환하기 위해서는 먼저 오디오를 단위시간동안 측정하는데, 이를 **샘플링**(sampling)이라 한다. 예를 들어, 전화기를 통해 흘러나오는 아날로그 음성을 1초에 8,000번 정도 샘플링 하면, 신호 세기에 따라 8,000개의 각 샘플들이 숫자로 표현된다.

각 샘플 숫자들은 미리 정해진 크기의 정수 값으로 변환되는데, 이를 **양자화**(quantization) 과정이라 한다. 8-비트패턴을 사용하는 경우라면 각 숫자들은 0 ~ 255 사이의 정수 값으로 변환될 것이다. 마지막으로 양자화 과정에서 산출된 정수를 **부호화**(encoding) 과정을 통해 0과 1의 비트로 변환한다.

만약, 1초에 8000개의 샘플을 취하고, 각 샘플을 8-비트패턴으로 변환하는 경우, 1초에 총 8,000 × 8 Bits = 64,000 Bits = 64 K bits의 데이터가 생성된다. 만약, 이러한 방식에 따라 인터넷으로 오디오 정보를 전송하고자 하는 경우, 우리는 64 Kbps 급의 데이터 전송

속도가 필요하게 된다. 최근에는 오디오 압축 기술이 발달하여 실제로는 5.6 Kbps급으로 압축되어 오디오 정보가 전송된다.

이처럼, 오디오 비트 패턴의 3단계 변환 과정에서 샘플링은 1초에 N번의 샘플링을 하고, N번의 수가 표현되고 이를 정해진 M-비트 패턴으로 변화한다. 여기 N과 M의 수가 커지면 커질수록 소리가 원음에 가까워지지만 용량이 증가하는 문제가 생긴다. 이를 적절하게 조절하는 것이 매우 중요하다. 그래서 다양한 압축 방법이 생겨났다. 그 중 대표적인 방식이 **MP3**(MPEG Audio Layer 3)이며 소리가 원음에 가깝고 용량도 현격하게 줄일 수 있다. 현재 많이 사용하는 오디오 포맷은 아래와 같다.

- WAV(Waveform audio format) : 개인용 컴퓨터에서 소리를 재생하기 위하여 개발된 파일 포맷이다. 비압축 방법과 압축 방법이 존재하며 최근에는 WMA로 기본 포맷을 변경하였다.
- MP3(MPEG Audio Layer-3) : MPEG의 오디오 규격으로 개발된 손실 압축 방법으로 가장 대중적인 파일 포맷이다. 비손실인 PCM에 비하여 10배 이상의 용량을 줄일 수 있다. 우수한 음질과 성능을 위하여 MP3의 개선판인 MP3PRO도 개발되었다. 또한 다양한 채널의 지원을 위하여 MP3 서라운드도 개발 되었다. MP3HD는 무손실 압축 방식이다.
- FLAC(Free Lossless Audio Codec) : 무손실 압축 포맷으로 전송율, 대역폭, 저장 공간을 절약할 수 있는 방법이다. 하지만 아직 지원하지 않은 소프트웨어가 많지 않다.
- AIFF(Audio Interchange File Format) : 비압축 무손실 압축 방법이며 고품질 오디오 CD를 생성할 때 많이 사용한다. 주로 애플 매킨토시에서 많이 사용된다.

9.4.4 영상의 표현

이제 영화 등의 영상(비디오) 데이터는 어떻게 비트 패턴으로 표현되는지 살펴보자. 비디오의 표현방식은 앞에서 배운 이미지의 표현방식과 유사하다. 비디오는 여러 개의 이미지들을 시간에 따라 연속적으로 재생하는 것이다. 비디오에서 재생되는 이미지를 프레임이라 하는데 보통 1초에 24개 혹은 30개의 프레임을 연속적으로 재생함으로써 비디오로 보여진다. 즉, 사람의 눈은 이러한 연속적인 프레임의 재생을 동영상으로 인식하는 것이다.

이처럼 1초에 24장 혹은 30장 정도 되는 프레임들을 모두 데이터로 표현한다면, 상당히 많은 양의 데이터가 요구될 것이다. 그러므로 이러한 동영상을 압축하는 기술이 MPEG(Moving Picture Expert Group)이다.

MPEG 기술에는 비디오를 계속적인 프레임으로 두지 않고 용량을 줄이기 위하여 이미지를 3가지로 분류하여 중복되는 부분을 표현하지 않거나 움직이는 부분만을 표현하여 용량을 줄이고 있다. 그림 9.16과 같이 구성되어 있으며 3가지 프레임은 아래와 같다.

- I (Intra) **프레임** : 원래 이미지를 그대로 부호화하여 표현
- P (Predictive) **프레임** : I 프레임과 달라진 부분만을 표현
- B (Bidirectional) **프레임** : I 프레임과 P 프레임의 양쪽 방향에서의 변화된 부분만을 시간적인 요소를 반영하여 표현

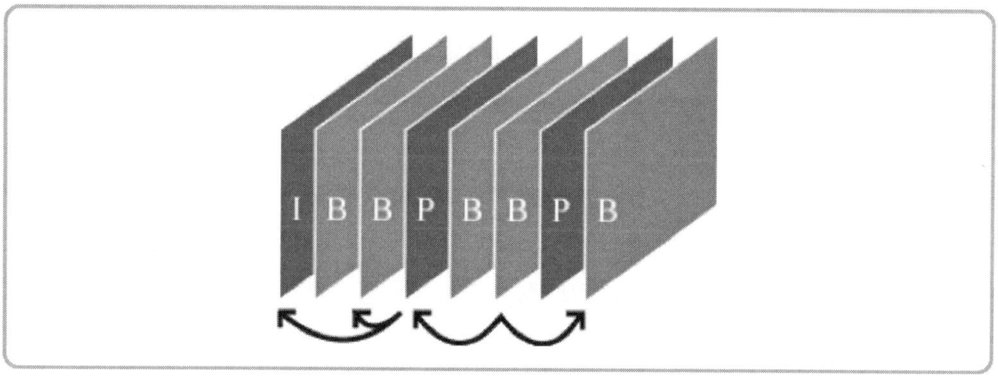

[그림 9.16] 여러 개의 프레임으로 구성되는 비디오

보통 MPEG 프레임들은 IBB PBB PBB PBB PBB처럼 그룹 단위로 구성되는데, 이를 GOP(Group of Picture)라 한다. 보통 GOP는 12개 혹은 15개의 프레임으로 구성되며, 1초에 2개의 GOP를 전송이나 재생된다. 이에 따라 1초에 총 24개 혹은 30개의 프레임이 순간적으로 재생되어 우리 눈에 연속적인 화면으로 보이게 되는 것이다.

MPEG에서 동영상을 압축하는 기본 원리는 그림 9.17과 같다.

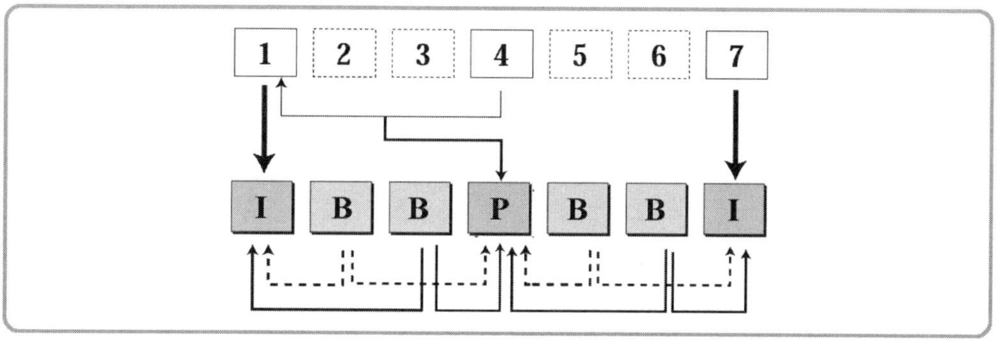

[그림 9.17] MPEG 동영상 압축과정

그림에서 윗 부분에 있는 7개의 원본 이미지 파일이 이미지 압축(표현) 방식에 의해 생성되었다고 가정하자. MPEG 비디오 압축에서는, 먼저 1, 7번 이미지는 원본 그대로 I 프레임으로 구성한다. 다음에 4번 P 프레임은 1번 I 프레임을 토대로 변경된 부분만 반영하여 생성된다. 이후에, B 프레임들은 (2, 3, 5, 6번) 앞뒤에 있는 I, P 프레임을 참조하고 시간의 흐름에 따른 동작예측 기법을 적용하여 차례대로 생성된다.

연습문제

1. 2진수는 0과 1로 이루어져 있다. 그러면 4bit를 사용한다고 가정한다면 부호비트를 사용하지 않을 경우에 표현 가능한 수의 갯수와 범위를 구하고, 부호비트를 사용하는 경우에도 표현 가능한 수의 갯수와 범위를 구하시오.

2. 다음의 각 진수를 2진수로 표현하시오. (소수점이하는 4자리까지만 표현하시오)

(1) 456

(2) 137_8

(3) 132.25

(4) $23AB_{16}$

3. 다음의 각 10진수를 8진수로 표현하시오. (소수점이하는 4자리까지만 표현)

(1) 234

(2) 1745

(3) 456.23

(4) 7771.47

4. 다음의 각 10진수를 16진수로 표현하시오. (소수점이하는 4자리까지만 표현)

(1) 3451

(2) 19123

(3) 1112.452

(4) 56.3

5. 아래의 수를 부호화/크기 방법을 사용하여 2진수로 표현하시오. (8bit만 사용)

(1) 45

(2) −120

(3) 67

(4) −17

6. 다음의 10진수를 정규화 표현 방법을 사용하여 표현하시오.
   (1) 4.512
   (2) 3456.123

7. 이미지를 표현하기 위하여 RGB의 3색으로 표현하기를 원한다. 그러면, 24비트 컬러를 사용하는 경우에 800×600의 해상도일 경우 필요한 비트수를 표현하시오. (1Kbyte = 1000byte로 계산하시오.)

8. 이미지 표현 기법에서 비트맵 표현 기법과 벡터 표현 기법의 특징을 간략하게 정리하고, 각 표현 방식의 장단점을 하나씩 들어라.

9. 소리의 디지털화 과정은 몇 단계를 거친다. 각 단계를 설명하시오.

10. 소리를 디지털화 하기 위하여 표본을 4,000개를 만들고 8-비트 패턴으로 변환할 때 20초의 소리를 압축과정없이 표현하기 위해서는 몇 바이트의 용량이 필요한지 계산하시오. (1Kbyte = 1000byte로 계산하시오.)

11. 동영상 표현 기법에 대하여 설명하시오.

PART IV

4차 산업과 컴퓨터과학

제 10 장

인공지능과 기계학습

4차 산업의 발전으로 컴퓨터는 인간이 수행하는 일을 대신하게 되었다. 인간이 주어진 일을 처리하는 과정은 심리학적으로 보면 넓은 의미에서 문제 해결 과정이라 할 수 있다. 4차 산업 시대의 컴퓨터나 스마트 기기들은 스스로 판단하고 결정할 수도 있다. 이 장에서는 인공지능과 기계학습에 대하여 알아본다.

10.1 인공지능

인공지능(AI: Artificial Intelligence)이란 사람의 사고 능력에 대한 이해를 기반으로 기계에게 인공의 사고능력을 학습시켜 사람과 유사한 사고능력이 가능하도록 만들어진 지능을 말한다. 1997년 IBM의 왓슨이 체스게임에서 사리 카스파로프에게 승리하고, 2010년 '퀴스 쇼 제퍼디'에서 우승한 것을 시작으로, 2016년 구글이 딥마인드(Doop Mind)에서 개발한 알파고(AlphaGo)와 한국 바둑기사 이세돌과의 바둑대결에서 인공지능 바둑기사인 알파고가 승리하면서, 인공지능 기술이 사람들의 큰 관심을 받고 있으며, 산업 전반에 걸쳐서 인공지능 기술의 활용되고 있다.

10.1.1 인공지능 정의

기계가 인공의 지능을 가졌다는 것을 정의하는 것은 상당히 까다로운 일이기 때문에, 인공의 지능을 가진 기계라는 것을 정의하기 위해서는 앞서 설명한 사람의 사고능력, 인지능력 및 행동에 대한 이해가 필요하다. 따라서, 인간처럼 생각하는 시스템, 인간처럼 행동하는 시스템, 합리적으로 생각하는 시스템, 합리적으로 행동하는 시스템 등 4가지 분류로 인공의 지능을 가진 기계를 정의할 수 있다.[7]

(1) 사람처럼 행동하기: 튜링 테스트(Turing Test)

기계가 사람처럼 행동한다고 하는 것, 지능을 가졌다고 하는 것을 정의하는 것도 어려운 문제이다. 앨런 튜링(Alan Turing)은 1950년에 컴퓨터가 "사람 질문자가 서면으로 제출된 대답이 컴퓨터가 작성한 것인지, 사람이 작성한 것인지 구분할 수 없다면, 컴퓨터가 지능을 가졌다고 말할 수 있다."는 튜링 테스트를 제안하였다. 튜링 테스트에서는 사람과 컴퓨터 간의 물리적인 상호작용에 대한 경우를 배제하고, 단순히 질문지에 답을 하는 형식을 취하였다. 따라서, 사람과 기계간의 상호작용을 포한하는 튜링 테스트를 통과하기 위해서는

1) 컴퓨터가 사람과 자연어로 대화가 가능해야 하며,
2) 컴퓨터는 자신이 아는 지식을 스스로 표현할 수 있어야 하며,
3) 표현된 지식을 바탕으로 스스로 결론을 도출하는 추론능력이 있어야 하며,

---

7 Stuart Russell and Peter Norvig, Artificial Intelligence: A Modern Approach, 3rd Edition, Prentice Hall

4) 새로운 환경을 분석하고 감지할 수 있어야 하며,
5) 외부환경을 인지하기 위한 컴퓨터 비전 기술을 이용하여 물체를 인지할 수 있어야 하며,
6) 주변 물체를 조작하고 스스로 움직일 수 있어야 한다.

(2) 사람처럼 생각하기: 인지과학(Cognitive Science)

기계가 사람과 유사한 사고를 한다고 정의하기 위해서는 우선, 사람이 어떻게 자신의 생각을 결정하지에 대한 방법을 이해해야만 한다. 사람의 생각을 결정하는 방법에는 1) 자신이 행동하고자 함에 따른 자아 성찰에 의한 사고방식의 이해, 2) 사람의 행동에 따른 심리학적 사고방식의 이해, 3) 사람의 행동에 따른 뇌의 사고흐름에 대한 이해, 세 가지로 분류할 수 있다. 만약에 사람의 행동에 따른 사고방식의 흐름을 입력과 출력으로 구분할 수 있으며, 이를 프로그래밍적으로 구현이 가능하다는 증거가 된다. 그러나, 이러한 시도는 매우 어려운 일이며, 다양한 학문 간의 교류를 통한 '인지과학'은 AI로부터 컴퓨터의 모델, 심리학에서의 실험적인 결과를 바탕으로 사람의 심리에 대한 작동 방식에 이에 대한 정확하고 실험 가능한 이론을 정립하고자 노력한다. 이에 따른 노력으로 컴퓨터 비전(computer vision)연구 분야는 사람의 신경생리학적 증거를 바탕으로 컴퓨터의 수리학적 모델링을 통한 접근방식으로 최근에 획기적인 발정을 이루었다.

(3) 합리적으로 사고하기: 사고의 법칙

고대 철학자 아리스토텔레스는 합리적으로 사고하는 접근방식을 제안하였다. 아리스토텔레스는 "소크라테스는 사람이다. 사람은 모두 죽는다. 그러므로, 소크라테스는 죽는다."의 예처럼 '명제(logic)'로부터 시작하여 명제에 대한 참/거짓을 바탕으로 새로운 명제를 도출하는 방법을 제시하였으며, 이것이 유명한 아리스토텔레스의 '3단 논법(syllogisms)'이다. 그러나, 이러한 접근 방식 또한, 매우 어려운 일이다. 그 이유는 비형식적인 지식을 형식적인 표기 방법으로 표현하는 것이 쉽지 않은 일이며, 다양한 사실로부터 결론을 추론하고자 할 때, 이들 간의 연관성에 대한 가이드라인 없이 추론하는 것은 제한된 컴퓨터의 자원을 모두 사용하는 경우가 발생하기 때문이다.

(4) 합리적으로 행동하기: 합리적인 에이전트(Rational Agent)

에이전트(Agent)란 단순히 행동하는 어떤 객체이다. 컴퓨터 에이전트는 단순히 어떤 행동을 취하는 프로그램이 아니라, 주변 환경을 인식/인지하고, 합리적인 지식표현을 바탕으로

합리적으로 추론하며, 최상의 결과를 얻기 위해 스스로 움직일 수 있어야 한다. 이는 앞서 설명한 다른 접근방식과도 일맥상통 한 듯 보이나, 합리적인 사고와 합리적인 추론은 합리적인 행동을 하는 에이전트를 위한 일부분으로 볼 수 있다. 따라서, 합리적으로 행동하는 에이전트의 접근 방식은 결과를 알 수 없는 불확실한 환경에서도 최상의 결과를 도출 할 수 있도록 설계되어야 한다.

10.1.2 인공지능의 역사

1956년 Dartmouth에서 개최된 워크샵에서 처음으로 AI라는 용어가 등장한 것을 인공지능 역사의 시작으로 정의하는 사람들도 있으나, 앞서 설명한 바와 같이, 인공지능이란, 사람의 사고 능력에 대한 이해를 바탕으로 기계에게 사람의 인지 능력을 주입하여 사람과 유사한 사고능력이 가능한 지능으로 정의할 수 있으므로, 인공지능의 역사는 컴퓨터의 발달과 함께 시작한 것으로 볼 수 있다. 1940년대에는 프로그램을 저장하여 실행하는 구조인 폰 노이만 구조를 가진 컴퓨터가 처음으로 등장하였다. 1950년대에는 기계가 인공의 지능을 갖추었지를 판단할 수 있는 실험을 앨런 튜링이 제안하였다. 1960년대에는 인간의 문제해결 프로토콜을 모방하기 위해 설계된 GPS(General Problem Solver)가 Newell과 Simon에 의해 개발되었으며, 현재의 심층학습법(Deep Learning)의 기초가 되는, 여러 개의 간단한 처리장치들을 연결하여 인식문제를 해결할 수 있는 **인공 신경망**(NN: Neural Network) 알고리즘이 개발되었다.

1966년부터 1973년 사이에는 인공지능의 암흑기를 맞이한다. 그 이유는, 초기의 인공지능 프로그래밍들이 주제로 하는 대상에 대한 지식이 거의 없었기 때문에, 단순한 문법의 조작에 의하여 성공하였기 때문이다. 예로, 미국에서는 러시아의 과학 논문을 빠르게 번역하기 위한 번역 연구가 시작되었다. 처음에는 러시아어와 영어의 문법에 기초한 단순 문법전환과 사전을 이용한 단어의 대체만으로 번역이 가능할 것이라고 판단하였으나, 번역은 의미에 대한 애매모호한 표현을 정확하게 번역하고 문맥의 흐름에 따른 내용을 파악하기 위한 지식이 필요했던 것이다. 이러한 문제는 몇 년 전까지 언어번역기가 해결해야 하는 문제이기도 하였다. 또한, 초기에 인공지능으로 해결하고자 했던 많은 문제들은 매우 작은 수의 물체와 매우 작은 수의 가능한 행동, 아주 짧은 해결순서 만을 대상으로 하였기 때문에, 계산 복잡도가 낮은 문제들이었다. 그러나, 실세계의 문제들은 아주 복잡한 계산량이 요구되기 때문에, 당시의 기술로는 해결하기 어려운 문제가 있었다.

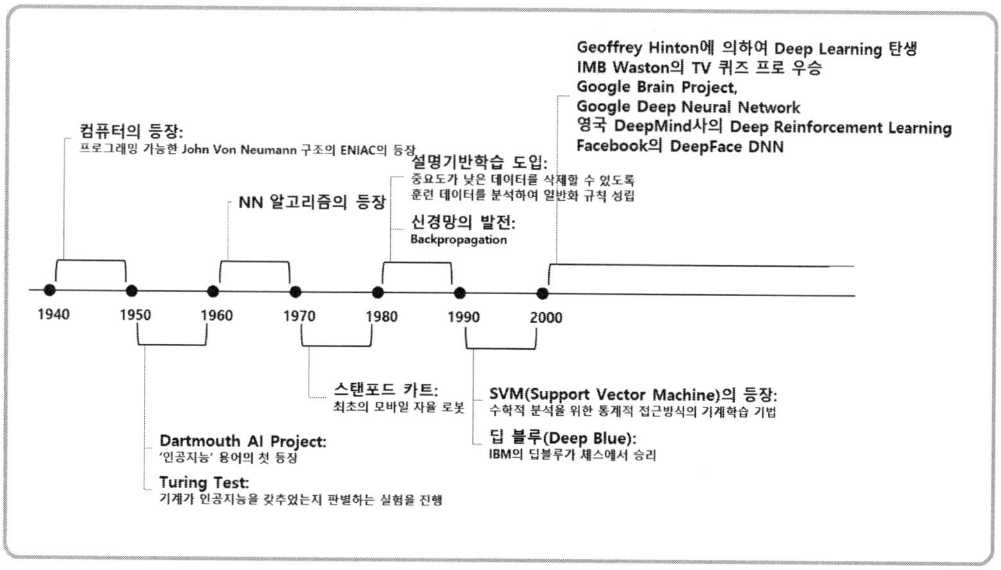

[그림 10.1] 인공지능의 간략한 역사

1970년대에는 스탠포드 대학교에서 꾸준히 연구해오던 모바일 자율 주행 로봇인 'Cart'가 선보였으며, 1980년대에는 중요도가 낮은 데이터를 삭제할 수 있도록 훈련데이터를 분석하여 일반화 규칙을 정립하는 설명기반 학습방법이 제안되었다. 1990년대에는 IBM의 딥 블루가 체스경기에서 사람에게 승리하였으며, 이후 2000년대에부터는 인공지능의 한 분야인 기계학습 분야에서 기존의 인공 신경망 및 인공지능 분야에서의 한계점인 복잡한 계산을 위한 병렬처리 하드웨어인 GPGPU(General Purpose Graphic Processing Unit)이 개발되고, 심층학습법이 제안되면서 다양한 산업에서 인공지능이 활용되고 있으며, 현재는 인공지능이 단순한 학문의 한 분야가 아니라, 하나의 산업으로 위치하였다.

특정한 문제를 컴퓨터가 해결하도록 프로그래밍 하는 것은 어려운 작업이다. 사칙연산과 같이 디지털회로로 설계되어 간단하게 답이 나오는 문제도 있지만, 인간의 복잡한 사고과정을 컴퓨터가 따라하도록 해야 하는 문제도 있다. 한 편으로는 물체를 보고 인식하거나 손가락으로 물건을 집는 것과 같은 행동을 하도록 하는 학습시켜야 하는 것도 있다. 즉, 인간의 뇌 기능을 프로그램으로 표현하는 것이 있다.

10.1.3 인공지능에 의한 문제 해결

지금까지의 방법과 달리 인간의 학습과정을 컴퓨터에게 알려주고, 인간이 문제를 해결하는 방식으로 컴퓨터가 **학습에 의해 문제를 해결**하도록 하는 방법을 살펴보자. 즉, 인간 신경 조직의 학습 행위를 컴퓨터가 모방하여 문제를 해결한다. 여기에서는 인간의 신경세포를 단순화하여 구현함으로써 어떻게 컴퓨터에게 학습능력을 부여할 수 있는지를 살펴본다.

인공 신경망에서는 인간 신경세포의 기능을 수학적으로 그림 10.2와 같이 표현한다.

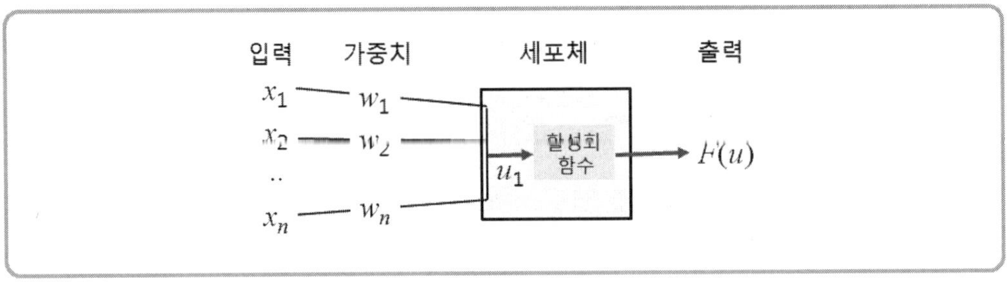

[그림 10.2] 인공 신경세포

인간 신경세포의 수상돌기가 받아들이는 복수개의 입력은 $x_1, \ldots, x_n$과 같이 n개의 변수로 표현하고, 입력값을 증감시키는 시냅스의 강도는 가중치변수 $w_1, \ldots, w_n$으로 표현한다. 세포핵에서 일어나는 입력의 가중 합 u를 계산하는 과정과 합해진 값이 일정치(임계값)를 넘는 경우의 출력 과정은 아래의 함수식으로 정의한다.

$$u = \sum_{i=1}^{n} w_i x_i, \quad F(u) = step(u-t) = \begin{cases} 1 & u > t \\ 0 & u \le t \end{cases}$$

이 식에서 함수 $step()$은 입력값이 0보다 크면 1을 출력하고, 그렇지 않으면 0을 출력하는 함수이다. t는 출력이 1이 되는 기점을 결정하는 역치 값이다. 즉, 입력 값에 가중치를 적용하여, 합해진 가중 합 u가 역치 값 t보다 크면 1이고, 그렇지 않으면 출력 값은 0이다.

이와 같이 신경세포 하나가 수행하는 신호처리 기능은 매우 단순하다. 이러한 신경세포를 연결하여 **신경망**을 만들면, 위에서 정의한 단순한 인공 신경세포의 기능으로도 주어진 문제를 해결할 수 있다. 이러한 인공 신경망에 학습을 시켜 문제를 해결한다. 즉, 인공 신경망의 시냅스를 나타내는 가중치 변수 w_i 값을 변화시켜, 원하는 기능을 하는 신경망을 찾아가는 과정이 학습이다. 이러한 기본 개념을 바탕으로 그림 10.3과 같이 계층 구조로 연결한 신경 회로망은 신경세포들을 입력층과 출력층으로 나열한다. 그리고 입력층의 각 신경세포에서 출력층의 각 신경세포로 연결되는 시냅스의 가중치를 조절하도록 한다. 이렇게 하여 원하는 입-출력 매핑 함수를 찾아내는 것이 단순한 **학습 알고리즘**이다. 이 신경회로망으로 문자나 도형과 같은 패턴 인식 문제를 풀 수 있다.

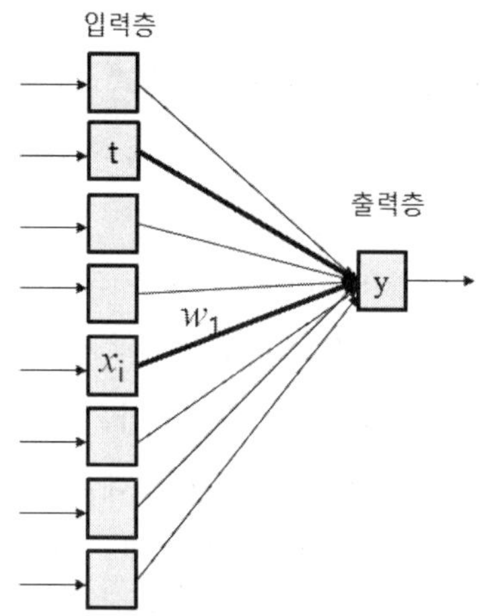

[그림 10.3] 퍼셉트론 신경망에서의 신경세포 연결 구조

이와 같은 학습에 의한 문제 해결 과정은 알고리즘으로 해결하는 방식보다 좋은 점이 있다. 하나는 원하는 입출력 매핑을 가지는 데이터 샘플만 충분히 있다면, 알고리즘으로 해결할 수 없는 문제도 신경망이 스스로 학습하여 해를 찾는다. 또 하나는 약간 변형된 데이터에 대해서도 일반화가 가능하다. 즉, 인간과 같이 어느 정도 변형된 패턴도 같은 해를 찾는다.

지금까지 몇 개의 문제 해결 방법을 살펴보았다. 그러나 어떤 방법도 인간과 같은 방법으로 문제를 해결할 수는 없다. 다만 특정한 문제에 적합한 방법을 선택하여 문제에 맞게 적절히 적용하는 것이 문제 해결의 핵심이다. 특히 최근의 인공지능 게임이나 지능형 로봇들도 모두 이러한 방법을 적절히 결합하여 개발하는 것이다.

10.2 기계 학습

이 절에서는 인공 신경망에서 학습하는 과정을 좀 더 구체적으로 살펴본다. **기계 학습**(machine learning)은 인공 신경망에 입력되는 데이터에서 결과 값을 생성하도록 하는 것이다. 기계 학습에는 주어진 대로 학습하는 **지도 학습**(supervised learning)과 스스로 데이터를 분류하는 **비지도 학습**(unsupervised learning)이 있다.

10.2.1 지도 학습

지도 학습은 입력으로 주어지는 데이터(x)에서 결과 값(y)를 도출할 수 있는 함수(f)의 인자를 추정하는 기계 학습 방법이다. 그러므로 지도 학습에 필요한 데이터 집합은 훈련 데이터, 검증 데이터, 테스트 데이터가 필요하다.

훈련 데이터 집합은 학습을 위한 데이터 집합으로 데이터(x)와 참 값으로 구성된다. 검증 데이터 집합은 훈련 데이터 집합을 통해 학습한 함수의 인자가 적합한 인자인지를 검증하는데 필요한 데이터 집합이다. 이 검증 데이터 집합은 훈련 데이터 집합과 같이 데이터와 참 값으로 구성된다. 테스트 데이터 집합은 훈련 데이터 집합과 검증 데이터 집합으로 학습한 함수 인자를 이용하여 실제로 입력되는 데이터 집합이다. 테스트 데이터 집합은 데이터로 구성될 수 있다. 여기에서 데이터(x)는 n_1 차원의 벡터로 표현한다.

$x = \{x_j \mid j = 1, 2, 3, ..., n_1\}$

$S_{Training} = \{(x_i, y_i) \mid y_i :$ i번째 데이터에 대한 참 값, $i = 1, 2, 3, ..., n_2\}$

$S_{Validation} = \{(x_i, y_i) \mid y_i :$ i번째 데이터에 대한 참 값, $i = 1, 2, 3, ..., n_3\}$

$S_{Test} = \{x_i \mid i = 1, 2, 3, ..., n_4\}$

지도 학습의 결과 값은 **분류**와 **회귀분석** 두 종류로 나눌 수 있다. 분류는 추정하려는 함수에 따라 여러 클래스 중에서 어느 클래스(집합)에 속하는지를 판단한다. 회귀분석은 연속 함수에서 결과 값을 도출한다.

그림 10.4는 지도 학습의 예로 어떤 영상에서 학습, 검증을 통해 결과를 검사한다.

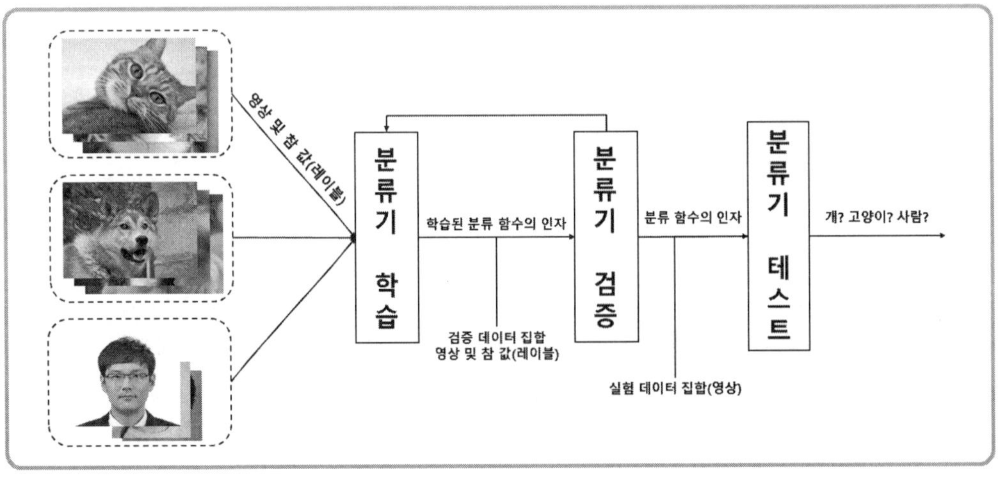

[그림 10.4] 지도 학습 예

이 예는 입력으로 주어진 영상에서 개, 고양이, 사람 얼굴을 구분한다. 개 영상 50장, 고양이 영상 50장, 사람 얼굴 영상 50장의 영상이 주어진다. 개 영상에는 '1'이라는 클래스 번호를, 고양이 영상에는 '2'라는 클래스 번호를, 사람영상에는 '3'이라는 클래스 번호를 할당한다. 입력으로 주어진 150장의 영상 데이터에서 영상이 주어지면 개, 고양이, 사람의 영상 중 한 클래스에 할당하는 함수에 대한 인자를 학습했다고 가정하자. 이와 같이 영상에서 개, 고양이, 사람 연상 중에서 어느 클래스에 속하는지를 판단하는 함수를 **분류함수**라 한다. 이에 사용되는 150장의 데이터가 **훈련 데이터**이다. 각 훈련 데이터의 영상 크기가 100×100로 컬러 영상이면, 각 훈련 데이터 xi는 100×100×3(n_1의 크기) 차원의 벡터로 표현이 가능하다. 각 데이터의 참 값 y_i는 '1', '2', '3' 중 하나로 표현한다. 컬러 영상을 표현하려면 RGB에 해당하는 3차원 데이터가 필요하며, 흑백 영상은 1차원 데이터가 필요하다.

학습한 분류함수 인자의 정확도를 측정하려면, 앞에서 사용한 150장의 영상을 제외한 새로운 입력 영상이 필요하다. 그러므로 개 30장, 고양이 영상 30장, 사람 영상 30장이 주어졌다하고, 각 영상에는 훈련 데이터와 동일한 클래스를 부여한다. 90장의 영상에서 올바르게 분류한 것이 몇 장인지 살펴보면 학습한 분류함수 인자의 정확도를 측정할 수 있다. 이 때 사용한 90장의 영상 데이터가 바로 **검증 데이터**이다. 검증이 완료되면 임의의 영상에서 개, 고양이, 사람 중에서 어느 클래스에 속하는지 판단하는 분류함수로 분류를 수행한다.

10.2.2 비지도 학습

지도 학습은 학습 데이터에 실제 참 값(혹은 레이블)을 부여하여 분류 함수 혹은 회귀 분석 함수의 인자를 학습하고 검증하였다. 비지도 학습은 학습 데이터에 참 값을 부여하지 않고, 컴퓨터가 스스로 훈련 데이터를 분류하고, 이 것을 바탕으로 의미 있는 값을 도출한다. 그러므로 비지도 학습은 주어진 데이터가 어떻게 구성되어 있는지를 추론할 때 주로 사용한다.

그림 10.5는 비지도 학습의 예로 입력하는 어떤 영상에서 **군집화**한다.

앞에서 활용한 개, 고양이, 사람의 영상을 분류하는데 비지도 학습에서는 각 영상에 참 값을 부여하지 않는다. 그러므로 어떤 영상인지 알 수 없는 150장의 영상으로 비지도 학습을 수행하면, 각 영상에 나타난 특징에서 비슷한 특징을 가진 영상들만 모운다. 이를 통해 학습한 결과는 유사한 특징을 가지는 n개의 영상이며, 비지도 학습을 통하여 군집화한 영상에 참 값(레이블)을 부여할 수 있다. **비지도 학습은 지도 학습을 위한 사전 학습으로 사용이 가능하다**. 비지도 학습을 마치고 결과를 검토하였을 때, 사용자는 각 군집화한 영상집합에 개, 고양이, 사람으로 각각 참 값(레이블)을 부여할 수 있다.

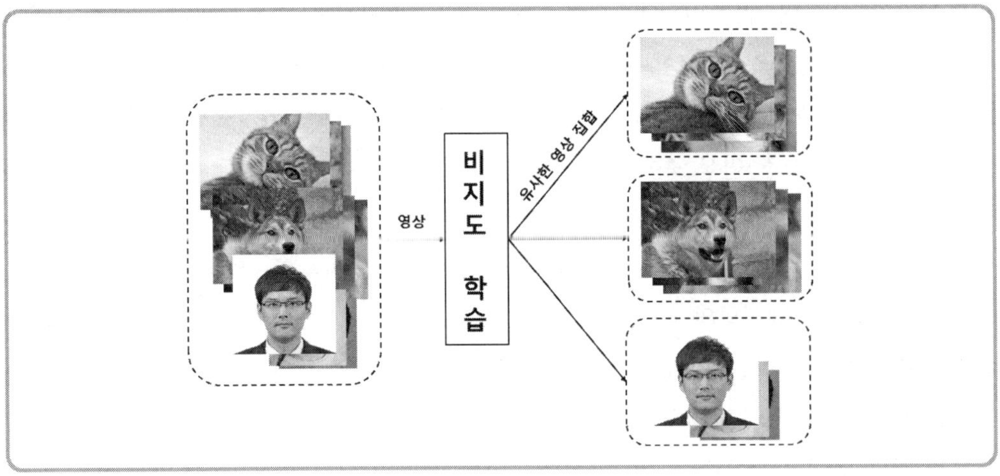

[그림 10.5] 비지도 학습 예

앞선 예제에서는 몇 개의 집단으로 군집화를 수행 할 것인지 정해지지 않은 상태에서 비지도 학습을 통하여 군집화를 수행하는 예제를 설명하였다. 그럼 몇 개의 집단으로 군집화를 수행할 것인지 정해진다면 어떤 과정을 수행하게 될까? 2차원 특징 벡터를 가지는 18개의 데이터가 그림 10.6과 같이 분포한다고 가정하자. 이 때, 4개의 집단으로 군집화하는 과정은 다음과 같이 수행이 가능하다.

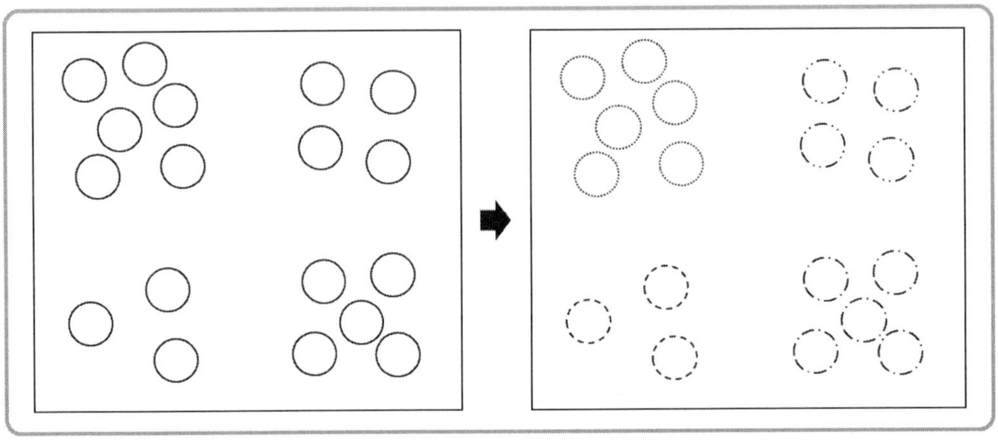

[그림 10.6] 비지도 학습인 군집화(clustering)의 예

지도 학습과 비지도 학습의 차이는 그림 10.7처럼 지도 학습에는 학습하려는 데이터의 참 값이 존재하지만, 비지도 학습에는 참 값이 존재하지 않는다. 또한 비지도 학습은 비슷한 성질끼리 묶어서 지도 학습의 사전 학습 데이터로 사용할 수 있다. 예를 들어, 비지도 학습을 통하여 유사한 영상 집합끼리 군집화 하였다면, 각 영상 집합에 레이블을 할당하여 지도 학습 과정을 수행할 수 있다. 이것을 통해 분류 함수의 인자 추정이 가능하다.

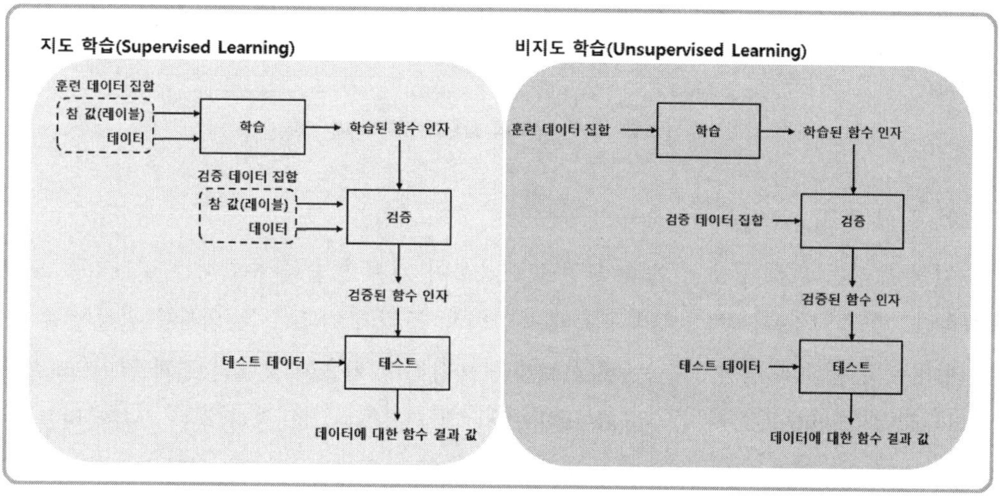

[그림 10.7] 지도학습과 비지도 학습의 비교

10.2.3 기계 학습 방법

(1) SVM(Support Vector Machine)

SVM(Support Vector Machine)은 지도 학습을 위한 알고리즘 모델 중의 하나로 n차원의 특징벡터 공간에서 주어진 문제에 합당한 초평면(hyperplane)을 추정하는 알고리즘으로 분류와 회귀 분석을 위해 주로 사용된다.

다음 그림에서 '1'이라고 표시된 6개의 데이터와 '−1'라고 표시된 6개의 데이터가 2차원 평면에 존재한다고 가정하자. 여기서 '1', '−1' 집합을 잘 구분할 수 있는 선형 분류기는 그림에서 나타난 직선이 될 수가 있을 것이다. 이처럼 2차원 공간에서는 선형 분류기의 함수가 직선으로 나타날 것이며, 만약에 3차원 공간에서는 선형 분류기 함수가 평면의 방정식 형태가 될 것이다.

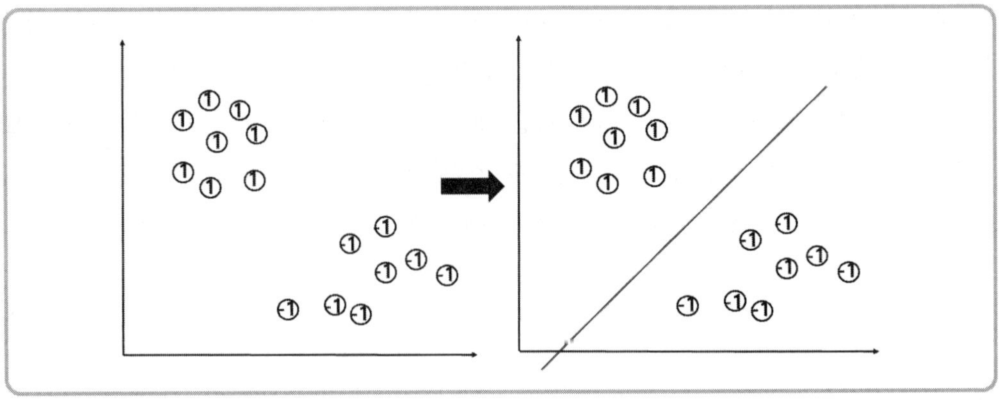

[그림 10.8] SVM을 활용한 분류의 예

(2) 결정 트리(Decision Tree)

결정 트리는 트리 구조의 예측 모델을 이용하여 기계 학습을 수행하는 알고리즘 모델 중 하나로 그림 10.9와 같이 트리 구조와 동일하며, 트리의 각 노드는 의사를 결정할 수 있는 형태로 구성된다. 말단 노드는 결정 트리를 이용하여 학습한 모델의 결과 값이다. 결정 트리는 **분류 트리**라고도 하며 분류기를 학습하는데 사용한다. 또 결과 값은 분류하려는 집합으로 표현가능하다. 지도 학습에서의 회귀 분석에 사용되는 트리를 **회귀 트리**라 한다.

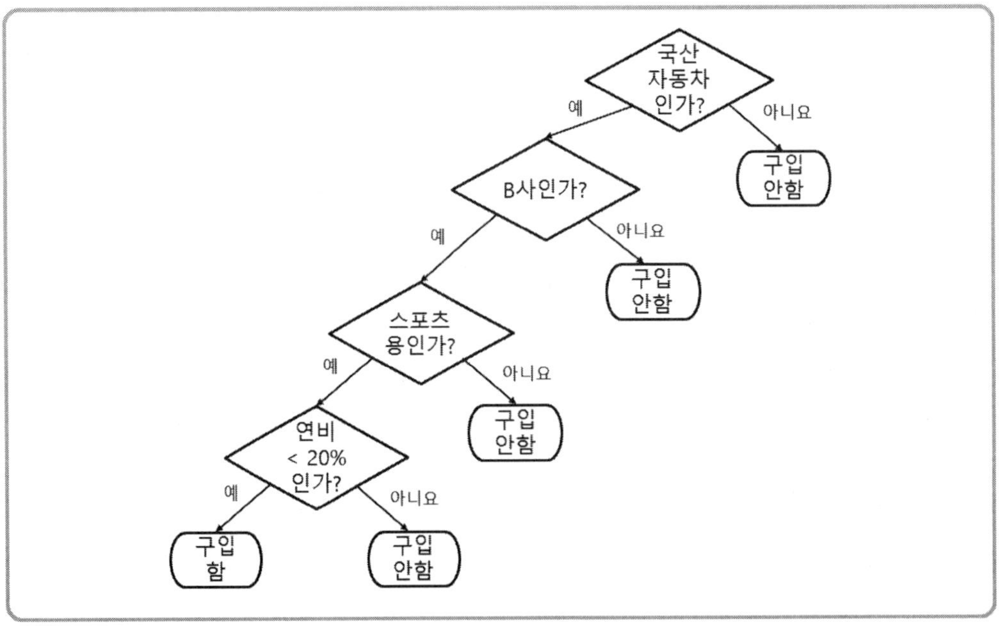

[그림 10.9] 결정 트리 예

그림 10.9는 어떤 자동차를 구입하려는 사람이 차종, 연비, 제조사 등을 고려하여 어느 자동차를 구입할 것인지를 결정하는 트리이다. 즉, 자동차에 대한 여러 정보를 수집하여 자동차 구입 여부를 판단하는 것으로 결정 트리의 결과 값은 구입 확률로 나타난다.

(3) 인공 신경망(ANN: Artificial Neural Network)

사람의 뇌에는 뉴런(neuron)이라는 신경 세포로 구성되어있으며, 신경 세포를 구성하고 있는 수상돌기에서 다른 신경세포들로부터 신호를 전달받고, 축색돌기에서는 전달받은 신호를 처리한 후, 다른 신경 세포에 신호를 전달한다. 이 때, 신호를 전달할 때, 수상돌기와 다른 신경 세포의 수상돌기를 연결시켜주는 시냅스에서는 전달하고자 하는 신호의 세기가 임계치(threshold)이상 되어야 신호를 전달한다. 인간의 두뇌에는 엄청나게 많은 신경 세포가 존재하며, 이들은 서로 정보를 처리하고, 그 결과를 전달받음으로써 인간은 지능을 가질 수 있다.

인공 신경망은 앞서 설명한 인간의 두뇌에서의 정보처리 과정에 영감을 받아 고안된 기계학습 알고리즘 모델 중 하나로, 뉴런이 다수의 뉴런으로부터 정보를 전달받은 후 전달받은 정보들을 종합하여 하나의 새로운 정보를 다른 뉴런에게 전달하는 방법에 착안하여 1943년 고안되었다. 1957년에는 인공 신경망의 한 종류인 퍼셉트론(perceptron)이 고안되어 간단한 종류의 단층 퍼셉트론으로 입력 벡터를 두 부류로 구분하는 선형 분류기가 고안되었으며, 다층 퍼셉트론으로는 XOR 연산이 가능함을 보였다. 또한, 인공 신경망은 2000년대 이후부터 인공 신경망을 기초로 한 딥 러닝(deep learning)의 출현으로 SVM과 같은 다른 기계학습의 인기를 점차 추월하였다. 또한, 인공 신경망은 함수 추론, 회귀 분석, 패턴 인식, 군집화 등 지도 및 비지도 학습에 활용이 가능하다.

다음 그림은 신경 세포와 인공 신경망과의 관계를 나타내며, 그림에서 나타나는 예는 다수의 신경 세포로부터 정보를 전달받아(x1, ..., xi, ..., xn) 정보를 처리(f(x))한 후, 그 결과를 다른 신경 세포에 전달(y)하는 과정의 예를 나타낸다.

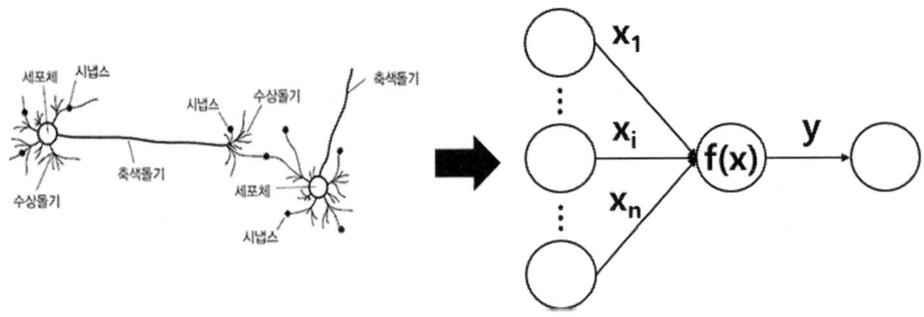

[그림 10.10] 신경 세포와 인공 신경망과의 관계

(4) K-평균 군집화

'K-평균 군집화(K-means clustering)'는 "입력으로 주어지는 n차원의 특징 벡터 m개를 k개의 군으로 군집화하는 비지도 학습"의 알고리즘 모델 중 하나이다. K-평균 군집화를 위해서는 각 특징 벡터간의 거리 함수를 정의해야 한다. 그림 10.6의 예를 들면, 2차원 평면에서의 두 점 사이의 거리를 각 특징 벡터간의 거리 함수로 정의한다.

연습문제

1. 인터넷 검색을 통해 인공 지능의 정의 및 역사에 대하여 알아보시오.

2. 인공 신경망 방법을 사용하기에 적절한 문제들에는 어떤 것이 있는지 생각해 보시오.

3. 기계학습에서 지도학습과 비지도학습이 적용되는 문제(예제)를 찾아보시오.

4. 강화학습(Reinforcement Learning)과 심층학습(Deep Learning)에 대하여 알아보시오.

5. 이 장에서 배운 SVM, 결정트리, ANN, K평균 군집화 등의 기계학습 방법론에 대하여 적용되는 예제(문제)를 찾아보자.

제 11 장

가상현실과 증강현실

최근 들어 가상현실과 증강현실이 4차 산업혁명 시대의 핵심 기술요소로 대두되고 있다. 본 장에서는 가상현실(VR, Virtual Reality)과 증강현실(AR, Augmented Reality)의 기본 개념을 정의한 후 관련된 핵심 기술요소를 살펴보고자 한다.

11.1 현실-가상 연속체를 통한 개념

다양한 디스플레이가 제공하는 일련의 상호작용 환경을 그림 11.1과 같은 **현실-가상 연속체**[8]의 개념으로 일반화할 수 있다. 현실-가상 연속체의 좌우 양 끝에 **현실환경**과 **가상환경**이 있으며 가운데 증강현실 환경과 증강가상 환경이 있다. 현실환경은 실제로 존재하는 요소들로 구성된 환경이며, 가상환경은 인공적으로 모델링된 가상 요소들로 구성된 환경이다. 가상환경 속에서 사용자는 현실감을 느끼며, 상호작용할 수 있으므로 이러한 환경을 **가상현실** 환경으로도 부른다. **증강현실** 환경은 주된 구성요소인 실제 요소와 일부의 가상 요소로 만들어진 환경으로 참여자가 자연스러운 상호작용을 할 수 있도록 정보가 "증강된 현실 환경"을 말한다. 반면 **증강가상** 환경은 주된 구성요소가 가상 요소들이며 실제 환경 요소는 일부만 추가되어 참여자가 자연스러운 상호작용을 할 수 있도록 정보가 "증강된 가상 환경"으로 볼 수 있다. **혼합현실**은 이들 증강현실과 증강가상을 아우르는 개념으로 현실-가상 연속체 양 끝 사이의 어느 지점에서 현실요소와 가상요소가 혼합된 형태의 환경 전체를 일컫는다.

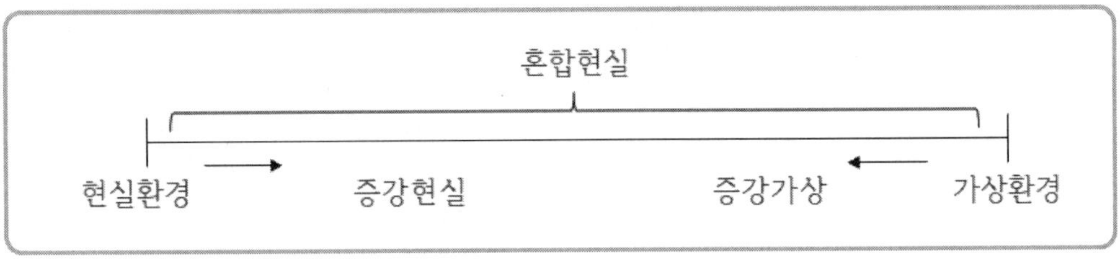

[그림 11.1] 현실-가상 연속체

처음 현실-가상 연속체를 정의할 때는 인공적인 요소로 주로 시각 요소만을 고려하였다. 이 개념은 **점차 시각, 청각, 후각, 미각, 촉각, 뇌파 등에 대한 모든 디지털적 구성요소를 포함하는 개념으로 확장**되었다. 현재 많은 사람들이 증강현실과 혼합현실이라는 용어를 구분하지 않고 상황에 따라 혼용하고 있다. 이 책에서도 증강현실과 혼합현실을 편하게 사용한다.

8 Paul Milgram et. al, Augmented Reality: A class of displays on the reality-virtuality continuum, SPIE 1994

11.2 상호작용 장치

본 절에서는 가상현실과 증강현실에서 사용하는 각종 상호작용 장치를 살펴본다.

머리 착용 디스플레이는 머리에 착용하여 이용자의 눈앞에 직접 영상을 보여주는 디스플레이 장치이다. 실제 환경을 디지털 변환 없이 안경이나 투명 고글을 통해 볼 수 있으면 투명형이고, 카메라를 사용한 비디오 영상으로 보거나 완전 가상환경만을 본다면 불투명형이다. 고 사양의 개인용 컴퓨터, 노트북, 게임 콘솔 등에 케이블로 연결한 채 사용해야 한다면 연결형이고, 케이블 연결 없이 자유롭게 움직일 수 있다면 이동형이다. 연결형의 경우, 대부분 높은 사양의 개인용 컴퓨터에 연결되어 몰입도 높은 고화질의 장면을 생성해 낼 수 있다. 그러나 사용자의 이동반경이 케이블 길이에 제한된다. 이동형 중에서 조립식 카드보드형이나 스마트폰 탈부착형은 사용자가 자유롭게 이동할 수 있다는 장점이 있으나 디스플레이 질이 상대적으로 떨어진다. 주로 영상 및 컴퓨터그래픽 처리에 높은 사양의 그래픽 처리 장치나 메모리를 사용하는 가상현실용 머리 착용 디스플레이는 데스크톱 성능의 개인용 컴퓨터에 연결하기 때문에 사용자의 이동성에 제약이 있다. 이러한 단점을 극복하기 위해 최근 고사양의 성능을 제공하면서도 이동성 제약을 극복한 백팩형 컴퓨터에 연결하여 사용하기도 한다.

손 컨트롤러는 여러 가상현실 컨텐츠에서 참여자의 손을 사용하여 가상환경과 상호작용하는 경우에 사용한다. 이러한 손을 통한 상호작용을 직관적으로 할 수 있도록 하는 다양한 콘트롤러가 출시되어 사용되고 있으며, 직접 손으로 잡고 사용하는 그립형과 손동작을 인식하는 제스쳐 인식 콘트롤러 유형이 있다.

동작 컨트롤러는 센서를 몸에 부착하지 않고 사람의 동작을 인식하는 장치이다. 동작 컨트롤러로 사람의 제스쳐나 동작을 그대로 인식해서 다양한 동작형 컨텐츠의 입력으로 사용할 수 있다. 손동작을 인식하는 대표적인 컨트롤러는 립모션이 있고, 전신동작 및 거리 등을 센싱하는 컨트롤러로는 키넥트가 있다.

시선 추적 컨트롤러는 사람의 시선을 추적하는 장치로 컴퓨터의 키보드나 마우스를 대신하는 입력장치로 사용 가능하다. 또한 머리 착용 디스플레이에 장착되어 가상현실 혹은 증강현실 환경과의 상호작용을 위해 시선 방향이나 응시 시간을 측정하는데 사용될 수도 있다.

가상현실 어트랙션은 머리 착용 디스플레이를 착용한 체험자가 현실감을 뛰어넘는 새로운 몰입경험을 할 수 있도록 다양한 자극을 인공적으로 만들어내는 시뮬레이터이다. 이러한 가상현실 연동형 어트랙션 장비들로는 스탠드형, 의자형, 레이싱형, 플라이형, 낙하산형 등이 있다. 이를 사용하여 게임, 영화, 체험 등 다양한 형태의 체감형 가상현실 컨텐츠를 개발할 수 있다.

가상현실 슈트는 가상환경에서 햅틱 피드백을 사용자로 전달하거나 반대로 사용자의 모션을 캡쳐해서 가상환경 속 아바타의 동작 정보로 사용하게 한다. 햅틱 기술은 촉감, 진동, 힘, 운동감을 느끼게 하는 자극을 시뮬레이션해서 사용자에게 전달하는 기술이며 모션캡쳐 기술은 사람의 가슴, 관절, 어깨, 등의 미리 정해진 위치에 부착한 센서를 사용해서 동작 정보를 획득하는 기술이다.

후각 컨트롤러는 가상현실이나 증강현실 환경에서 특정 상황에 맞는 냄새를 인공적으로 만들어 내는 장치이다. 게임 속 특정 액션에 따라 냄새를 맡을 수 있도록 들리지 않는 음파에 의해 센서가 활성화될 때 마다 냄새를 구현할 수 도 있다. 혹은 기기에 내장된 카트리지에 여러 향을 넣은 후 분사하는 방식으로 특정 향기를 만들어 내기도 한다.

360° 카메라는 구형 환경맵 영상을 생성하기 위해 필요한 장비이다. 선명도가 높은 양질의 환경맵을 만들기 위해서는 환형 혹은 방사형으로 배치된 여러 개의 카메라로 동시에 여러 영상을 얻은 후 영상 스티칭 알고리즘을 적용하여 하나의 구형 환경맵을 만든다. 360° 카메라로 정지된 360° 환경 생성은 물론, 360° 스트리밍 비디오, 360° 라이브 스트리밍 방송까지 가능하므로 다양한 분야에서 폭넓게 활용할 수 있다. DSLR 360과 같은 고가의 전문가용 장비의 경우 가상현실 영화 제작 혹은 가상현실 체험관의 컨텐츠 개발 등에 사용할 수 있다.

11.3 가상현실과 혼합현실의 기본 개념

본 절에서는 가상현실과 혼합현실의 기본개념으로 상호작용, 그래픽파이프라인, 실제 장면에 그래픽 객체를 증강하는 원리에 대해 살펴본다.

11.3.1 상호작용

그림 11.2는 현실환경의 상호작용과 가상환경의 상호작용을 나타내는 개념도이다. 현실환경의 인간은 주변의 객체 혹은 다른 사람들과 상호작용을 한다. 이때 인간은 자신의 배

경 지식을 바탕으로 주변을 센싱하여 지각, 인식, 동작제어 과정을 통해 행동을 취한다. 가상환경에 참여하여 상호작용하고 있는 현실의 인간은 가상환경 안에서 자신의 대리자인 아바타를 통해 다른 가상객체 혹은 다른 참여자의 아바타와 상호작용한다. 아바타의 형태는 반드시 인간일 필요는 없으며 가상의 손, 자동차 등 다양한 모양이 될 수 있다. 가상환경의 상호작용은 현실환경의 상호작용과 단절되어 있어 주된 상호작용이 가상환경 안에 국한된다는 특징이 있다. 또한 가상환경에 참여하고 있는 현실의 인간은 현실 환경에서 직접적으로 상호작용하는 것이 아니라, 가상환경의 아바타를 통해 간접적으로 상호작용한다.

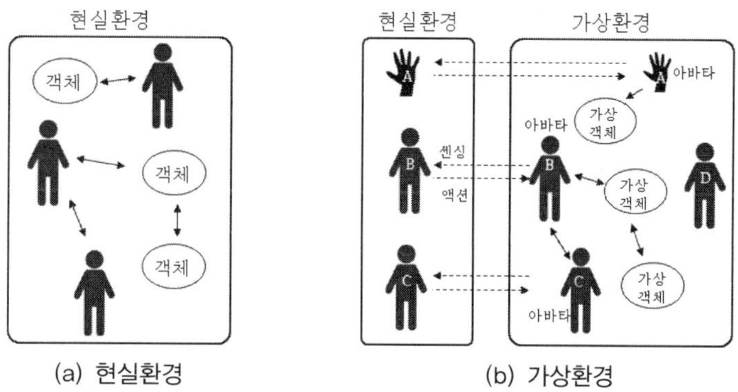

[그림 11.2] 현실환경과 가상환경의 상호작용 비교

그림 11.3은 혼합현실 환경의 상호작용 개념이다. 혼합현실 환경의 상호작용은 현실환경의 상호작용과 가상환경의 상호작용이 서로 단절된 것이 아니라 긴밀하게 연결된다.

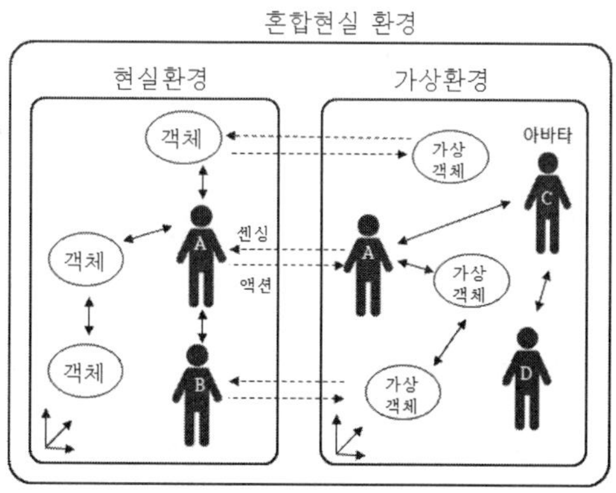

[그림 11.3] 혼합현실 환경의 상호작용

현실에서 상호작용하고 있는 객체와 인간은 좀 더 직접적으로 가상 객체나 아바타와 서로 영향을 주고받을 수 있다. 특히, 혼합현실에서는 현실세계와 가상세계가 두 공간의 좌표계를 일치시켜 가상의 시각, 청각, 후각 정보를 현실세계에 증강할 수 있다. 이에 혼합현실 환경의 참여자가 두 세계 사이에서 최대한 이질감을 덜 느끼도록 다양한 요소를 고려하여 컨텐츠를 개발해야 몰입감을 높일 수 있다.

11.3.2 그래픽 파이프라인

가상현실이나 혼합현실 환경을 구성하는 컴퓨터 그래픽 객체가 어떤 과정을 거쳐 우리가 보는 최종 장면으로 변환되는지 살펴보자. 기본적으로 컴퓨터 그래픽에서는 기하 모델링, 텍스쳐 매핑, 조명, 카메라 지정 등을 통해 최종 장면을 생성한다. 이러한 일련의 과정이 하나의 파이프라인을 통해 수행되는 것 같다고 해서 **그래픽 파이프라인**이라 한다. 그림 11.4는 그래픽 파이프라인을 통해 하나의 장면이 생성되는 주요 과정을 간략하게 2차원으로 표현한 것이다.

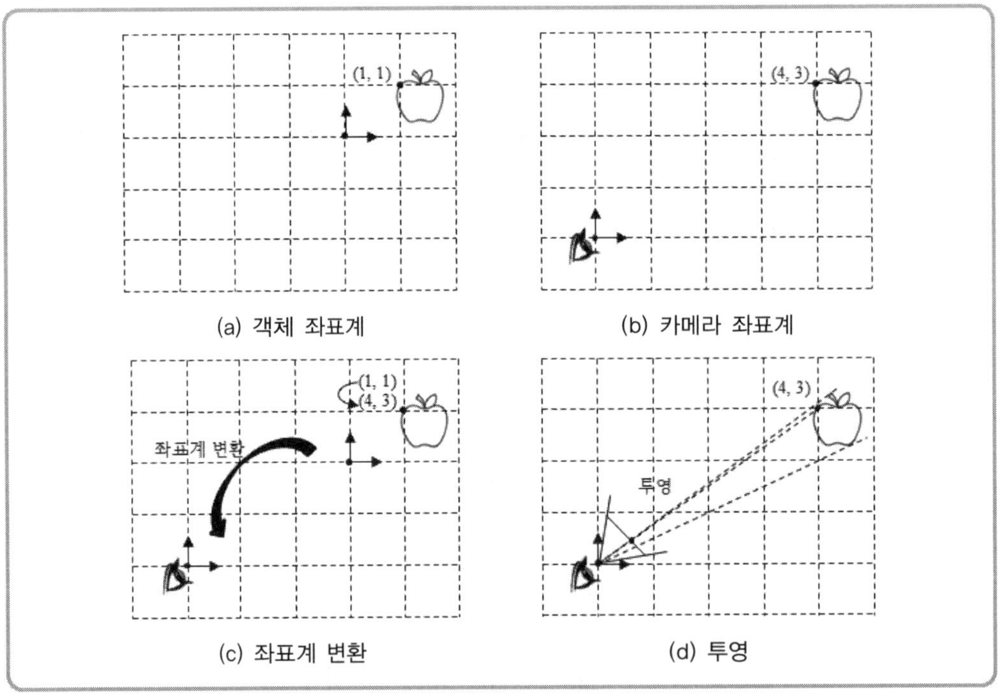

[그림 11.4] 컴퓨터 그래픽에서 장면 생성하기

컴퓨터 그래픽에서 객체를 모델링할 때 사용하는 기준 좌표계가 **객체 좌표계**이다. 가상 환경에서 특정 장면을 생성한다는 것은 가상의 카메라를 원하는 위치에 두고 사진을 찍는 것과 같다. 이때 가상 카메라의 기준 좌표계를 **카메라 좌표계**라 하고 그 원점을 투영중심(COP)이라 한다. 그림 11.4(a)에서 사과 표면의 한 점을 객체 좌표계 기준으로 (1, 1) 위치에 있다고 하자. 동일한 점이 (b)의 카메라 좌표계에서는 (4, 3)에 있다. (c)는 객체 좌표계의 (1, 1)을 카메라 좌표계의 (4, 3)으로 표현하기 위해 적용하는 좌표계 변환을 나타낸다. 마지막에 (d)와 같이 카메라 좌표계에서 투영중심 방향으로 투영하여 **이미지 좌표계** 상의 위치가 결정된다.

대표적인 그래픽 라이브러리로 DirectX와 OpenGL이 있다. 그림 11.5는 OpenGL의 그래픽 파이프라인을 통해 장면을 생성하는 변환 과정이다.

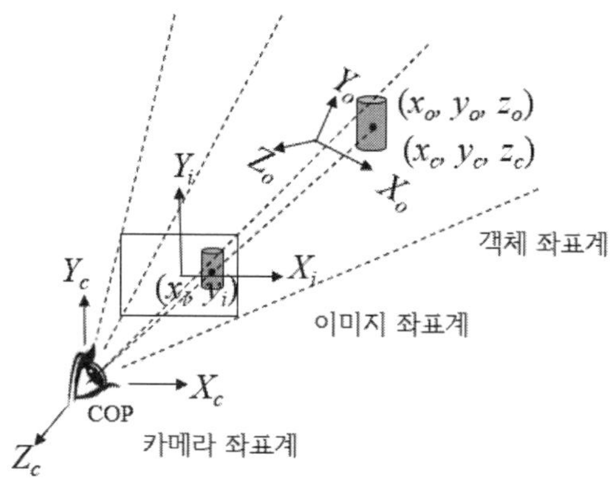

[그림 11.5] OpenGL 그래픽 파이프라인의 좌표계 변환 과정

객체 좌표계의 위치 값 (x_o, y_o, z_o)는 카메라 좌표계의 (x_c, y_c, z_c), 이미지 좌표계의 (x_i, y_i) 순으로 변환된다. **객체 좌표계로부터 카메라 좌표계로 향하는 변환**을 **모델-뷰 변환, 카메라 좌표계로부터 이미지 좌표계 방향으로 일어나는 변환**을 **투영**이라 한다.

	모델-뷰 변환		투영	
객체 좌표계 (x_o, y_o, z_o)	➡	카메라 좌표계 (x_c, y_c, z_c)	➡	이미지 좌표계 (x_i, y_i)

모델-뷰 변환과 투영은 각각 하나의 변환 행렬로 정의될 수 있다. 그래픽 객체를 구성하는 정점의 좌표에 이들 변환 행렬을 곱해 이미지 좌표계상의 최종 좌표가 결정된다.

아주 넓고 복잡한 가상세계를 실시간으로 항해하기 위해서는 그 구성요소인 기하 모델링, 텍스처 매핑, 조명, 카메라 조작을 위해 아주 많은 계산이 필요하다. 따라서, 최대한 계산량을 줄이기 위해서 다양한 기법들이 필요한데, 가장 기본적인 방법이 카메라의 뷰볼륨을 정해서 그 안의 객체에 대해서만 계산하는 것이다. 뷰볼륨은 투영 종류에 따라 결정되는데, 대표적인 투영으로 원근투영과 직교투영이 있다. 그림 11.6은 OpenGL함수 glfrustum()과 glOrtho()에 의해 정의되는 원근투영과 직교투영이다. 특히 실제 사람의 시각 인식과 가장 근접한 투영인 원근투영의 뷰볼륨을 시각절두체라 하는데, 투영중심에 관찰자의 눈이 있으며 시선방향은 -Z 방향으로 향하는 것으로 간주한다.

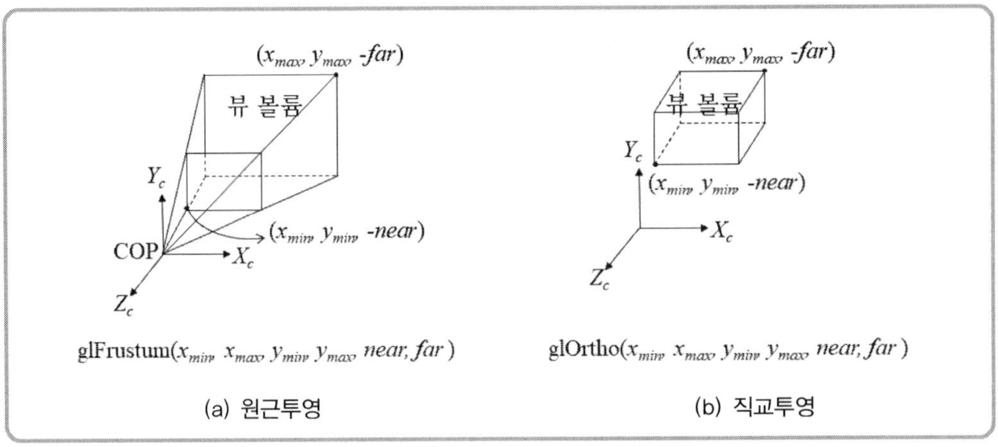

[그림 11.6] OpenGL의 투영과 뷰볼륨

11.3.3 비디오 영상에 그래픽 객체 증강하기

실제 카메라의 비디오 영상에 가상의 그래픽 객체를 원하는 위치에 겹쳐보이게 하는 원리는 무엇일까? 일반적으로 **기본 원리는 그래픽 파이프라인 상의 변환 과정과 실제 카메라의 장면 생성을 위한 변환 과정을 일치시키는 것이다.** 본 절에서는 컴퓨터 비전 기반의 증강현실 라이브러리인 ARToolkit[9]을 통해 기본 개념을 살펴본다.

그림 11.7은 ARToolkit의 원리를 나타낸다. ARToolkit은 카메라를 통해 입력되는 비디오 스트림에 대해 미리 등록된 패턴의 마커를 추적한다. 마커 좌표계 상의 위치 (x_m, y_m, z_m)은 실제 카메라 좌표계의 (x_c, y_c, z_c), 이미지 좌표계의 (x_i, y_i) 순으로 변환된다. ARToolkit을 사용하는 프로그램은 전처리 과정에서 실제 카메라의 왜곡을 반영한 투영행렬을 구해서 프로

9 https://www.hitl.washington.edu/artoolkit/

그램 시작 시 OpenGL의 투영행렬에 적용한다. 이 후 매 프레임 마다 마커 좌표계와 실제 카메라 좌표계 사이의 변환행렬을 계산해서 ARToolkit에서 사용하는 OpenGL의 모델-뷰 변환행렬에 대입한다. 이렇게 되면, 매 프레임 마다 실제 카메라를 통한 이미지 생성과정과 OpenGL의 가상 카메라를 통한 이미지 생성과정이 동일한 변환을 거치게 되어 가상의 그래픽 객체를 원하는 위치에 겹쳐 그릴 수 있게 된다. 카메라의 투영 방식은 특별한 경우가 아니면 고정된 값이므로 프로그램 시작 시 한번만 값을 정해 주면 변경할 필요가 없다.

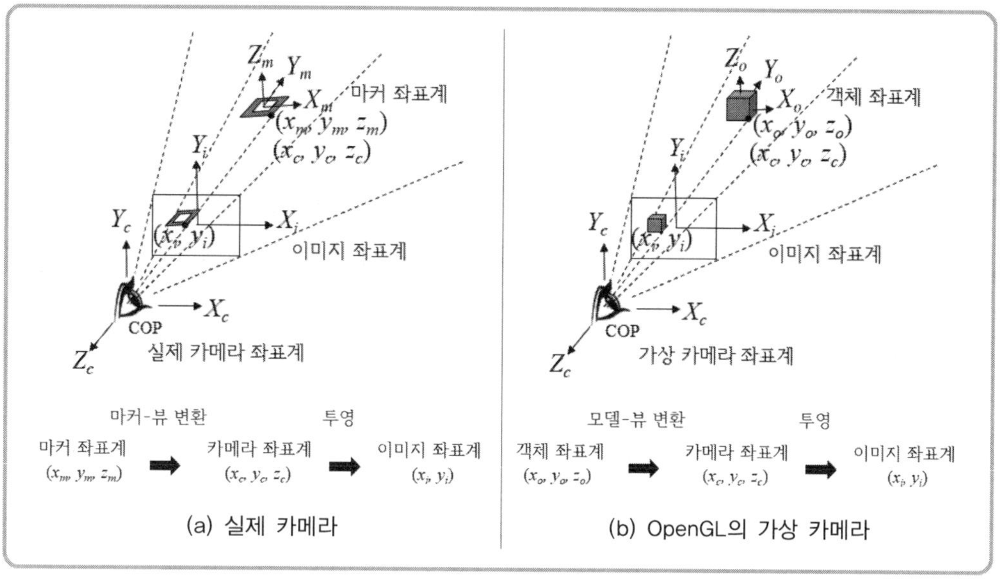

[그림 11.7] ARToolkit의 원리

그림 11.8은 ARToolkit 컨텐츠 사례이다. 그래픽 객체를 객체 좌표계의 원점에 위치시키면 비디오 영상에서는 마커 좌표계의 원점에 그래픽 객체가 증강됨을 알 수 있다.

[그림 11.8] ARToolkit 컨텐츠

11.4 증강현실의 주요기술

증강현실은 컴퓨터 비전과 컴퓨터 그래픽이 결합된 기술 분야로, 핵심 기술로는 인식과 추적, 3차원 모델링과 렌더링, 디스플레이 하드웨어, 상호작용 기술 등이 있다. 본 절에서는 기본적인 인식 및 추적, 3차원 모델링과 렌더링에 대해 살펴본다.

11.4.1 인식과 추적

인식기술은 카메라 영상에서 마커나 특징점 같은 관심지점을 찾아내는 기술이며, 일반적으로 마커기반, 비마커기반 기술로 나뉜다. **추적기술**은 카메라의 포즈, 즉, 위치와 방향의 변화를 프레임 별로 연속하여 추적하는 기술이다. 이러한 인식 및 추적기술은 컴퓨터비전 기반, 센서 기반, 하이브리드형 기술로 분류할 수 있다. 컴퓨터 비전 기술은 한 장 혹은 여러 장의 2차원영상에서 3차원 정보를 복원하는 기술이며 센서 기반 기술은 GPS나 관성 센서 등의 다양한 센서를 사용하는 기술을 말한다. 하이브리드형은 컴퓨터비전과 센서 기술을 함께 사용한다. 그림 11.9는 뷰포리아[10]를 설치한 모바일 장치에서 수행한 객체 인식 및 추적 사례이다. 그림 11.9(a)는 자동차를 스캐닝하여 인식 객체로 등록한 후, 다시 인식

(a) 객체 스캐닝과 테스트

(b) 이미지 (c) 실린더 (d) 박스

[그림 11.9] 뷰포리아를 사용한 객체 인식 및 추적

10 https://www.vuforia.com

여부를 시험하는 장면이고, 그림 11.9는 이미지, 실린더, 박스를 인식하여 그래픽 객체를 증강하는 장면이다.

만약 증강현실 앱이 목표 객체나 이미지를 잘 추적하다가 갑자기 카메라 뷰에서 목표가 사라지는 경우 어떻게 할까? 뷰포리아는 추적 성능을 향상시키고 목표가 사라질 때도 추적을 계속하기 위해 주변 환경의 특징점을 사용한다. 그림 11.10은 이러한 확장된 추적 기능을 사용한 결과이다. 그림 11.10(a)는 카메라 시야 안에 들어온 목표 이미지를 잘 인식하여 이미지 위에 그래픽 객체를 증강한 장면을 보여준다. 그림 11.10(b)는 카메라 시야 밖에 목표 이미지가 있어서 인식을 할 수 없는 경우에도 여전히 그래픽 객체를 이미지 위에 증강할 수 있음을 보인다. 이 방식은 주변 환경이 바뀌는 경우에는 새롭게 맵을 형성해야 하므로, 속도 저하가 일어나거나 추적에 실패하는 상황이 발생할 수 있다.

(a) 목표 인식의 경우 (b) 목표 인식 실패의 경우

[그림 11.10] 뷰포리아의 확장된 추적 기능

11.4.2 3차원 모델링과 렌더링

증강현실에서 **3차원 모델링은 실제 환경에서 3차원 정보를 획득하여 객체를 모델링하는 기술**로 **영상기반 모델링**과 **깊이기반 모델링**이 대표적 기술이다. 영상기반 모델링은 한 장의 영상이나 비디오에서 3차원 정보를 복원하는 기술이다. 깊이기반 모델링은 깊이맵을 사용하여 주변 환경을 복원하는 기술로 깊이맵의 픽셀 값은 카메라 시점으로부터 실제 물체의 표면까지의 거리이다.

증강현실에서 이러한 3차원 모델링 기술이 중요한 이유는 **실세계의 3차원 정보를 정확하게 알아야 가상의 그래픽 컨텐츠를 적절하게 정합할 수 있기 때문**이다. 그림 11.11은 한 장의 사진에 포함된 실제 객체를 3차원 모델로 복원한 후 다른 카메라 시점의 장면으로 편집한 예이다.[11]

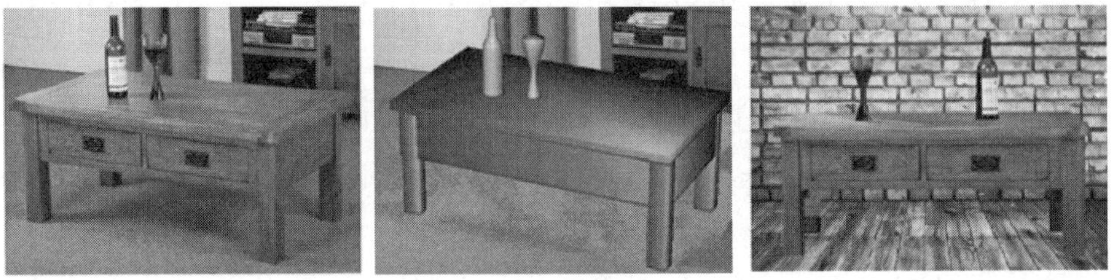

(a) 입력 영상 (b) 3차원 모델 (c) 모델 편집

[그림 11.11] 한 장의 사진을 사용하여 3차원 모델 복원과 편집하기

KinectFusion[12]은 키넥트 센서가 제공하는 깊이 스트림을 사용하여 3차원 표면을 복원하고 상호작용하는 기술이다. 그림 11.12(a)는 키넥트 센서가 매 프레임마다 생성해낼 수 있는 컬러, 깊이, 오디오, 적외선, 사람골격 스트림을 나타낸다. 그림 11.12(b)는 KinectFusion 기본기술을 적용하여 3차원 표면을 복원한 장면이다.

(a) 키넥트 스트림 종류

(b) Kinect Fusion 기본기술을 사용한 표면 복원

[그림 11.12] 키넥트 스트림과 표면 복원

---

11 Tao Chen et. al, 3-Sweep: Extracting Editable Objects from a Single Photo, Article in ACM Transactions on Graphics, November 2013

12 https://www.microsoft.com/en-us/research/project/kinectfusion-project-page/

KinectFusion은 높은 사양의 그래픽 처리 장치를 사용하여, 복잡한 주변 환경과 상호작용하면서 실시간으로 3차원 표면을 복원할 수 있다. 목표공간에 대해 키넥트 센서를 천천히 움직이면, 깊이 스트림에서 몇 초 안에 사실적이고 부드러운 3차원 표면을 생성한다.[13] 이렇게 복원된 3차원 표면 정보에서 **점구름**이나 3차원 그물을 생성할 수도 있다.

증강현실 머리 착용 디스플레이인 **홀로렌즈**는 윈도우즈 10 운영체제에 마이크, 오디오 시스템, 배터리를 가지고 있으며 와이파이로 네트워크에 연결된다. 홀로렌즈는 고성능 개인용 컴퓨터에 케이블로 연결할 필요가 없기 때문에 사용자의 동작이나 동선에 크게 제약이 없다. 또한, 제스처 인식과 음성 인식으로 다양한 명령을 수행할 수 있다.

그림 11.13은 홀로렌즈의 컨텐츠 예이다. 그림 11.13(a)는 컨텐츠가 실행될 실내 환경의 3차원 표면을 모델링하여 그물구조를 생성하는 3D 스캐닝 장면이다. 그림 11.13(b)는 3D 스캐닝을 거친 실내에서 수행하는 증강현실 게임 장면이다. 지정된 제스쳐를 사용하여 목표물을 향해 레이저 빔을 발사하고 사용자에게 날아오는 레이저 빔은 몸을 움직여 피할 수 있다. 그림 11.13(c)는 몸의 구조를 근육, 혈관, 골격구조로 나누어 관찰하는 예이며, 그림 11.13(d)는 여러 사람이 증강현실 환경을 공유한 채 서로 협력하며 작업하는 예이다.[14]

(a) 실제 환경 3D 스캐닝 장면

(b) 증강현실 게임 장면

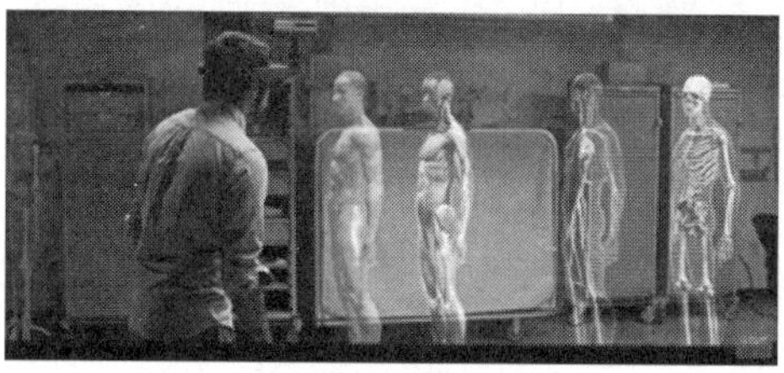

(c) 해부학 학습

(d) 공유된 증강현실 환경

[그림 11.13] 홀로렌즈 컨텐츠

---

13 https://www.youtube.com/watch?v=KOUSSlKUJ-A

14 https://www.microsoft.com/en-us/hololens

증강현실에서 **렌더링기술**은 실제장면과 가상의 그래픽 객체를 3차원 공간에 이질감 없이 정합하는 기술이다. 실제 공간의 조명정보를 구하여 가상 객체에 적용하거나, 환경매핑, 색 보정, 조명의 위치와 방향을 추정하는 기술 등을 포함한다.

11.5 360° 가상현실 영상

실제 주변 환경을 찍은 일련의 사진을 이용해 환경맵을 만들면 사실적인 360° 가상환경을 쉽게 구성할 수 있다. 구글, 다음, 네이버의 지도 서비스에서 360° 거리뷰를 확인할 수 있으며, 유튜브에서 다수의 360° 영상과 비디오 컨텐츠를 볼 수 있다. 본 절에서는 이러한 360° 가상현실 영상의 생성 원리를 알아보고 직접 소프트웨어를 이용해 360° 영상을 만들어 본다.

11.5.1 360°가상현실 영상 생성 원리

360° 가상현실 영상은 360° 파노라마라고도 하는데, 이미지 스티칭 과정을 통해 만든다. 이미지 스티칭은 소스 영상을 찍는 카메라 렌즈의 종류나 배열에 따라 다양한 모델이 있으나 가장 기본적인 것으로 그림 11.14의 '**구**' 모델이 있다[15].

구 모델에서는 먼저 **카메라 시점을 한 곳에 고정하고 구상의 여러 방향으로 카메라를 돌려가며 주변 환경을 찍는다.** 그 후 **일련의 소스 영상에서 기본 구 표면에 스티칭된 텍스쳐를 생성한다.** 각각의 소스 영상은 구 좌표계 상의 좌표 값을 가지며, 기본 구에 투영되었을 때 주변 영상들과 정확하게 이어져야 한다. 파노라마 영상을 스티칭한다는 것은 기본적으로 각 소스 영상에 대해 기본 구에서의 위치를 찾는 과정이다. 기본 구에 투영되어 생성된 스티칭 영상은 수평과 수직 방향으로 360°× 180° 파노라마를 나타내거나 일부 영역만 표현할 수도 있다.

---

15 http://www.kolor.com/wiki-en/action/view/Understanding_Projecting_Modes

[그림 11.14] 이미지 스티칭

기본 구 표면으로 투영되어 합성된 최종 스티칭 영상을 하나의 2차원 텍스쳐로 표현하려면 어떻게 해야 할까? 마치 둥근 지구 표면을 평면의 지도에 나타내기 위한 방법으로 다양한 지도투영 방법을 사용하듯이, 기본구의 스티칭 영상도 다양한 변환을 거쳐 평면으로 투영할 수 있다. 이러한 투영으로 구심투영, 원통투영, 구면투영, 입체투영 등이 있으며 각 투영 별로 투영함수가 정의된다. 그림 11.15는 그리드로 표현된 구에 대한 네 가지 투영 결과이다.

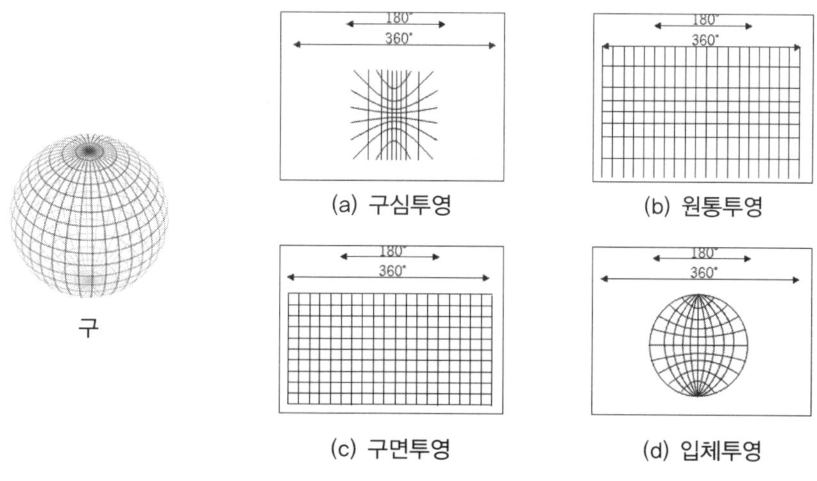

[그림 11.15] 구 파노라마 영상 생성을 위한 네 가지 투영

11.5.2 360°파노라마 영상 생성 예

360° 파노라마 영상을 생성하는 소프트웨어는 Autostitch, Panorama maker, PTGui, Panorama Tools, CleVR Stitcher, Photoshop의 Photomerge 툴 등이 있다. 이 중에서 PTGui로 파노라마 영상을 생성해 보자.

PTGui 다운로드 사이트[16]에서 시스템에 맞게 트라이얼 버전의 소프트웨어를 다운받아 설치한다. 간단하게 소스 영상을 준비하기 위해, 전문 360° 카메라를 사용하지 않고 스마트폰 카메라나 일반 디지털카메라를 사용한다. 시점을 최대한 일치시킨 영상들을 얻기 위해 삼각대에 카메라를 고정시키고 영상 간 오버랩 비율이 20% 내외가 되도록 주변을 돌아가며 촬영한다. 삼각대가 없다면 한 발에 중심을 두고 눈높이에 맞춰 카메라를 든 채 회전하며 사진을 찍는다. 카메라 시점 변화에 의한 스티칭 에러를 줄이려면 파노라마 카메라용 헤드를 삼각대 위에 설치하고 촬영하면 된다. 소스 영상 촬영에 필요한 보다 자세한 사항은 PTGui에서 제공하는 튜토리얼 비디오를 참고할 수 있다.

그림 11.16은 이미지 스티칭에 사용할 10장의 소스 영상으로, 눈높이의 고정된 시점에 스마트폰 카메라를 두고 수평 방향으로 한 바퀴 돌면서 얻은 영상이다. PTGui의 입력 영상으로 촬영 각도를 달리하여 여러 개의 행과 열로 소스를 준비할 수도 있으나 이 예에서는 1행 10열의 영상을 사용하였다. 입력되는 소스 영상의 순서는 스티칭 결과에 무관하다.

그림 11.17은 PTGui를 사용한 파노라마 영상 생성과정이다. 그림 11.17(a)는 이미지 스티칭을 위한 소스 영상이며 그림 11.17(b)는 스티칭한 영상을 구면 투영한 결과이다. 이를 다시 구 표면으로 역투영하여 구 중심에서 주변을 볼 때의 장면을 생성할 수 있다. 그림 11.17(c)는 스티칭 경계를 표시하고 그림 11.17(d)는 인접 영상 간 특징점 편집장면을 보인다. 그림 11.17(e)는 PTGui의 파노라마 뷰어를 통한 네비게이션 장면이다.

16 http://www.ptgui.com/download.html

[그림 11.16] 파노라마 영상 생성을 위한 이미지 소스

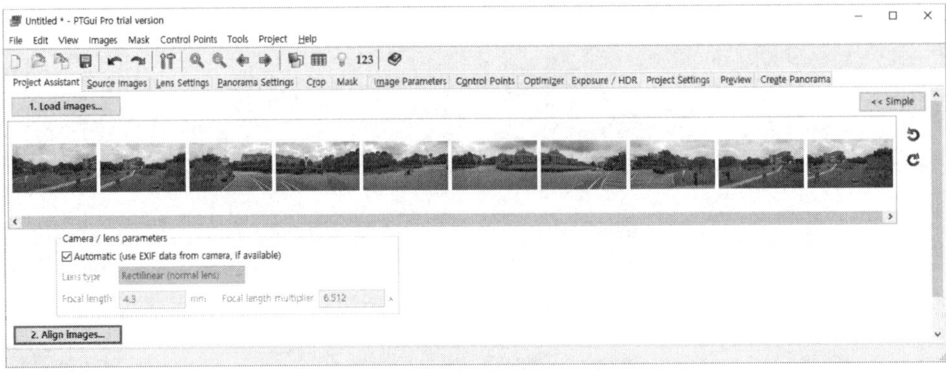

(a) 소스 영상 입력하기

(b) 이미지 스티칭 후 구면 투영 결과

(c) 스티칭 경계 보여주기

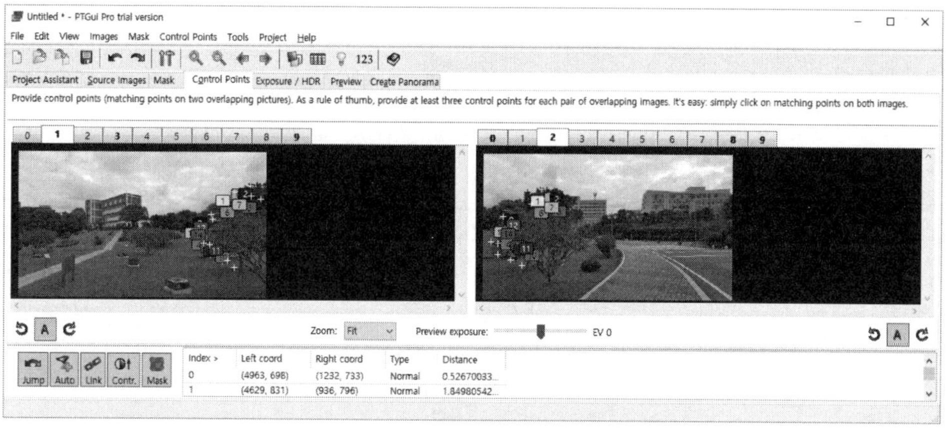

(d) 인접 영상 간 대응되는 특징점 편집하기

(e) 파노라마 뷰어를 통한 네비게이션

[그림 11.17] PTGui를 사용한 파노라마 영상 생성

11.5.3 360° 가상현실용 머리 착용 디스플레이

가상현실용 머리 착용 디스플레이는 **2개의 어안렌즈를 사용하는 안경형**이 주를 이루며, Oculus rift, HTC vive, Gear VR, Google Cardboard 등이 있다. 본 절에서는 인간의 입체감 인식과정을 살펴보고 안경형 머리 착용 디스플레이의 원리를 설명한다.

그림 11.18은 인간의 입체감 인식과정을 나타낸다. 두 눈 사이의 거리 즉 양안시차로 인해 왼쪽 눈과 오른쪽 눈으로 들어오는 영상에 차이가 생긴다. 왼쪽 영상은 우뇌로, 오른쪽 영상은 좌뇌로 전달되어 최종적으로 하나의 입체 영상으로 인식하게 된다.

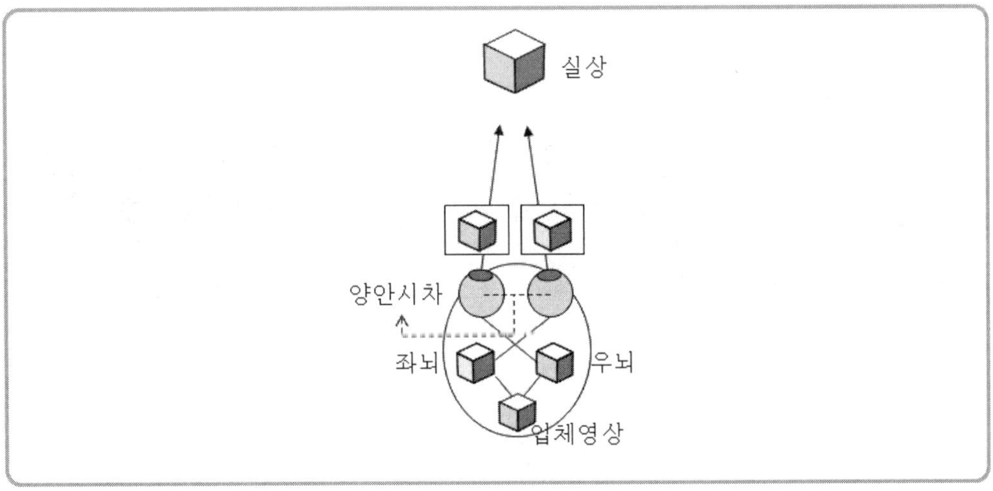

[그림 11.18] 인간의 입체감 인식 과정

그림 11.19는 안경형 머리 착용 디스플레이를 통해 입체감을 느끼는 원리를 나타낸다. 머리 착용 디스플레이 내부에는 볼록렌즈[17] 두 개와 디스플레이가 있다. 제품에 따라 하나의 디스플레이 혹은 두 개로 분리한 디스플레이를 사용하는데, 스마트폰 장착형 머리 착용 디스플레이는 스마트폰 디스플레이가 그 역할을 대신한다. 이들 장치는 파노라마 혹은 그래픽 객체로 구성된 가상환경에서 양안시차를 반영한 두 개의 어안 렌더링 영상을 생성해 디스플레이한다.

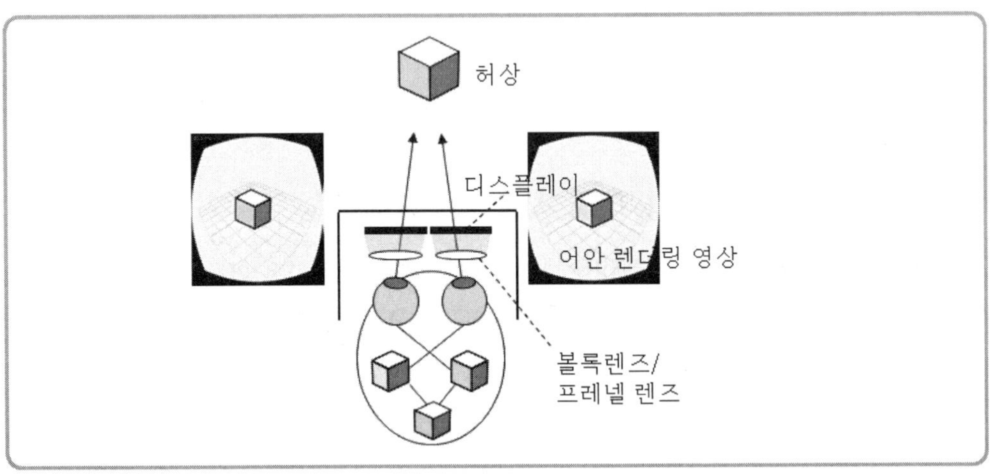

[그림 11.19] 안경 방식의 머리 착용 디스플레이

17 Oculus rift cv1의 경우 프레넬렌즈(Fresnel lens)를 사용

어안 렌더링 영상을 사용하는 이유는 시야각을 넓혀 주변의 영상까지 보여주기 위해서이다. 이 영상은 볼록렌즈를 통과하면서 굴절되어 우리 눈으로 들어오며, 머리 착용 디스플레이 사용자는 디스플레이 너머 먼 곳의 허상을 보게 된다.

그림 11.20은 광학 렌즈의 두 가지 왜곡현상인 배럴 왜곡과 핀쿠션 왜곡의 개념도이다. **배럴**은 점선으로 표현된 왜곡되지 않은 영상을 실선으로 표현된 안쪽 영상으로 왜곡하고 **핀쿠션**은 반대방향인 바깥쪽으로 왜곡한다. 안경형 머리 착용 디스플레이는 배럴 왜곡이 적용된 어안렌더링 영상을 생성하여 디스플레이 한다. 이 후 핀쿠션 왜곡을 일으키는 렌즈를 통해 왜곡되기 전의 원래 영상으로 복원해 낸다.

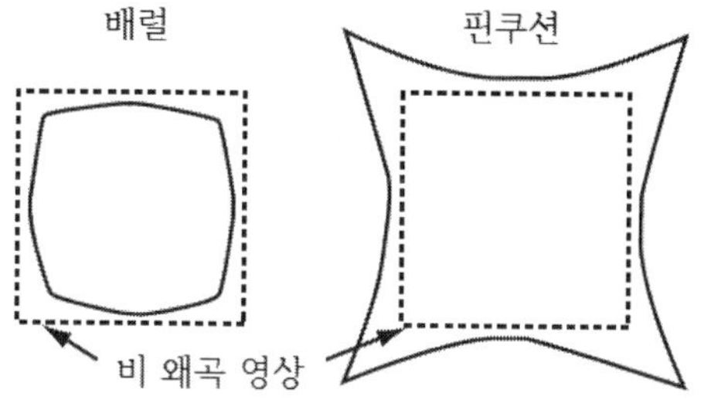

[그림 11.20] 광학렌즈 왜곡

그림 11.21은 가상환경에서 양안시차를 고려하여 좌우 어안 렌더링 영상을 생성하는 개념을 나타낸다. 시차만큼 거리를 두고 2개의 가상 카메라를 위치시킨 후 각 카메라에 대해 어안 렌더링 영상을 생성한다. 이러한 영상을 실시간으로 생성하기 위해서는 많은 계산이 필요하며, 몰입감이 높은 고사양 머리 착용 디스플레이를 사용하면 고성능의 컴퓨터에 연결하여 처리하여야 한다. 이 경우 머리 착용 디스플레이는 컴퓨터에 항상 연결되어 있어야 하므로 사용자의 행동이나 동선에 제약을 주는 단점이 있다. 이런 제약을 극복하기 위해서 백팩형 컴퓨터에 머리 부착 장치를 연결하여 사용하기도 한다. 스마트폰 장착형 머리 착용 디스플레이를 사용하는 경우에는 케이블 연결에 의한 동작 제약이 없다는 장점은 있으나, 몰입감이나 성능이 많이 떨어지며 스마트폰의 발열문제로 장시간 연속해서 사용할 수 없다는 단점이 있다.

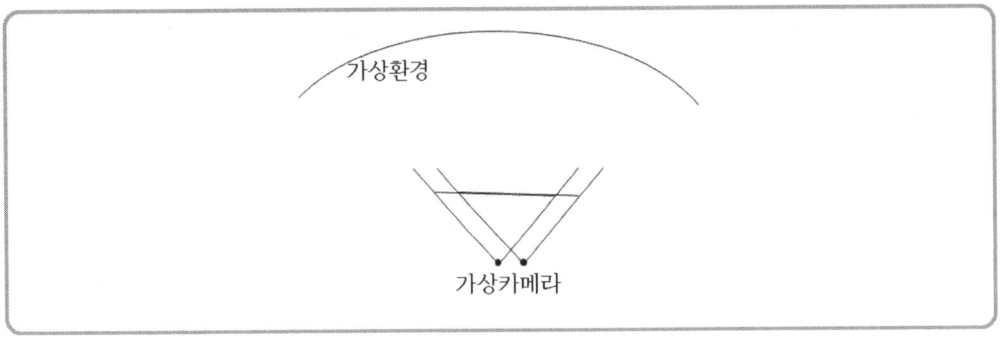

[그림 11.21] 양안시차를 고려한 좌우 영상 생성

11.5.4 360° 가상현실 라이브 스트리밍

정지된 순간의 360° 영상은 곧 360° 비디오나 라이브 스트리밍으로 확장될 수 있으며, 다양한 영역에서 360° 라이브 방송 컨텐츠를 제작할 수 있다. 그림 11.22는 Gear 360 카메라를 사용하여 페이스북 라이브 방송을 진행하는 과정을 보인다. 먼저 카메라 전원을 켜고 스마트폰에서 Gear 360 앱을 실행시켜서 연결한다. 이어 페이스북 라이브 방송을 선택하고 방송의 제목과 친구를 설정하고 시작한다. 방송이 진행되는 동안 수신자는 360° 네비게이션을 통해 방송을 보내는 사람의 주변 환경을 볼 수 있다. 방송을 마치면서 방송 내용을 페이스북 계정에 파일로 저장하여 다른 이와 공유할 수도 있다.

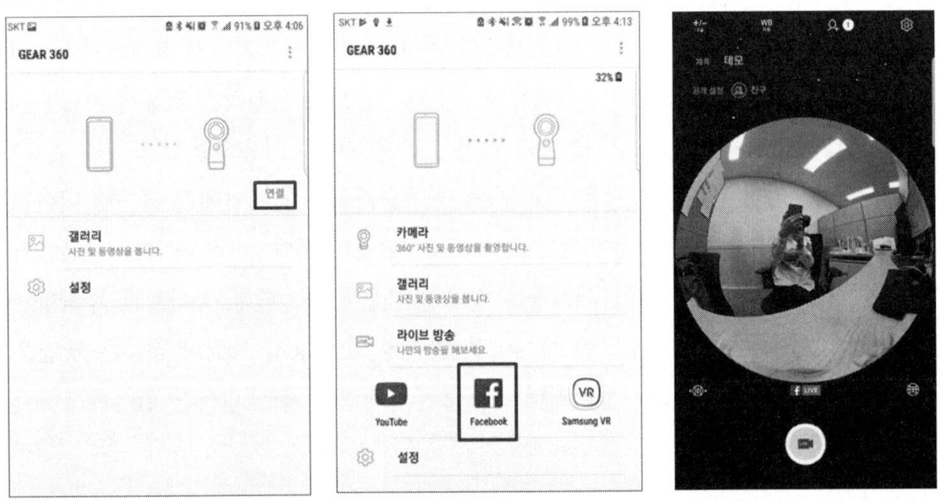

(a) Gear 360 연결 (b) 라이브방송 종류 선택 (c) 360 라이브 방송 시작

[그림 11.22] Gear 360을 사용한 라이브 방송

연습문제

1. 현실-가상 연속체 개념을 사용하여 가상현실, 증강현실, 혼합현실을 설명하라.

2. 가상현실과 혼합현실 환경에서 일어나는 상호작용의 특징을 비교 설명하라.

3. OpenGL 그래픽 파이프라인의 좌표계 변환 및 투영 과정을 설명하라.

4. 증강현실 라이브러리인 ARToolkit에서 가상의 그래픽 객체를 특정 마커 기준의 원하는 위치에 증강하는 기본 원리를 설명하라.

5. 증강현실의 주요 기술 중 인식과 추적 기술의 의미와 중요성을 기술하라.

6. 증강현실의 주요 기술 중 3차원 모델링 기술의 의미와 중요성을 기술하라.

7. 홀로렌즈는 대표적인 증강현실 머리착용디스플레이로 이를 사용한 다양한 컨텐츠가 개발되고 있다. 홀로렌즈 홈페이지를 방문하여 관련된 최신 기술을 확인한 후 각자 자신만의 홀로렌즈용 컨텐츠를 기획해 보라.

8. 이미지 스티칭은 촬영 각도를 달리한 일련의 영상을 사용하여 360° 가상현실 영상을 생성하는 기술이다. 구모델 기반 이미지 스티칭의 기본 원리를 설명하라.

9. PTGui를 사용하여 주변 환경에 대해 360° 파노라마 영상을 생성해 보라. 카메라 촬영 각도에 따라 여러 행과 열로 소스 영상을 준비한다. 또한, 생성된 파노라마 영상을 PTGui가 제공하는 여러 가지 투영으로 그 결과를 확인하라.

10. 가상현실용 360° 머리착용디스플레이 사용자가 입체감을 느끼는 원리를 설명하라. 또한, 어안렌더링 영상을 생성하여 디스플레이한 후 볼록렌즈를 통해 보는 이유를 설명하라.

제 12 장

빅데이터 컴퓨팅

이 장에서는 빅데이터의 개요를 전반적으로 살펴보고, 빅데이터 수집, 빅데이터 저장/처리, 빅데이터 분석 방법에 대하여 살펴본다.

12.1 빅데이터 개요

사물인터넷 기기나 스마트폰 같은 장치의 활용으로 개인과 사회가 급속히 변하면서 데이터의 생성 양이 폭발적으로 증가하고 있다. 휴대전화와 소셜 미디어 혹은 소셜네트워크 서비스(SNS, Social Network Service)에서 생성되는 데이터는 물론, 사용자가 직접 제작하는 사진, 동영상 같은 콘텐츠는 데이터의 양을 증가시키고 형태와 질에서도 많은 변화를 보이고 있다. 특히 소셜 미디어에서 유통되는 문자 정보를 통해 작성한 개인의 성격뿐만 아니라, 평소에 소통하는 사람들과의 여러 연결 관계도 분석 가능하다.

이와 같이 지금까지 사용하던 컴퓨터 데이터와는 **크기, 형태, 속도** 면에서 다른 유형의 데이터로 변화하게 되었다. 크기 면에서는 메가나 기가바이트에서 테라, 페타, 제타바이트로 증가하였다. 다양한 형태면에서는 정형에서 비정형 데이터로, 데이터의 생성 속도 면에서는 수분에서 수초로 실시간화 하였다. 즉, IT 기술의 급진적 진화는 아날로그 환경의 데이터 개념과 활용 범위의 한계를 초월하고 있으며, 그 특성은 데이터의 대규모화, 짧은 생성주기, 다양한 형태로의 변종 등이다. 이런 특징을 가진 데이터들을 **빅데이터**(big data)라 하고 이를 처리하는 하드웨어, 소프트웨어 기술을 **빅데이터 컴퓨팅**이라고 한다. 조직에서는 이렇게 축적되고 처리된 빅데이터 분석을 통해 효과적인 의사 결정을 수행할 수 있다.

이 장에서는 빅데이터 개요, 데이터 분석 방법을 기술하고, 빅데이터를 처리하는 몇 개의 예를 살펴본다.

12.1.1 빅데이터 정의

데이터란 데이터베이스 관리 시스템에서 수집, 저장, 관리, 분석할 수 있는 대량의 정형 또는 비정형 자료의 모음을 의미하는데, 대용량의 데이터를 모아 저장하고 분석하는 컴퓨터 작업을 빅데이터 처리라 하며 컴퓨터를 통해 빅데이터에서 가치를 추출하고, 결과를 분석하는 작업을 **빅데이터 컴퓨팅**이라 한다. 데이터 중에서 **정형 데이터**는 문자 기반이고, **비정형 데이터**는 SNS문자, 이미지, 동영상, 음성, 스트리밍 등을 의미한다.

전통적인 데이터와 빅데이터의 환경은 크게 차이가 나는데, 전통적인 데이터의 활용 목적은 업무 효율성을 위한 것이나, 빅데이터는 사회적인 소통과 자기표현, 사회기반 서비스를 위한 것이다. 또한 데이터의 생성주체가 기존에는 정부나 기업 등의 조직이었다면, 빅데이터는 개인과 시스템 등을 통해서 생성된다. 생성된 빅데이터는 여러 분야에 활용하고 다양한 분석을 통해 의사 결정에 사용된다.

이러한 빅데이터는 기본적으로 컴퓨팅 플랫폼에서 데이터를 모우고, 관리하고, 처리하며, 시각화 한다. 이러한 자료는 인공지능 기술이나 분석 도구를 통해 분석된다. 이 결과와 시각화된 자료를 분석하여 의사를 결정하고 사업에 활용한다.

공급 측면에서 빅데이터 기술이 정교해지고 있으며, IT 기업들의 서비스가 다양해지는 과정에서 빅데이터 전문기업들이 부상하고 있다. 빅데이터 기업들은 제품과 서비스의 개념을 구체화하고 있으며, 서비스 영역을 다각화하고 있다. 통신, 금융, 바이오 등 특정 산업분야만을 전문하는 기업들이 증가하고 있는 추세이다.

■ 빅데이터 활용 분야

카드 회사에서는 소셜 빅데이터와 카드 결제 정보를 분석하여 소비 유형과 특성 등 다양한 데이터를 추출하고 연계하여 금융 분야의 마케팅에 활용할 수 있다. 제조회사에서는 제조품 신수요 예측 플랫폼과 서비스 모델 개발에 빅데이터 분석을 활용할 수 있다. 즉, 제조품 신수요 예측으로 제품과 기술 수요에 선제적으로 대응하고, 기자재 공급, 유지, 보수의 서비스 사업 모델을 개발한다.

백화점이나 항공사에서는 빅데이터를 활용하여 고객 맞춤으로 광고를 한다. 특히 비행기 좌석 스크린에 승객별로 다른 광고를 제공할 수도 있다. 물론 엄청난 수의 고객 데이터를 확보하여야 하는 것이 가장 중요한 이슈이다. 이 확보한 데이터에 따라 탑승객의 쇼핑 습관과 구매 패턴 등을 분석하여 승객별로 최적화한 광고를 제공할 수 있다.

배송회사는 일별 배송 정보를 분석하여 소비자의 물류 서비스 이용 흐름과 패턴을 파악하는데 활용할 수 있다. 즉, 실시간 교통상황, 수신자 상황, 지리적, 환경적 요소를 실시간으로 분석하여 최적화된 배송 경로를 결정한다. 이 결과로 제시간 안에 제품을 배송할 수 있도록 한다. 또한 이렇게 얻어진 데이터 분석 결과는 물류 서비스 수요 증가 추세를 예측하여 물류센터 확장이나 배송차량 추가 등에 대한 투자도 결정할 수 있다.

데이터 센터를 운영하는 기업도 데이터 센터의 성능이나 에너지 사용 최적화에 빅데이터 기술을 적용하고 있다. 이외에도 온라인 쇼핑몰에서는 고객의 구매 데이터를 분석해 특정 품목을 구매한 사람이 추가로 구매할 것으로 예상되는 품목을 추천하는 시스템을 개발하기도 한다.

12.1.2 빅데이터의 특징

빅데이터의 개요 및 정의를 통해 확인할 수 있는 빅데이터의 특징은 **규모, 속도, 다양성, 복잡성, 가치성**으로 정리할 수 있다.

■ **규모**(volume)

빅데이터는 기존 데이터베이스보다 규모가 매우 큰데 일반적으로 수십 테라바이트(terabyte) 혹은 수십 페타바이트(petabyte) 이상이다. 빅데이터는 기존 파일시스템에 저장하기 어려울 뿐 아니라 데이터 분석을 위해 사용하는 기존 프로그램에서 처리하기 어려운 정도로 급격하게 데이터의 양이 증가하기 때문에 확장 가능한 방식으로 데이터를 저장하고 분석하는 분산 컴퓨팅 방식으로 접근해야 한다. 빅데이터 저장 및 관리 기술에서 자세히 설명한다.

■ **속도**(velocity)

사물관련 정보(센서, 모니터링), 스트리밍 정보 등의 실시간 정보가 생성되고 이동(전달) 속도가 증가한다. 대용량 데이터의 처리 및 가치 있는 실시간 정보의 활용을 위해 분석처리 속도가 중요하다.

■ **다양성**(variety)

접속 정보, 소셜, 위치, 소비패턴 등의 다양한 데이터가 증가하고 텍스트 이외의 동영상과 같은 멀티미디어 등 다양한 비정형 데이터 증가한다. 빅데이터 저장 기술에서 자세히 설명한다.

■ **복잡성**(complexity)

비구조화된 데이터, 데이터의 저장방식 차이, 중복저장 처리 등의 문제가 증가한다. 이것은 데이터 종류 및 대외적 데이터 활용의 필요성 확대로 관리대상 정보가 증가하기 때문이다.

■ **가치성**(value)

데이터의 생성/가공 등의 활동을 통하여 의미 있는 가치를 창출할 수 있다.

12.1.3 빅데이터 컴퓨팅 과정

빅데이터 컴퓨팅 과정은 그림 12.1과 같이 빅데이터 컴퓨팅 환경에서 빅데이터를 수집, 저장/관리, 분석, 적용하는 일련의 과정을 말한다. 빅데이터 컴퓨팅 과정에서 빅데이터를 어떻게 처리하는지 살펴보자.

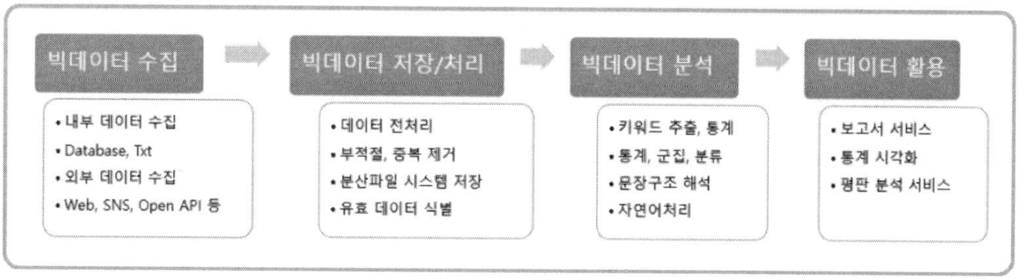

[그림 12.1] 빅데이터 컴퓨팅 과정

■ 빅데이터 수집

빅데이터는 이미 사용하기 적당한 형태로 정형화 된 데이터뿐만 아니라, 기관 내부이든 외부이든 아무 곳에서나 실시간으로 발생하는 무한 데이터를 사용한다. 수시로 발생하는 많은 데이터에서 필요로 하는 데이터를 발견하여 수집하여야 하며 수집한 정보는 분석하기 좋도록 특정 데이터 형식으로 변환해야 한다. 빅데이터 수집은 단순히 데이터를 확보하는 기술뿐만 아니라 데이터를 검색하여 수집하고, 변환 과정을 통한 잘 정리된 데이터를 확보하는 과정이다.

이 데이터는 데이터 유형, 데이터 종류에 따라 수집기술이 다르다. **정형 데이터**는 주로 데이터베이스에 있는 데이터나 스프레드시트, 엑셀 등의 데이터로 ETL, TTP, Open API 등으로 수집한다. **반정형 데이터**는 HTML, XML, JSON, 웹문서, 웹로그, 센서를 통한 데이터로 크롤링, RSS, FTP, Open API 등으로 수집한다. **비정형 데이터**는 소셜 미디어 데이터, 워드 문서, 이미지, 오디오, 비디오, 사물인터넷 신호 등으로 크롤링, FTP, Open API, RSS, 스트리밍 등으로 수집한다.

■ 빅데이터 저장/처리

빅데이터 저장과 관리는 데이터 수집 과정으로 확보한 빅데이터에서 필요한 정보를 추출할 수 있도록 빅데이터를 효율적으로 저장하고 관리하는 과정으로서 검색하여 수집한 데이터를 분석하기 적합한 방식으로 저장한다. 다양한 형식의 대용량 데이터이므로 고성능 기술로 안전하게 저장되어야 하며 필요한 경우는 데이터를 검색, 수정, 삭제할 수 있어야 한다.

■ **빅데이터 분석**

수집하고 저장한 빅데이터에서 의미 있는 정보를 얻고 의사결정에 효율적으로 활용하려면 효과적으로 분석할 방법이 필요하다. 대부분 빅데이터 분석 기술이나 컴퓨터과학이나 통계학에서 사용하는 데이터 마이닝, 기계 학습, 자연 언어 처리, 패턴 인식 등을 사용한다. 소셜 미디어에서 발생하는 비정형 데이터의 증가로 여러 분석 방법이 많이 개발되었다. 그 중에서 문자 마이닝, 오피니언 마이닝, 소셜네트워크 분석, 군집 분석 등이 자주 활용된다.

■ **빅데이터 활용**

이렇게 분석한 빅데이터는 의사결정을 위해 여러 방법으로 사용하는데, 보고서 형식으로 출력하기도 하고, 시각화 하여 화면에 보여주기도 하고, 이외의 여러 형식으로 사용자에게 보여준다. 이러한 결과물을 이용해 관련 정보를 구체적으로 분석 파악하고 의사를 결정한다.

12.2 빅데이터 수집

빅데이터가 가지고 있는 특징을 명확히 알아야 빅데이터를 처리할 수 있는 기술적 사항을 고려한 효과적인 처리 과정을 설계할 수 있다. 디지털화된 빅데이터는 그 자체의 형식을 결정하는 특징과 데이터의 활용목적에 따른 특징을 가지고 있다. 두 가지 특징을 명확히 알아내는 것이 빅데이터를 수집하는 과정의 시작점이 된다. 이 절에서는 빅데이터를 분류하고 그에 따른 수집 방법에 대하여 기술한다.

12.2.1 빅데이터 수집의 개요

빅데이터 컴퓨팅은 데이터의 생산 주체와 방식은 데이터의 수집이라는 측면에서 이뤄진다. 전형적인 데이터 컴퓨팅에서 데이터 생산의 주체는 요구사항에 이미 정의되어 있기 때문에 다른 주체로의 교체가 불가능하지만 빅데이터 컴퓨팅에서는 생산의 주체가 아닌 이미 생산된 데이터를 가져오는 것이 중요하기 때문에 데이터의 생산 과정과 생산의 주체는 크게 중요하지 않다. 대신 어떤 데이터를 가져올 것인가와 생산된 데이터를 수집하는 과정의 안정성이 중요한 고려사항이다.

빅데이터 수집을 함축적으로 정의하면 '**서비스 활용에 필요한 데이터를 시스템의 내부 혹은 외부에서 주기적으로 필요한 형태로 수집하는 활동**'으로 정의할 수 있다.

서비스 활용에서 데이터 수집의 역할은 서비스의 품질을 결정할 뿐 아니라 서비스의 생명주기에도 영향을 미친다. 어떤 서비스를 할 것인지 결정했으면 먼저 수집할 원천데이터를 탐색해야 한다. 데이터를 탐색하는 과정에서 고려해야 할 사항은 수집의 난이도적 측면과 비용적 측면, 데이터 수집의 안정성이다. 데이터 수집이 서비스 활용에 미치는 영향과 서비스 활용이 데이터 수집방법과 어떤 관계를 갖는지는 수집방법 및 기술에서 좀 더 자세히 설명한다.

데이터 수집의 주기성은 일반적으로 **배치(batch, 일괄) 처리**나 **실시간 처리**를 해야 하는가에 따라 주기를 결정한다. 하지만 이는 서비스의 활용적인 측면이지 원본 데이터의 생명주기에 관한 것이 아니다. 데이터의 수집은 다른 곳에서 데이터를 생성한 것을 복제하는 행위이기 때문에 주기적으로 계속 수집하는 행위인지 아니면 한 번의 수집으로 끝나는 과정인지를 고려해야 한다. 일회성 수집이 아니고 일정한 주기를 기준으로 수집 활동이 진행되어야 한다면, 서비스의 종류 및 환경에 따라 실시간으로 수집할 것인지 아니면 배치 작업을 통해 수집할 것인가를 결정해야 한다.

서비스 활용에 대해 수집 대상 데이터의 위치·주기·수집방법이 결정됐으면, 수집한 데이터를 어떠한 형태로 저장할 것인지를 고려해야 한다. 빅데이터 처리에서 일반적으로 사용되는 저장소는 **분산파일시스템**이지만, 수집된 데이터를 가공·처리하기 위해서 DBMS가 사용될 수도 있고 서비스를 DBMS를 통해 제공할 수도 있으므로 서비스 환경에 맞는 아키텍처를 설계해야한다. 원본 데이터의 형태에 따라 사용되는 수집 기술이 다르고 수집되는 형태도 다르기 때문에 데이터 저장소의 아키텍처 설계 시 파일시스템, 관계형 데이터베이스, 분산처리 DBMS 등을 고려해야 한다.

12.2.2 빅데이터의 종류

빅데이터 수집을 위해 가장 먼저 고려해야 할 사항은 수집 대상 데이터의 종류이다. 데이터 종류는 데이터가 저장·관리되는 형태와 데이터의 저장 위치, 그리고 데이터의 생산 주체에 따라 구분할 수 있다.

데이터는 형태에 따라 정형, 반정형, 비정형 데이터로 분류한다. 수집 난이도와 데이터 처리 난이도는 정형, 반정형, 비정형 순으로 높다. 데이터의 잠재적 가치 또한 비정형 데이터가 가장 높다. 다음 그림은 데이터 형태에 따른 빅데이터 수집 기술을 요약한 것이다.

데이터 유형	데이터 종류	수집기술
정형 데이터	RDB, 스프레드 시트	ETL, FTP, Open API
반정형 데이터	HTML, XML, JSON, 웹문서, 웹로그, 센서 데이터	Crawling, RSS, Open API, FTP
비정형 데이터	소셜 데이터, 문서(워드, 한글), 이미지, 오디오, 비디오, IoT	Crawling, RSS, Open API, Streaming, FTP

[그림 12.2] 데이터 형태에 따른 수집 기술

■ 정형 데이터

정형 데이터는 관계형 데이터베이스(RDB)의 테이블과 같이 고정된 칼럼에 저장되는 데이터와 파일, 그리고 지정된 행과 열에 의해 데이터의 속성이 구별되는 스프레드시트 형태의 데이터이다. 고정된 칼럼이란 데이터를 저장하기 전에 각 칼럼의 속성(스키마)을 정의하였다는 의미이다. 그림 12.3의 학생 데이터베이스에서 학번은 8자리의 숫자로, 이름은 세자의 문자열로, 학년은 1자리 숫자로, 학과는 최대 8자리 문자열로 미리 정의하고 레코드를 저장해야 한다. 데이터베이스 장에서 설명한 학생 테이블의 예는 다음과 같다.

학생 테이블

학번	이름	학년	학과
20181345	김미진	2	체육학과
20182482	최은정	2	심리학과
20173344	여진규	1	컴퓨터과학과

[그림 12.3] 정형 데이터의 예(테이블)

■ 반정형 데이터

정형 데이터는 데이터의 스키마 정보를 관리하는 DBMS와 데이터 내용이 저장되는 데이터 저장소로 구분되지만, 반정형 데이터는 데이터 내부에 정형데이터의 스키마에 해당되는 **메타데이터**를 가지고 있으며 일반적으로 파일 형태로 저장된다. 반정형 데이터의 경우 데이터 내부에 데이터 구조에 대한 메타 데이터를 이용하여 어떤 형태를 가진 데이터인지를 파악하는 것이 필요하다. 이때, 데이터 내부에 있는 규칙성을 파악해 데이터를 파싱할 수 있는 파싱 규칙을 적용한다.

반정형 데이터에는 HTML 파일이나 오픈 API 형태로 제공되는 XML, JSON가 있고 로그형태의 웹로그, IoT에서 제공하는 센서 데이터 등이 있다.

그림 12.4는 연락처 정보를 저장하는 XML 형태의 반정형 데이터 파일의 내용이다. <address-boom> <entry> <name> 등을 태그(tag)라고 하고 메타 데이터라 할 수 있다. 메타 데이터 없이 일반 텍스트로 데이터를 저장할 경우 문자열을 분리하기 어려우나 메타 데이트를 사용하면 칼럼의 구분이 명확해진다.

```
<?xml version="1.0" encoding="EUC-KR" ?>
<address-book>
    <entry>
        <name>Hong Kil-dong</name>
        <country> South Korea </country>
        <tel>010-1111-3333</tel>
    </entry>
</address-book>
```

[그림 12.4] 반전형 데이터의 예(XML)

■ 비정형 데이터

비정형 데이터는 언어 분석이 가능한 텍스트 데이터나 이미지, 동영상 같은 멀티미디어 데이터가 대표적이다. 웹 데이터는 HTML 형태로 메타 데이터가 있으므로 반정형 데이터로 구분할 수도 있지만, 특별한 경우 텍스트 마이닝을 통해 데이터를 수집하는 경우에는 비정형 데이터로 볼 수 있어서 명확한 구분은 어렵다. 이진 파일 형태의 데이터일 때, 데이터를 탐색하는 방법은 데이터의 종류별로 응용소프트웨어를 이용하여 탐색한다.

데이터의 수집 위치에 따라 빅데이터는 내부데이터 및 외부데이터로 분류된다.

■ 내부 데이터

수집하는 원천데이터의 데이터 저장소가 내부시스템에 있는 데이터이다. 자체적으로 보유한 내부파일시스템이나 데이터베이스 관리 시스템, 센서 등에 접근하여 데이터를 수집한다. 단순히 물리적 데이터 저장소 외에도 내부 데이터와 외부 데이터의 가장 큰 차이점은 데이터 제공자와 상호 협약에 의한 의사소통이 가능하다는 점이다. 또한 원천데이터와 수집한 데이터가 동일 시스템 계에 저장되어 있으므로 원천데이터가 외부에 있는 경우와 비교했을 때 상대적으로 기술적 제약도 적은 편이다. 내부시스템에서 데이터를 가져올 경우, 대부분 정형 데이터일 경우가 많고 외부 데이터 수집과 비교하면 수집에 드는 비용이나 난이도 측면에서 훨씬 유리하다. 또한 서비스의 업그레이드나 신규 서비스 추가가 용이하다.

■ **외부 데이터**

수집하는 원천데이터의 데이터 저장소가 외부 시스템에 있는 데이터를 의미한다. 일반적으로 내부 데이터와 가장 큰 구별 점은 데이터 제공자와 협약된 관계가 아니면 상호 의사소통이 불가능하다는 점이다. 따라서 데이터 수집을 위해 수집주기 및 방법에 관한 분석이 필요하다.

외부 데이터의 인터페이스 방법은 수집할 항목을 분석해 수집 시스템을 설계하는 것이다. 협약이 되지 않은 시스템의 경우 수집 실패 시의 대안을 마련해야 한다. 가능한 데이터의 전처리 과정 없이 원본 데이터를 수집 후, 수집 시스템에서 처리를 할 수 있도록 인터페이스를 설계해야 한다.

외부 데이터일 경우, 정형 데이터는 협약된 곳에서 수집하는 데이터를 제외하고는 대부분이 비정형 데이터이다. 따라서 수집에 드는 비용이나 난이도가 내부 데이터 수집과 비교하면 상대적으로 높다. 더욱 중요한 것은 외부 환경은 내부 시스템과는 다르게 통제가 불가능하기 때문에 원천데이터를 수집할 수 없을 경우에 대비한 서비스 관리 정책이 별도로 필요하다.

12.2.3 빅데이터 수집 방법 및 기술

수집할 데이터가 결정되었으면 수집방법을 결정하고 수집방법에 따른 다양한 수집기술을 선택해야 한다. 빅데이터 처리를 위해 수집할 데이터를 저장할 저장소로 아파치 **하둡 분산파일시스템**을 사용한다고 전제한다. 수집할 원천데이터를 가정한 후 어떤 기술을 적용할지에 대해 알아본다.

데이터 수집 기술은 빅데이터 제공 서비스의 품질을 결정하는 중요한 기술이다. 데이터가 존재한다 해도 그것을 수집할 수 있는 기술이 부족하면 빅데이터 관련 서비스에 대한 품질을 기대하기 어렵다. 다음은 대표적인 빅데이터 수집 기술이다.

■ **크롤링 기술**

외부 데이터를 주로 HTTP 프로토콜로 수집방법 하는 기술이다. SNS, 뉴스, 웹 정보 등 인터넷상에서 제공되는 웹문서의 정보를 수집한다.

■ **Open API**

크롤링이 웹에서 텍스트를 가져오는 기술이라면, Open API 수집기술은 그 웹을 운영하는 주체가 정보/데이터를 제공하기 위해 개발자와 사용자에게 공개하는 수집기술이다.

■ **FTP**

TCP/IP 프로토콜을 활용하는 인터넷 서버로부터 각종 파일들을 송수신하여 수집한다. 보안을 강화하기 위해 SFTP 사용해야 한다.

■ **RSS**

웹기반 최신의 정보를 공유하기 위한 XML 기반 콘텐츠 배급 프로토콜이다.

■ **Log Aggregator**

웹서버 로그, 웹로그, 트랜잭션 로그, 클릭 로그, DB 로그 등 각종 로그 데이터를 수집하는 오픈소스 기술이다. Chukwa, Flume, Scribe 등이 있다.

■ **RDB Aggregator**

관계형 데이터베이스에서 정형 데이터를 수집하여 하둡 분산파일시스템(HDFS)이나 HBase와 같은 NoSQL에 저장하는 오픈소스 기술이다.

12.3 빅데이터 저장/처리

12.3.1 빅데이터 저장/처리의 개요

빅데이터 저장과 처리는 데이터 수집 과정으로 확보한 빅데이터를 효율적으로 저장하고 처리하는 과정이다. 빅데이터 저장은 검색하여 수집한 데이터를 분석하기 적합한 방식으로 보관하고 필요한 경우에는 데이터를 검색, 수정, 삭제할 수 있어야 한다. 빅데이터 저장에서는 데이터의 저장 및 검색 작업만 가능하고 수정 및 삭제는 불가능한 경우가 많다.

빅데이터 저장 과정은 빅데이터 전처리, 빅데이터 후처리, 데이터 통합으로 나누어 처리한다.

■ **빅데이터 전처리**

이 단계는 **필터링, 데이터 유형 변환, 정제 작업**으로 이루어진다. 필터링은 데이터에서 활용 목적에 맞지 않는 정보를 제거한다. 불필요한 정보를 제거하여 분석 시간을 단축하고 효율적인 저장 공간을 확보한다. 데이터 유형 변환은 특정 데이터를 분석하기 쉬운 유형으로 변환한다. 정제 작업은 수집한 데이터의 불일치성을 교정한다. 즉, 데이터 수집 과정에서 손실된 값을 보정하거나 데이터 안에 있을 수 있는 잡음을 제거한다. 특히 비정형 데이터는 데이터 마이닝을 통해 에러나 중복을 제거함으로써 데이터의 품질을 개선한다. 이때 자연어 처리나 기계 학습과 같은 인공지능 기술을 적용하기도 한다.

■ **빅데이터 후처리**

이 단계에서는 수집한 다양한 형식의 데이터를 분석하기 쉽도록 일관성 있는 형식으로 변환한다. 데이터에 대해 '**평활화 → 집계 → 일반화 → 정규화 → 속성 생성**' 단계를 거친다.

■ **데이터 통합**

여러 장소 혹은 장치에서 수집된 데이터를 관련성이 있는 데이터끼리 결합한다. 예를 들어, 같은 데이터가 입력 될 경우 관련성을 분석하여 중복 데이터를 검출하기도 하고, 단위(파운드와 kg, inch와 cm, 표준 시간대 등)가 다른 것은 일치하도록 변환한다. 데이터의 고유 특성이 손상되지 않는 범위에서 데이터를 축소하여 분석의 효율성을 높이기 위한 과정이다.

12.3.2 NoSQL

일반적으로 데이터 저장을 위해서 **관계형 데이터베이스**, NoSQL, **분산파일시스템** 등을 이용한다. 앞에서 언급한 관계형 데이터베이스는 주로 정형화된 관계 데이터를 저장, 수정, 관리하며 SQL 문장으로 생성, 수정, 검색 등 서비스를 제공한다. Oracle, mssql, mySQL, sybase, MPP DB 등이 여기에 속한다. NoSQL은 Not-Only SQL 혹은 No SQL을 의미하며, 관계형 데이터베이스와 다른 방식으로 데이터를 저장하고 검색하는 기술을 사용한다. NoSQL은 테이블 스키마가 고정되지 않고, 테이블의 조인(join) 연산을 지원하지 않지만, 수평적 확장이 용이하다는 특징을 가진다. 대표적인 NoSQL 솔루션으로는 **카산드라**(Cassandra), **에이치베이스**(Hbase), **몽고DB**(MongDB) 등이 있다.

카산드라는 SQL을 사용하지 않는 대용량 고성능 처리 시스템이다. 카산드라는 칼럼 패밀리 형태의 데이터 모델을 활용한다. 노드를 추가할 때 성능을 낮추지 않고 용량을 확장할 수 있으며 많은 양의 데이터를 처리할 수 있는 오픈소스 데이터베이스 관리시스템으로 페이스북에서 개발되어 사용되고 있다.

에이치베이스는 하둡 플랫폼을 위한 오픈소스 **비관계형 분산 데이터베이스**이다. 아파치 소프트웨어 재단의 아파치 하둡 프로젝트 일부로서 개발되었으며 하둡 분산파일시스템에서 작동을 한다. 몽고DB는 데이터를 BSON(Binary JSON)문서 형태로 저장되며 여러 서버에서 분산 저장 및 확장에 용이 하며, 방대한 데이터 처리가 빠르다는 장점이 있다. C++언어로 작성이 되었으며 윈도우즈, 리눅스 및 맥OS 등 다양한 운영체제를 지원한다.

관계형 데이터베이스의 경우, **일관성**(모든 노드는 같은 시간에 같은 데이터를 보여줘야 한다)과 **유효성**(일부 노드가 다운되어도 다른 노드에 영향을 주지 않아야 한다)에 중점을 두고 있는 반면, NoSQL 기술은 **분산가능성**(네트워크 전송 중 일부 데이터를 손실하더라도 시스템은 정상 동작을 해야 한다)에 중점을 두고 일관성과 유효성은 보장하지 않는다. 이것은 일관성, 유효성, 분산가능성 중 2가지만 보장이 가능하다는 분산 데이터베이스 시스템 분야의 **CAP 이론**에 따른 것이다. 따라서 대규모의 유연한 데이터 처리를 위해서는 NoSQL 기술이 적합하지만, 안정성이 중요한 시스템에서는 검증된 관계형 데이터베이스를 채택할 필요가 있다.

12.3.3 분산파일시스템

대용량 데이터를 전통적인 파일시스템이나 DBMS에서 저장ㆍ처리하기에는 한계가 있다. 분산파일시스템은 분산 서버의 디스크에 파일을 저장한다. 파일 읽기나 쓰기 같은 연산을 운영체제가 아닌 API 제공으로 처리하는 파일시스템이다. 파일 읽기나 쓰기 같은 단순 연산을 지원하는 대규모 데이터 저장소이다. 하드웨어 및 소프트웨어의 성능 향상으로 수 테라바이트에서 수백 페타바이트 이상의 데이터를 저장할 수 있다. 대용량 데이터를 저장하기 위한 분산파일시스템에는 **구글 파일시스템, 하둡 분산파일시스템**(HDFS), **클라우드 스토어**가 대표적이다.

아파치 하둡(Hadoop)은 대용량의 데이터를 분산 처리할 수 있는 오픈소스 프레임워크이다. 하둡 프레임워크 내에 대용량 파일을 저장하기 위한 파일시스템이 하둡 분산파일시스템이다. 하둡은 10억 페이지 규모의 색인을 유지할 수 있었지만 그 이상으로 확장하기에 한계가 있었다. 이 한계를 극복하기 위해 구글 파일시스템과 유사한 웹 크롤링과 색인 과정에서 생성되는 큰 파일 처리에 알맞은 구조를 갖추었다. **하둡**은 빅데이터를 저장하는 분산파일시스템과 분산 병렬 처리를 수행하는 **맵리듀스**(Map Reduce)로 구성된다. 하둡 분산파일시스템은 분산 환경에서 다양한 형태, 초대용량의 데이터를 안전하게 저장할 뿐 아니라, 저장되어 있는 데이터를 빠르게 처리할 수 있다.

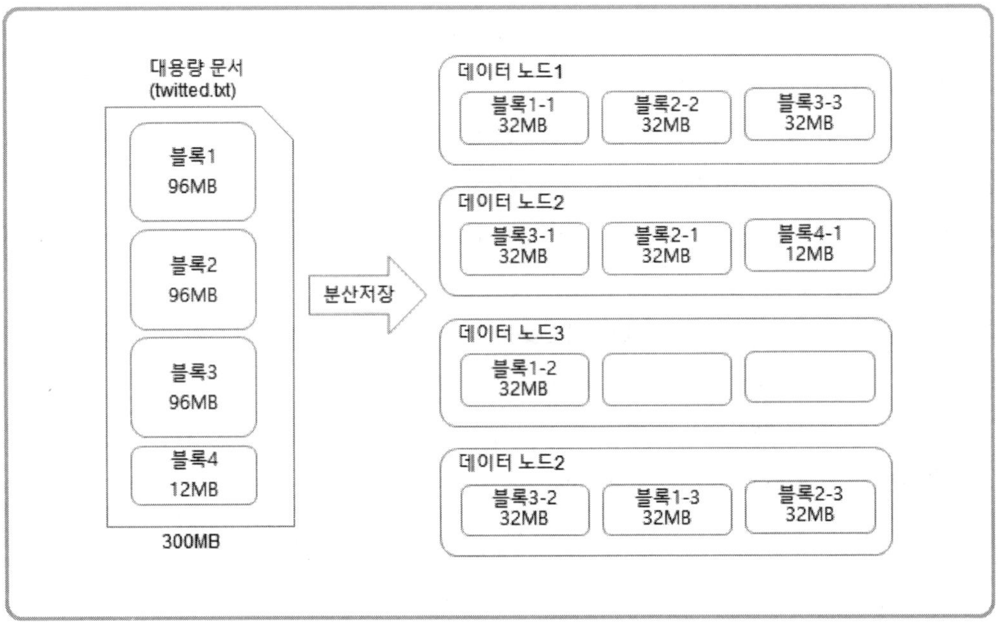

[그림 12.5] 분산파일시스템

기존의 파일시스템(NTFS, EXT3등)에 대용량의 파일을 저장하거나 검색하는 데 한계가 있다. 테라바이트 파일을 저장하는 것은 불가능하며, 대용량 문서를 하나의 파일에 저장하더라도 검색 처리 시간이 많이 걸린다. 예를 들어 300MB의 텍스트 파일을 단일 파일시스템에서 처리하기 위해서 병렬처리를 하더라도 파일시스템에 병목현상이 발생하기 때문에 순차적 처리 시간과 유사한 시간이 걸린다. 이러한 문제를 해결하기 위하여 대용량 파일을 일정한 크기의 **블록**으로 분리하고, 데이터노드에 분산 저장하여 파일 접근시간을 줄일 수 있다.

하둡 분산파일시스템은 하나의 **마스터 노드**와 여러 개의 **슬레이브 노드**를 클러스터로 구성한다. 그림 12.6과 같이 마스터 노드를 **네임 노드**라고 하며, 슬레이브 노드를 **데이터 노드**라고 한다. 하둡 분산파일시스템은 대용량 파일을 클러스터에 여러 블록으로 분산하여 저장한다.

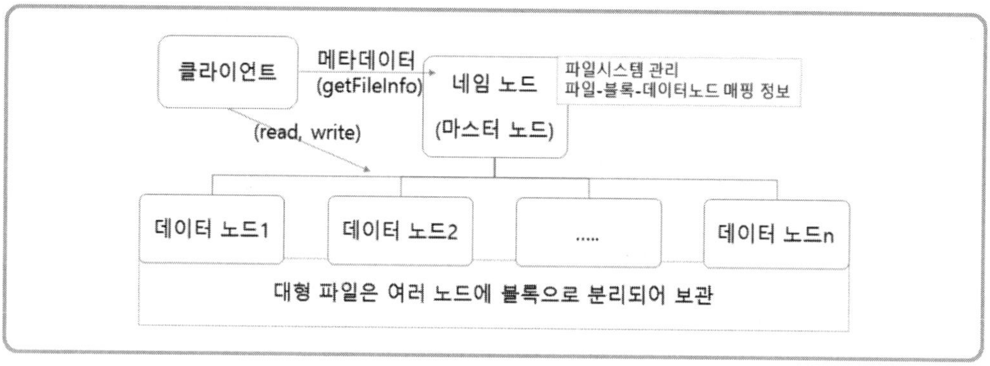

[그림 12.6] 하둡 분산파일시스템 구성 요소

마스터 노드는 네임 노드로 구성되며 분산파일시스템에서 사용하는 모든 슬레이브 노드를 관리한다. 네임 노드는 파일시스템의 네임 스페이스를 관리하는 서버이다. 파일시스템의 모든 파일과 디렉터리 구조, 액세스 권한 등의 메타 데이터를 관리하고 블록에 대한 배치 정보를 관리한다.

데이터 노드는 대용량 파일을 분할한 블록을 저장한다. 일반적으로 블록의 크기는 고정된 크기로 64MB나 128MB이다. 데이터 노드 사이에 데이터 복제를 통해 데이터의 신뢰성을 보장한다. 보조 네임 노드는 네임 노드에서 관리하는 파일시스템의 이미지 정보를 백업하고 네임스페이스 이미지와 주기적으로 병합하는 기능을 한다.

12.3.4 빅데이터 병렬분산처리

병렬분산처리는 하나의 작업을 여러 개의 작은 작업으로 나누어 여러 개의 분산 시스템에서 처리한 후 각각의 결과를 취합하는 것이다. 분산 환경은 시스템의 성능과 저장 측면에서 발달해왔다. 정보를 빠르게 처리하는 것이 분산처리의 목적이라면, 하둡 분산파일시스템과 같은 분산 저장 시스템은 저장 공간을 효율적으로 확장하는 데 역점을 두고 있다. 맵리듀스는 하둡 분사파일시스템에 저장된 대용량 데이터를 병렬로 처리하기 위한 것이다.

맵리듀스는 개인용 컴퓨터를 포함한 여러 컴퓨터를 이용하여 빅데이터를 병렬로 분산처리 하는 프로그래밍 모델이다. 이 기법은 분산 시스템에서 범용 프로그래밍 언어로 맵 함수와 리듀스 함수를 사용하여 병렬 처리를 할 수 있도록 한다.

대용량의 데이터를 맵리듀스 형태로 작성하면, 클러스터링 환경에서 효과적으로 분산처리할 수 있다. 맵은 분산된 데이터를 키와 값 형태로 연관성이 있는 데이터로 묶는 작업을 하며, 리듀스는 맵 작업 결과에서 중복 데이터를 제거한 후 원하는 데이터를 추출하는 작업을 수행한다.

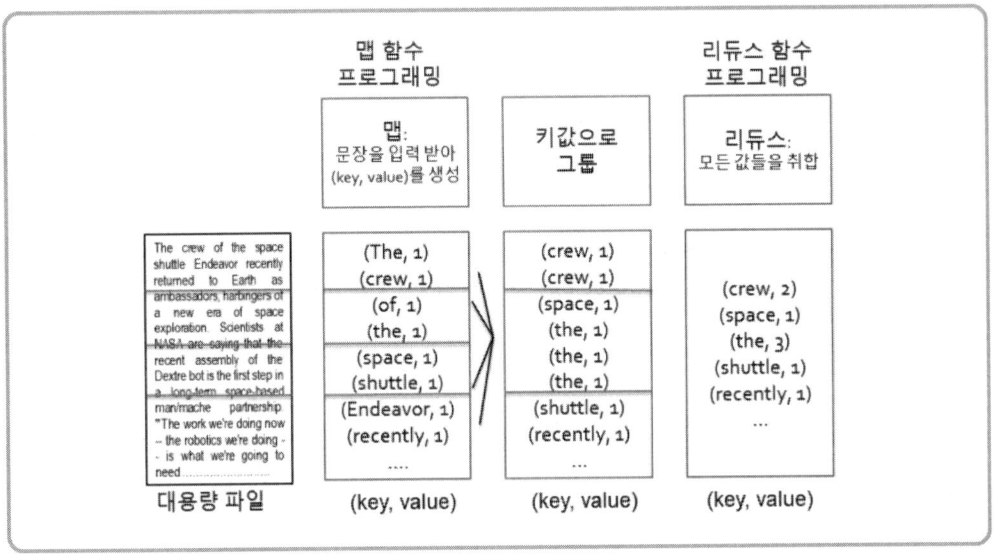

[그림 12.7] 맵리듀스의 예 : 단어 수 세기

그림에서처럼 대용량 문서가 네 개의 문서로 하둡 분산파일시스템에서 저장되었다고 가정해 보자. 네 개의 맵 태스크(task)가 발생하며 각 맵 태스크는 동일한 맵 함수를 실행한다. 입력으로 문서의 ID가 키, 문서 텍스트가 값인 [키, 값] 쌍이 주어지면, 맵 함수는 문서 텍스트를 단어 단위로 쪼개어 각 단어가 키가 되고 값은 1로 고정된 새로운 [키, 값] 쌍의 집합을 출력하고 집합의 원소들에 대해 섞기 및 정렬과정을 통해 동일한 키를 가지는 값들을 하나로 묶는다. 이렇게 묶여진 [키, 값] 쌍들은 적절한 기준에 의해 다수 개의 리듀스 태스크로 분배된다.

각 리듀스 태스크 또한 동일한 리듀스 함수를 실행하는데, 이 함수는 묶여진 값들을 모두 더하여 입력과 동일한 키의 새로운 값으로 만든다. 그 결과가 하둡 분산파일시스템에 저장되며 이는 아주 큰 문서에서 나타나는 단어의 빈도수가 된다. 여기서, 맵 태스크 및 리듀스 태스크의 개수는 임의로 잡은 것이며, 실제로는 맵리듀스 시스템에서 자동적으로 생성된다. 맵 함수와 리듀스 함수는 Java나 R등의 프로그래밍 언어로 명세에 맞게 프로그래밍한다. 그림 12.8은 Java로 작성된 맵 함수, 리듀스 함수의 예이다.

```
public static class TokenizerMapper extends Mapper<Object, Text, Text, IntWritable){

private final static IntWritable) one = new IntWritable(1);
private Text word = new Text( );

public void map(Object key, Text
   StringTokenizer itr = new Strin
     while (itr.hasMoreTokens( )) {
         word.set(itr.nextToken( ));
         context.write(word, one);
     }
  }
}
```

```
public static class IntSumReducer extends Reducer<Text,
                    IntWritable, Text, IntWritable)
{
   private IntWritable) rsult = new IntWritable( );

   public void reduce(Text key, Iterable<IntWritable> values,
                 Context context) throws IOException, InterruptedException
     {
      int sum =0;
      for (IntWritable val : values) {
            sum += val.get( );
        }
        result.set(sum);

        context.write(key, result);
     }
}
```

[그림 12.8] 맵 함수, 리듀스 함수의 예

하둡은 빅데이터 저장과 처리를 위한 기본 기능만 제공하는데 **하둡 에코 시스템**을 사용하면 하둡의 기능을 보완하여 빅데이터를 좀 더 보다 효율적으로 분석할 수 있다.

12.4 빅데이터 분석

12.4.1 빅데이터 분석의 개요

기존의 데이터 분석과 빅데이터 분석의 요구사항에는 다음과 같은 차이가 있다. 첫째, 빅데이터 분석은 기존의 데이터 처리방식과는 다르게 의사결정의 즉시성이 덜 요구된다. 둘째, 대용량의 데이터에 기반을 둔 분석 위주로서 장기적이고 전략적이며 때때로 일회성 거래 처리나 행동 분석을 지원하여야 한다. 셋째, 단순한 프로세싱 모델이 아닌 다양한 데이터 소스, 복잡한 로직 처리, 대용량 데이터 처리 등을 위해 처리의 복잡도가 높고 통상적으로 분산 처리 기술을 필요로 한다. 넷째, 실시간 또는 준실시간 처리가 보장돼야 하는 데이터 분석에는 다소 적합하지 않을 수 있다.

과거에는 데이터를 분석하는 작업을 데이터에서 새로운 지식을 발견하는 과정이었다. 그러나 오늘날에는 빅데이터 마이닝은 데이터 저장소에 저장된 대용량의 데이터를 조사하여 의미가 존재하는 새로운 상관관계, 패턴, 추세 등을 발견하는 과정이라고 한다.

빅데이터를 분석하기 위한 기법들은 통계학과 컴퓨터 과학, 특히 기계학습이나 데이터 마이닝 분야에서 이미 사용되던 분석기법들의 알고리즘을 개선하여 빅데이터 분석에 적용시키고 있다. 소셜미디어 등 비정형 데이터에 적용이 가능한 텍스트 마이닝, 오피니언 마이닝, 소셜네트워크 분석, 군집분석 등이 있다. 빅데이터 분석기술의 대표적인 예들로는 빅데이터 통계분석, 데이터 마이닝, 텍스트 마이닝, 예측 분석, 최적화, 평판 분석, 소셜네트워크 분석, 소셜 빅데이터 분석 등이 있다

12.4.2 빅데이터 마이닝

빅데이터 마이닝은 문자 마이닝, 오피니언 마이닝, 웹 마이닝, 소셜네트워크 마이닝으로 분류한다. 문자 마이닝은 비정형이나 반정형 문자 데이터를 자연 언어 처리 기술로 필요한 정보를 추출하거나 가공한다. 문서정보가 구조적이지 않은 점에서 데이터 마이닝과 분석 방법에 차이가 있다. 문자 마이닝을 문자 분석, 의미 발견, 문서 마이닝이라고도 한다. 형태가 일정하지 않은 비정형 데이터를 분석해야 하므로, 사람의 언어를 컴퓨터가 인식해 처리하는 자연어 처리 방법을 주로 활용한다. 구체적으로 **문서분류**, **문서군집**, **메타데이터 추출**, **정보 추출** 등으로 구분한다. 문서분류는 문서를 **내용**에 따라 분류한다.

문서군집은 **성격**이 비슷한 문서끼리 같은 그룹으로 묶는다. 통계학 방법론인 판별분석

이나 군집분석과 유사한 개념으로 분석 대상이 문자이다. 개념적으로, 문서분류는 사전에 분류 정보를 알고 있는 상태에서 주제에 따라 분류하며, 문서군집은 분류 정보를 모르는 상태에서 수행한다. 이것을 지도 학습과 자율 학습이라 하는데, 데이터 마이닝에서도 같은 의미로 사용한다. 정보 추출은 문서에서 중요한 **의미**를 가진 정보를 자동으로 추출한다. 이러한 문자 마이닝은 정보 검색, 데이터 마이닝, 기계 학습, 통계학, 컴퓨터 언어학 등이 유기적으로 결합되어야 효과적이다.

오피니언 마이닝은 소셜 미디어에서 정형이거나 비정형 문자의 긍정, 부정, 중립의 선호도를 판별한다. 특정 주제에 대한 사람들의 의견을 모아 문장을 분석한다. 문장 분석에서는 **사실**과 주관적인 **의견**을 구분해, 의견만 뽑아내어 긍정과 부정으로 나누고 그 강도를 측정한다. 오피니언 마이닝의 분석 대상은 주로 게시판, 블로그, 쇼핑몰 같은 대규모 포털의 웹 문서이기 때문에 자동화된 분석방법을 사용한다. 오피니언 마이닝은 감정 분석이라고도 하는데, 브랜드 모니터링, 버즈 모니터링, 온라인 인류학, 시장 영향력 분석, 대화 모니터링, 온라인 소비자 이해 등으로도 불린다. 온라인에서 특정 주제에 대한 여론을 분석하여 조직이나 기관의 이미지를 파악하고 대응전략을 세우는 데 활용하기도 한다. 오피니언 마이닝도 문자를 분석하므로 자연어 처리 방법, 컴퓨터 언어학 등을 활용한다.

웹 마이닝은 인터넷을 이용하는 과정에서 생성되는 웹로그 정보나 검색어로부터 필요한 정보를 추출하는 데이터 분석이다. 웹 마이닝은 앞에서 설명한 일반적인 데이터 마이닝 분석 방법을 사용하기도 한다. 그러나 웹 데이터의 속성이 반정형이나 비정형이고, 연결 구조이기 때문에 별도의 분석 기법이 필요하다. 웹 마이닝은 분석 대상에 따라 웹 구조 마이닝, 웹 사용 마이닝, 웹 콘텐츠 마이닝으로 구분한다.

- **웹 구조 마이닝**: 웹 사이트의 노드와 연결 구조를 분석하는 기법이다. 웹 페이지를 연결하는 하이퍼링크에서 패턴을 찾아낸다.
- **웹 사용 마이닝**: 인터넷 이용자의 이용 경로인 웹서버 로그 파일 분석을 통해 웹 사이트 개선이나 고객 특성을 반영한 맞춤형 서비스를 제공한다.
- **웹 콘텐츠 마이닝**: 웹 페이지에 저장된 콘텐츠에서 사용자가 원하는 정보를 빠르게 찾는 기법으로 검색 엔진에서 많이 사용한다. 웹 페이지를 다루고 있는 주제에 따라 자동으로 분류할 수 있다. 이 작업은 기존의 데이터 마이닝 작업과 유사하지만, 웹 페이지에서 특정 상품의 설명이나 독자의 상품평과 같은 필요한 정보를 추출하는 점에서 다르다.

웹 마이닝 분석 과정은 데이터 마이닝 분석 과정과 유사하지만 데이터 수집에서 가장 큰 차이가 있다. 데이터 마이닝의 데이터는 이미 수집된 상태이거나 데이터 웨어하우스에 구조적으로 잘 정리되어 저장된다. 그러나 웹 마이닝의 데이터는 실제로 수집을 수행해야 한다. 특히 웹 구조 마이닝과 웹 콘텐츠 마이닝에서 대량의 자료를 수집하는 크롤링 작업에서는 더욱 그렇다. 웹 크롤러 프로그램은 스파이더, 웜, 로봇, 봇 등으로 불리는데, 하이퍼링크로 연결된 웹 페이지를 하나씩 찾아다니면서 문자나 영상 등 각종 자료를 수집하여 자동으로 내려 받는다. 이 크롤러는 목적에 따라 일반적인 목적의 검색엔진에서 사용되는 **범용** 크롤러, 특정 영역의 페이지만 탐색하는 **포커스** 크롤러, 제한된 주제만 검색하는 **토픽** 크롤러가 있다. 데이터 수집, 데이터 전처리, 웹 데이터 마이닝 분석, 후 처리 단계를 거친다.

트위터나 페이스북과 같은 소셜 미디어에서 발생하는 데이터를 분석하는 **소셜네트워크 마이닝**도 주목받고 있다. 소셜네트워크 마이닝은 소셜 미디어에서 주로 사람 사이의 연결 관계를 분석한다. 이 연결 관계를 통해 주고받는 대화나 메시지 내용에서 영향력 있는 사람을 파악하든지, 어떤 주제가 관심을 받는지 등을 분석한다.

12.4.3 분류, 군집, 연관 관계 분석

분류는 빅데이터에서 특별히 **정한 기준에 따라** 데이터를 분류한다. 예를 들어, 한 그룹에서 어떤 이유로 다른 그룹으로 이동한 구성원이 있는지를 분류할 수 있다. 또 매주 토요일에는 정해진 물건을 구입하는 사람, 혹은 금요일마다 정해진 식당으로 가서 외식하는 사람 등으로 분류할 수 있다. 즉, 토요일이라든가 금요일이라는, 또는 외식, 식당 이라는 정해진 기준이 있다.

군집화는 어떤 **정해진 특성을 공유**하는 데이터 그룹을 찾는다. 군집화는 미리 정의된 특성에 대한 정보를 갖지 않는다는 점에서 분류와 구분된다. 단순히 유사한 특성을 공유하는 데이터끼리 그룹화 한다. 예를 들어 아침마다 일찍 등록하는 학생들만 모을 수 있고, 매일 지각하는 학생들만 그룹화 할 수 있다. 군집화에는 데이터 사이의 유클리드 거리를 계산하고 유사도로 군집화 하는 **계층적 군집화**, 유클리드 거리를 구하고 그 평균에 있는 데이터와 각 데이터 사이의 거리를 구하여 군집화 하는 **K-mean 군집화** 등 다양한 알고리즘이 있다.

다음 그림은 군집화한 결과를 시각화한 예를 보여준다.

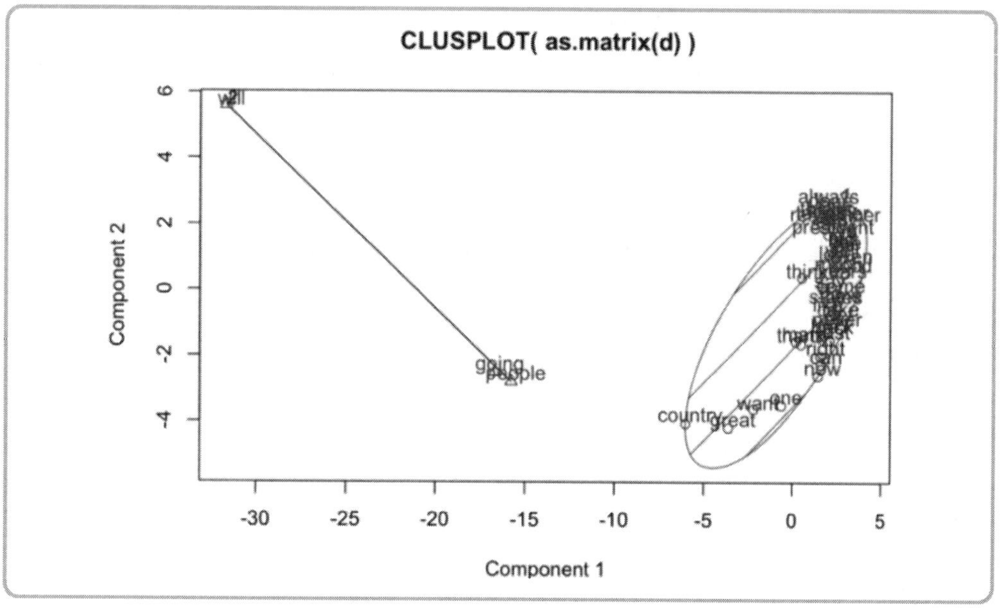

[그림 12.9] Clusplot를 이용한 군집의 시각화 예

K-mean 군집 알고리즘은 N개의 데이터 집합을 K개의 군집으로 분해하는데, 이것은 분석자가 K값을 결정하여 입력하면 **군집 내** 유사성은 높지만, **군집 사이**의 유사성은 낮도록 군집을 만든다. 여기서 군집 사이의 유사성은 군집들의 평균값을 기준으로 한다.

연관 관계 분석은 관련이 있는 데이터, 즉, 데이터 안에 존재하는 항목 사이의 종속 관계를 찾아낸다. 예를 들어 등산화를 팔면 배낭도 같이 팔리는지를 분석할 수 있다. A 제품을 구입한 고객에게 어떤 제품을 함께 팔 수 있을지, 카드 구매 유형 간에는 어떤 관계가 있는지 등을 분석할 수 있다. 이와 같은 연관 관계를 분석하면 '항목 A는 항목 B이다' 혹은 '항목 A 그리고 항목 B는 곧 항목 C'라는 형식의 연관규칙을 만들 수 있다. 그러므로 등산화를 구입하는 소비자가 배낭을 구입할 확률이 98%라면, 매장에서는 등산화 옆에 배낭을 전시할 필요가 있다. 같은 예로 '국가'라는 단어가 나타나면, '국경', '국민', '애국심'이라는 단어가 나올 확률도 높다.

12.4.4 스트림 데이터 분석

앞에서 언급한 하둡은 실시간 처리가 아닌 배치 처리를 하기 때문에, 데이터를 분석하기 위해서는 데이터를 저장해야 한다. 그러므로 실시간 검색에는 제약이 있다. 하둡 에코시스템의 로그 수집기는 실시간을 완전히 보장하지 못한다. 그러므로 실시간으로 분석하려면 스트림 데이터 마이닝 기술이 필요하다. 실시간 스트림 데이터는 휴대전화 사용자의 통화 정보 분석, 침입탐지 시스템을 위한 패킷 분석, CCTV와 같은 비디오 기반 감시 환경에서 이상 행동 분석, 주가 분석 등에 적용할 수 있다. 이와 같은 특성을 가진 데이터를 **스트림 데이터**라고 하며 다음과 같은 특징을 가지고 있다.

- **대량성**: 데이터 크기가 너무 방대하여 분석이 어렵고, 분석을 하더라도 해석이 어렵다.
- **연속성**: 데이터 수집이 완료되지 않고, 지속적으로 실시간으로 축적되고 있다.
- **가변성**: 데이터는 시간의 흐름에 따라 패턴이 변할 수 있다.

실시간 스트림 데이터는 한계가 없어서, 시간의 유한에 따라 **바운드 데이터**와 **언바운드 데이터**로 분류할 수 있다. 바운드 데이터는 저장소에 저장되고 더 이상 증가하거나 변경이 없는 상태로 유지되는 데이터이다. 반면에 언바운드 데이터는 데이터 수가 정해져 있지 않고 계속하여 추가되는 데이터이다. 즉, 지속적으로 흘러 들어오는 데이터이다. 예를 들어 모바일 기기에서 계속 발생하는 로그, 페이스북이나 트위터의 타임 피드, 증권 거래 주문 같이 계속하여 들어와서 쌓이는 데이터가 있다.

언바운드 데이터를 처리하는 방식은 **일괄 처리 방식**과 **스트리밍 처리 방식**이 있다. 일괄 처리 방식은 스트리밍으로 들어오는 데이터를 일정 시간 단위로 모은 후, 일괄로 처리한다. 예를 들어서 10~12시까지 데이터를 수집하고, 12시 이후에 10~12시 사이에 들어온 데이터를 정리하여 처리한다. 구현은 간단하지만 실시간성이 떨어진다. 스트리밍 처리 방식은 언바운드 데이터가 시스템에 순차적으로 수집되지 않을 수 있다. 그 처리 방식은 **필터링 방식**, **내부 조인 방식**, **윈도우 방식** 등이 있다.

필터링 방식은 들어오는 데이터 중 특정 데이터만 필터링하여 저장한다. 예를 들면, 웹 로깅 데이터를 수집하고 특정 인터넷 프로토콜이나 국가로 들어오는 데이터만 필터링하여 저장할 수 있다.

내부 조인 방식은 두 개의 데이터 스트림에서 들어오는 값을 비교하여 필요한 값을 구한다. 예를 들어, 사용자가 모바일 뉴스 앱에서 보고 있는 콘텐츠에 대한 데이터를 수집하여 전송하고, 지도 앱에서는 사용자의 현재 위치를 수집해서 전송한다. 그러면 사용자별 뉴스 뷰에 대한 데이터 스트림과 사용자별 위치에 대한 데이터 스트림이 만들어진다. 이 두 스트림을 내부 조인하여 사용자가 어떤 위치에서 어떤 뉴스를 보고 있는지를 분석을 할 수 있다.

윈도우 방식은 고정 윈도우 방식과 슬라이딩 윈도우 방식, 세션 윈도우 방식이 있다. 윈도우는 스트리밍 데이터를 처리할 때의 일정한 시간 간격이다. 예를 들어 20분 단위의 윈도우라면 1시~3시까지 들어오는 데이터를 1:20, 1:40, 2:00, … 단위로 모아서 처리한다. 고정 윈도우 방식은 일정 시간 단위로 시간 윈도우를 나눈다. 앞에서 언급한 예와 같이 윈도우 크기가 20분일 때, 1시 20분은 1시00분~1시20분까지의 데이터를, 1시 40분은 1시20분~1시40분까지의 데이터를 처리한다. 슬라이딩 윈도우 방식은 윈도우가 움직인다. 슬라이딩 윈도우는 현재 시간으로 부터 ±m 시간 전후의 데이터를 매 n 시간 마다 추출 하는 것이다. 이 윈도우들은 서로 겹치게 된다. 세션 윈도우 방식은 사용자가 일정 기간 동안 반응이 없으면(데이터가 생성되지 않으면), 세션 시작에서 부터 반응이 없어지는 시간까지 한 세션으로 묶어서 처리한다. 예를 들어 세션 타임아웃이 20분고 데이터는 1:00 부터 들어온다고 가정하자. 데이터는 1:03, 1:17에 발생하고 1:40분에도 발생했을 때 1:15 이후에 20분 동안 (1:35까지) 데이터가 들어오지 않았기 때문에, 1:00,1:01,1:15는 한 세션이 되고, 1:40 부터 새로운 세션을 시작한다.

스트리밍 데이터에서 윈도우를 사용할 때 어느 시간을 기준 시간으로 할 것인가를 정해야 한다. 데이터가 시스템에 도착하는 프로세싱 타임을 기준으로 할 수 있고, 데이터가 실제 발생한 시간인 이벤트 타임을 기준으로도 할 수도 있다. 이벤트 타임을 기준으로 데이터를 처리하는 것은 크게 어렵지 않다. 데이터가 도착한 순서대로 처리해서 저장하기만 하면 되기 때문이다. 문제는 이벤트 타임을 기준으로 데이터를 처리 하는 경우인데, 데이터가 들어오는 것이 순서대로 들어오지 않는 경우가 많고 데이터의 도착 시간 또한 일정하지 않기 때문이다.

스트림 데이터를 처리하려면 일반적인 데이터베이스관리시스템과 달리 지속적인 데이터 질의가 가능해야 하며 순차적인 접근도 가능해야 한다.

12.5 빅데이터 시각화

빅데이터 시각화란 방대한 양의 자료를 분석하여 한 번에 볼 수 있도록 도표나 차트 등으로 보이는 작업이다. 시각화는 데이터에서 정보를 파악하는 시간이 절감되므로 직감적이고 즉각적인 상황판단이 가능하다. 이런 시각화 도구에는 구글 차트, 파이썬, R, MATLAB 등이 있다. 여기에서는 컴퓨터 소프트웨어로 시각화하는 방법 대신 사용자의 관점에서 여러 자료에 대한 시각화 예를 살펴본다.

■ **문자 데이터 시각화**

비정형인 문자 데이터에서 의미가 있는 정보를 연관 짓고 찾아내어 시각화한다. 서로 관련성 있는 문자, 문서들의 클러스터링, 추출, 문서 요약 등에 활용한다. R의 플로팅과 워드 클라우드로 시각화 할 수 있다.

그림 12.10은 문자를 마이닝 하여 시각화한 예이다. 한 파일의 단어 빈도수를 구한 데이터를 그래프로 시각화 한다. R에서는 패키지를 로딩하고 그래프로 플로팅(plotting)한다. 먼저, 패키지를 로딩한 후에, 아래 그래프 플로팅 코드를 실행한 예이다. 그러면 어떤 파일에서 각 단어가 몇 번 사용되었는지에 대해 그 빈도수를 보여준다.

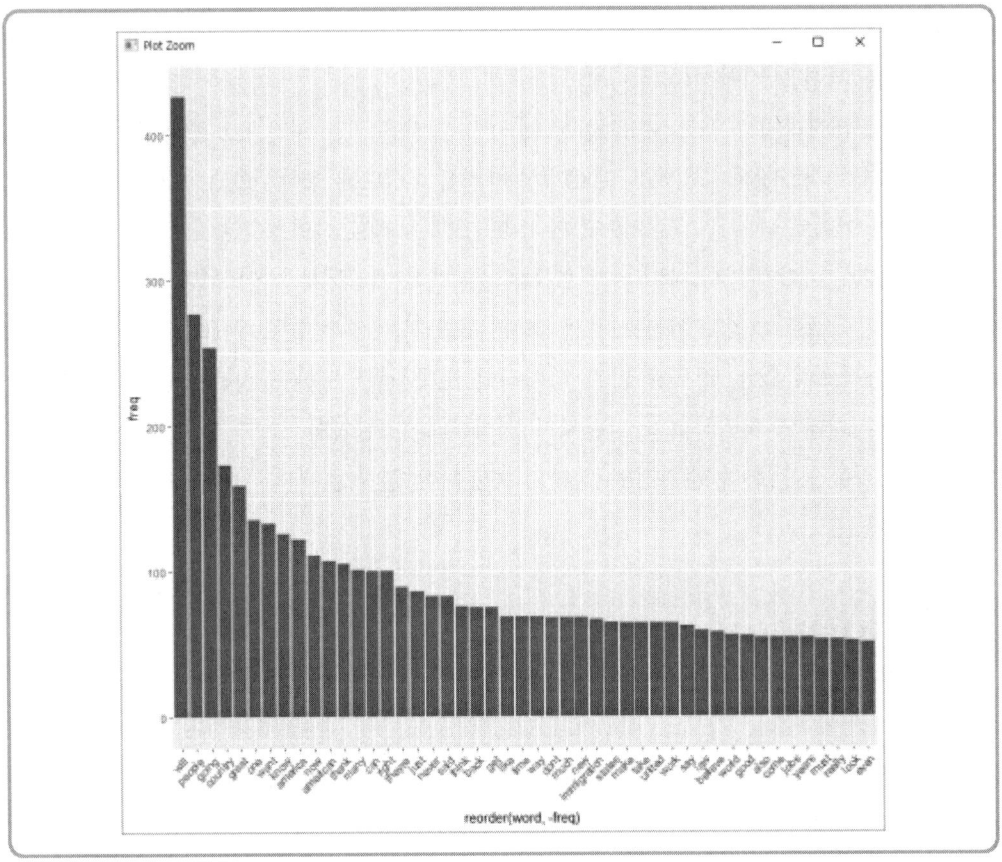

[그림 12.10] 단어 빈도 수 차트

```
> library(ggplot2)
> p <- ggplot(subset(wf, freq > 50), aes(x = reorder(word, -freq), y = freq))
 + geom_bar(stat = "identity") + theme(axis.text.x=element_text(angle=45,
hjust=1))
```

다른 예로 단어 빈도가 100번 이내에 있는 단어를 플로팅하여 시각화 한다. 아래 스크립트 실행하면 그림 12.11의 결과를 얻을 수 이는데, 이 도표는 각 단어의 빈도수를 크기와 색상으로 표현한다. 즉, 많이 사용된 단어는 굵게, 적게 사용한 단어는 작게 나타낸다.

```
> dark2 <- brewer.pal(6, "Dark2")
> wordcloud(names(freq), freq, max.words=100, rot.per=0.2, colors=dark2)
```

[그림 12.11] 워드 클라우드의 예 : 단어 빈도수

이외에도 트위터 마이닝도 시각화할 수 있으며, 각종 파일의 문자를 여러 형태나 색상으로 시각화함으로써 단어 사이의 관계를 분석하는데 유용하게 사용할 수 있다.

■ 지리 데이터 시각화

R의 ggmap, ggplot, googlevis 등의 패키지를 통하여 지역 데이터를 시각화할 수 있다. 지도 데이터 tracking.csv를 가져 와서 특정 사람의 이동경로와 시간, 위도, 경도, 한글지명 등을 포함하고 있는 데이터 프레임을 구축한다. 그 후 ggmap, ggplot2 패키지를 로딩

하고 데이터 파일을 로딩한다. R 프로그램으로 로딩한 데이터를 지도에 표시한다. x축에는 경도를 나타내는 데이터프레임의 칼럼명을 y축에는 위도를 나타내는 데이터프레임의 칼럼명을 지정한다. 그림 12.12는 어떤 객체(사람, 자동차 등)의 이동 경로를 지도에 시각화한 예이다.

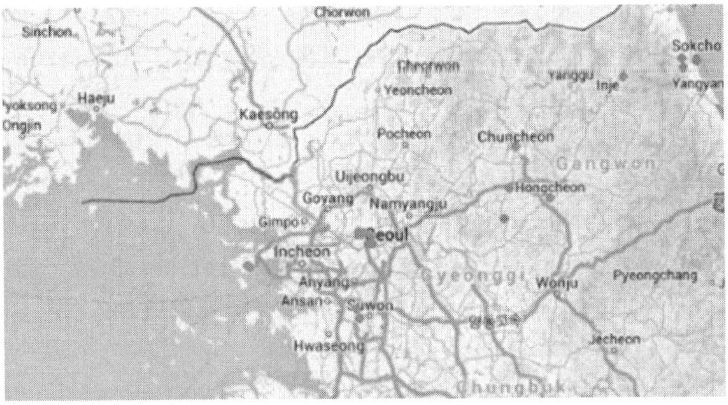

[그림 12.12] 데이터를 지도에 시각화

■ 네트워크 시각화

수송망, 교통망, 전화망, 인간관계, 사물인터넷 망 등 다양한 연결 구조를 표현하기 좋은 네트워크는 사회적으로 많이 활용하고 있다. 이러한 네트워크 분석은 사회와 자연 현상을 네트워크 형태로 모델링하고 특성을 분석한다. 그러므로 네트워크 구조를 시각화하는 것은 각 네트워크의 특성에 따라 발생하는 빅데이터를 분석하기 위해 시각화할 수 있다.

네트워크의 노드와 간선을 시각화할 수 있으며, 간선에 **가중치**를 주어 노드 사이의 관계를 나타낼 수도 있다. 이러한 네트워크 분석으로 노드(지점) 사이의 최소 경로를 찾는 최적화 문제나 친구 관계, 협업 관계, 인터넷 연결망 구조, 분자 그래프 등을 분석하고 파악한다. 네트워크를 시각화하고 분석하는 R 패키지에는 igraph, statnet, RSiena 등이 있다. 그림 12.13은 다양한 네트워크의 모양을 표현한 시각화 결과이다.

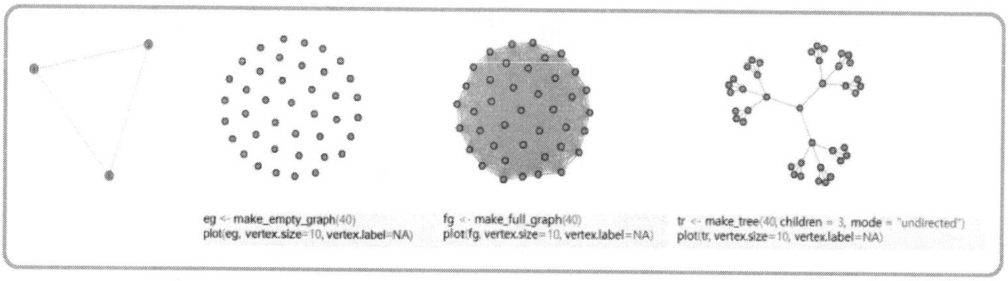

[그림 12.13] 다양한 모양의 네트워크 시각화

그림 12.14는 소셜네트워크의 인간관계를 나타내는 네트워크의 시각화 결과로, 사람 사이의 관계를 군집화한 모양이다. 이와 같이 네트워크를 시각화하여 분석하면 누가 누구와 연결되어 있으며, 누가 그 그룹을 대표하고 있는지, 누가 영향력이 있는지 등을 파악할 수 있다. 이런 결과를 통해 광고나 여러 목적으로 활용할 수 있다.

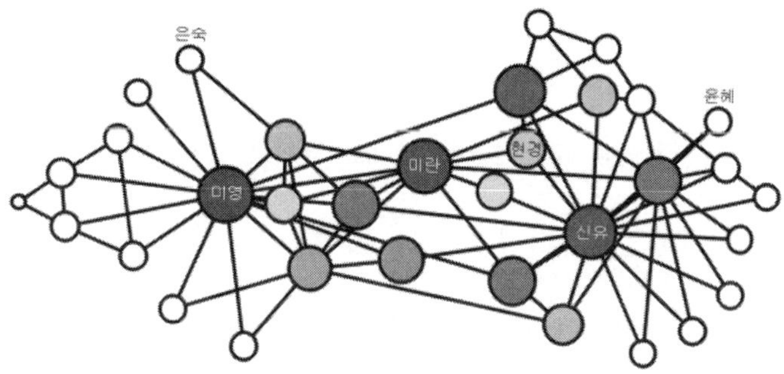

(a) 단순 관계망

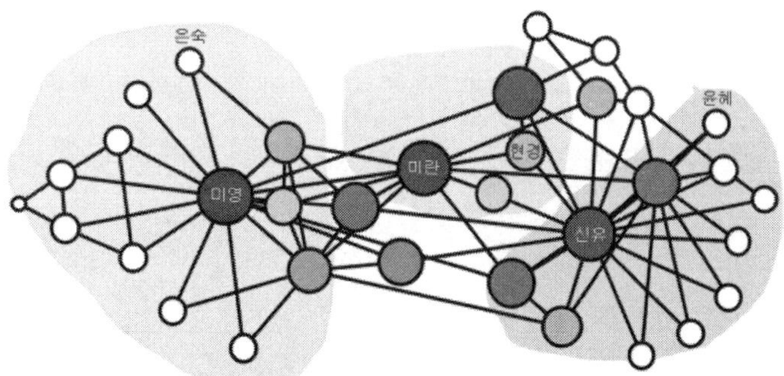

(b) 인간관계의 군집화

[그림 12.14] 소셜네트워크의 시각화

연습문제

1. **구글을 통해 독감 환자 수와 유행 지역을 데이터 (google.org/flutrends)를 활용하여 아래의 요구 사항을 분석하시오.**

a. 각 국가별 독감 연도별 추이를 추세 그래프로 표현하시오.

b. 독감 지역을 군집화 하시오.

c. 구글 맵에 2016년 독감 지역과 발생 건수를 표시하시오.

2. 공공 데이터 포털(www.data.go.kr) 의 버스 위치정보 조회서비스를 활용하여 버스의 실시간 위치 정보를 R을 사용하여 지도 위에 출력하시오.

3. 책의 한 페이지이나 신문 기사에서 단어 빈도수를 구하고 워드 클라우드로 출력하시오.

4. 자신의 트위터의 연결망을 네트워크로 시각화 하시오.

5. 네이버 오픈 API를 활용하여 키워드를 '빅데이터'로 검색하여 워드 클라우드로 출력하시오.

제 13 장

사물인터넷

이 장에서는 오늘날 정보통신기술 산업에서 빅데이터, 인공지능과 더불어 주목받고 있는 사물인터넷(IoT, Internet-of-Things) 기술을 살펴본다. 사물인터넷은 지능을 가진 사물, 데이터, 사람이 인터넷에 연결되어 서로 소통하여 새로운 서비스와 가치를 창출하는 기술이다. 그러므로 4차 산업 시대에는 이 사물인터넷이 인간 생활과 매우 밀접하고, 가정, 의료, 교육, 교통, 농업, 서비스 등 다양한 분야에 적용되고 있다. 이 장에서는 사물인터넷의 개념, 구성 요소와 기술을 살펴보고, 다양한 적용 분야의 예를 알아본다.

13.1 사물인터넷 개념

사물인터넷은 수많은 사물을 인터넷으로 연결하여 새로운 서비스를 만들어내는 컴퓨팅 기술이다. 이러한 기술은 어느날 갑자기 나타난 것은 아니며, 지난 10~20년 동안 홈네트워킹이나 유비쿼터스 컴퓨팅 같은 다른 이름으로 계속 진화되어 온 컴퓨팅 기술이다. 그 결과 1991년에 제시한 유비쿼터스 컴퓨팅 시대가 사물인터넷 시대의 시작이라는 의견도 많다. 사실 이전에 RFID를 이용한 원격 모니터링이나 원격 제어기술들도 많이 있었지만, 이때는 인터넷에 연결되기에는 한계가 있었으며 사물의 지능화가 어려웠다.

사물인터넷이라는 용어는 2002년 포브스 매거진의 "The Internet of Things"이라는 기사에서 부터이다. 이 기사에서 "컴퓨터가 현실 세계를 이해하도록 사물을 위한 인터넷이 필요하다"고 주장했다. 그러나 사물이라는 용어는 이 전에도 여러 사람이 사용 했었다.

이후 인터넷이 발전한 국가나 스마트 기기를 생활 깊숙이 활용하는 국가에서는 이 사물인터넷을 이용한 연구, 교육, 산업에 관심을 가지게 되었다. 사물인터넷은 인간 생활에서 떨어질 수 없으며 4차 산업에서 빅데이터와 더불어 핵심 분야가 되었다.

사물인터넷은 다양한 사물이 다른 장치와 인터넷을 통해 서로 연결되어 서비스를 제공한다. 원활한 서비스와 안전한 네트워크를 가진 사물인터넷 시스템을 운영하기 위해서는 효율적인 표준 규격이나 플랫폼이 필요하다. 사물인터넷에 대한 표준은 사물을 통해 획득한 데이터와 정보를 바탕으로 다양한 서비스를 포함해야 하며 보안과 사생활 보호에 대한 요구사항도 반드시 충족해야 한다. 그림 13.1은 각 사물이 인터넷으로 언제 어디서든지 통신하고, 사물 사이에서 상호작용해야 하는 사물인터넷의 기본 개념을 나타낸다.

여기서 **사물**이 무엇인지 먼저 살펴보자. 사물은 정적이나 동적 정보를 가진 물리적이거나 가상적으로 **식별이 가능한 실체**(객체)이다. 물리 사물은 인간 주위에 실제로 존재하는 물체로 주변의 환경, 전자기기, 상품처럼 우리 주변에서 흔히 볼 수 있는 물체로서 어떠한 종류의 물체도 사물이 될 수 있으며, 실세계에서 어떤 동작을 감지할 수도 있고, 동작을 수행하는 대상이 되기도 한다. 가상 사물은 정보 세계에 존재하는 사물로 정보의 저장, 처리, 접근의 대상으로 각종 파일, 각종 콘텐츠, 응용 소프트웨어 등이 있다. 이러한 사물은 기본적으로 통신 기능이 있어야 하고 센싱, 데이터 수집, 저장, 처리 등의 부가적인 기능도 지원한다. 물리 사물은 다른 물리 사물과 서로 통신할 수 있으며, 가상 사물을 통해 의미가 부여되는 정보로 표현될 수 있다.

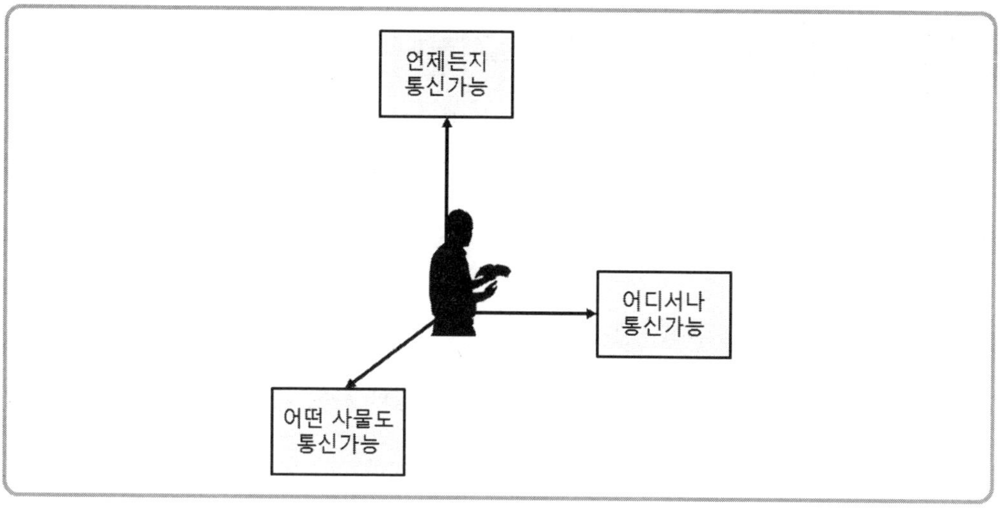

[그림 13.1] 사물인터넷 개념

그림 13.2는 지금까지 설명한 물리 사물과 가상 사물 사이의 관계로 나타낸다.

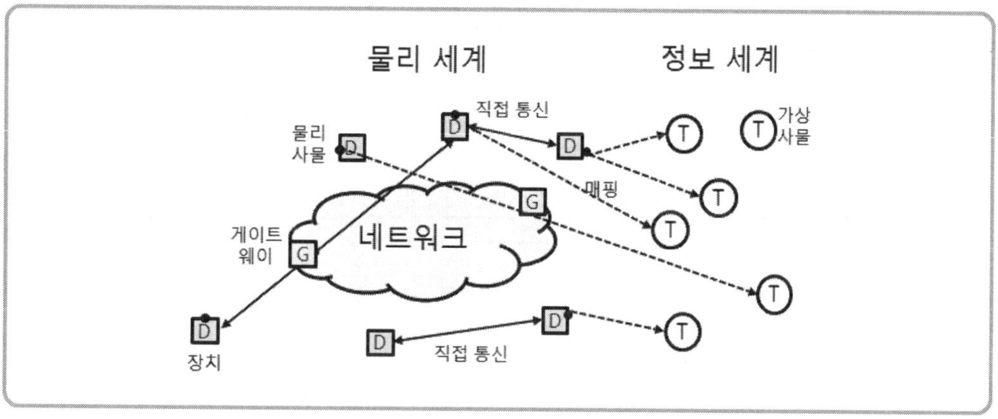

[그림 13.2] 사물인터넷의 기술 개요

사물에 설치하는 장치는 물리 사물에 통신 기능을 구축하여 사물 사이에서 통신하도록 하는 사물인터넷에서 핵심 구성 요소이다. 사물 사이의 통신이나 네트워크 기술은 와이파이, 3G/LTE/5G, 블루투스(bluetooth), 전력선 통신, 지그비(zigbee) 등 모두 가능하다. 통신 기능 외에도 외부에서 데이터를 획득해야 하므로 센싱 기능도 중요하다. 센서(sensor)를 통해 온도, 습도, 열, 조도, 위치, 움직임, 영상 등 주위 환경에 대해 다양한 정보를 얻어야 한다. 최근에는 물리 센서에서 획득한 정보를 바탕으로 새로운 정보를 얻을 수 있도록 하는 가상 센싱 기술도 널리 활용되고 있다.

13.2 사물인터넷 구성과 기술

사물인터넷은 다양한 분야가 융합된 새로운 분야이며, 여러 기술로 사물인터넷을 구성하고 있다.

13.2.1 사물인터넷 구성 요소

사물인터넷은 그림 13.3과 같이 네 개의 계층인 **장치 계층**, **네트워크 계층**, **서비스와 응용 지원 계층**, **응용 계층**으로 이루어져있다.

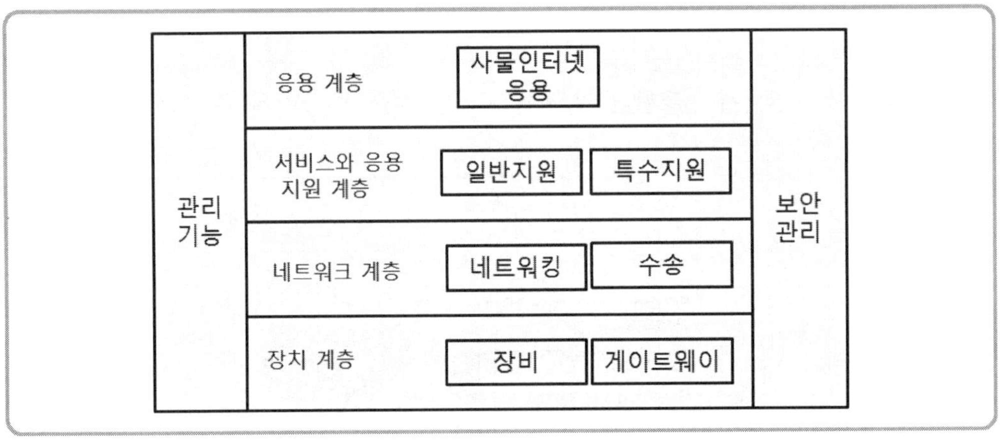

[그림 13.3] 사물인터넷 참조 모델

- **장치 계층**: 장치와 게이트웨이 기능으로 나눌 수 있다. 장치 기능은 다른 사물인터넷 장치와의 통신을 지원한다(장치 사이의 직접 통신과 게이트웨이를 통한 통신). 또한 장치를 제어한다(슬립 모드 전환). 게이트웨이 기능은 다양한 유형의 통신(지그비, 블루투스, 와이파이)을 통해 다른 장치들과 연결한다.
- **네트워크 계층**: 네트워크를 연결한다. 즉, 사물인터넷에서 각 장치에서 발생하는 정보를 전송하고 다른 장치와의 연결을 관리한다. 네트워크 연결, 이동성, 인증, 데이터 전송 등이 여기에 해당한다.
- **서비스와 응용 지원 계층**: 바로 위 계층인 응용 계층에서 필요로 하는 정보를 처리하고 저장한다. 특별한 응용 소프트웨어가 있으면 거기에 필요한 기능도 제공한다.

- **응용 계층**: 사물인터넷에는 특수한 장치나 특별한 서비스가 있을 수 있기 때문에, 각 장치나 서비스에 해당하는 응용 소프트웨어를 연결한다.

이와 같이 구성되는 사물인터넷 플랫폼은 다음의 여러 기술들을 사용하여 구현된다.

- **네트워킹 기술**: 보통 사용하는 인터넷에 적용하는 와이파이나 셀룰러 망 같은 네트워크 기술은 사물인터넷의 센서 같은 작은 장치에는 적용하기 어렵다. 그러므로 사물인터넷 만을 위한 새로운 네트워킹 기술로 MQTT와 CoAP과 같은 플랫폼 프로토콜이 개발되었다. 그리고 저전력 장비인 지그비나 블루투스 같은 장치를 사용한다.
- **센서 데이터 최적화와 관리 기술**: 다양한 사물에서 발생하는 데이터를 사물인터넷 장치를 통해 전송하거나 저장하는 기술이다. 저전력 네트워킹 기술로 데이터의 흐름을 제어한다.
- **임베디드 운영체제 기술**: 사물인터넷은 컴퓨팅 자원이 크기나 성능 등에서 제한적이다. 그러므로 범용 컴퓨터 운영체제와 달리 제한된 자원에서 데이터를 획득, 처리, 전송할 수 있는 운영체제 기술이 필요하다. 전에는 TinyOS, RIOT, Contiki 같은 임베디드 운영체제가 이용되었으나, 최근에는 Android Things와 Windows IoT와 같은 사물인터넷 전용 운영체제가 개발되어 있다. 이러한 운영체제도 마찬가지로 저전력이다.
- **새로운 전력 공급과 저장 기술**: 사물인터넷 장치나 사물은 주로 무선으로 연결되고 통신하므로 장기간 사용될 수 있는 전력 공급과 저장 기술이 있다. 최근에는 배터리 대신 사물인터넷 장치가 직접 전력을 생산하거나, 주변 환경에서 전력을 얻는 **에너지 하베스팅**(harvesting)기술도 사용한다.
- **처리기 기술**: 사물인터넷의 처리기 역시 제한적이므로 특수한 구조를 가질 수도 있으며 전력 소모도 적어야 한다.

아래에서 사물인터넷의 플랫폼, 운영체제, 네트워킹, 센서의 개념을 좀 더 자세히 살펴본다.

13.2.2 플랫폼

사물인터넷은 여러 사물 사이의 연결을 통해 다양한 서비스를 제공하기 때문에 사물 사이나 장치 사이의 상호 운용성이 중요하다. 이전에는 서비스나 분야별로 각각 지신의 플랫폼(홈 플랫폼, 자동차 플랫폼, 그리드 플랫폼, 헬스케어 플랫폼 등)을 운용하였다. 이와 같은 각 플랫폼은 서로 호환되지 않았으며 서비스도 중복되었다. 최근에는 그림 13.4와 같이 다양한 플랫폼이 호환할 수 있는 미들웨어를 가진 플랫폼을 개발하여 사물인터넷의 플랫폼으로 사용한다.

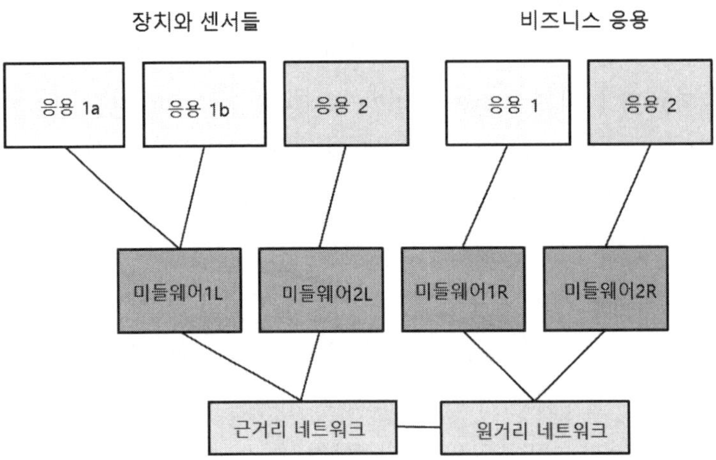

(a) 비 플랫폼 기반 서비스

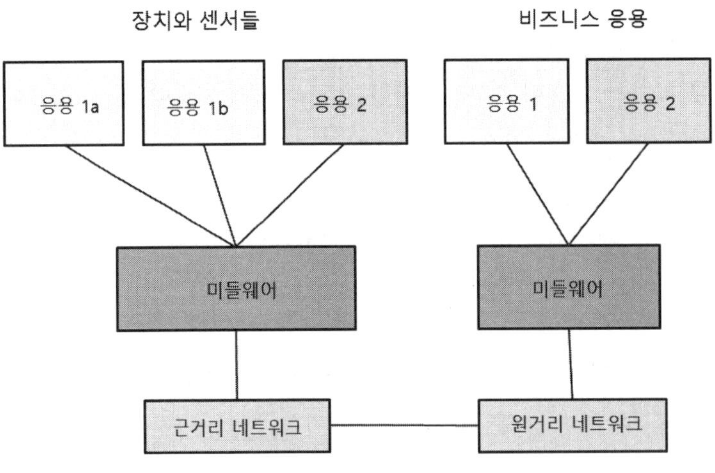

(b) 플랫폼 기반의 서비스

[그림 13.4] 사물인터넷 플랫폼 구조

그림 13.4(a)에서 보듯이 서로 독립된 플랫폼에서는 공통 기능을 수행하는 미들웨어를 서비스나 장치별로 설치해야 할 뿐만 아니라, 비슷한 기능이 중복되기 때문에 개발 시간과 비용도 든다. 그러나 그림 13.4(b)의 통일된 플랫폼 기반의 구조는 중복 기능을 플랫폼에서 처리하기 때문에 쉽고 빠르게 서비스를 개발할 수 있다.

여러 사물인터넷 플랫폼에서 대표적인 두 플랫폼은 2012년 한국, 유럽, 미국 등 주요 국가가 공동으로 설립한 oneM2M의 플랫폼과 2013년 설립된 AllSeen Alliance에서 제안한 플랫폼이 있다.

■ oneM2M

이 플랫폼은 사람이 직접 제어하지 않는 상태에서 장비, 사물, 지능화된 기기가 스스로 통신하는 기술이다. CoAP, HTTP, MQTT 프로토콜을 지원하며, 공통 서비스 기능인 데이터 저장/공유, 장치 관리, 그룹 관리, 구독/통지, 위치 정보, 과금 등의 기능이 있다. 또한 다른 플랫폼인 AllJoyn과의 연동을 통해 여러 유형의 사물인터넷 플랫폼이 서로 호환하도록 한다. oneM2M의 구조는 응용 계층, 미들웨어 계층, 네트워크 계층으로 이루어져 있다.

■ Alljoyn

이 플랫폼은 오픈 소스 기반 사물인터넷 플랫폼으로 피어-피어 기술을 사용한다. 사물인터넷 장치 사이에서 별도의 중계 서버 없이도 자율적으로 연결하고 네트워크를 구성하고 분산되어 있는 정보를 공유할 수 있다. RTOS, 리눅스, 안드로이드, 아이오에스, 윈도우즈 같은 다양한 운영체제에 적용이 가능하다. 뿐만 아니라, 컴퓨팅 자원에 제약이 있는 장치에서도 운용이 가능하다. 또 C, C++, Obj-C, 자바 같은 각종 언어를 지원하기 때문에, 서비스 개발자는 통신 기술을 이해하지 못해도 사물인터넷 장치를 개발 할 수 있다. 특히, 프레임워크를 오픈 소스로 공개하므로 다양한 언어를 지원하는 API와 SDK 소스 코드로 다른 사물인터넷 장치에 맞도록 최적화하여 탑재할 수 있다. Alljoyn 구조는 와이파이, 이더넷, 시리얼 통신, 전력선 통신 등 다양한 통신 방식을 사용하고 있다.

이 두 플랫폼 외에도 사물인터넷 운영체제도 플랫폼으로 제공되는데, 최근 플랫폼들은 클라우드 지원이 강화되고 있다. 수집되는 대량의 정보를 처리하기 위한 클라우드 컴퓨팅 기술과 빅데이터 기술은 당연한 요구가 되었다. 구글과 마이크로소프트사는 자사 클라우드 서비스를 사물인터넷 플랫폼 Android Things와 Windows IoT에 각각 포함하여 제공하고 있다. 아래에서 각 플랫폼을 살펴본다.

■ Android Things

이것은 운영체제 기능을 포함하는 사물인터넷 플랫폼으로 제공된다. 사물인터넷 장치 운용 관점에서는 좁은 의미의 운영체제로 볼 수 있지만, 여러 도구와 서비스를 제공하는 플랫폼이다. 특히, 사물인터넷 서비스 개발에 필수인 클라우드에 대한 지원을 구글 클라우드 플랫폼을 통해 제공하고 있다. 이것은 사물인터넷 장치와 서비스 개발에 큰 장점이다. 현재 여러 곳에서 개발 중인 장치들과 상호작용할 수 있으며, 지속적인 업데이트를 통해 더욱 많은 사물인터넷 장치와 연결할 수 있도록 하고 있다.

■ Windows IoT

윈도우즈 시스템을 사물인터넷 장치에서 운용할 수 있도록 최적화한 운영체제 기능이 있는 플랫폼이다. 이 플랫폼은 사용자와의 상호작용에 다양한 입력 수단을 사용하는데, 최근에는 음성 인식을 주로 활용한다. 사용자의 입력은 백그라운드 응용 프로그램을 통해 클라우드로 전달하거나, 클라우드에서 처리된 결과를 포그라운드 응용 프로그램을 통해 사용자에게 보여준다. 개발자는 클라우드 시스템이나 보안에 대해 이해하지 못해도 사물인터넷 장치와 서비스를 개발할 수 있다.

13.2.3 운영체제

사물인터넷 운영체제는 이전 임베디드 시스템에서 주로 사용되던 실시간 운영체제를 기반으로 진화해 왔다. 오늘날 사용되는 사물인터넷 운영체제의 종류는 10여개를 넘고 있으며 그 중에서 가장 널리 사용되는 운영체제는 Linux 혹은 Linux 기반의 운영체제이다. 운영체제는 시스템의 목적과 크기에 따라 분류할 수 있다. 8-비트, 16-비트, 32-비트 같은 소형 시스템에 탑재하는 운영체제는 FreeRTOS, TinyOS, RIOT, Zephyr, Mbed 등이다. 이들 운영체제는 최소한의 크기로 필수 운영체제 기능과 통신 기능들을 포함하고 있으며 사용 목적과 하드웨어 사양에 맞춰 운영체제를 선택해야 한다. 사물인터넷 장치의 하드웨어는 다양하게 구성될 수 있으므로 운영체제의 중요한 선택 기준이 해당 하드웨어의 지원 여부가 될 수 있다. 중형 이상의 시스템에는 Android Things, Windows IoT, Apple HomeKit 같은 운영체제와 플랫폼이 결합된 형태가 많이 사용되고 있다. 이러한 운영체제는 화려한 사용자 인터페이스를 제공하며 클라우드에 대한 지원이 용이하여 중형 이상의 사물인터넷 장치들에 많이 사용되고 있다. 이번 장에서는 초소형 운영체제인 FreeRTOS, TinyOS, RIOT, Zephyr, Mbed를 살펴본다.

■ FreeRTOS

FreeRTOS는 2003년에 처음 임베디드 시스템을 위한 운영체제로 개발된 이후 지속적인 업데이트를 거쳐 다양한 사물인터넷 장치들에 사용되고 있다. 한 조사(IoT Developer Survey 2018, Eclipse Foundation)에 따르면 FreeRTOS는 리눅스에 이어 가장 많이 사용되고 있는 사물인터넷 운영체제로 조사되었다. 현재 아마존 웹서비스의 일부로 채택되어 앞으로도 널리 사용될 것으로 예상된다. FreeRTOS는 오랜 기간 동안 개발 및 유지 보수가 되어 매우 안정적으로 동작하며 다양한 하드웨어에 대한 지원을 최대 장점으로 꼽을 수 있다.

■ TinyOS

센서 네트워크를 위한 운영 체제로 개발되었으나 최근에는 사물인터넷 운영체제로 사용되고 있다. TinyOS는 다양한 하드웨어, 매체 접근 제어 프로토콜, 네트워크 프로토콜, 센서 인터페이스를 소스 레벨로 공개하고 있다. 센서 네트워크, 저전력 시스템, 무선 시스템 등에 활발히 사용되고 있으며, 사물인터넷 장치를 지원하는 서비스와 패키지가 있다. 또한 저전력 환경에서의 IPv6 라우팅 프로토콜(RPL)과 사물인터넷용 통신 프로토콜(CoAP)을 제공한다. 변형 C 프로그래밍 언어인 nesC로 개발되어 자원 사용을 최적화한다.

■ RIOT

다양한 사물인터넷 장치를 지원하는 실시간 멀티 쓰레딩 운영체제로 저전력, 실시간성, 적은 용량의 메모리, 모듈화 등에서 강점을 가지고 있다. 오픈소스 기반으로 개발되었으며 다양한 하드웨어(AVR, MSP430, MIPS, ARM7, and ARM Cortex-M)와 통신 프로토콜(CoAP, IPv6, CCN-Lite)을 지원한다. C 프로그래밍 언어로 작성되어 개발자에게 친화적이라는 장점이 있다.

■ Zephyr

최근에 주목받기 시작한 사물인터넷 운영체제로 다양한 하드웨어를 지원하고, 최적화된 자원을 사용하도록 한다. 보안을 고려한 설계가 특징이다. 이 운영체제 구조는 두 개의 커널이 있는데 **마이크로 커널**과 **나노 커널**이다. 사물인터넷 장치의 가용 자원을 고려하여 운영체제를 최적화할 수 있다. 나노커널은 2KB의 코드로도 동작하며, 좀 더 많은 기능을 추가한 마이크로커널은 50KB의 코드만으로도 다양한 사물인터넷 하드웨어와 통신 프로토콜들을 지원한다. 또한 사물인터넷의 보안을 우선으로 하고 있으며 여러 암호화된 통신 기법들을 기본으로 지원한다.

■ Mbed

Mbed는 ARM에서 개발한 운영체제로 2005년 임베디드 시스템을 위하여 개발되었고 현재는 사물인터넷 장치들을 위하여 널리 사용되고 있다. 사물인터넷에서 가장 많이 사용되는 프로세서는 ARM 계열이고 Mbed는 ARM에서 개발 지원을 하므로 ARM 기반의 사물인터넷 장치 개발에 가장 적합한 형태라고 볼 수 있다. 온라인 개발 툴을 제공하므로 쉽고 빠른 개발이 가능하며, 다른 사물인터넷 운영체제와 비슷하게 사물인터넷 프로토콜, 보안 기능 등을 기본으로 제공하고 있다. 현재 GitHub에서 가장 많이 사용되는 사물인터넷 운영체제로 향후 발전 가능성이 매우 높다고 볼 수 있다.

13.2.4 네트워킹

사물인터넷은 다양한 장치가 여러 방식의 네트워크로 연결된다. 사물인터넷 통신도 근거리 통신과 원거리 통신으로 구분할 수 있다. 근거리 통신은 사물인터넷 장치 사이의 통신, 혹은 사물인터넷과 게이트웨이 사이의 통신이고, 원거리 통신은 사물인터넷 장치와 클라우드와의 통신이다. 근거리 통신에는 지그비, 저에너지 블루투스, 6LoWPAN 같은 저 전력에 초점을 둔 통신 기술이 적용되며, 원거리 통신에는 일반적으로 사용하는 와이파이나 이더넷 기술이 적용된다. 최근 사물인터넷 장치는 웹에 연결하거나 클라우드 시스템에 직접 연결하여 사용자에게 편의성을 제공하고 있다.

저에너지 블루투스는 여러 방면에서 사용하는 근거리 무선 통신 방법의 하나로 데이터 스트리밍, 대용량의 데이터 전송 서비스를 지원한다. 저에너지 블루투스는 사물인터넷 장치나 웨어러블 장치처럼 적은양의 데이터를 보내는 데 사용하고 있다. **지그비**는 근거리 통신을 위한 저전력/저비용의 무선 네트워크 기술이다. 이 프로토콜은 물리 계층, 매체 접근 제어 계층, 네트워크 계층, 어플리케이션 계층으로 이루어져 있다. **6LoWPAN**은 사물인터넷 장치나 사물에서 최소한의 기능만 가진 TCP/IP 프로토콜 스택을 사용하도록 하는 기술이다. 저전력 WPAN에 IPv6를 탑재하여 기존 IP 네트워크에 연결할 수 있다. IPv6 프로토콜을 채택하기 때문에 사물인터넷에서 대규모 주소 할당이 가능하고 패킷 크기를 줄이기 위해 압축 헤더를 사용한다.

사물인터넷에서 사용하는 통신 프로토콜은 이전에 사용하던 SOAP, REST, WebSocket 외에도 새로운 전용 통신 프로토콜도 사용한다. 새로운 사물인터넷 전용 통신 프로토콜은 CoAP과 MQTT가 대표적이다. 여기에서는 CoAP와 MQTT를 살펴본다.

■ MQTT

제한된 컴퓨팅 성능과 네트워크 환경을 고려하여 설계된 통신 프로토콜이다. 사물인터넷 표준 프로토콜 기술로 **발행/구독**(publish/subscribe)이라는 '메시지 전달' 기술로 동작한다. 발행/구독 기반의 메시지 전송 기법은 '다대다' 통신 기법이다. 메시지 발신자는 **브로커**(broker)에게 메시지를 전송하고, 브로커는 전송받은 메시지를 **토픽**이라는 메시지 큐에 저장한다. 메시지 수신자는 전달받기를 원하는 정보가 있을 때, 브로커에게 자신을 등록한다. 브로커는 해당 정보에 대한 갱신이 있을 때(즉, 송신자로부터 새로운 메시지를 받을 때), 등록된 수신자들에게 메시지를 전송한다. 발행/구독 메시지 전송 기법은 많은 웹서비스에서 사용하고 있는데, ActiveMQ, RabbitMQ, Google Cloud Platform, Amazon Simple Notification 같은 웹 프레임워크에서 기본적으로 지원하는 메시지 전달 방식이다. 그림 13.5는 발행/구독 메시지 전달 기법이다.

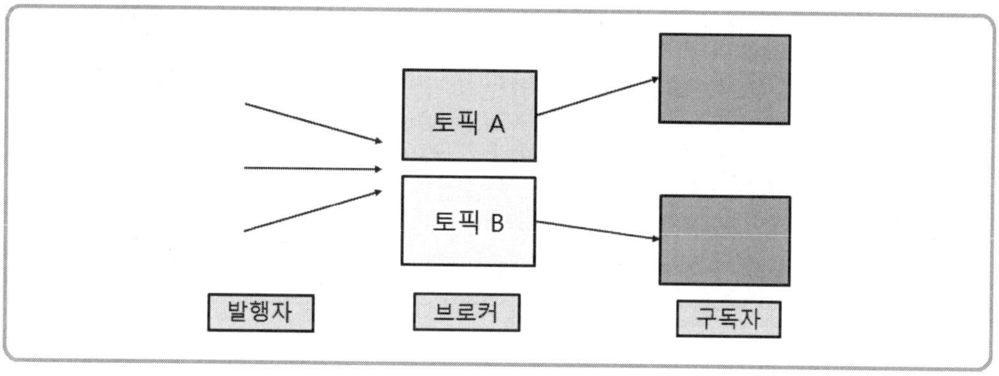

[그림 13.5] 발행/구독 메시지 전달 기법

■ CoAP

응용 계층에서 제한된 자원의 사물인터넷 장치 사이에서 통신하는 프로토콜이다. 웹 서비스를 구현하는데 TCP나 HTTP 같은 통신 프로토콜을 사용하지 않고 UDP를 기반으로 개발되었다. GET, POST, PUT, DELETE 메소드를 지원하며 UDP 기반이지만 신뢰성 보장을 위해 재전송 기법을 사용한다. 그러나 데이터 크기에 제한이 있기 때문에 한 번에 1024-바이트만 전송한다. 메시지가 1024-바이트를 초과하면 메시지를 여러 개의 패킷으로 나누어 전송하지만, 전송에 실패한 패킷에 대해서는 재전송을 요청해야 한다. 그러므로 일부 패킷이 전달되지 않으면, 전체 메시지 전송은 실패한다. UDP는 재전송하지 않는 비연결형 프로토콜이기 때문에 네트워크가 불안정한 환경에서는 성능이 급격히 저하되는 단점이 있다.

13.2.5 센서

센서는 적용 분야에 따라 다양한 종류가 있으며, 건강, 교육, 의료 등 여러 영역에서 활용하고 있다. 스마트폰에만 해도 10여 개의 센서를 탑재하고 있으며, 계속 증가할 전망이다. 이러한 센서는 사물인터넷의 주요 분야 중의 하나다. 스마트폰에서 사용될 수 있는 주요 센서들은 다음과 같다.

센서 종류	설면	관련 사진
가속도 센서	단위 시간당 물체의 속도 변화를 감지하는 센서로, 가속도, 진동, 충격 등의 동적인 힘을 감지하여 X, Y, Z 좌표로 표현한다.	
자이로스코프	물체의 관성을 전기신호로 검출하는 센서로 높이와 회전, 기울기 등을 감지할 수 있어, 가속도 센서와 연계하여 보다 정교한 동적 움직임을 감지한다.	
근접 센서	물체가 근접했을 때 물체의 유무를 판별하는 무첩촉 방식의 센서로 약 10~80cm 거리를 측정한다. 예를 들어 통화 시 스마트폰을 얼굴에 대면 화면이 꺼진다.	
지자기 센서	자기장의 흐름을 파악해 방위각을 탐지한다.	
RGB 센서	주변 빛의 농도를 검출하는 센서로 스마트폰의 스크린의 색을 주변의 빛 농도에 따라 보정한다.	
기압 센서	공기의 압력을 측정하는 센서로 고도를 측정하기 위하여 사용된다.	

이외에도 GPS, 압력 센서, 온도/습도 센서, 조도 센서, 심장 박동 센서 등이 있으며, 카메라와 마이크도 센서로 볼 수 있다. 요즘에는 여러 센서를 통합하여 하나의 센서로 개발하고 있어 스마트폰 혹은 사물인터넷 장치의 크기를 점차 소형화 하는 데 큰 역할을 하고 있다. 센서에 대한 자세한 사양 및 사용에 대한 내용은 다른 도서를 참고해야 한다.

13.3 사물인터넷 적용 사례

최근 각종 센서와 통신 기능의 발달로 인하여 다양한 종류의 사물인터넷 장치가 개발되고 있다. 특히, 농업 (스마트 팜), 공장 (스마트 팩토리), 가정 (스마트 홈)에서 많이 사물인터넷 장치들이 활용되고 있으며 재난의 예방 및 대응을 위하여 사물인터넷의 사용이 점차 늘어나고 있다. 본 장에서는 재난/재해의 예방 및 대응을 위한 사물인터넷의 적용 사례를 살펴본다.

13.3.1 지진 감지 및 대응

최근 경주와 포항에서 발생한 두 차례의 지진으로 인하여 우리가 살고 있는 지역이 더 이상 지진에 안전하지 않다고 여겨지고 있다. 그러나 해당 두 건의 지진에서 재난문자의 발송이 각각 8분, 23초로 통상적인 조기경보 (10초 이내) 보다 많이 늦었고 구체적인 대응 요령의 부재로 인하여 많은 국민들의 혼란을 초래하였다. 이에 국가에서는 사물인터넷을 활용한 국가 지진조기경보 시스템 및 대응 시스템을 구축하고 있으며 본 장에서는 이러한 노력들에 대해서 간략히 소개한다.

지진은 P파, S파, 표면파 등으로 구성되어 있으며 가속도계를 사용하여 진동을 관측하여 지진을 감지한다. 지진파의 도달 순서는 P파 → S파 → 표면파의 순서이며, P파 단계에서 지진을 감지하고 이후에 도달할 지진의 규모를 예측할 수 있다. P파를 얼마나 일찍 감지하느냐에 따라 지진에 대한 대피 시간을 확보할 수 있으며 이는 정밀한 가속도계와 촘촘한 관측망의 구성에 달려있다. 다음 그림은 지진파의 일부를 보여주고 있으며 초반 수 초 내의 데이터 관측을 통해 지진을 감지하고 규모를 예측할 수 있는 연구가 오랜 기간 진행되어 왔다.

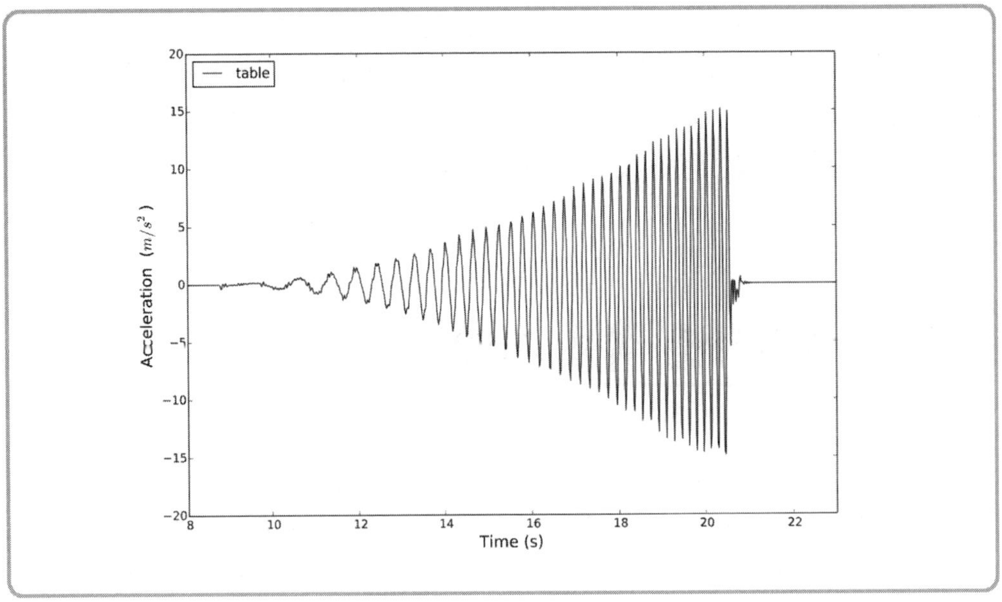

[그림 13.6] 지진의 파형

전통적인 지진 관측망은 일정한 간격으로 관측소를 설치하여 구성하는데, 지진 관측소는 매우 정밀한 가속도계를 사용하여 시설물로 설치되므로 시간과 비용 문제가 발생한다. 그러므로 지진 관측망을 확충하기란 쉽지 않은 실정이다. 국내에 설치된 지진 관측소는 약 200여 곳 수준이며 2018년 말 기준 300여 곳으로 증가할 예정이므로 더욱 빠른 지진 조기 경보가 가능할 것으로 예상되지만, 국제적인 기준 및 노력에는 많이 못 미치는 실정이다.

전통적인 관측소 기반의 지진 관측망의 비용적인 문제로 인하여 미국을 비롯한 일부 국가에서는 스마트폰을 활용한 지진 관측을 시작하였고, 국내에서도 스마트폰과 사물인터넷 장치를 사용한 지진 관측에 대한 연구를 시작하였다. 본 장에서는 사물인터넷 장치와 가속도 센서를 활용한 지진감지 장치를 소개한다.

13.3.2 사물인터넷 장치를 사용한 지진 감지 및 대응

최근의 가속도 센서는 저가임에도 불구하고 MEMS 기술의 발달로 인하여 매우 뛰어난 성능을 보여주고 있다. 지진 가속도 계측을 위하여 2008년 미국의 산디아 국립 연구소는 가속도 장치의 종류를 성능에 따라 3 가지(A ~ C등급)로 나누었으며, 지진 관측소에 설치되는 센서의 등급은 A등급이며 2008년 당시 스마트폰에서 사용되는 센서는 C등급에 속하였다. 하지만 최신 스마트폰에 장착되는 가속도 센서는 B등급의 성능을 보유하고 있어,

이를 활용한 지진관측이 활발히 이루어지고 있다. 다음 그림은 지진 감지를 위한 사물인터넷 장치의 구성요소를 보여주고 있다. 그림에서 볼 수 있듯이 가속도 센서, 프로세서(MCU), 통신장치(WiFi)로 구성되어 있고, 지진 감지 시에 부저와 LED로 경보를 발생한 후 WiFi를 통해 인근 장치들에 전달하는 기능을 가지고 있다.

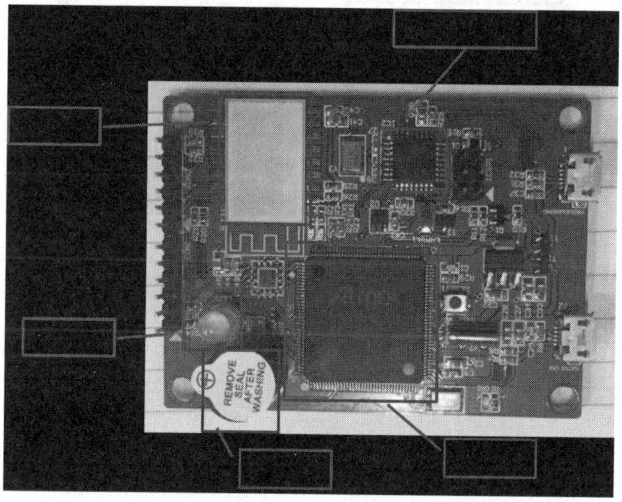

[그림 13.7] 지진 감지를 위한 사물인터넷 장치 구성요소

이와 같은 사물인터넷 장치를 활용한 지진 감지에 있어 중요한 요소는 지진 감지 알고리즘인데 기존의 방식은 PGA(Peak Ground Acceleration)값을 사용하여 일정 크기 이상의 진동이 발생했을 때 지진이라고 판단하는 단순한 알고리즘이 사용되어 왔으나 이는 오작동의 우려로 인하여 사물인터넷에는 적용되지 않고 있다. 대신 최근에는 신경망이나 기계학습 알고리즘을 사용하여 지진 감지의 정확성을 높이는 연구가 진행되고 있으며, 이러한 기술의 발전으로 인하여 전통적인 고정형 관측소 기반의 지진 감시망과 유사한 정확도와 성능을 보이고 있다. 다음 그림은 미국의 UC Berekely에서 개발한 지진감시 스마트폰 앱으로 스마트폰에 기본으로 장착된 저사양의 가속도 센서와 신경망을 사용하여 지진 감지를 한다. 국내에서도 기상청, 국립재난안전연구원 등에서 저사양의 가속도 센서를 사용하여 지진 감시를 더욱 빠르게 하는 노력을 기울이고 있다.

[그림 13.8] 스마트폰을 사용한 지진 감지

13.4 사물인터넷에서 고려할 사항

지금까지 사물인터넷의 개념과 기본 기술을 살펴보았다. 이러한 사물인터넷을 4차 산업에 적용하려면 몇 개의 고려할 사항이 있는데, 본 장에서는 두 가지 고려 사항에 대해서 기술하며 사물인터넷에 대한 설명을 마치고자 한다.

사물인터넷에서의 첫 번째 고려사항은 보안 위협과 프라이버시 문제이다. 사물인터넷은 항시 네트워크에 연결되어서 각종 정보를 수집하거나 전송하므로 보안에 매우 취약하다. 사물인터넷 장치 및 서비스의 개발에 있어 보안은 가장 중요한 문제이며 이를 해결하기 위하여 사물인터넷 운영체제와 네트워크 기술들은 보안을 고려하여 개발이 되어왔다. 이러한 기술들을 사용하여 사물인터넷 장치와 서비스들을 개발하는 것도 중요할 뿐만 아니라 제품 기획과 소프트웨어 설계 단계에서부터 보안을 최우선시 하는 자세가 필요하다.

다음 중요 고려 사항은 저전력 기술로서, 지금까지는 사물인터넷 장치의 각 구성요소인 프로세서, 통신, 센서의 저전력을 위해 노력했다면, 앞으로는 사물인터넷 서비스 관점에서 통합하여 전력관리를 할 필요가 있다. 사물인터넷은 다른 사물인터넷 장치나 클라우드와 연결하고 통신하기 때문에 각 구성 요소들의 저전력 기술과 더불어 전체를 고려한 저전력 기술이 필요하다.

연습문제

1. MQTT 플랫폼을 설명하시오.

2. 사물인터넷 구성 요소를 설명하시오.

3. 사물인터넷을 위한 통신 프로토콜을 설명하시오

4. 사물인터넷 운영체제를 분류하는 기준은 무엇이며 가장 널리 사용되는 운영체제는 무엇인가?

5. 가속도 센서와 자이로 스코프의 차이는 무엇인지 설명하시오.

제 14 장

정보보안

4차 산업 시대는 정보통신 기술의 융합으로 우리의 모든 생활이 컴퓨터와 네트워크에 크게 의존하고 있다. 특히 정보보안(information security)은 모든 컴퓨터와 네트워크가 연결되는 초연결 사회에 있어서 그 중요성이 더욱 부각되고 있다. 정보보안은 여러 관점에서 볼 수 있다. 컴퓨터 시스템 보안은 시스템 자원을 외부의 침입으로부터 보호하는 것이다. 컴퓨터 네트워크 보안은 컴퓨터 간의 통신에서 정보보안을 의미한다. 소프트웨어 보안은 프로그램 코드에 존재할 수 있는 잠재적인 보안 취약점을 제거하고, 보안을 고려하여 프로그램을 설계 및 구현하는 것이다. 이 장에서는 실제 정보보안에서 사용되는 기초 개념들에 대해서 살펴본다.

14.1 정보보안 개요

14.1.1 보안 목표

정보보안 또는 정보보호는 정보의 수집, 가공, 저장, 전송 과정에서 정보를 훼손, 변조, 유출 등을 방지하기 위한 관리적, 물리적, 기술적 측면에서 정보를 안전하게 유지하는 행위를 총칭하는 광의의 개념이다. 정보보안에서 보안 목표는 그림 14.1에서와 같이 기밀성(confidentiality), 무결성(integrity), 가용성(availability)으로 구분된다.

- **기밀성**: 정보를 저장하거나 전송하는 과정에서 정보 원본을 권한이 없는 사용자에게 노출되지 않도록 보장하는 것을 말한다. 기밀성은 정보보안에서 역사적으로 가장 오래된 개념이다.
- **무결성**: 정보를 주고받는 과정에서 불법으로 생성되거나, 변경되거나, 삭제되지 않고 원본이 유지되는 것을 의미한다. 그러므로 무결성 보장을 위해서 정보의 변경은 반드시 권한이 있는 사용자에 의해 허용된 방법으로만 이루어져야 한다.
- **가용성**: 권한이 있는 사용자가 필요로 하는 정보는 필요한 시점에 접근하거나 사용할 수 있도록 보장하는 것을 말한다. 정보는 지속적으로 변화하지만, 권한이 있는 사용자가 필요로 할 때는 언제나 접근할 수 있어야 한다. 정보의 가용성도 기밀성이나 무결성 만큼 중요하다.

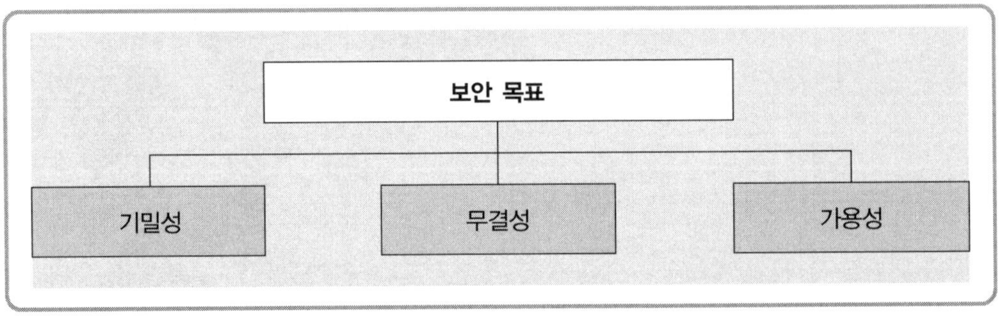

[그림 14.1] 보안 목표의 분류

14.1.2 보안 위협

보안 위협(threat)은 보안 목표, 즉 기밀성, 데이터 무결성, 가용성을 위협하는 제반 행위와 일체의 방법들을 말한다. 여기에서는 보안 위협과 공격(attack)을 유형별로 살펴보자.

■ 기밀성 위협

기밀성을 위협하는 공격은 **스누핑**(snooping)과 **트래픽 분석**(traffic analysis)이 대표적이다. **스누핑** 공격은 아래처럼 **공격자**가 다른 사람의 데이터를 몰래 훔쳐보는 행위이다. 스누핑과 유사 개념으로는 네트워크에서 남의 정보를 불법적으로 획득하는 행위를 의미하는 스니핑(sniffing)이 있다.

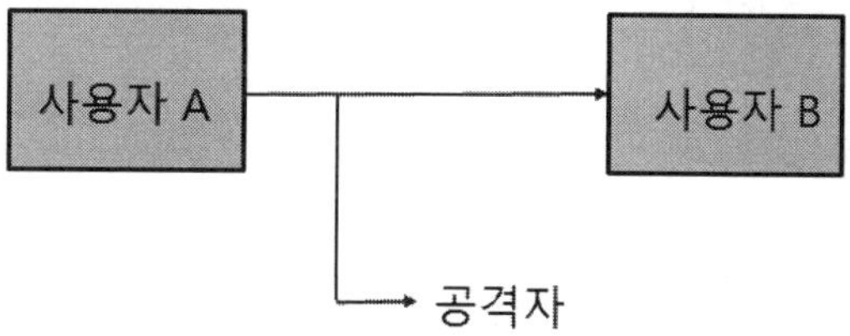

트래픽 분석은 특정 시스템이나 네트워크에서 전송되고 있는 트래픽을 관찰하고 분석하여 의미 있는 정보를 얻는 행위이다. 이러한 스누핑이나 트래픽 분석 공격은 권한이 없는 사용자에게 정보 원본을 노출하게 되므로 데이터의 기밀성과 사용자의 프라이버시(privacy)를 침해하게 된다. 데이터의 기밀성과 사용자의 프라이버시 보호를 위한 정보보안 기법으로는 암호화(encryption)가 사용된다. 즉, 암호화를 통해 공격자가 데이터를 보더라도 무슨 의미인지 알 수 없도록 **하는 것이다.**

■ 무결성 위협

데이터의 무결성은 사용자가 다른 사용자에게 메시지를 보낼 때 전송 도중에 메시지 내용이 변경되거나 파괴되어서는 안 된다는 것이다. 데이터 무결성을 위협하는 공격 방법으로는 변경(modification), 위장(masquerade), 재연(replay) 등이 있다. **메시지 변경**은 아래처럼 공격자가 네트워크 중간에서 메시지 송신자의 메시지 내용을 공격자의 목적에 따라 변경한다. 그러므로 원본 메시지가 변경되어 전달된다.

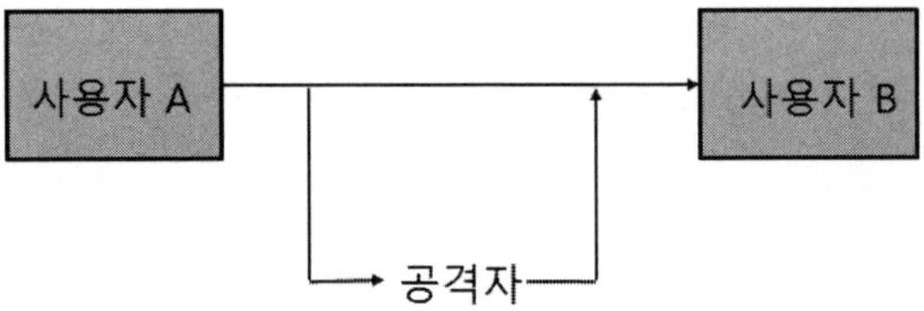

위장은 공격자가 처음부터 네트워크에서 '특정 사람'으로 가장하여 메시지 수신자를 속이는 행위이다. 예를 들어, 공격자가 사용자 B의 계정 아이디와 비밀번호를 여러 방법으로 획득하여 사용자 B의 신분으로 위장하는 것을 말한다.

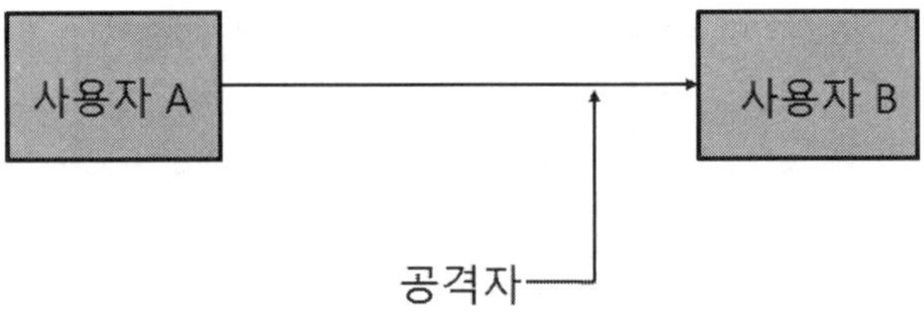

재연 공격은 권한이 있는 사용자가 사용한 메시지 원본을 공격자가 어떤 방법으로 획득하고 획득한 메시지를 다시 사용하는 형태의 공격이다.

■ **가용성 위협**

권한 있는 사용자는 원할 때에 언제든지 정보에 접근할 수 있어야 한다. 이러한 가용성을 위협하는 공격은 **서비스 거부 공격**(DoS, Denial of Service)이 대표적이다. 서비스 거부 공격으로 인해 사용자나 기관은 네트워크로 이용하던 서비스를 받지 못하게 한다. 서비스 거부 공격의 수단, 동기, 표적은 다양할 수 있지만, 전자우편과 같이 특정 네트워크 서비스가 동작하지 않거나, 네트워크 접속과 서비스 등이 제 기능을 발휘하지 못하게 될 수 있으며, 최악의 경우 수백만 명이 접속하는 웹사이트의 동작이 멈추는 경우도 생겨날 수 있다. **분산 서비스 거부 공격**(DDoS, Distributed DoS)은 분산되어 있는 여러 대의 컴퓨터 시스템을 이용하여 동시에 서비스 거부 공격을 하는 방법이다. 일반적으로 서비스 거부 공격은 유명한 사이트를 상대로 이루어진다. 서비스 거부 공격과 관련된 최근의 보안 사고는 2009년과 2011년 정부기관, 포털 사이트, 은행, 선거관리위원회 등에서 해당 기관의 서비스가 일시적으로 마비된 사건이 있다.

14.1.3 보안 서비스와 기법

보안 위협에 대하여 방어하거나 대응하는 보안 서비스와 기법을 간략하게 살펴보자. ITU-T는 통신 분야의 표준을 제정하는 국제표준기구이다. ITU-T에서는 보안 서비스를 정의하고 정의된 보안서비스를 제공하기 위한 보안 기법을 제시하고 있다.

그림 14.2에서와 같이 ITU-T는 5가지 보안 서비스로 분류한다.

- **데이터 기밀성**: 스누핑과 트래픽 분석 공격 같은 데이터 노출 공격으로 부터 데이터를 보호하는 서비스이다. 데이터 기밀성 서비스는 매우 광범위하고, 메시지의 일부나 전체에 대하여 기밀성을 보장해야 한다.
- **데이터 무결성**: 공격자의 불법적인 데이터 변경, 데이터 삽입, 데이터 삭제 등으로 부터 데이터를 보호하는 서비스이다.
- **인증**(authentication): 통신에서 상대편을 인증한다. TCP 같은 연결형 통신에서는 통신을 연결할 때, 송신자나 수신자에 대하여 인증한다. UDP 같은 비연결형 통신에서는 데이터의 출처를 인증한다.
- **부인방지**(non-repudiation): 데이터를 주고 받는 송신자나 수신자가 서로 부인하지 못하도록 하는 보안 서비스이다. 메시지가 부인될 경우에 '출처를 증명'하는 부인방지를 통해 데이터 수신자가 송신자의 신원을 알 수 있다. '배송을 증명'하는 부인방지에서는 데이터 송신자가 수신자에게 데이터가 전달되었음을 입증할 수 있다.
- **접근제어**: 권한이 없는 사용자의 접근으로 부터 데이터를 보호한다. 여기서 접근이라는 의미는 읽기, 쓰기, 변경, 프로그램 실행 등을 포함한다.

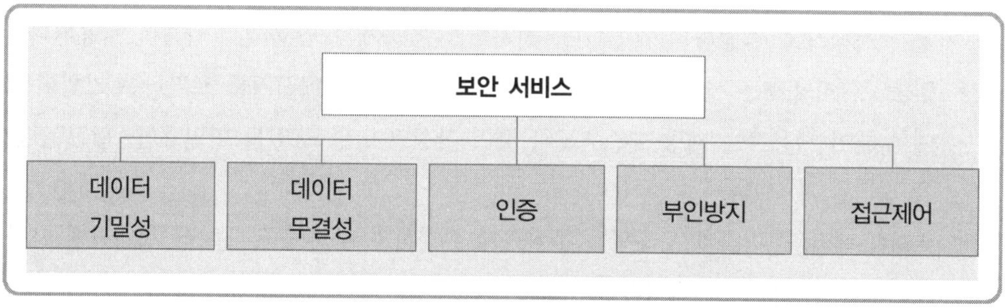

[그림 14.2] ITU-T 보안 서비스

ITU-T는 정보보안을 위해 그림 14.3과 같이 정의된 **보안 기법**의 사용을 권장한다.

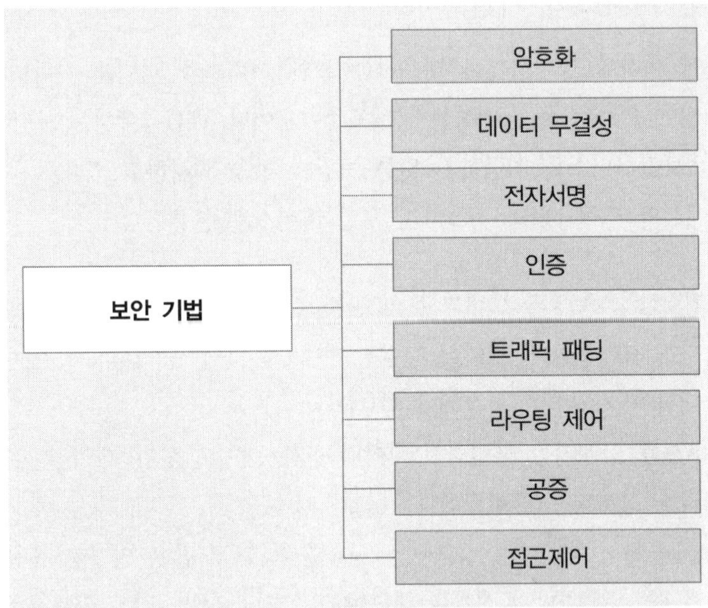

[그림 14.3] 보안 기법의 종류

- **암호화**: 데이터를 숨기거나 보호하는 것으로 기밀성을 제공하는 기법이다. 이 암호화는 기밀성과 더불어 다른 보안 서비스를 제공하기 위한 기법에서도 사용한다.
- **데이터 무결성**: 데이터에서 유도된 검증 값을 데이터에 추가하는 기법이다. 수신자는 수신한 데이터에서 새로운 검증 값을 생성하여 수신한 검증 값과 비교한다. 두 검증 값이 같을 때만 데이터 무결성을 보장한다.
- **디지털 서명**(digital signature): 송신자가 데이터에 전자 서명을 하고, 수신자는 그 서명을 전자적으로 검증하는 기법이다. 전자서명은 공개키 암호 알고리즘이 사용된다.
- **인증**: 두 사용자는 서로 자신의 신원을 증명할 수 있는 메시지를 교환하는 기법이다. 예를 들어 사용자는 계정 패스워드와 같이 자신만이 알고 있는 비밀 값을 알고 있음을 증명할 수 있다.
- **트래픽 패딩**: 공격자가 트래픽을 올바르게 분석하지 못하도록 데이터 트래픽에 가짜 데이터를 삽입하는 기법이다.
- **라우팅 제어**: 공격자가 특정 경로를 도청하지 못하도록 송신자와 수신자 사이에서 다른 메시지 경로를 선택하는 기법으로 지속적으로 라우팅 경로를 변경한다.
- **공증**(certification): 두 사용자 사이의 통신을 제어하기 위해 신뢰할 수 있는 제 3자를

선택하는 기법이다.

- **접근 제어**: 사용자가 시스템의 데이터에 접근할 수 있는 권한이 있는지를 입증하는 기법으로 패스워드나 개인 식별 번호 등이 사용될 수 있다.

하나 이상의 보안 기법이 특정 보안 서비스에 사용되기 때문에 보안 기법과 보안 서비스는 서로 밀접하게 관련되어 있다. 보안 기법도 마찬가지로 여러 개의 보안 서비스에서 이용될 수 있다. 예를 들어 인증 서비스를 제공하기 위해서는 암호화, 전자서명, 인증 기법이 사용될 수 있다. 또한 암호화 기법은 데이터 기밀성, 데이터 무결성, 인증 서비스에 사용될 수 있다.

14.2 암호화

14.2.1 암호화 개요

암호화는 통신하는 송신자와 수신자 외에는 메시지 내용을 이해할 수 없도록 메시지를 암호문으로 만들어서 공격자가 암호화된 메시지를 중간에서 가로채더라도 그 내용을 이해할 수 없도록 한다.

암호 시스템에서 송신자(사용자 A)가 수신자(사용자 B)에게 보내는 원본 메시지를 **평문**(plain text)이라고 하고 네트워크를 통해 전달되는 메시지를 **암호문**(cipher text)이라 한다. 평문에서 암호문을 생성하기 위해서 사용자 A는 암호 알고리즘과 암호키(encryption key)를 사용한다. 또한 암호문에서 평문을 생성하려면 사용자 B는 복호 알고리즘과 암호키를 사용한다. 이러한 암호(encryption) 알고리즘과 복호(decryption) 알고리즘을 통칭해서 **암호**라 한다. 암호와 복호 알고리즘에 사용되는 **암호키**는 숫자로 표현된다.

그림 14.4는 사용자 A와 사용자 B가 네트워크를 이용해서 메시지를 전송하려고 할 때 암호와 복호 알고리즘, 암호키를 사용하는 일반적인 암호 체계를 보여준다.

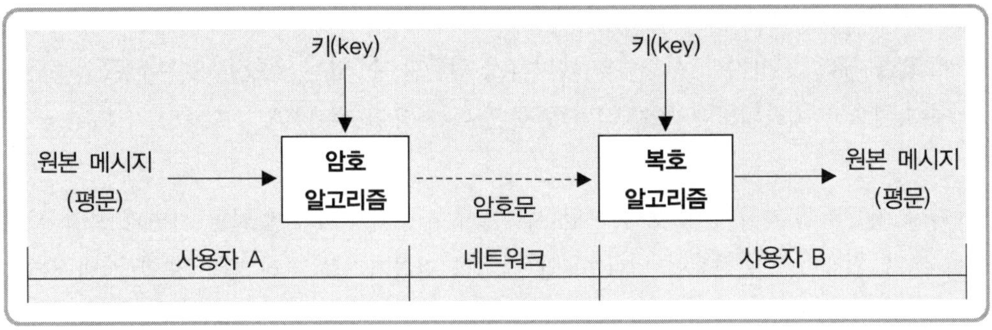

[그림 14.4] 일반적인 암호 체계

암호문은 일반적으로 인터넷과 같은 안전하지 않은 유무선 통신 네트워크를 통해 전송된다. 암호키를 사용하는 암호화 기술은 사용하는 암호키의 종류에 따라 **비밀키**(secret-key) 암호와 **공개키**(public-key) 암호로 나눈다.

14.2.2 비밀키 암호

비밀키 암호 방식은 송신자와 수신자가 **동일한 비밀키를 사용**한다. 그림 14.5는 비밀키 암호 방식에 대한 개념을 보여준다. 비밀키 암호에서는 송신자인 사용자 A와 수신자인 사용자 B가 동일한 비밀키를 사전에 공유하고 있다고 가정한다. 송신자는 수신자와 공유한 비밀키를 사용하여 원본 메시지에 대한 암호문을 생성한 후 전송한다. 수신자 역시 송신자와 공유하고 있는 동일한 비밀키를 사용하여 수신된 암호문으로부터 원본 메시지로 복원한다. 이렇게 송신자와 수신자가 비밀키를 공유하기 때문에 비밀키를 공유키 혹은 대칭키라고도 한다. 비밀키 암호에서 복호화 과정은 암호화 과정의 반대로 수행된다.

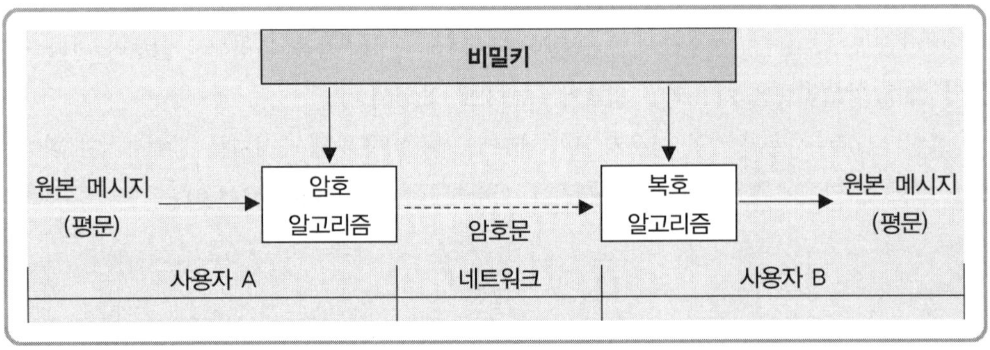

[그림 14.5] 비밀키 암호의 개념

비밀키를 활용한 암호화 기술의 간단한 예제로 '**덧셈**을 활용한 암호화'를 살펴보자. 먼저 26개의 영문 알파벳 'a'에서 'z'까지 알파벳 각각에 0~25의 숫자를 부여한다. 즉, a = 0, b = 1, ..., z = 25이다. 또한, 송신자와 수신자는 비밀키 '10'을 공유하고 있다고 하자. 이 때, 송신자의 원본 메시지가 'korea'일 때 암호화 과정은 다음과 같이 수행된다. 암호화 연산에서 mod는 나머지 연산자이다.

원본: k (→ 10)	암호화: (10 + 10) mod 26	암호문: 20 → u
원본: o (→ 14)	암호화: (14 + 10) mod 26	암호문: 24 → y
원본: r (→ 17)	암호화: (17 + 10) mod 26	암호문: 01 → b
원본: e (→ 04)	암호화: (04 + 10) mod 26	암호문: 14 → o
원본: a (→ 00)	암호화: (00 + 10) mod 26	암호문: 10 → k

위의 암호화 과정을 통해 암호문 'uybok'이 만들어진다. 사용자 B는 송신자인 사용자 A로 부터 'uybok'로 쓰인 암호문을 받는다. 수신자는 공유 비밀키 '10'를 사용하여 아래와 같은 복호 과정으로 원본 메시지 'korea'를 복원한다.

암호문: u (→ 20)	복호화: (20 − 10) mod 26	원본: 10 → k
암호문: y (→ 24)	복호화: (24 − 10) mod 26	원본: 14 → o
암호문: b (→ 01)	복호화: (01 − 10) mod 26	원본: 17 → r
암호문: o (→ 14)	복호화: (14 − 10) mod 26	원본: 04 → e
암호문: k (→ 10)	복호화: (10 − 10) mod 26	원본: 00 → a

비밀키 암호는 암호화하는 데이터의 단위 크기에 따라 **스트림 암호**(stream cipher)와 **블록 암호**(block cipher)로 분류된다. 스트림 암호는 비트 또는 바이트 크기의 데이터를 연속으로 입력받아, 거기에 대응하는 비트 또는 바이트 크기의 암호문을 생성한다. **스트림 암호**는 하드웨어로 구현하기 쉽고 속도가 빠르다는 장점이 있어 무선통신 환경에서 주로 사용한다. 가장 널리 사용하는 스트림 암호 알고리즘으로는 RC4가 있고, 이외에도 A5/1, A5/2 알고리즘이 있다. **블록 암호**는 일정한 크기의 블록 단위로 데이터를 입력받아, 거기에 대응하는 암호화 블록을 생성한다. 대표적인 블록 암호 알고리즘으로는 SEED, AES, 3DES 등이 있다. 그림 14.6은 블록 암호 알고리즘인 3DES를 사용한 암호화 과정을 보여준다. 3DES 알고리즘은 3개 암호키와 DES 암호 알고리즘을 삼중으로 사용하는 암호 기법이다. 3DES 암호 알고리즘에서 평문 블록의 크기는 64비트이고 비밀키의 크기는 56비트이다.

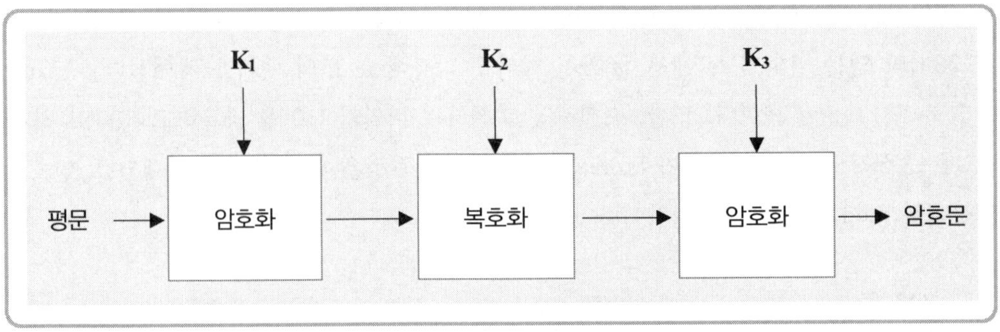

[그림 14.6] 3DES 암호화 과정

3DES는 전자결제 시스템, Firefox, 모질라 Thunderbird 웹사이트 인증 정보에 대한 데이터 암호화 등에 사용되고 있다. 그림 14.7은 3DES를 사용한 암호화 예제이다. 원본 메시지에 문자 1개만 달라도 암호문이 매우 다름을 볼 수 있다.

평문	비밀키:	암호문:
0000000000000000	22234512987ABB23	4789FD476E82A5F1
평문	비밀키:	암호문:
0000000000000001	22234512987ABB23	0A4ED5C15A63FEA3

[그림 14.7] 3DES 암호문

14.2.3 공개키 암호

공개키 암호 방식은 사전에 비밀키를 공유하지 않은 사용자들이 안전하게 통신할 수 있도록 한다. 공개키 암호 방식에서는 공개키(publick key)와 개인키(private key)라고 부르는 **한 쌍의 키를 사용**한다. 이때 암호화에 사용되는 키를 **공개키**라 하고, 복호화에 사용되는 키를 **개인키**라고 한다. 이와 같이 서로 다른 두 개의 키를 사용하기 때문에 비대칭키 암호라고도 한다.

그림 14.8은 공개키 암호화의 개념을 보여준다. 공개키 암호 시스템에서 각 사용자의 공개키는 시스템의 모든 사용자에게 공개된다. 메시지 송신자는 메시지 수신자의 공개키를 사용하여 원본 메시지에 대한 암호화를 수행하고 암호문을 생성한 후 전송한다. 메시지 수신자는 수신한 암호문을 자신의 개인키와 복호 알고리즘을 통해 원본 메시지를 복원한다.

현재 사용되고 있는 대표적인 공개키 암호 알고리즘으로는 RSA가 있다. RSA[18]는 마이크로소프트 윈도즈, 넷스케이프 브라우저를 비롯해 로터스 등 여러 소프트웨어와 연동이 가능하며 공개키 암호의 표준으로 널리 사용되고 있다.

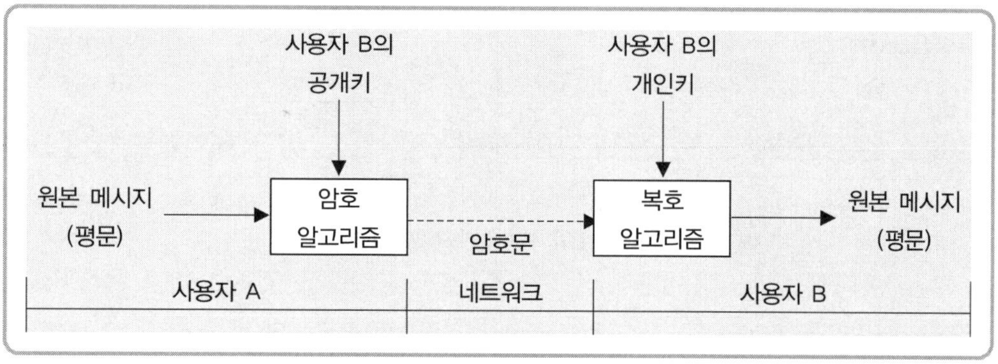

[그림 14.8] 공개키 암호의 개념

RSA 알고리즘은 **모듈로** 지수 계산을 사용하여 암호화와 복호화를 수행한다. RSA의 암호 알고리즘의 안전성은 큰 숫자를 소인수 분해하는 것이 어렵다는 수학적인 이론에 기반을 두고 있다. RSA 알고리즘은 키생성, 암호화, 복호화 과정으로 이루어진다. RSA 키생성 과정에서는 먼저 두 개의 큰 소수 p와 q를 선택하고 공개키와 개인키를 아래와 같이 구성한다.

공개키: (n, e),　　　　　개인키: (n, d)

이때, $n = p \times q$이고 e는 $(p-1) \times (q-1)$에 서로 소의 관계를 갖는 정수이고 d는 e와 mod $(p-1)\times(q-1)$ 연산에서 서로 역원 관계에 있는 정수이다. 예를 들어 p와 q를 11과 3로 각각 선택한 경우 n=33이다. e는 20과 서로소의 관계가 있는 3을 선택했을 때 d는 3의 역원이 되는 7이 된다.

---

18 Ron Rivest, Adi Shamir, Leonard Adleman

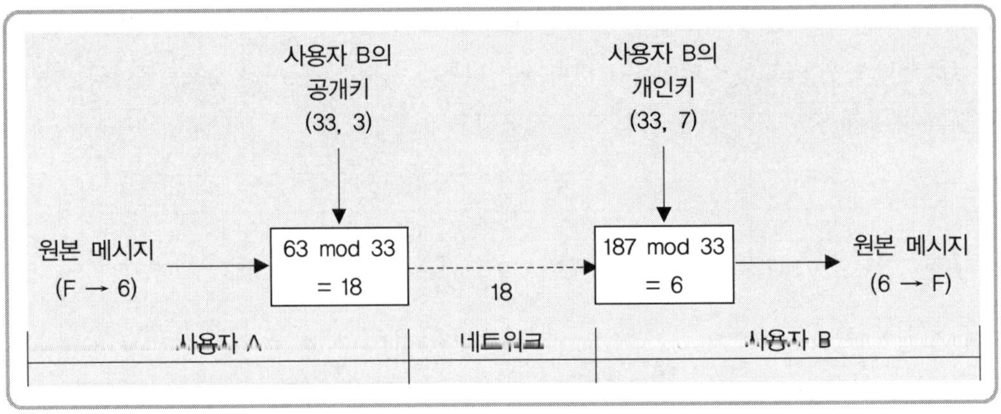

[그림 14.9] RSA 공개키 암호화 예

그림 14.9는 공개키 (n=33, e=3)와 개인키 (n=33, d=7)인 키 쌍을 사용하는 RSA 암호화 예를 보여준다.

(1) 수신자는 자신의 공개키 (33, 3)를 시스템의 모든 다른 사용자에게 공개한다.
(2) 송신자는 보내고자 하는 문자 F(=6)를 수신자의 공개키 (33, 3)와 모듈로 지수 연산으로 암호화한다. 그러면 결과적으로 '18'이라는 암호화된 문자가 전송된다.
(3) 수신자는 암호문 '18'을 수신한 후 자신의 개인키 (33, 7)를 사용하여 원래 문자 6(=F)을 복호화 한다.

여기서, 동일한 연산을 수행하여 암호화 (6 → 18)와 복호화 (18 → 6)가 수행한다.

그러나 실제 RSA 기법을 적용할 때는 경우에는 매우 복잡하고 자리수가 긴 공개키와 개인키 값을 사용한다. 그림 14.10은 512-비트 크기의 p와 q를 선택 했을 때 실제 사용되는 1024-비트 크기의 n의 예를 보여준다. n은 300자리가 넘는 십진수이다.

n =

119294134840169509055527211331255649644606569661527638012067481954943056851150333806315957037715620297305000118628770846689969112892212245457118060574995989517080042105263427376322274266393116193517839570773505632231596681121927337473973220312512599061231322250945506260066557538238517575390621262940383913963

p =

10933766183632575817611517034730668287155799984632223454138745671121273456287670008290843302875521274970245314593222946129064538358581018615539828479146469

q =

10910616967349110231723734078614922645337060882141748968209834225138976011179993394299810159736904468554021708289824396553412180514827996444845438176099727

[그림 14.10] RSA : n, p, q의 예

일반적으로 효율성 측면에서는 비밀키 암호화가 공개키 암호화보다 우수하다고 알려져 있다. 그러나 비밀키 암호 방식의 단점은 **'송신자와 수신자가 비밀키를 어떻게 공유할 것인가'**이다. 예를 들어 N명으로 구성된 집단이 있다고 생각해보자. 시스템에 가입한 사용자들 사이에 두 사용자 마다 한 개의 다른 키를 공유해야 한다. 그러므로 N명이 가입한 시스템에는 N(N−1)/2개의 키생성이 필요하다. 또한 각 사용자는 N-1개의 키를 공유하고 관리해야 한다. 그러므로 실제 보안시스템에서는 비밀키 방식과 공개키 방식이 상호 보완적으로 서로 혼용해서 사용되고 있다.

14.2.4 디지털 서명

앞에서 살펴본 암호 체계에서는 공개키 혹은 비밀키를 사용하여, 메시지의 기밀성을 보호할 수 있다. 즉, 중간에 위치한 해커가 설사 메시지의 내용을 보더라도 이해할 수 없도록 하는 데에 사용될 수 있다.

디지털 서명은 **'문서 생성자의 신원을 검증'**하는 **사용자 인증**기술이다. 디지털 서명에서도 공개키 암호화 방식처럼 공개키와 개인키가 사용된다. 생성자는 자신의 공개키를 외부에 공개하고, 자신의 개인키를 사용하여 원본 메시지를 암호화하는데, 이를 디지털 서명이라 한다. 이후, 메시지 수신자는 송신자의 공개키를 사용하여 수신된 메시지를 검증하는 절차를 수행한다. 그림 14.11은 디지털 서명의 개념을 보여준다.

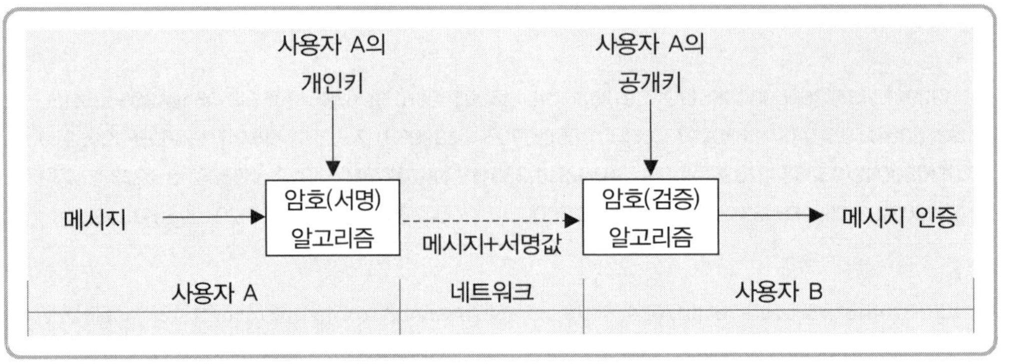

[그림 14.11] 디지털 서명의 개념

14.3 인터넷 보안

14.3.1 보안 프로토콜

인터넷 보안은 인터넷과 관련된 컴퓨터 보안의 한 부분이다. 이 절에서는 인터넷 보안을 위해서 사용되는 다양한 보안 프로토콜들 중에서 보안 소켓 계층 프로토콜과 IP 보안 프로토콜을 간단히 살펴본다.

보안 소켓 계층 프로토콜은 컴퓨터 간의 통신을 위해 미국 국방부에서 개발한 TCP/IP 통신 모델에서 응용 프로그램 계층과 전송 계층 사이에서 라이브러리 형태로 지원되는 보안 프로토콜이다. 그림 14.12는 네트워크 TCP/IP 통신 모델에서 보안 소켓 계층 프로토콜의 위치를 보여준다. 보안 소켓 계층 프로토콜은 인터넷 쇼핑과 같이 웹 브라우저와 웹서버 간의 통신에 무결성, 기밀성, 인증 서비스를 지원한다. 보안 소켓 계층을 지원하는 웹사이트는 그림 14.13과 같이 웹 페이지의 주소가 http://가 아니라 https://라는 문자열로 시작되는 것을 확인할 수 있다. 또한 웹브라우저의 종류에 따라 웹페이지 하단 혹은 웹 주소창에 자물쇠 마크가 작게 표시되는 것을 볼 수 있다.

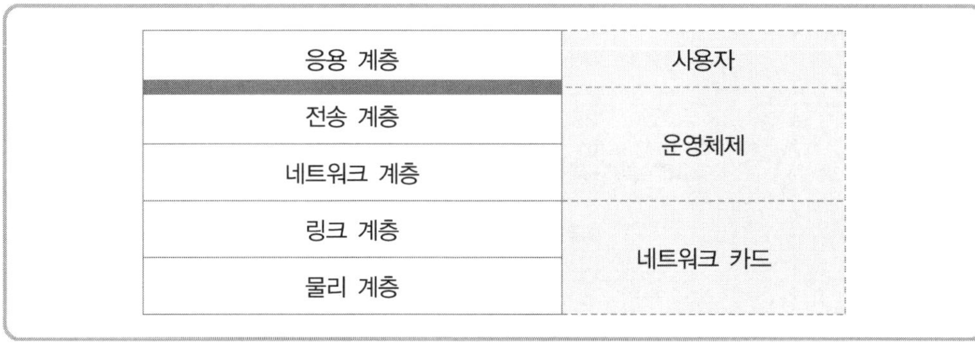

[그림 14.12] TCP/IP 통신 모델에서 보안 소켓 계층의 위치

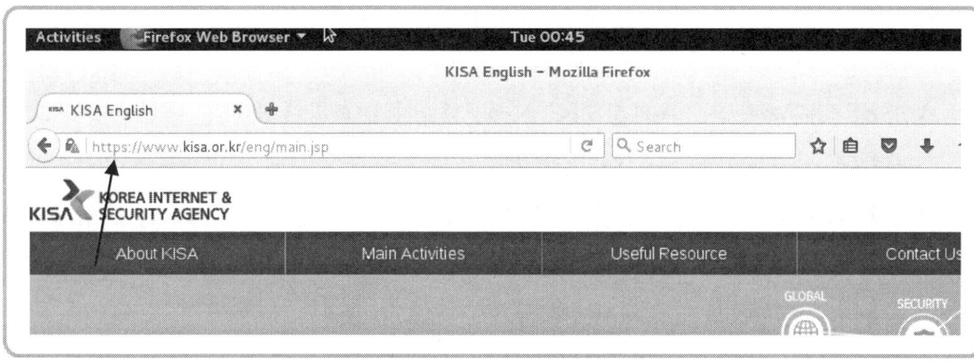

[그림 14.13] SSL를 지원하는 웹사이트

보안 소켓 계층 프로토콜은 마이크로소프트 인터넷 익스플로러, 구글 크롬, 모질라 파이어폭스, 애플 사파리 등 대부분의 웹 브라우저 뿐만 아니라 Apache, Windows IIS 등의 웹 서버에서도 적용되고 있다.

IP 보안 프로토콜은 네트워크 계층에서 IP 패킷 단위로 **인증, 암호화, 키관리**의 보안 서비스를 제공하는 프로토콜이다. 그림 14.14은 TCP/IP 통신 모델의 네트워크 계층에서 IP 보안 프로토콜의 위치를 보여준다. IP 보안 프로토콜은 게이트웨이 간의 보안 터널을 제공하는 **터널모드**와 종단 호스트 간의 보안 터널을 제공하는 **전송모드**를 제공한다. IP 보안 프로토콜이 제공하는 주요 보안 서비스에는 데이터 송신자 인증, 데이터 근원지 인증, 무결성, 기밀성, 접근제어, 재생공격 방지 등을 포함한다.

<table>
<tr><td>응용 계층</td><td>사용자</td></tr>
<tr><td>전송 계층</td><td rowspan="2">운영체제</td></tr>
<tr><td>네트워크 계층</td></tr>
<tr><td>링크 계층</td><td rowspan="2">네트워크 카드</td></tr>
<tr><td>물리 계층</td></tr>
</table>

[그림 14.14] TCP/IP 통신 모델에서 IP 보안프로토콜의 위치

보안 소켓 계층(SSL) 프로토콜과 IP 보안(IPSec) 프로토콜의 차이는 아래와 같다.

(1) SSL은 응용계층과 전송계층 사이의 소켓계층이다. 따라서 SSL은 사용자 영역에 존재한다. 반면에 IPSec은 네트워크 계층에 존재하기 때문에 운영체제의 일부이다.
(2) SSL과 IPSec은 모두 암호화, 무결성, 인증 기능을 제공한다. IPSec은 운영체제의 일부이기 때문에 IPSec을 구현하려면 운영체제에서 구현해야 한다. 그러나 SSL은 사용자 영역이므로 운영체제에서 구현할 필요가 없다.
(3) IPSec은 모든 작업이 운영체제에서 이루어지기 때문에 응용 프로그램의 변화를 필요로 하지 않는다. 반면에 SSL을 사용하려면 기존 응용 프로그램이 수정되어야 한다.
(4) IPSec은 응용 프로그램과는 관련 없는 것이 장점이지만 기술적으로 복잡하다. 거기에 비해 SSL은 웹 응용프로그램에 구현되며 웹 브라우저, 전자 메일, 인스턴트 메신저, VoIP 같은 응용에 프로그램에 적용된다.
(5) IPSec은 인터넷 경유 구간에 일종의 보안 통로인 터널링을 형성해주고 특히 가상사설망(Virtual Private Network, VPN)에 많이 사용된다.

14.3.2 방화벽

방화벽(firewall)은 정보 보안을 위해 외부에서 내부, 내부에서 외부의 정보통신망에 불법으로 접근하는 것을 차단하는 시스템이다. 즉, 조직 내부의 네트워크와 외부 인터넷 사이에 전송되는 정보를 선별하여 수용, 거부, 수정하는 능력을 가진 보안 시스템이다. 방화벽이 설치된 환경에서는 외부 인터넷과 내부의 인트라넷 경계에 라우터나 응용 게이트웨이 등을 설치하여 모든 정보의 흐름이 방화벽을 통해서만 이루어진다.

방화벽은 그림 14.15와 같이 내부망인 인트라넷과 외부망의 인터넷 간의 연결 통로에 설치되어 네트워크 트래픽을 모니터링하고 정해진 보안 규칙을 기반으로 특정 트래픽의 허용 또는 차단을 결정한다.

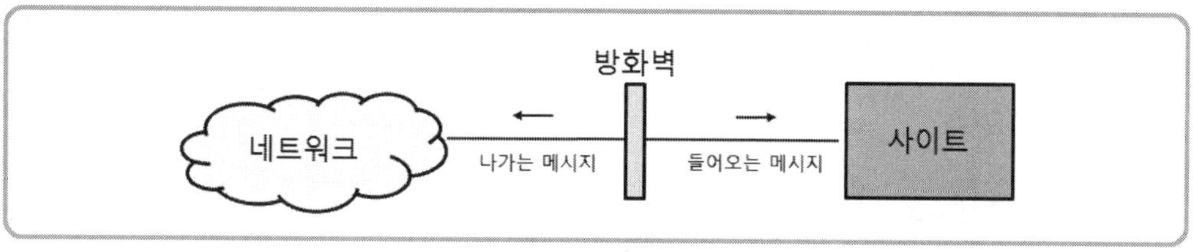

[그림 14.15] 방화벽 개념

방화벽의 종류로는 패킷 필터링 방화벽(packet filtering firewall)과 차폐 호스트 방화벽(screened host firewall) 등이 있다. **패킷 필터링 방화벽**은 방화벽을 통과하는 모든 패킷들에 대하여 송신자의 IP 주소와 포트번호, 수신자 IP 주소와 포트번호를 검사한다. 네트워크 관리자가 설정한 보안규칙에 의해서 특정 IP 주소(예: 131.34.0.0) 혹은 특정 포트번호(예: 23, 80)에 대해서는 패킷전달이 제한될 수 있다.

방화벽은 일반적으로 정책 기반의 방화벽이며 다양한 수준의 보안 정책으로 네트워크 간의 트래픽을 제어한다. 방화벽은 구현 방법에 따라 소프트웨어 방화벽, 하드웨어 방화벽, 칩 기반의 방화벽, 한 번에 많은 양의 패킷을 처리할 수 있는 멀티코어 프로세서 기반의 방화벽 등이 있다.

14.4 악성 소프트웨어

'멀웨어'라고도 불리는 악성 소프트웨어(malicious software)는 악의적인 의도를 가지고 보안 침해를 목적으로 구현한 소프트웨어의 통칭이다. 멀웨어는 여러 가지 특징을 가지고 있으며 각 특징에 따라 바이러스, 웜, 트로이목마, 트랩도어 등 다양하게 분류할 수 있다. 실제 멀웨어들은 여러 특징을 가지고 있는데 각각을 살펴보자.

- **바이러스**(virus): 일반 프로그램에 악의적인 코드를 삽입하여 한 시스템에서 다른 시스템으로 전파한다. 악의적인 코드가 삽입된 프로그램이 실행되면서 다른 프로그램에

게 악성 코드를 부착하거나 삽입한다. 바이러스는 시스템에서의 상주 위치에 따라 부트 섹터 바이러스와 메모리 상주 바이러스로 나뉠 수 있다. 부트 섹터 바이러스는 부트 프로세스를 제어할 수 있으며 검출되기 전에 자신의 존재를 숨기는 조치를 취할 수 있다. 다른 한 형태는 메모리에 위치하고 있는 메모리 상주 바이러스이다. 메모리 상주 바이러스는 응용 프로그램, 매크로, 데이터, 라이브러리 루틴, 컴파일러, 디버거 등에 위치할 수 있으며 심지어 바이러스 검사 소프트웨어에도 있을 수 있다.

- **웜**(worm): 자기 자신을 복제하는 프로그램이다. 이때 복제는 웜이 있는 시스템뿐만 아니라 네트워크를 통해서 다른 시스템으로도 이루어진다. 바이러스와는 달리 웜은 자신을 전파하는데 외부의 도움이 필요 없다. 최초의 웜은 1988년 로버트 모리스가 인터넷의 크기를 알아내려는 의도로 만든 프로그램이 모리스 웜이다. 모리스 웜은 인터넷을 통해 빠르게 퍼지면서 대량의 유닉스를 감염시키고 네트워크를 마비시켰다. 당시 모리스 웜은 걷잡을 수 없이 퍼져 나가 인터넷을 접속하고 있던 유닉스 시스템 약 6,000대를 감염시켰고 이는 당시 전 세계에 있는 모든 유닉스 컴퓨터 중 10%에 해당하는 규모였다.
- **트로이 목마**(Trojan horse): 악성 코드가 숨어 있는 프로그램으로 겉보기에는 정상적인 프로그램으로 보이지만 실행하면 악성 코드를 실행한다. 트로이 목마는 보통 전자메일의 첨부파일과 같이 사회공학 기법의 형태로 퍼진다. 트로이 목마에 감염된 시스템의 증상은 악성코드를 설치한 공격자의 목적과 능력에 따라 다양하다. 컴퓨터 시스템을 감염시켜 접근을 제한하고 비용을 요구하는 랜섬웨어도 트로이 목마의 한 형태이다.

이러한 컴퓨터 바이러스에 의한 보안 대책은 아래 바이러스를 이용한 **범죄 수법**을 참고하여 대응해야 한다.

- **프로그램 변경** : 기계어 형태로 제작되는 프로그램 실행 코드에 어떤 수정이 가해질 때 예기치 않은 에러가 발생할 수 있다. 예를 들어, 역어셈블러와 같은 유틸리티 프로그램을 이용하면 기계어 코드로부터 소스 코드를 만들어 낼 수 있다. 획득한 소스 코드를 통해서 다른 사람은 알지 못하도록 프로그램을 변경할 수 있다.
- **데이터 변경** : 컴퓨터 시스템은 파일이름의 확장자를 가지고 프로그램과 데이터를 구별한다. 만약 바이러스가 homework.hwp라는 데이터 파일이름을 homework.EXE로 변경했다고 가정해보자. 확장자가 바뀐 homework.EXE 파일을 실행시키면 시스템

이 오작동 할 수 있다. 확장자를 변경하는 바이러스에 의해 시스템 오작동 또는 그 데이터를 파괴할 수 있다.

- **컴퓨터 시간 통제** : 컴퓨터 내의 각 프로그램이 한정된 양의 수행시간을 할당 받는 경우 바이러스 침입은 시스템의 속도를 저하시키게 된다. 사용자는 프로그램의 시작 시에는 이러한 사실을 인지하기 어렵지만 바이러스로 인하여 시스템의 실행 속도가 계속 감소함에 따라 바이러스의 침입을 알게 된다.
- **부정 접근** : 컴퓨터 시스템에 접근 권한이 없는 자가 시스템 사용 권한 획득을 목적으로 바이러스를 침투하는 경우이다.
- **에러 조작** : 바이러스 중에는 실제 컴퓨터 시스템에 에러가 없음에도 에러 메시지를 출력하여 사용자에게 시스템 내에 에러가 있다고 생각하게 하는 것이 있다. 소프트웨어 제작자가 자신의 소프트웨어를 불법으로 복제하는 것을 방지하기 위해, 소프트웨어에 에러가 있는 것처럼 보이게 한다.

14.5 컴퓨터 범죄

14.5.1 개요

컴퓨터 범죄는 기술과 함께 진화하기 때문에 규정하거나 발견하기 어렵다. 미래의 기술 변화에 따른 컴퓨터 범죄 유형은 예측하기 어렵지만 대략적으로 아래와 같은 방향으로 전개할 것으로 예측한다.

- 하드웨어와 소프트웨어의 발전과 같은 축으로 증가
- 하드웨어를 구성하는 모듈 중 특정 모듈의 이용에 의존
- 소프트웨어를 이용한 범죄 급증
- 컴퓨터 바이러스를 이용한 범죄
- 국경을 초월하여 발생
- 인공지능 기술을 이용한 지능 범죄

14.5.2 유형과 수법

컴퓨터 범죄 유형은 관점에 따라 다르게 분류될 수 있다. 주요 컴퓨터 범죄수법을 살펴보면 아래와 같다.

- **데이터 디들링**(data diddling) : 가장 단순하고 안전하여 보편적으로 많이 사용한다. 데이터를 입력하는 동안이나 변환하는 순간에 데이터를 절취, 삭제, 변경, 추가하는 것이다. 이 수법은 금융기관의 컴퓨터 범죄에서 많이 볼 수 있다.
- **슈퍼잽핑**(super-zapping) : 컴퓨터가 고장으로 가동이 불가능 할 때 비상용으로 쓰이는 유틸리티 프로그램을 이용한다. 패스워드나 각종 보안장치 기능을 일시적으로 마비시키고 컴퓨터의 기억장치에 기록된 모든 파일에 접근해 자료를 몰래 복사하는 수법이다.
- **스카벤징**(scavenging) : 컴퓨터 작업 수행이 끝난 뒤나 그 주위에서 정보를 획득하는 방법이다. 즉, 버려진 종이나 메모 비밀 번호 출력지 등에서 정보를 불법으로 획득한다. 또는 고급 방법으로 방금 작업을 마친 컴퓨터의 메모리에 남아있는 내용을 덤프(dump)하여 분석한다.
- **피기백킹**(piggybacking) : 단말기의 회선을 다른 단말기에 부정 연결하여 정보를 획득한다. 허가받지 않은 자가 컴퓨터를 부정 사용한다. 직원이나 출입이 허용된 외부인 등 모두 대상이 될 수 있다.
- **와이어 태핑**(wiretapping) : 네트워크에 불법적으로 접속하여 정보를 절취하거나 컴퓨터를 부정 사용한다. 오늘날 분산 처리와 무선 네트워크 발전으로 네트워크의 취약점이 많다.

4차 산업 시대가 심화되고 다양화, 고도화됨에 따라 새로운 윤리 개념이 필요하다. 인터넷에서 발생하는 범죄와 윤리 문제가 단순히 인터넷 자체의 특성에서 발생하는 것인지, 인간이 지닌 속성이 인터넷에서 표현되는 것인지를 파악할 수 있어야 한다. 사물인터넷, 인공지능, 빅 데이터 등으로 대표되는 4차 산업 시대는 초연결 사회를 표방하기 때문에 보안 문제는 더욱 심화할 것이다. 사용자들의 높은 윤리 의식도 필요하지만, 사회, 정책, 기술, 규범 등 모든 부분에서 현실성 있는 대안을 제시해야 한다.

연습문제

1. 본문의 암호화 기법을 활용하여 UNIVERSITY를 암호화 하시오.

2. 본문의 암호화 기법을 활용하여 XXHXTXYXOOJJNIVER를 복호화 하시오.

3. 본문에 없는 바이러스를 조사하시오.

4. 랜섬웨어를 조사하고 기존 보안 기법과 비교하여 무엇이 다른지 분석하시오.

5. 비밀키 암호와 공개키 암호의 차이를 설명하시오.

6. 컴퓨터 범죄 유형에서 스카벤징을 설명하시오.